湖里年鉴

2020

厦门市湖里区人民政府办公室　编

方志出版社
Publishing House of Local Records

图书在版编目(CIP)数据

湖里年鉴. 2020/湖里区人民政府办公室编.
—北京:方志出版社,2020. 12
ISBN 978-7-5144-4623-4

Ⅰ. ①湖… Ⅱ. ①湖… Ⅲ. ①区(城市)—厦门—
2020—年鉴 Ⅳ. ①Z525. 74

中国版本图书馆 CIP 数据核字(2020)第 262245 号

湖里年鉴(2020)

编　　者:湖里区人民政府办公室
责任编辑:刘方圆

出 版 者:方志出版社
地址　北京市朝阳区潘家园东里 9 号(国家方志馆 4 层)
邮编　100021
网址　http://www.zgfzcb.cn
发　　行:方志出版社图书经销中心
电话(010)67110500
经　　销:各地新华书店
印　　刷:福州力人彩印有限公司

开　　本:889×1194　1/16
印　　张:15.5　插页:12
字　　数:528 千字
版　　次:2020 年 12 月第 1 版　2020 年 12 月第 1 次印刷
印　　数:001～800 册

ISBN 978-7-5144-4623-4　定价:280.00 元

湖里年鉴主编、副主编成员

主　　　编　曹荣宝
副　主　编　胡振强
执行副主编　张宪敏

湖里年鉴编辑室成员

总　　　纂　张宪敏
编　　　辑　张宪敏　陈端蓉

湖里年鉴图照提供单位

中共厦门市湖里区委员会
厦门市湖里区人民代表大会常务委员会
厦门市湖里区人民政府
政协厦门市湖里区委员会
党派群团
驻区科研、教育、医疗等单位

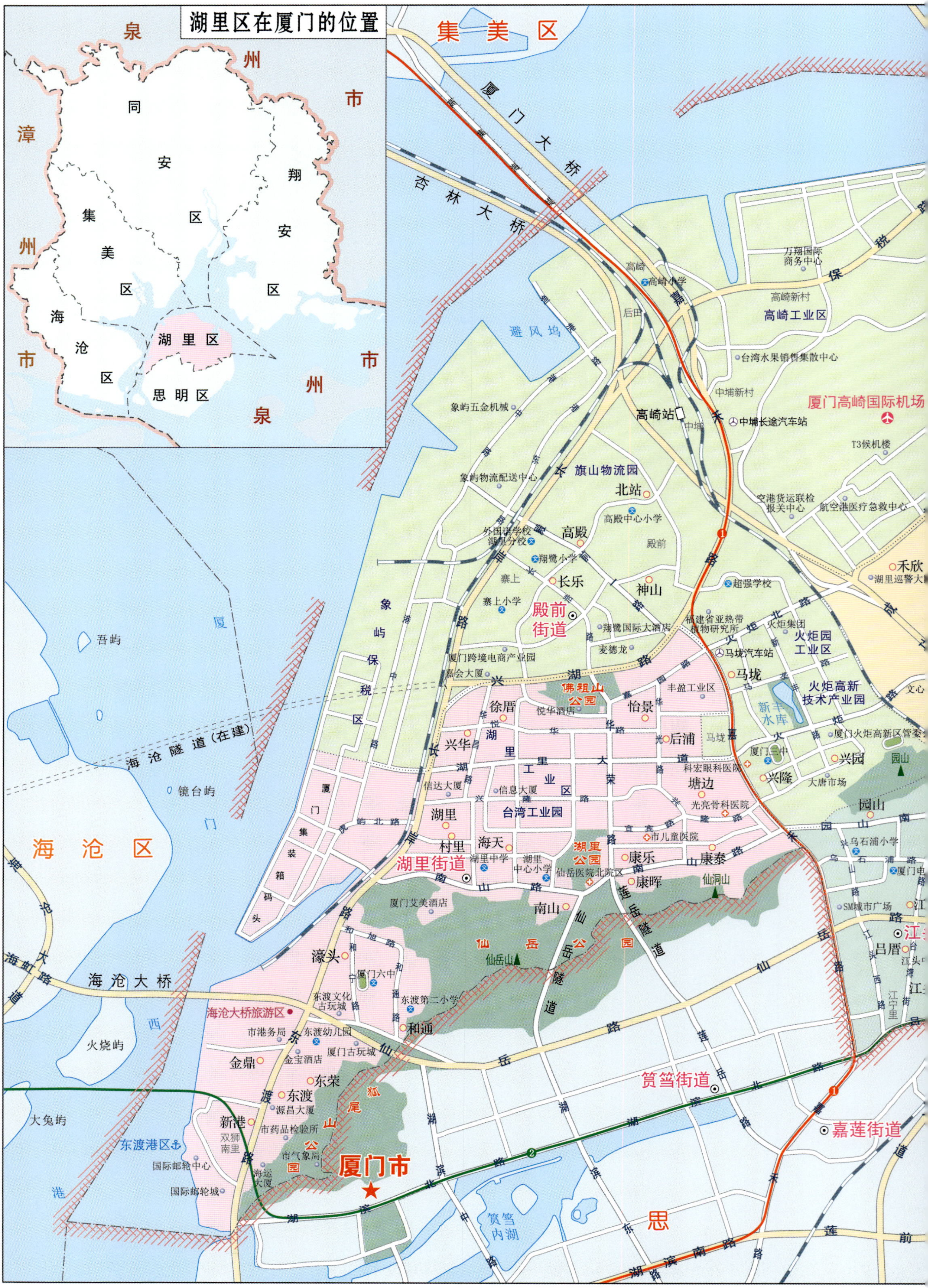
湖里区在厦门的位置
泉
州
市
漳
州
市
同
安
区
翔
安
区
集
美
区
海
沧
区
湖里区
思明区
市
州
泉
集美区
厦门大桥
杏林大桥
避风坞
高崎
高崎小学
后田
万翔国际商务中心
高崎新村
高崎工业区
台湾水果销售集散中心
中埔新村
厦门高崎国际机场
高崎站
中埔
中埔长途汽车站
T3候机楼
象屿五金机械
象屿物流配送中心
旗山物流园
北站
高殿中心小学
殿前
空港货运联检报关中心
航空港医疗急救中心
外国语学校湖里分校
高殿
翔鹭小学
赛上
长乐
神山
超强学校
禾欣
湖里巡警大
赛上小学
殿前街道
翔鹭国际大酒店
福建省亚热带植物研究所
火炬集团
火炬园工业区
象屿保税区
厦门跨境电商产业园
麦德龙
马垅汽车站
嘉会大厦
佛祖山公园
丰盈工业区
马垅
火炬高新技术产业园
文心
徐厝
悦华酒店
怡景
新丰水库
兴华
后浦
马垅
厦门火炬高新区管委
厦门三中
兴园
园山
科宏眼科医院
兴隆
大唐市场
信达大厦
信息大厦
塘边
光亮骨科医院
园山
厦门集装箱码头
湖里
台湾工业园
湖里工业区
市儿童医院
乌石浦小学
村里
海天
湖里公园
康乐
康泰
厦门电
湖里街道
湖里中学
湖里中心小学
仙岳医院北院区
康晖
仙洞山
SM城市广场
厦门艾美酒店
南山
吕厝
江头
江头
江宁里
濠头
仙岳公园
仙岳山
厦门六中
海沧大桥
东渡文化古玩城
东渡第二小学
海沧大桥旅游区
市港务局
东渡幼儿园
和通
厦门古玩城
金鼎
金宝酒店
东荣
狐尾山公园
筼筜街道
东渡
源昌大厦
新港
双狮南里
市药品检验所
市气象局
嘉莲街道
东渡港区
国际邮轮中心
海运大厦
厦门市
国际邮轮城
筼筜内湖
思
吾屿
厦门
镜台屿
海沧隧道(在建)
海沧区
海沧大桥
海沧路
火烧屿
大兔屿
西港
仙岳路
莲岳隧道
仙岳隧道
湖滨北路
湖滨南路
湖滨中路
湖滨东路
嘉禾路
长岸路
兴湖路
华荣路
枋湖路
吕岭路
莲前

湖里区地图

厦门精位文化地理信息有限公司 编制　　比例尺 1 : 40 000

审图号：厦S[2020]7号　　资料截至2019年12月

注：本图界线仅供参考，不作划界依据。

2019 年 7 月 30 日，中共湖里区委八届十次全会在区行政中心召开　（图片来源：湖里头条）

2019 年 12 月 25—28 日，湖里区第八届人民代表大会第四次会议在区行政中心召开　（黄绍义　摄）

2019 年 12 月 25 日，中国人民政治协商会议第八届湖里区委员会第四次会议在区行政中心开幕

（湖里区政协　供图）

2019 年 1 月 30 日，中共湖里区纪委八届四次全体会议在区行政中心召开　（阮俊杰　摄）

2019 年 1 月 4 日，湖里区在区行政中心召开基层党建推进会

（图片来源：湖里头条）

2019 年 4 月 13 日下午，厦门市 2019 年创建平安厦门暨扫黑除恶专项斗争攻坚年集中宣传活动在湖里区闽南古镇举行　　（湖里区政法委　供图）

2019 年 8 月 21 日，湖里区税务局召开“不忘初心、牢记使命”主题教育以案释法明纪警示教育大会

（湖里区纪委监委　供图）

2019 年 1 月 21 日，湖里区在高林—金林社区发展中心工地举行重点项目集中开工仪式　　（图片来源：湖里头条）

2019 年 9 月 8 日，2019 厦门国际投资贸易洽谈会湖里区签约仪式在厦门市会展中心举行　　（刘立民　摄）

2019 年 3 月 22 日，湖里区第四次经济普查人员在 SM 城市广场向企业负责人调查　　　（图片来源：湖里头条）

2019 年 3 月 26 日，湖里区市场监督管理人员在殿前排查校园周边问题食品
（图片来源：湖里头条）

2019 年 8 月 8 日，湖里区第一批“村改居”社区集体经济组织登记证书颁发仪式在湖里街道举行
（图片来源：湖里头条）

2019年3月13日，湖里区同心志愿服务团到金山小区为居民提供政策宣传、法律咨询、爱心义诊、春风送岗等服务　　（图片来源：湖里头条）

2019年4月4—9日，湖里区妇幼保健院医务人员在该院开展世界卫生日系列义诊咨询活动

（湖里区妇幼保健院　供图）

2019年6月20日，禾山社区居家养老综合服务中心（护理站）举行启用仪式　　（黄文选　摄）

2019 年 8 月 22—23 日，垃圾分类湖里论坛在悦华酒店举行

（图片来源：湖里头条）

2019 年 9 月 12 日，湖里区在建发湾悦城广场举办“全国科普日”启动仪式暨湖里区全民科学素质知识竞赛活动

（湖里区科协　供图）

2019 年 12 月 24 日，湖里区人社局在甘肃省宁夏回族自治州东乡县举办劳务输转招聘会

（湖里区人社局　供图）

2019 年 7 月 16 日至 8 月 5 日，湖里区城市管理局依法拆除海天路 94—96 号的违法建筑

（湖里区城市管理局　供图）

2019 年 9 月 11 日，东宅安置房项目封顶　（常海军　供图）

2019 年 4 月 15 日，金门宫庙信众到厦门闽南朝天宫参拜 （湖里区台港澳办　供图）

2019 年 6 月 4 日，湖里区的台湾同胞、创业就业青年、涉台宗亲在云创智谷科创产业园举办“粽香两岸 · 闽戏传情”台商、台胞喜迎端午联谊会 （湖里区台港澳办　供图）

2019 年 8 月 8—9 日，湖里区在惠和石文化园举办第十八届两岸青少年夏令营

（湖里区台港澳办　供图）

2019 年 10 月 11 日上午，湖里区台港澳办公室人员在江头街道举办慰问老台胞活动

（湖里区台港澳办　供图）

2019 年 12 月 22 日，新加坡、马来西亚及中国台湾等国家和地区的孙氏宗亲到湖里祭祖访亲。图为孙氏宗亲在高林孙氏宗祠前合影

（图片来源：湖里头条）

2019 年，福建省水产研究所作为主要研发团队和主要培育单位培育的石斑鱼新品种“云龙石斑鱼”幼鱼及成鱼

（郑乐云　摄）

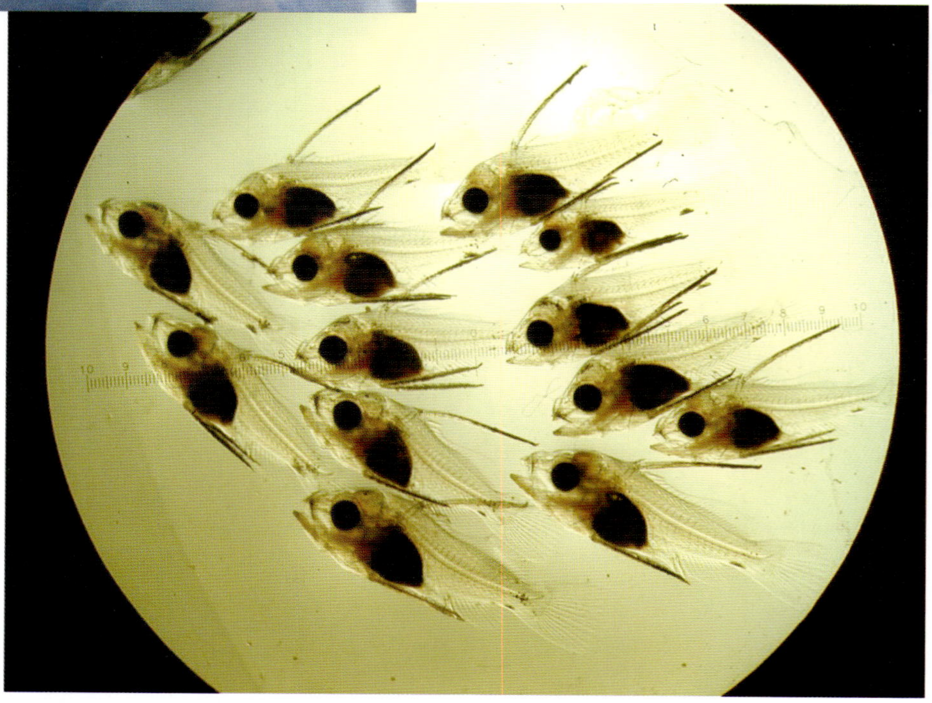

2019 年，湖里区开展守护蓝天・碧水・净土专项行动，辖区环境质量改善，图为五缘湾湿地公园里的栗喉蜂虎鸟

（丁学洲　摄）

2019 年 2 月 15 日，第十五届厦门元宵民俗文化节启动仪式在湾月城举行　　（夏菁　摄）

2019 年 6 月 28 日晚，“圆梦殿前·以文化人”社区文化艺术节在闽南古镇开幕

（魏克丰　摄）

2019 年 8 月 9 日，湖里区在五缘湾乐购广场举办庆祝中华人民共和国成立 70 周年文艺晚会　　（胡小宣　摄）

2019 年 10 月 25 日上午，湖里区在厦门佰翔会展中心举行“9·28”终身教育活动日暨全民终身学习活动周启动仪式

（湖里区教育局　供图）

2019 年 10 月 30 日，湖里区在蔡塘学校举办第十一届厦门（湖里）城市诵读节闭幕式暨庆祝中华人民共和国成立 70 周年晚会　（魏克丰　摄）

2019 年 12 月 22—28 日，联发 2019“文创产业与城市更新”活动周在华美空间开幕

（图片来源：湖里头条）

2019 年 5 月 28 日至 6 月 2 日，2018—2019 中国汽车飘移锦标赛 · 厦门站暨国际飘移超级杯在厦门市湖里区厦金湾片区举行

（北京豪斯创展文化传媒有限公司　供图）

2019 年 10 月 18—20 日，2019 U.I.M.F1 摩托艇世界锦标赛中国厦门大奖赛在五缘湾游艇港水域举行

（深圳市天荣体育文化管理有限公司　供图）

2019 年 11 月 3 日，“2019 厦门城市乐跑赛”在湖里五缘湾音乐岛举行

（图片来源：湖里头条）

2019 年 9 月 19 日至 11 月 3 日，第十五届中国“俱乐部杯”帆船挑战赛在五缘湾外海域举行

（田野　摄）

数字湖里

- 湖里区下辖 5 个街道、55 个社区居委会，年末户籍总人口 365945 人。
- 地区生产总值 1297.3 亿元，第二产业增加值 549.52 亿元，第三产业 747.78 亿元，三次产业的比重为 0 : 42.4 : 57.6。
- 全区规模以上工业企业 233 家，现价工业总产值 1815.59 亿元，实现现价增加值 379.21 亿元。
- 财政总收入 216.55 亿元，其中区级财政收入 49.6 亿元。
- 社会消费品零售总额 377.72 亿元。
- 合同利用外资 67.4 亿元，实际利用外资 19.51 亿元。
- 金融保险业实现增加值 103.49 亿元。
- 城镇居民人均可支配收入 57995 元。
- 普通高中 2 所，在校生 2076 人。
- 普通初中及小学 50 所，在校生 79944 人。
- 幼儿园 160 所，在园 37059 人。

编辑说明

一、《湖里年鉴》是由中共厦门市湖里区委领导、厦门市湖里区人民政府主办、湖里区人民政府办公室组织编纂的综合性资料工具书。2014年创刊，逐年出版，以出版年号为卷次名称，国内外公开发行。

二、《湖里年鉴（2020）》以马克思列宁主义、毛泽东思想、邓小平理论、“三个代表”重要思想、科学发展观、习近平新时代中国特色社会主义思想为指导，坚持辩证唯物主义和历史唯物主义的立场、观点和方法。

三、《湖里年鉴（2020）》记载2019年1月1日至12月31日湖里区政治、经济、文化、社会的发展情况。主体内容分为类目、分目、子目、条目4个层次，部分分目下设次分目，以条目为记述的基本形式。全书条目标题统一用黑体加方头括号【 】标示，个别条目包含多方面资料，用楷体加层次性小标题。

四、《湖里年鉴（2020）》采用分类编辑法。全书由三个部分组成，卷首设区情概览、大事记；卷中设中共厦门市湖里区委员会、厦门市湖里区人民代表大会、厦门市湖里区人民政府、政协厦门市湖里区委员会、纪检·监察、外事·侨务·台港澳事务、法治、军事、民主党派、人民团体、城建·环保、商贸服务业、工业·交通物流·信息业、经济管理与监督、财政·税务、教育·科技、文化·体育·旅游、卫生计生、社会民生、街道、人物与荣誉21个类目；卷尾设附录及索引。

五、《湖里年鉴（2020）》辑录的湖里区级领导人及区直机关、群众团体、街道、工业园区管委会、国有企业等领导干部名录均由区委组织部提供。先进人物和先进集体表收录2019年被授予市级以上（含市级）表彰的先进个人和先进集体，由各承编单位提供。

六、《湖里年鉴（2020）》文字稿和图片由湖里区辖内各单位提供，文字稿经由各单位审核并加盖公章。各单位报送的文字稿中的数据与统计数据不一致时，以统计数据为准。

七、《湖里年鉴（2020）》书前设目录，书后配有索引，按音序排列。

目　录

区情概览

大事记

中共厦门市湖里区委员会

厦门市湖里区人民代表大会

厦门市湖里区人民政府

政协厦门市湖里区委员会

纪检　监察

外事　侨务　台港澳事务

法　治

军　事

民主党派

人民团体

工业　交通物流　信息业

经济管理与监督

教育　科技

文化　体育　旅游

卫生计生

社会民生

街　道

人物与荣誉

附　录

索　引

自然地理

【位置　面积】 湖里区位于福建东南沿海台湾海峡西岸厦门岛的北部。东面濒临浔江港，与翔安区相对；北面通过高集海堤、厦门大桥与集美区毗邻；西面为厦门西港岸线，借助海沧大桥与海沧区相通；南面与思明区接壤。湖里区与思明区区界线西起湖滨北路西端入海处，向东依次穿越狐尾山、仙岳山、仙洞山山脊，连接嘉禾路后南折，至吕岭路后东进，接金尚路后南行，至东芳山后沿山脊往东，穿越古地石、虎仔山山脊，在五通东宅入海。2019 年，全区陆地面积 73.77 平方千米。

【地质】 湖里区所在的厦门岛是中新生代断块岛，被数条深大断裂从大陆切割出来。湖里区地属厦门岛北部区域，地质构造位置属于“闽东燕山断坳带”的东缘，“闽东南沿海变质带”的西南部。东面濒临台湾海峡中新生代沉降带。辖区基本构架形成于燕山期。规模巨大的中生代燕山运动，改造了古生代华力西—印支运动形成的基底构造。早侏罗世时以褶皱造山运动作用为主，晚侏罗世至白垩世则以断块造山作用为主。喜马拉雅期构造特点以继承性断裂复活活动和断块差异活动较显著。第四纪以来，地壳运动以断块垂直差异升降运动为主。早更新世—中更新世的地壳以上升为主。晚更新世期间，地壳有 2 次升降运动，发生 2 次海进，第一次发生在 3 万—4 万年前，第二次发生在 1.6 万年前，沉积有上更新统上、下两段海陆过渡相地层，构成第二、三级阶地。全新世境内仍然有两次地壳升降运动，也出现 2 次海进，第一次在 6000—7000 年前，第二次在距今 3000—4000 年前，从而形成下全新统和上全新统海相地层。构成现今的海蚀阶地（台地）及沿海海积阶地和滩涂。台地形成后经过长期风化，形成几米至几十米厚的红色风化壳（红土残积层），即红土台地。

【地貌】 湖里区地貌类型划分原则以形态和成因相结合，根据海拔高度和相对切割深度的差别，可分为 5 种类型。

高丘陵　海拔高度 200—500 米，相对切割深度 100—300 米。分布于辖区南部与思明区交界处，由火山岩和花岗岩构成，受构造和岩性的影响均较明显。由花岗岩构成的高丘陵常呈孤丘状，若地表植被遭受破坏，基岩裸露，山势陡峭。由火山岩构成的高丘陵坡度较为和缓，顶部浑圆，土层较深厚，植被覆盖度也较好。辖区的仙岳山属于火山岩高丘陵，为湖里区唯一的高丘陵。位于湖里区与思明区交界处，海拔 212 米。

低丘陵　海拔高度 50—200 米，相对切割深度 30—100 米。辖区内的低丘陵有 15 座，分别是寨子山、仙洞山、狐尾山、虎山、园山、松柏山、牛头山、石头皮山、赤坡山、薛岭山、金山、风动山、双狮山、安兜山、钟山（朱公山）。

阶地（台地）　海拔高度 5—50 米，相对切割深度 3—30 米。广泛分布于海拔高 50 米以下的山前地带、河谷两侧和沿海地区。辖区有 2 种类型阶地。二级河流台地高出河流平水位 10—15 米，分布零散，多属基座台地，上部由河流冲积层和残积层组成，下部由基岩构成基座牢固，宜作为工程建设用地的红土台地。

海蚀台地　广泛分布于辖区北部。一般可分为三级：一级海蚀台地的海拔高度为 5—10 米，分布于沿海地区和平原外侧；二级海蚀台地海拔高度为 10—15 米；三级海蚀台地的海拔高度为 25—30 米。在海蚀台地分布地区，由于流水的侵蚀作用。常形成一些浅坳谷或低洼地，是水土条件较好的耕作区。

辖区内台地有6个，分别是神山、鸡山、龙头山、关刀山、骑马山、虎头山。

平原　海拔高度2—5米，相对切割深度1—3米。平原分布在钟宅至筼筜港一带。

【土壤】 土壤类型　湖里境内土壤类型为砖红壤性红壤、红壤、黄壤、稻土、风沙土、盐土和潮土等7个土类、19个亚类、34个土属、5个土种。境内土壤以红壤为主，分布区域自海拔数米低丘或台地至200米左右高丘陵顶部之波状伏丘陵。此外，另有盐渍土，主要分布于江头、钟宅、高林等地。近山丘周围的地区多覆盖着砂，花岗石风化细矿碎粒形成，主要分布于钟宅、高林、五通等地。个别沿海地带有小片风积沙丘。江头的山麓地带及山沟由于长期受泉水浸润，土层糜烂而层次不明显。

砖红壤性红壤，又名“赤壤”。酸性岩赤红壤分布于狐尾山、仙洞山、圆山一带，侵蚀赤红壤分布于低丘台地，海拔小于50米。粗骨性砖红壤性红壤，是土成历史较短的幼年土壤。分布于花岗岩构成的中屿、象屿、虎屿由酸性火成岩或陆相碎屑岩构成的小岛。赤土是由砖红壤性红壤经人工开垦、耕熟化而成的旱作土壤。分布在马垅、小东山、枋湖、县后、后坑、钟宅、五通、高林等处台地上。

海滨盐土，为盐土属海积相土壤，分布在海岸带的平原海岸、港湾和海岸草木带上，可分为滨海盐土和埭土2个亚类。前者主要分布在辖区沿海原有红树林潮滩上，后者分布在辖区内围垦脱盐及旱作熟化发育的滨海盐土，土体上层已开始脱盐，只有咸土1个属。

风沙土，主要分布在滨海沿岸沙堤、沙丘及沙地上，发育在岛屿迎风浪岸段，是一种非地带性新生土壤，主要分布在五通村浦口、泥金一带至何厝村，长达数公里。该带土壤上生长着以木麻黄为主、台湾相思混交其中的海岸防风沙防护林带。

水稻土，渗育性水稻土主要分布于山地丘陵坡地或岗背上，多系梯田，可分为黄泥田、红土田、白土田、沙质田4个土属。沙质田零星分布在高殿村。潴育型水稻土主要分布在后埔、枋湖、蔡塘、县后、五通等地。盐渍型水稻土分布于北部的海积平原。

土壤分布　辖区土壤类型空间分布的组合，从高到低垂直分布差异明显，从厦门岛中部湖里区与思明区交界处高丘陵向海岸呈环带状分布。大部分丘陵区为典型赤红壤和粗骨性赤红壤，耕作土壤有少量赤沙土和黄泥土田、灰泥田。台地低丘土壤带的海拔大多在50米以下，地面呈坡状起伏，向海岸倾斜，土壤以粗骨性赤红壤为主。耕作土壤分布于辖区内的旱作和果园，以赤土亚类为主；水田以渗育型水稻土为主，其中以黄泥沙田和红泥沙田居多，是主要水稻土类型。

【海域】 湖里区海域包括西部海域、同安湾海域、钟宅湾。

西部海域　湖里西部海域属于厦门西部海湾的一部分，北起高集海堤，南至湖滨北路西侧同益码头水闸。该海域集中了厦门市主要的码头，是厦门市开发程度最高的海域，沿岸经济发达，人口密度大，人类活动频繁，承纳排污量大。部分港域出现淤积，有些航段已成为碍航浅滩。

同安湾海域　湖里东部、北部海域南起五通—澳头，北至高崎、钟宅海面，属同安湾海域。该海域地处厦门岛东海岸，海岸较平直，海域开阔。受外海海水影响较大，盐度较高，营养贫乏，浮游生物量较低，风浪较大，属高能环境。辖区所在沿海区域属于岛岸开阔海域，与西海域海湾型海域有明显差异。湖里区在1949—1979年为军事要区，开发程度较低，不少岸段仍保持自然风貌。1980年后厦门东海岸出现开发热潮，滨海旅游资源遭受不同程度的破坏，海岸普遍受到侵蚀，滨岸生态环境也遭到不同程度的污染和破坏。

钟宅湾　位于湖里区东北部为外大内小的漏斗状海湾，海域面积约4平方千米。历史上海水可涨至洪水桥。1958年，在湾内建国营钟宅盐场，占用港湾面积约0.7平方千米。港湾内有厦门岛唯一出露温泉。1978年，前线人民公社钟宅大队在国营盐场之外再建大队盐场，占用港湾面积约1平方千米。20世纪90年代末，钟宅湾被规划为城市湿地公园，更名为五缘湾。

【自然资源】 湖里区主要矿产为花岗岩，有部分锰矿出现于花岗岩中，分布在湖里矿点，钼矿分布在园山矿点，耐火黏土分布在辖区北部和东北部。辖区历史上出现过的陆地野生动物涵盖两栖、爬行、鸟、哺乳四大纲数十种，部分被列入国家重点保护野生动物名录。水生动物较之陆生动物丰富得多，有无脊椎动物，含环节动物、软体动物、节肢动物；脊椎动物，包括鱼等，总计数百种之多。湖里区野生植物主要分布在灌丛和草丛中，灌丛和草丛主要分布在山丘或撂荒地。次生林主要植物群落有马尾松林、相思树林、木麻黄林。野生植物群落红树林已绝迹。

（叶　青）

【气候特征】 湖里区气候类型属于南亚热带海洋性季风气候。纬度位置处于北回归线偏北约1°，是亚热带中的最南带，为热带向温带的过渡带，具有热带气候的某些特征。辖区受海洋的影响较为显著，气温年较差小，相对湿度大。以张宝堃按候温划分四季的方法（即以五天候平均气温低于10℃为冬季、10℃—22℃为春秋季、高于22℃为夏季）对辖区进行季节划分：则夏季从5月1日至10月25日，长达178天；春季从2月6日至4月30日，共84天；秋季从10月26日至2月5日，共103天。各季气候特点：夏季长而无酷暑，秋春相连而无冬，全年几乎全是无霜期，气温变化不显著，秋温略高于春温；春夏有锋面雨，夏秋有雷雨台风，日照较长；全年多风，深秋季节偏北风而干冷，夏季偏南风而暖湿。海洋性主要表现在：最热月与最冷月平均气温相差不足16℃，9月、10月、11月平均气温高于5月、4月、3月平均气温，盛夏季节海陆风明显。湖里区2月、3月的气候特点是阴冷，这时东北季风已减弱，冷空气强度虽然不如秋季强盛，但仍不时南下影响华南地区，当新的一股冷空气南下与原先控制华南的变性冷高压相遇时形成锋面降水，由于变性冷高压含水量少，所以雨量不大，但天气较冷。如果冷空气较强，就会出现“春寒”或“倒春寒”的天气。到了4月，南方暖空气势力开始加强，当北方有较强冷空气南下影响辖区时，容易引发诸如大风、暴雨、冰雹、雷暴、龙卷风等强对流天气。1984年4月5日，一次飑线天气过程引起强对流天气，瞬间风速超过12级，东渡港区196吨吊车臂被吹折。在冷空气影响之前还极易产生浓雾天气。5—6月，是辖区的梅雨季，此时强盛的“西南季风”已控制华南及以南地区，由于西南季风含有充足的水汽和热量，当北方南下的冷空气与它交绥时，常常形成暴雨或大暴雨天气。有些年份由于北方冷空气较弱或副热带高压提早北跳，使华南在单一的暖气团控制下，雨量偏少，形成“空梅”，容易产生旱情。梅雨季主要灾害性天气是浓雾、大风、暴雨、冰雹、雷暴和龙卷风等强对流天气。7—9月，辖区在副热带高压控制下，天气晴热少雨，有时午后到上半夜由于热力对流，有局地雷阵雨。7—9月也是台风季，此时在西太平洋和南海经常有台风生成影响。台风虽然破坏力强大，但也给炎热少雨的夏季带来充沛的雨量和凉爽的天气。如果台风影响偏少，便很容易发生夏旱。由于湖里东临大海西接漳州平原，受海陆风影响很大，在海陆风影响下，夜里到中午前吹陆风，午后吹海风，因此最高气温不会太高，7月是辖区最热月，月平均最高气温也只32.6℃。影响辖区的台风每年平均3—4个，严重影响的台风1个。台风不仅会带来狂风暴雨、风暴潮等灾害性天气，以及由此引起的次生灾害，而且台风还会破坏海陆风效应，以及台风来临前所引发的“焚风效应”，使之出现36℃—37℃以上的高温天气。辖区极端最高气温38.5℃就是由台风引起的。夏季主要灾害性天气是台风、高温、干旱。从10月初开始，高空西风带南压，西太平洋副热带高压已明显南撤，脊线已退回到北纬20度附近，影响辖区的台风已基本结束，但个别年份仍有台风影响，1999年10月9日14号台风在龙海登陆，辖区最大风力达12级以上。到了10月，冷空气从低空向南方移动，占据华南地区，辖区在冷高压控制下，而此时高空仍受副热带高压控制，形成“下冷上暖”，大气层结非常稳定，出现秋高气爽、天高云淡的晴好天气，气温不冷不热，湿度偏小，气候十分宜人。但有些年份，从11月初到12月初冷空气较弱，出现气温较高、湿度较大的“小阳春”天气。12月至翌年1月，蒙古高压占据整个亚洲大陆，中国东部地区盛行东北季风。辖区由于受来自西伯利亚和蒙古干冷气团的影响，气候干燥，降水偏少。如果有强冷空气影响，还会造成“寒潮”天气。辖区由于地处海边，因此即便是深秋，感觉也不是很冷。1月是厦门的最冷月，月平均最低气温为9.9℃，极端最低气温1.8℃。秋季由于受单一的冷气团控制降水稀少。

【气象灾害】 影响辖区的气象灾害有风灾、水灾、旱灾、低温寒害和雹灾等。风灾有台风、冷空气大风、龙卷风、飑线等。对辖区产生影响的大风平均3年左右发生一次，主要出现在6月、7月、8月。1959年8月23日的第03号台风、1999年10月9日第14号台风和2016年的“莫兰蒂”台风为历史上居前三位的大风。龙卷风和飑线主要产生局部性灾害。辖区境域水灾主要由热带风暴和台风带来的暴雨所造成。水灾的发生概率与台风的发生概率基本一致，一般每年发生3—4次，重大水灾一年不到1次。但随着城市化进程的加快，局部地区由于地势低洼，排水设施未能跟上或阻塞，降暴雨时较容易受灾。辖区旱情以夏旱和秋旱为主。冻寒灾害多发生在冬至后“三九”期间。辖区境域冻寒主要是对过冬地瓜、香蕉、龙眼等作物产生影响。低洼地方冷空气容易沉积，故洼地冻害要比坡地、高地严重。3月10日以后出现的日平均气温小于等于12℃且连续日数大于等于3天的“倒春寒”，严重影响水稻生产。辖区春季3月、4月发生冰雹的频率最高，7月、8月次之。

（金丰军）

人文地理

【建置沿革】解放前建置　湖里区境域在唐天宝末年（755年）前后属南安县新城的一部分，此前隶属情况无考。唐大中十一年（857年）前后改属南安县嘉禾里。闽龙启元年即后唐长兴四年（933年）仍为嘉禾里的境域，改属同安县。宋代，辖区境域隶属同安县绥德乡嘉禾里。元代，辖区境域隶属西界二十一、二十三、二十四都，统归于绥德乡。明代至清初，辖区境域隶属关系不变。南明永历九年即清顺治十二年（1655年），辖区隶属郑成功所设思明州。清康熙二年（1663年），清军攻占厦门岛后“墟其地而返”，厦门岛成为荒岛，辖区亦成为无人管辖之地。清康熙八年，台湾郑经政权重新据有厦门岛，辖区归郑经集团管辖。清康熙十九年清军攻占厦门，并在岛上派驻总兵，辖区境域重归同安县绥德乡嘉禾里管辖。民国元年（1912年）4月设立思明县之初，辖区境域分设若干个保，直属思明县。此后，辖区境域先后成立联保、自治区，均隶属于思明县。民国22年11月20日发生“福建事变”，成立中华共和国人民革命政府，辖区境域隶属厦门特别市。民国23年1月，“福建事变”失败，撤销厦门特别市，辖区境域仍隶属思明县。民国24年4月，撤销思明县，正式成立厦门市。以辖区境域为主成立禾山特种区，直属福建省政府，但由同安县代管。民国26年7月，禾山特种区改为禾山甲种区，隶属厦门市。民国27年5月，日军攻占厦门，民国28年7月成立伪厦门市政府，民国32年3月改伪厦门市为伪厦门特别市，伪禾山区先后隶属伪厦门市和伪厦门特别市。民国34年10月，国民政府收复厦门市，辖区境域仍隶属厦门市禾山区。

解放后建置　1949年10月17日，中国人民解放军解放厦门岛。21日，厦门市人民政府成立。辖区境域隶属厦门市禾山区公所。1954年3月，改禾山区公所为禾山区人民政府。1957年8月，福建省人委批准设立厦门市郊区行政办事处，禾山区为其下辖两个区之一。1958年1月，撤销禾山区，辖区境域分设江头、五通、高殿、钟宅等乡（曾塔、何厝两乡今属思明区），隶属于厦门市郊区。1958年6月，辖区境域改设五通、江头两乡（何厝乡属今思明区），仍隶属厦门市郊区。1958年10月9日，成立政社合一的前线人民公社，辖区境域隶属厦门市郊区前线人民公社。1961年10月，在前线人民公社辖区内成立禾山区。1963年6月，撤销禾山区，恢复前线人民公社。1980年10月，创办厦门经济特区。经济特区管理委员会隶属福建省人民政府。1984年9月，改设湖里工业区管理局，行使市政府对经济特区的管理权。1980年11月，前线人民公社改名为禾山人民公社；1984年10月，撤销禾山人民公社，成立禾山乡人民政府。辖区境域隶属关系不变。1987年11月，湖里区正式成立，隶属厦门市管辖。此后，湖里区境域、行政区划屡有调整，但隶属关系未发生变化。

【行政区划】2019年，湖里区下辖湖里、殿前、江头、禾山、金山5个街道55个社区。区划内容详见2019年湖里区行政区划一览表。

【人口】2019年，湖里区户籍人口总数为36.59余万人，常住人口102.6万人。人口出生率12.8‰，人口死亡率3.2‰，人口自然增长率9.6‰，比上年下降1.6个千分点。户籍人口中，男性近18.21万人，女性18.38余万人，15岁以下84705人，17岁以下89975人，18—34岁的95753，35—59岁的137231人，60岁及以上的42986人。年内，湖里区新增户籍人口26746人，比上年增长7.89%，其中出生7339人，死亡1058人，迁入35356人，迁出14737人。湖里区户籍人口详见2019年湖里区户籍人口情况一览表。

2019年湖里区行政区划一览表

街道名称	社区（个）	社区名称
湖里街道	18	湖里、村里、徐厝、濠头、东渡、塘边、后浦、金鼎、南山、东荣、康乐、康晖、康泰、怡景、和通、新港、海天、兴华
殿前街道	9	兴隆、长乐、北站、神山、高殿、马垅、兴园、嘉福、翔鹭
江头街道	10	江头、吕厝、吕岭、园山、金尚、江村、蔡塘、后埔、祥店、江华
禾山街道	9	枋湖、坂尚、岭下、围里、禾欣、禾盛、禾山、禾缘、五缘北社区
金山街道	9	高林、五通、后坑、金山、金林、金安、湖边、金湖、金海

2019 年湖里区户籍人口情况一览表

单位：人

项目			湖里区	其中				
				湖里街道	殿前街道	江头街道	禾山街道	金山街道
年末总户数（户）			109747	11213	24132	31179	24174	19049
年末总人口	合计		365945	44852	72944	106759	83878	57512
	城镇人口		365945	44852	72944	106759	83878	57512
	性别	男	182097	23947	35544	53179	41086	28341
		女	183848	20905	37400	53580	42792	29171
	年龄	0—15 岁	84705	9095	15115	22820	24139	13536
		0—17 岁	89975	9666	16212	24419	25337	14341
		18—34 岁	95753	15839	17763	25433	23766	12952
		35—59 岁	137231	14835	28805	42984	27586	23021
		60 岁及以上	42986	4512	10164	13923	7189	7198
本年度人口变动	出生	合计	7339	978	1463	1826	1971	1101
		男	3984	535	784	979	1075	611
		女	3355	443	679	847	896	490
	死亡	合计	1058	111	232	335	174	206
		男	607	67	120	208	83	129
		女	451	44	112	127	91	77
	迁入	省内迁入	29849	3623	6142	8083	8194	3807
		省外迁入	5507	1336	1046	1423	1219	483
	迁出	迁往省内	13403	2099	3273	3907	2488	1636
		迁往省外	1411	338	212	418	333	110

【方言】 湖里区位于厦门岛的西部至北部。原属厦门岛上“禾山区”的一部分，民间旧称“山场”[$sua^{1}tiu^{2}$]，或叫“顶禾山”[$tin^{1}ho^{2}san^{1}$]（禾山的上半部）。湖里区本地人所讲的方言属闽南方言的厦门话，它跟市区的厦门话有一些极小的差异，但跟厦门市区的厦门话能互通无阻。有人将它称之为厦门话的“禾山腔”。这种“禾山腔”语法与闽南话的厦门话相同，语音与词语略有区别。

语音方面有两个很明显的特点：厦门市区读“i”韵母的一些字，湖里区多数读“u”韵母；厦门市区读“in”韵母的一些字，湖里区读“ai”韵母。词语方面的小差异，也主要表现在两个方面：有一些词语的读音跟市区不同，最明显的是相当一部分人将“母亲”叫作 [$au^{3}a^{3}$]，这可能是“阿母仔”[$a^{1}bu^{3}a^{3}$] 的合音；有一小部分事物的叫法跟市区不同。湖里区内部的差异更小，大概可分为 4 片：以区政府所在地的枋湖为中心，分为原后埔、江头地区，五通、高林等地区，高殿、寨上等地区，钟宅地区。除钟宅地区外，其他 3 个地区之间的差异几乎不容易看出来。钟宅的百姓多是畲族，但他们却不说畲语，而是说闽南方言。钟宅百姓所说的闽南方言跟湖里区的闽南方言是比较一致的。其差异也不明显，给人们留下比较深刻印象的是钟宅百姓的口音里常带有一个话尾词“搭 [tah]”，相当于普通话的“啦”。另外，个别词语的读音或叫法也有一点不同。

（周长楫）

【宗教和民间信仰】 湖里区宗教有佛教、道教、基督教。佛教活动场所有觉性院、观音寺、天竺岩寺，基督教活动场所有新区堂、寨上堂、钟宅和南山路活动点。湖里区大大小小的民间信仰宫庙161座，其中仙岳山土地庙、湖里凤和宫、泥金兴隆宫、濠头濠沙宫为市级民间信仰联系点，辖区内设有闽南文化保生慈济分会。影响较大的宫庙还有龙湫亭、高崎万寿宫、安兜青辰宫、钟宅澜海宫、后埔禾济宫、薛岭龙源宫、乌石浦洞炫宫、殿前东山寺、后门小厅宫、昭塘观音寺、后坑资福院、坂美五郎庙、霞边凤山宫、浦口瑞云宫。宫庙供奉的神灵五花八门，有佛教的如来、观音；道教的太上老君、王母娘娘、玄天大帝、张天师、土地神；历史圣贤五谷仙祖，关公，开闽王，三忠王，池、李、朱、邢、温、孙、赵、康等姓的王爷；本省俗神妈祖、保生大帝、三平祖师、清水祖师、广泽尊王；本地孙姓祖佛真异大师、林姓祖佛林希元；源自本地的俗神白鹤仙祖、耀生伯、三叔公；物灵信仰有虎相公和榕树王等。土地公在当地颇受尊崇，其次是妈祖、王爷、保生大帝、观音。仙岳山土地庙是全国规模最大的土地庙。居民住家多数设有“佛龛”，供奉观音、土地公、灶君。关帝被视为财神，店家供奉为多。当地宫庙建筑俗称“皇宫起”，前后殿之间有天井，大多为三开间燕尾翘脊典型的闽南建筑，少有山门牌坊。保存最完好的古建筑是薛岭龙源宫，最具纪念意义的是五通万人坑祖庙，奉祀被日本侵略军杀害的亡灵。祖灵信仰深植当地人心。住家中设有祖宗神位，前置香炉、烛台，清明、七月半、冬至和除夕“四节”以及祖宗的忌日进行祭拜。同姓聚居的村落建有陈、林、黄、孙、王、钟等19个姓氏的46座宗祠，俗称祖厝，奉祀开基祖以及列祖列宗。每年在固定的日子里祭祖，结婚的新人婚后要到祖厝里敬拜。乌石浦萧氏家庙、湖里杨氏宗祠、后浦陈氏宗祠被列为市级涉台文物保护单位，海峡两岸宗亲共同祭拜祖先。民间信仰中，祭品常见的是猪肉、鸡、鱼和米龟、米粿。信众以掷筊杯俗称“卜杯”进行占卜，有的宫庙中还备有签枝和签诗。醮事多数是道教的科仪，意在祈福和消灾。许多宫庙在神诞日会组织信众前往祖庙参拜进香，俗称“请火”，奉祀妈祖的三月廿三到湄洲岛或何厝香山妈祖庙请火；奉祀保生大帝的三月十五到白礁、青醮保生大帝慈济宫请火。在元宵节、神诞日或是佐事时，宫庙举办庙会，请出神灵的神像巡游称为“巡境”，接受信众的敬拜，俗称“吃香位”，同时设礼酬神、献戏娱神。其中较有特色的是湖里凤和宫、高崎万寿宫、殿前白鹤寺、后埔禾济宫的庙会，岭下、墩上、尚忠和坂上“王爷公坐任”，高林保安殿“妈婆出巡”，薛岭龙源宫“送王”，枋湖、梧桐“请丈公”。农历十月常有举办王爷佐事，请王爷巡境、敬王爷、送王爷，即“迎王、贡王、送王”。钟宅、枋湖、浦口等地还举行“送王船”活动。当地许多民间信仰活动会有台湾信众参加。

仙岳山土地公庙　　（赵建军　摄）

【风俗】 食俗　湖里区居民一日三餐以干饭为主。稀饭俗称“糜”，大多是番薯糜。也有用芋头、海蛎煮成或者掺有高丽菜、芥菜、南瓜的“咸糜”。除此之外，待客炒米粉、冬粉，坐月子吃面线，丧事吃咸糜、咸饭、红糟肉，小孩满月吃“戗油饭”，生日吃蛋，做寿吃面，婚嫁吃圆仔，清明吃薄饼，五日节、七月半吃粽子，六月半、冬至吃汤圆；八月半吃红米龟；年兜蒸咸粿、发糕；正月初九吃甜粿。

茶俗　本地把喝茶说成吃茶，茶叶俗称“茶心”，基本是用陶制的茶具泡出的“工夫茶”。家家户户有茶桌（茶几）和一整套茶具，茶盘、小茶壶、茶缸、茶盅、茶杯、茶漏、茶铲。“吃茶”的说法已经被“泡茶”所取代。泡“工夫茶”讲究程序和功夫，大多是用紫砂茶壶、白瓷茶杯，程序有孟臣沐浴、水淹七军、乌龙入宫、高山流水、春风拂面、关公巡城、韩信点兵之讲究。待客的最高礼节是白糖水煮2粒鸡蛋的“鸡蛋茶”。新娘“捧茶”待客时，一般用冬瓜糖、桂圆、枸杞泡的“冬瓜茶”。茶俗还表现在各种祭拜的礼仪当中。年节或神明纪念日，拜神拜佛要敬献3杯“清茶”。平常则在佛龛面前摆放茶叶，以代替日常“敬茶（水）。”

酒俗　本地以酒为礼。订婚办酒席，结婚办喜酒；生儿育女办满月酒；送行有“顺风酒”，迎归喝“接风酒”；祭祖敬神和丧事祭拜都要祭酒。但是饮酒不强求，节制自便为主。饮酒以米酒、高粱酒为主。药酒为大多数人所欢迎，“固本药酒”“万全堂药酒”久盛不衰。不少人用当归、党参、枸杞、桂圆等中药泡制药酒，“吃补”时和着鸡、鸭等食物食用。在霜降、立冬、冬至和妇女坐月子时，所吃的滋补食物一定要掺药酒。

服饰习俗　现在的男女服装呈时装化和个性化。不管穿什么样的衣服都忌反穿，因为会联想到为死去的人“套衫”。妇女在节庆和喜事时头发插着用红线和金箔丝缠扎的“春花”。本地把耳环和戒指称为“耳勾”“手子”年轻女子戴的“耳勾”多是有小垂链的，年长女子的“耳勾”大都镶有珍珠或玉石。多数女子戴圆箍形的戒指，俗称“斗箍”。

称呼习俗　祖先和长辈的名字不能直呼。与长辈名字同音的字也要有所避讳。小辈更不能叫长辈的小名。同事之间一般在姓前冠以“老”“小”。邻里之间称呼，对年长者在名字后加上辈分，如伯、叔、兄、姑；对于已婚女性在其丈夫名后加姆、婶、嫂等；对于同辈和下辈则可直呼其名。除了部队和学校点名，人际称呼一般只称名不带姓。

婚嫁习俗　结婚时吃喜饼、喜糖，本地俗称“糖仔饼”。出嫁时

看新娘　（赵建军　摄）

携带象征吉利的春谷、大麦、芋子、火炭、生铁等12项。结婚当天，新郎、新娘都要进行“上头”。新娘出嫁是用彩带花束装饰的花车。结婚时新房要摆汤圆、米糕，要让小男孩先在新床上“翻床”。喜筵之后，众宾客闹洞房，本地俗称“哗新娘”。婚礼之后新娘向长辈敬茶，长辈回之以礼品，叫“压茶盘”。

生育习俗　妇女怀孕叫“有身”，产前的一个月称“顺月”。婴儿诞生满月，雅称“弥月”，要修剪婴儿的胎发，所以满月俗称“剃头”。婴儿周岁俗称“度晬”，周岁开始，小孩要穿鞋了，所以周岁又叫着“穿鞋”。

丧葬习俗　丧葬习俗实行火葬，习俗由繁及简，但基本延续了旧时的初丧、小殓、大殓、出殡、下葬、孝祀，既烦且费。逝世本地称“过身”，净身后给死者换衣服俗称“张穿”，古称“小殓”。丧眷围在逝者旁过夜，称“守丧”；封棺之后丧眷守灵柩而眠，叫“守灵”。出殡本地称“出山”，灵柩移到公众场所，接受送葬亲友的祭奠，称为“谢拜”。来年的正月初三，逝者的家中“烧新床”，祭亡灵。之后逝世周年都要祭拜称“做祭”。

岁令节俗　时序节俗中，民谚称春节“初一早，初二早（早早就去拜年），初三困到饱（不宜出门，可以在家睡懒觉），初四接神，初九天公生，十五上元暝。”大年初一不吃稀饭，不洗衣、不扫地，不汲水。初二女儿携女婿回娘家拜年，俗称“查某团日”。初四摆果品和“三牲”，上香“接神”。初九为“天公生日”，敬拜相当隆重。元宵节本地叫作“上元”，观灯而不吃元宵，近年来政府组织元宵文化踩街活动。本地有的在清明节，有的在三月初三“三日节”扫墓、压墓纸。钟宅钟姓扫墓之后在祖墓前架灶煮供品供大家分食，叫“吃祖墓”。端午节用粽子祭祖先，在门户上挂艾草、榕叶辟邪。在旧观念中，七月是“鬼月”，忌办喜事、搬新居。七月十五俗称“七月半”，要祭祖，在此前后数日村社轮流“做普度”祭拜鬼神。中秋俗称“八月半”，在家中用红米龟祭拜祖先，近年来本区在仙岳山土地庙举办土地公信仰文化节。立冬和霜降

信徒祭拜　（赵建军　摄）

吃药膳补身。冬节隆重地祭祖，主要祭品是汤圆。十二月二十四俗为送神之日。本地称除夕为“廿九暝”。用丰盛的饭菜和发糕、咸粿祭拜祖宗和神灵。吃年饭叫围炉，年饭中要有鱼和血蚶。除夕夜在供桌上摆红柑、春饭、发糕迎春祈福，上面都插红色的“春枝”。

（黄国富）

经济社会发展

【概况】 2019 年，湖里区地区生产总值（GDP）1297.29 亿元，比上年增长 8.3%。第二产业 549.52 亿元，比上年增长 12.4%，第三产业 747.78 亿元，比上年增长 5.3 亿元。财政总收入 216.63 亿元，比上年增长 7.6%，区级财政收入 49.6 亿元比上年增长 4.47%。固定资产投资比上年增长 9.5%；规模以上工业增加值 395.79 亿元，比上年增长 10%；社会消费品零售额 377.72 亿元，比上年增长 13.9%；批发零售商品销售额 5673.39 亿元，比上年增长 16.2%；建筑业总产值 703.43 亿元，比上年增长 32.3%。合同利用外资 67.40 亿元，比上年增长 32.3%。

【重点项目建设】 2019 年，湖里区有 35 项重点项目，其中，产业类 17 项，基础设施类 9 项，社会事业类 9 项；竣工 7 项，续建项目 25 项，动工 3 项。全年完成投资 620015 万元，其中，产业类完成投资 364815 万元，基础类 200548 万元，社会事业类 54616 万元。

【高新技术产业】 2019 年，湖里区有“三高”（高技术、高成长、高附加值）企业 326 家，占全市 15.7%，高新技术产业增加值占全区规模以上工业增加值 86.4%，高于全市 19.3 个百分点。引入浪潮 AK 南方总部制造基地、施耐德电气结算中心等制造业项目；为存量龙头企业拓展发展空间，引入新的优质资源，对接一批平台经济项目，湖里创新园全年营业收入突破 500 亿元。

【招商引资】 2019 年，湖里区出台《关于调整湖里区招商引资工作领导小组的通知》，分类别成立 10 个招商工作小组。出台《湖里区人民政府办公室关于进一步加强招商引资工作的若干意见》《关于印发湖里区投资顾问聘请管理办法的通知》和《湖里区招商中介机构及项目引荐人奖励办法》等一系列招商政策及管理办法，湖里区超额完成年度招商任务。全年累计入库招商项目 243 个、总投资 1447.5 亿元。全区新批及增资企业超 2 万家。

【社会事业】 2019 年，湖里区拥有各级学校 212 所，学年初招生 37461 人，在校学生 119079 人，专任教师 7373 人；是年，全区累计专利申请 6167 件，专利授权 4278 件；辖区有文化馆 1 个，图书馆 1 个，街道文化站 5 个，社区综合文化服务中心 54 个，24 小时街区自助图书机 53 台；全年举办全区性文化活动 413 场，全区基层文体活动 1173 场；年内，湖里区承办第十五届中国俱乐部杯帆船挑战赛、汽车飘移锦标赛、城市乐跑赛、摩托艇世锦赛等大赛，举办中国国际游艇展览会、国际名校大学生篮球赛，组织 1778 名运动员参加第十二届厦门运动会；是年，全区有各类医疗卫生机构 416 家，专业卫生技术人员 7731 人，医疗机构核定床位 5020 张。

（张宪敏）

1月

9日　湖里区小区治理“十佳业委会、十佳物业”评选活动启动。获评“十佳业委会”的小区，可优先获取小区治理的小额“以奖代补”项目资金10万元；获评“十佳物业”的物业公司，可获得物业服务星级评定考核加分。

12日　海峡两岸文旅产业高峰论坛暨两岸文旅研学基地揭牌仪式在湖里区海峡文创园壹壹生活美学馆举行。

2月

2日　湖里法院与湖里区工商联建立涉民营企业纠纷诉调对接机制。

13日　湖里法院在全省首创“公众号+文书码”微信送达文书。

15日　“团团圆圆闹元宵　红红火火新时代”第十五届厦门元宵民俗文化节在湖里区五缘湾建发湾悦城举行。本届元宵民俗文化节不设主会场，百余场特色文化活动在各个街道、各大商圈以及文创园区同步开展。

3月

1日　湖里区召开征地拆迁工作会，会上表彰83名先进个人和22个先进单位。

22日　共青团湖里区第八次代表大会召开，完成团区委换届，按照共青团改革要求，配备书记1名，挂职副书记1名，兼职副书记1名，选举产生31名来自党政部门、非公企业、青年社会组织、基层一线等领域的团区委委员。

4月

12日　2019年厦门国际影视产业论坛（中国·湖里）在湖里区东南天地影视文创园开幕，全国各地200多名影视行业人士参加论坛。本次活动由湖里区文化改革发展工作领导小组办公室主办。

12日　湖里法院、湖里区法学会自贸区法学研究会、湖里区检察院、厦门市法律援助中心、厦门市公证处、福建自晖律师事务所联合成立全省首个“自贸区公共法律服务协同创新基地”。

24日　厦门自贸片区“综合法律服务中心”挂牌。

25日　湖里区2019年第二季度建设项目集中开工暨薛岭旧村改造提升项目开工仪式启动。总投资超过140亿元的18个项目集中开工，涉及产业提升、基础设施、社会民生等领域。

27日　湖里区主办的第十一届厦门（湖里）城市诵读节暨湖里区社区文化艺术节启动仪式在仙岳山文化广场举行。

4月　湖里区首批9个拾金不昧箱设立使用，选取社区办事大厅、物业服务处、居民小区及商场等作为试点，并指定专门工作人员负责接收拾获物件及遗失物认领等工作。

4月　湖里区大件垃圾处理厂搬迁到马厝社，新处理厂占地3000平方米，一天最多可以粉碎20多车的大件垃圾。

4月　“数字湖里”公共管理集成平台投用，该平台集合了“12345”便民服务平台、“12319”数字城管信息平台、公安“110”非警务平台、城管举报平台、社会综合治理平台、夜景照明控制管理平台、排水防涝应急指挥平台等7个平台的功能。

5月

4日　“2019悦动湖里·青春活力挑战赛”大型体育赛事，在湖里建发湾悦城举行。来自全国各地的800名青年参赛，分5人一组，组成100多个参赛队伍，踏上爱国、民主、进步、科学4条特色线路，在运动乐趣中重温“五四”精神。

28日　湖里区检察院与中铁十一局集团有限公司厦门市轨道交通3号线工程五缘湾停车场项目经理部开展“检企共建”犯罪预防活动，联合成立预防犯罪工作领导小组，并设立预防犯罪特派员小组和预防犯罪志愿者工作站。

31日　国内知名普外科专家——许剑民名医工作室在复旦大学附属中山医院揭牌成立。许剑民致力于结直肠癌的全程规范化精准诊疗，尤其擅长使用机器人和腹腔镜微创手术。

6月

2日　上午，厦门大学附属厦门眼科中心五缘院区开业。院区总建筑面积14万平方米，日门诊量可达1万多人，重点开设白内障、青光眼、眼底病、视光等9个临床科室，开放床位超过300张。引进中国工程院院士谢立信，中华医学会眼科学分会名誉主委、中山大学中山眼科中心原院长葛坚，厦门大学医学院原院长、长江学者特聘客座教授刘祖国，中华医学会眼科学分会专家会员、美国宾州大学眼科中心特聘客座教授郭海科等眼科领军人物在五缘院区出诊。开业典礼现场，黎晓新名医工作室和赵堪兴名医工作室揭牌成立。5G眼科智能医院签约仪式也在同日举行。

6—7日　厦门大学附属心血管病医院（厦门市心脏中心）搬迁至五缘新址，10日对外开放。新址建筑面积8.6万平方米，建筑规模是旧址的8倍；日接诊量3000人次，编制床位600张，搬迁后首期开放350张。楼顶设有直升机停机坪，患者可以从空中直接进入急救室进行介入手术等抢救；拥有10间导管介入手术室、6间层流心外科手术室；配备核磁共振、心脏专用CT、超声检验仪器等先进设备；引入恒温新风系统，全院区全年恒温。实行全院无陪护管理，减轻患者及家属负担。

15日　第十届海峡论坛·第六届海峡两岸社区治理论坛暨两岸社区“家”年华的100余名海峡两岸致力于社区治理和营造的基层工作者、专家学者，到湖里街道（金鼎）老年人照料中心和东荣社区东兴小区参观交流。

22—23日　湖里区在仙岳山公园举办“追梦新时代　幸福在湖里”悦游·湖里闽南非物质文化遗产斗阵行。

7月

1日　湖里区检察院联合区教育局对辖区3家申办的幼儿园进行前置审查，督促幼儿园落实教职工无犯罪记录、发现幼儿遭受性侵害的报告义务、幼儿睡觉区域监控无死角等情况。

12日　湖里举办的“扬帆起航　共赢未来”2019两岸创业青年帆船邀请赛于厦门五缘湾畔开赛，吸引了海峡两岸创业青年、众创空间及孵化器代表等90余人参赛。

30日　湖里创新园公共法律服务站揭牌暨湖里区法律志愿者联盟启动仪式在湖里创新驿站举行。

30日　中共湖里区委八届十次会议召开。

8月

8日　湖里区举行第一批农村集体经济组织登记证颁证仪式，由区市政园林局向湖里街道辖内6个村改居社区代表现场颁证。

22日　“垃圾分类”论坛在湖里区开幕，来自全国各地的参会人员超过200人。与会专家围绕垃圾分类工作的重点、难点及对策、垃圾分类实践案例等方面进行交流与探讨，为垃圾分类建言献策。

30日　上午，2019年湖里区社区微型消防站比武竞赛在厦门信息学校举行。55个社区微型消防站经过比拼，禾山街道枋湖社区、金山街道鑫湖社区和后坑社区的微型消防站取得团体赛前三名，枋湖社区微型消防站队员苏南新取得个人赛第一名。

8月　薛岭山公园启用“AI智慧公园”便民系统，搭载人工智能操作系统的“智能语音亭”及AR大屏。

9月

2日　江头司法所与后埔社区联手，在后埔社区书院成立“江头街道公共法律服务室”，服务室于9月下旬正式运作，辐射后埔社区、蔡塘社区、金尚社区、吕岭社区、祥店社区，为社区居民提供日常法律咨询和法律援助，并开展法治宣传教育工作。

5日　位于湖里大道的“特区1980·西泠艺苑”项目开工。该项目占地1.1万平方米，建筑面积约4779平方米，含1个广场花园、1栋三层建筑、3栋挑高8米无柱厂房。

6—10日　2019厦门国际投资贸易洽谈会暨丝路投资厦洽会（以下简称厦洽会）于9月8日举行。厦洽会首设湖里分会场，分会场位于佰翔会展中心，聚焦茶主题，举办2019年中国（厦门）国际茶业投资贸易博览会，展会面积1.2万平方米，550个规划展位，每天10个小时向市民免费开放。

8日　上午，厦洽会湖里区项目签约仪式在区信访大楼四楼会议室举行。中共湖里区委副书记、湖里区区长林重阳及签约代表160余人出席签约仪式。

10日　厦门举行教育系统教师节庆祝大会，会后，由厦门六中合唱团演唱专门写给教师高至凡的新歌《因为你》，歌罢举行高至凡先进事迹报告会，由他生前领导、同事、学生讲述高至凡的故事。

14—15日　2019厦门“特区·1980”斗鱼D-one手游联赛总决赛在湖里街道举行。本届总决赛，包含6个当下流行的手游项目，全国6700多名手游爱好者参与线上海选和比赛，最终筛选出各项目54名决赛选手。

17日　厦门市湖里区旅游协会成立大会召开。辖区内39家旅行社、酒店、景区等文旅企业成为湖里区旅游协会成员单位。

9月　湖里区“金波调解工作室”举行揭牌仪式。“金波调解工作室”的主人王金波是湖里区法院的一名退休法官，多次获评省、市法院系统办案能手、调解能手称号。设立退休法官调解工作室，是湖里区人民调解工作的又一尝试探索。

10月

28日　湖里区首个智慧农贸市场——金尚农贸市场试营业。市场设立食品安全检测室，检测品种多达217种，并同步上传厦门市食品药品检测预警中心。市场设有无死角视频监控系统。按照消防技术标准配置消防设施，并在独立区域设置消控室，实时监控市场动态，保障市场安全生产。同时，金尚农贸市场设置服务管理办公室和消费维权调解室。

30日　“先锋湖里　祝福祖国”湖里区贯彻落实总书记习近平在庆祝中华人民共和国成立70周年系列活动上的重要讲话精神暨“不忘初心·牢记使命”主题教育汇报演出，在湖里区蔡塘学校体育馆举行。

11月

1—4日　第十二届中国（厦门）国际游艇展览会在厦门市五缘湾举行。本届游艇展首次将陆上展区设置在厦门国际游艇汇中心广场，云集境内外参展品牌逾200个。线下展区融入旅游、体育、音乐、时尚、环保、文创、亲子等元素，特色展区、创意展馆、潮流市集，吃喝玩乐购一站式畅游，还有多种水上休闲运动体验。线上在抖音发起#我在海边抖出色专题挑战赛，跟着网红达人解锁滨海生活的独特玩法，截至4日，点击量累计达7098.8万次。

3日　“2019厦门城市乐跑赛”在湖里五缘湾音乐岛举行，4000名跑者参赛，厦门、金门、澳门青年组团并肩奔跑，成为此次赛事的焦点。奥运冠军王军霞领跑。

6日　湖里区民办学校综合党委成立大会在湖里第二实验小学举行。成立湖里区民办学校综合党委及14个民办幼儿园联合党支部、2个民办培训机构党支部。

21日　第二十八届中国金鸡百花电影节系列活动之民族影展在湖里区蔡塘广场中影梦工坊影城开幕。本次影展持续至23日，展映17部少数民族电影及1部特别展映影片。

23日　湖里区公办小学的39位校长（书记）和8位公办中学的校长，齐聚湖里区政府，参加湖里区中小学校长论坛暨校长职级评定专项评审工作会议。全区所有公办中小学校长轮流上台发言，展示自己的办学主张和业绩，评委据此打分，分数以一定比例计入今后校长申请职级的分数中。实行校长职级制，校长分为特级、一级、二级、三级四个等级，校长有了上升的空间，解决了校长的“天花板”问题。

23日　位于厦门火炬荟智空间的新加坡创士锋科技园项目揭牌。新加坡文化、社区及青年部长、社区事务署主管部长傅海燕以及新加坡驻厦门总领事馆、新加坡贸易与工业部、新加坡企业发展局等政府部门主要领导、新加坡商企代表团一行50余人，出席揭牌仪式。新加坡创士锋科技园项目由湖里区政府与火炬高新区管委会共同引进，于9月签约落户厦门火炬高新区。

27日　2019年湖里小区治理最美人物评选活动启动，活动持续至12月底。本次活动通过申报、公众投票、专家评审、公示四个阶段，评选出最美小区党支部书记、最美小区业委会主任、最美小区秘书、最美小区医生、最美小区警察、最美小区调解员（律师）、最美小区贤达、最美小区志愿者、最美社区工作者10个系列各10名最具代表性的小区治理最美人物。

27日　湖里区第二届小区治理“十佳小区业委会”“十佳小区物业”评选启动。

28日　上午，厦门首个智慧型养护中心——象屿慈爱中心项目落成仪式举行。该中心位于金山社区，总建筑面积4.2万平方米，规划护理型及自理型两栋老年公寓，约850张床位。配套先进的智能健康管理系统，可满足自理、半自理、失能、失智长者的持续照料需求。

28日　湖里区检察院举行“12309”检察服务中心揭牌仪式。该中心有业务咨询、控告申诉、国家赔偿与国家司法救助、案件管理四大功能，设有远程视频接访室、检察长接待室、律师接待室、案件讨论室、公开审查室、咨询室、情绪疏导室。

11月　第二十八届中国金鸡百花电影节期间，中国影评新生态论坛、民族影展等一系列活动在湖里区举行。

11月　湖里区“党支部建在小区上”这一做法入围2019全国“创新社会治理典型案例”征集活动。

12月

1日　“开放湖里·向美好生活致敬”2019湖里魅力购在五缘湾天虹购物中心开幕。此次魅力购由湖里区人民政府主办，湖里区商务局、多想互动、支付宝口碑承办，湖里街道、殿前街道、禾山街道、江头街道、金山街道、厦门国际银行协办，湖里区各大商场百货、汽车商家、电商企业商家共同参与。百货、汽车、电商三大板块众多商超、百货、餐饮、娱乐品牌加盟。

6—9日　2019厦门国际时尚周湖里会场活动在“特区·1980”湖里创意产业园举办。开场秀是由王玉涛带来的Beautyberry 2019《流浪·Nowhere Nomads》作品发布会，随后，景业晟美·JOEM卓影、凤凰树·保时霓POSSNEY、璟缘·薏名EMIL、吾峰·芮非RUIFEI、言米·the bigint“冰港”、张庆红·凤飞曾（FENGFEI.Z）、栾述涛·LLUUAANNSSHHUU等服装时尚品牌轮流上台展示。影儿集团旗下的音儿、篇、恩裳、歌中歌4个品牌带来40套秀场服。

7日　“2019年健康步道体验季”活动拉开帷幕。健康步道全线有7座重要节点桥梁，其中，1座为跨山谷桥梁，6座为跨步道桥梁。设置16个景观打卡点，12个特色景观园区，14个驿站节点，服务半径500米至700米，配套服务房、公厕、自动售卖机等。

11日　湖里区融媒体中心启用仪式在区行政中心举行，该中心下设“一编五部”，即采编中心、行政部、技术部、新媒体部、舆情数据部、文产部。

19日　中共湖里区委召开八届十一次全会。

22—28日　联发2019“文创产业与城市更新”活动周在湖里区联发华美空间开幕。文创周系列活动前后持续7天，由开幕主论坛、主题论坛和展览三大板块组成，邀请国内外近30位设计、艺术与文创人士参与其中。

25日　上午，政协第八届湖里区委员会第四次会议开幕。政协主席林凡代表政协第八届湖里区委员会常务委员会向大会作工作报告。

25—28日　湖里区召开第八届人民代表大会第四次会议。

12月　湖里区仙岳公园和五缘湾湿地公园启用名为“全民健身驿站”的智能健身亭，亭子中间有一张象棋桌，四周的柱子分别安装着椭圆机、划船器、健身车、坐推训练器材等器械，供电由太阳能提供。智能健身亭还配有手机充电孔、紧急医药箱、挂衣钩。

中共厦门市湖里区委员会

区委重要会议

【概况】 2019年，湖里区委召开2次全体会议，即区委八届十次、十一次全体会议；全年召开38次区委常委（扩大）会议，上会议题212个。

【区委八届十次全体会议】 2019年7月30日，湖里区委八届十次全体会议在区行政中心东附楼三楼大礼堂召开。会议的主要内容是学习贯彻总书记习近平在参加十三届全国人大二次会议福建代表团审议时的重要讲话精神和对福建、厦门工作的重要指示批示精神，贯彻落实中共福建省委十届八次全会、中共厦门市委十二届九次全会部署要求，回顾总结上半年工作，部署下一步重点任务，动员全区上下牢记重托、勇担使命，凝心聚力、加快发展，举全区之力推动岛内大提升，谱写新时代特区发祥地发展新篇章。

【区委八届十一次全体会议】 2019年12月19日，湖里区委八届十一次全体会议在区行政中心召开。全会学习贯彻中共十九届四中全会精神。全会强调，全区各级党组织和广大党员干部要提高政治站位，把思想和行动统一到中共十九届四中全会精神上来，领会把握坚持和完善中国特色社会主义制度、推进国家治理体系和治理能力现代化的重大意义和目标要求，增强推进治理现代化和岛内大提升的责任感使命感紧迫感。全会要求，要坚持守正创新，统筹做好坚持和巩固、完善和发展、遵守和执行的文章，坚持以政治建设为统领，全面加强党的领导和党的建设；坚持以民主法治为基石，切实保证人民当家做主；坚持以新发展理念为指引，扎实推动高质量发展；坚持以人民为中心，着力提升居民群众获得感幸福感安全感，奋力推进特区发祥地治理现代化。全会强调，要聚焦重点突破，奋力推进岛内大提升。着力拓展产业新空间，全力打造新经济高地，倾力招引高能级项目，推进规模化投资，加力加速产业素质大提升。加快推进旧村整村大改造，全面推进综合承载大升级，持续推进城区环境大跃升，加力加速城区气质大提升。高质量办好社会事业，高品位打造文化标杆，高标准打造爱心之城，加力加速民生品质大提升。全会强调，要切实加强领导，保持定力、把牢方向，压实责任、狠抓落实，尊崇制度、执行制度，提升能力、担当作为，确保各项任务落深落细落实。全会号召，全区各级党组织和广大党员干部要更加紧密地团结在以习近平为核心的党中央周围，不忘初心、牢记使命，发扬“团结一心、敢于担当、埋头实干、拼搏创新”的湖里精神，奋力推进治理现代化和岛内大提升，书写新时代特区发祥地更加辉煌绚丽的新篇章。

【区委常委会会议】 2019年，湖里区召开区委常委（扩大）会议38次，上会议题212个。其中，习近平在中共中央政治局会议、2019年新年贺词和在全国政协举行的新年茶话会上、在庆祝改革开放40周年大会上、在中央全面深化改革委员会第五次会议上、在省部级主要领导干部坚持底线思维着力防范化解重大风险专题研讨班开班式上的重要讲话精神等学习议题66个；听取区编办主任许艺艺关于湖里区机构改革党政部门编制职数内设机构调整申报建议方案，组织部部长胡鹏程关于“数字湖里”公共管理集成平台指挥中心机构设置和领导班子配备方案（送审稿）的汇报，区发改局局长、区多规办副主任黄涛关于湖里区项目策划、土地房屋收储及土地出让情况的汇报，民政局局长章再耕关于《湖里区关于进一步改进和规范社区考评工作的通知（送审稿）》的汇报，区政法委书记钟伟东关于湖里区2018年落实综治工作（平安建设）情况考评通报（送审稿）的汇报等有关政治、经济和社会发展议题100个；专题研究部署湖里区全面从严治党相关工作11个议题；研究有关人事问题议题25个。

（吴宗元）

区委办公室工作

【以文辅政】 2019年，中共湖里区委办公室起草区委向市委报告的年度工作情况、经济运行情况、贯彻落实全市“三高”企业发展大会精神工作情况、“金鸡百花电影节”筹备保障工作情况等汇报材料，以及专报市领导的关于东部旧村改造、教育、“路长制”、垃圾分类等工作9份呈报件。起草报送中共厦门市委办公厅、中共厦门市委政研室、中共厦门市委改革办、中共厦门市委党建办的相关材料30余篇。起草区委书记林建在传达学习贯彻总书记习近平重要讲话重要指示批示和省委、市委常委会会议精神时，在区委八届十次、十一次全会、全区主题教育工作会议、区“两会”、区委工作会议、区委经济工作会议、区委政法工作会议等重要会议上，在部署推进经济高质量发展、招商引资、旧村改造、“大城管”、小区治理等重大工作时，以及在接受采访、发言、致辞等重要场合时的有关材料300余篇。起草区委常委会2019年工作要点和工作总结、区委常委班子主题教育检视剖析材料、《湖里区对标先进争先进位行动方案》及《湖里区推进“岛内大提升”三年行动规划》等综合性文稿。全年起草各类文稿近400篇，发挥了以文辅政的作用。

【政策研究】 2019年，区委办开展“岛内大提升”和“爱心城市”建设课题研究，形成调研报告。向市委政研室报送《深入学习贯彻党的十九届四中全会精神，以高水平治理推进岛内大提升》的报告。《鼓励社会力量办学扩大优质普惠教育供给》《实施“大城管”下好“绣花功”推动城区环境提档升级》《创新机制探索旧村整村改造新模式》《创新机制加强“村改居”社区“三资”管理》等多篇调研报告在《厦门通讯》《厦门特区快讯（专报）》等刊物发表。

【改革工作】 2019年，中共湖里区委改革办制定区委深改委“两规则一制度一细则”，起草区委年度改革工作要点和总结，服务保障区委深改委（深改组）会议6次。做好“改革创新”绩效评估指标对标工作，组织报送的《编织健康服务“五张网”，打造全国健康促进区》案例进入全市改革创新成果评选前15名，完成市对区年度改革任务落实情况评估工作。制定出台《关于建立健全改革创新成果复制推广机制的实施方案》，建立“策划筛选一批、培育提升一批、总结宣传一批、复制推广一批”“四个一批”项目库，遴选培育改革创新项目42个。落实全省改革地图项目征集工作，报送3个项目。组织开展全区“金点子”征集活动和“改革创新奖”评选活动，组织评选优秀“金点子”100个、“改革创新奖”项目120个，并汇编成册供区委区政府决策参考。湖里区“村改居”社区“三资”管理机制改革作为改革典型案例在市委深改委会议上作交流，优质普惠教育、影视文化产业发展等4项改革经验在《厦门改革简报》刊发。

【党史工作】 2019年，中共湖里区委办配合中共福建省委宣传部、省委史志办等部门拍摄献礼新中国成立70周年的纪录片《与新中国一起走过》，辖区特区纪念馆、海堤纪念馆、印华地砖厂等6处成为取景地。组织全区党员干部观看重大历史革命题材影片《大会师》。按照市委史志研究室部署，全面梳理辖区可供学习参观的党史纪念场馆2处、已挂牌立碑的革命遗址4处。组织向区街领导干部和基层党组织发放《图说厦门党史》《嘉禾之光》等史志书籍，加强学习交流宣传。配合做好《湖里年鉴》的编撰工作。

（吴宗元）

【机关效能督查】 2019年，湖里区效能办重点督查、督办中央、省、市有关会议精神贯彻落实情况和区委全委会、常委会、专题会等会议确定事项123件、省市领导和区委主要领导批示交办事项241件。围绕501个“五个一批”在库项目，314个“岛内大提升”项目，39个省市级、35个区级重点项目，以及14个区级重大项目开展定期督查。全年完成13次61个调研点的各项准备和保障工作。组织“督查员+监督员”开展明察暗访，围绕“马上就办”和便民服务落实情况，在全区开展机关内部事项办理情况、对外服务窗口视频监控系统情况、便民服务热线接听情况等专项督查。通过“建账—督办—反馈—回访”，跟踪督办48件中央生态环境保护督察重点信访件和5件突出生态环境问题。立项督查乌石浦220千伏架空线缆化工程进度滞后等问题，倒逼项目进度。全年受理信访投诉27件，投诉件办结率100%。全年效能问责28人次，其中：效能告诫1人次，通报批评16人次，诫勉教育11人次。印发《湖里区2019年督查检查考核年度计划》，明确计划安排督查检查考核事项25项，比上年减少56%。将纪委监委、组织、宣传等部门的巡察和相关检查整合优化为一项综合检查，共享检查成果，提升检查实效。制度化开展区—街—部门的绩效考评，印发《湖里区2019年度综合效能考评方案》，牵头对街道和部门进行考评，区直部门不再单独考核街道和社区。

（陈彦曜）

组织工作

【概况】 截至2019年12月31日，湖里区有基层组织1511个。其中基层党委74个，总支部40个，支部1397个。有中国共产党党员19648名。其中，女党员8724名；少数民族党员564名；大专及以上学历党员15339名；30岁及以下党员4060名，31—35岁党员3455名，36—40岁党员2623名，41—45岁党员2026名，46—50岁党员1701名，51—55岁党员1209名，56—60岁党员969名，61—65岁党员1094名，66—70岁党员932名，71岁及以上党员1579名。

【“不忘初心、牢记使命”主题教育】 2019年，湖里区组建3个区委巡回指导组，召开全区主题教育工作会议，制定全区主题教育实施方案和实施计划。区常委班子带头参加所在党支部开展的“岛内大提升”主题党日活动，带动全区223个区直单位党组织、5542名在职党员到小区报到，认领小区专业服务岗位2523个。区委常委人人包案化解信访难题积案，推动化解15个“老大难”和历史遗留问题。引导广大党员干部阅读《〈习近平在厦门〉系列采访实录》等书籍，邀请习近平在厦门工作时的秘书王太兴等作《习近平同志对我做人、做事影响至深》等2场辅导报告。组织党员到特区纪念馆、海堤纪念馆、插上解放厦门第一面红旗原址等参观学习10981人次，组织观看《樵夫·廖俊波》《情满万家》等影视作品。开展“湖里榜样说”系列活动，组织编写《湖里榜样、先锋力量》书籍，拍摄“我与共和国”系列微电影3部和《湖里榜样说》全媒体作品18部。其中，《我与共和国同龄》《追梦》等微视频被“学习强国”、新浪、网易等新媒体推送。区、街领导挂钩社区小区，下沉到联系点开展工作361人次，查找问题539条。组织党员干部每周下社区、进小区，听民声、问民策，全区处级以上领导干部深入一线开展调研1519人次，形成调研报告219份。收集群众心愿和工作问题1114项、建议1109条，推动解决难题818项。28名区领导挂钩联系328家“三高”企业，定期上门征求意见，开展送政策、送信息、送服务上门活动，协调解决用地需求、税收服务、人才住房、子女就学等问题120个。出台了《湖里区对标先进争先进位行动方案》《湖里区推进岛内大提升三年行动规划》。开展“我为小区办实事、聚力民生谋幸福”活动，党组织和在职党员认领小区专业服务岗位，通过小区难题联动治理等工作机制，解决群众的操心事、烦心事、揪心事482个。突出抓好区委确定的12个重点问题整治，细化工作内容45项，做到挂图作战、销号管理，查找问题523个，制定整治措施847条，已整改问题519个，其中含需长期整改已阶段性完成的问题163个。摸排出其他领域软弱涣散党组织14家，全部整顿完成。在“湖里党建”微信平台开辟“主题教育进行时”“湖里榜样说”等栏目，推送主题教育信息43期。编印区级主题教育工作简报17期，28篇（条）被省、市工作简报刊发，居全市各区之首。全区共有18篇（条）在《人民日报》《中国组织人事报》等中央媒体、40篇（条）在《福建日报》等省市媒体报道或转载、22篇（条）被“学习强国”推送。福建电视台等3家省级媒体专题采访报道达嘉馨园小区党建引领小区治理工作经验。

【干部考核任用】 2019年，湖里区提拔晋升383名干部，张国平、汪朝阳等一批“李云龙”“老黄牛”式干部得到重用。落实干部2年一线轮训计划，择优选派73名军转干部、专业干部到一线攻坚克难，170名干部交流轮岗，55名干部挂职，选派40多名年轻选调生参加驻村任职、主题教育等工作。面向全省公开选聘1名总经理和1名副总经理。到5个街道考察了解西海湾邮轮城、红点设计博物馆、英蓝国际金融中心等42个项目，重点对嘉禾路龙门天下立面综合整治提升工程、蔡塘忠仑社区旧村改造、区城管委办、重点经济指标工作等开展4轮机动式考察，发现21条先进经验和50名表现优秀的干部。对居住在湖里区的拟提任领导职务干部均征求所居住小区党支部意见，对提拔晋升人选均要求所在单位出具“双签字”廉政意见。畅通上下渠道，重新任用6名改错态度好、工作表现好的干部，调整不适宜担任现职干部3人。

【干部管理及培训】 2019年，湖里区做好年度考核和纪律惩戒工作，审核优秀等次比例，各单位做好处分惩戒备案，按有关规定确定受处分处罚人员的考核等次，开展年度考核及奖金审批。做好退役军人信息采集工作，做好全区机构改革人员划转和转隶有关事宜。开展专项清理规范“一票否决”和签订责任状事项。全年安排各级各类干部调训 272 人次，举办专题辅导讲座 10 场次，培训干部约 2986 人次。主办、联办 7 个主体班次，把培训办到基层拆迁第一线、征地拆迁指挥部，让党员干部“零距离”了解一线工作。

【小区党建】 2019 年，湖里区出台《湖里区城市居民小区党支部管理办法（试行）》，破解小区党员作用发挥难问题。62 名处级以上党员领导干部担任小区党支部书记，66 个小区实现党支部书记、业委会主任“一肩挑”。破解小区党支部与小区业委会“两张皮”，推行“党支部主导业委会换届”“小区党支部先议”“小区书记列席业委会会议”“小区治理事务联席会议”等 4 项制度，党支部与业委会深度融合。破解在职党员“报而不到”难题，推动 395 家市区单位、8510 名在职党员认领社区、小区服务项目 3612 个，审定 128 个优秀单位及个人名单，以中共湖里区委名义寄送表扬信。湖里区党建引领小区治理经验做法被新华社内参《国内动态清样》单篇报道，《中国组织人事报》整版刊载，市委主要领导批示“要在全市更大范围推广”。

【党支部规范化、标准化建设】 2019 年，湖里区制定出台《全区基层党建效能评估办法》，压实各党（工）委和非公党建联席会议成员单位责任。全年组织 22 场“支部工作条例”培训。建立社区干部“五个课堂”培训模式及小区党支部书记“区级每年示范培训 + 街道每半年专题培训 + 社区每季度补差培训”培训模式。整顿软弱涣散党组织 14 家，撤并空壳党支部 124 个，按时换届党组织 369 个，发展党员 261 名。

【非公领域党建】 2019 年，湖里区全面推进楼宇党建工作，设立楼宇秘书、楼宇税务员等“七小员”队伍，新打造港航片区等 14 个楼宇党建示范点，在楼宇中组织新思想宣讲 29 场。征集、汇编 49 个楼宇党建微故事，先后在《福建日报》《厦门日报》等媒体刊发湖里楼宇党建相关报道 14 篇。

【各领域党建品牌】 2019 年，湖里区召开学校党建推进会，培育“红烛先锋”“百名党员解百题”等学校党建品牌。开展“一企业一品牌，一支部一特色”党建品牌培育工作，培育“红色物业”“金盾保安”等党建品牌 21 个。在第五届全国基层党建创新典型案例中，湖里区有 5 个案例入围。

【引才育才用才】 2019 年，湖里区实施“智汇湖里”人才政策，构建从高层次人才到中间骨干人才再到基础人才的金字塔体系人才政策，全年累计为 173 名高层次人才发放薪酬补贴、个税补贴等超 2200 万元，为 18 名区拔尖人才兑现工作津贴 32 万元。培育市级以上高层次人才 80 名，柔性引进各类人才 1000 余名，吸引 11000 余名大专以上毕业生到湖里区就业。对接教育部“蓝火计划”博士团 14 名博士，促成博士与企业的双向交流、签约合作。构建“组织部 + 人才服务站”联动机制，新设红点设计博物馆、厦门两岸股权交易中心 2 个人才服务站，开展“企业创新服务周”等 200 余场人才活动，累计吸引近 5 万人次参加。在知名企业建立人才服务点，打通服务人才企业“最后一百米”。面向六类人才提供人才公寓，入住率 100%，累计减免人才租金 190 万元，为 360 余名高校毕业生兑现人才就业创业补贴近 130 万元，协调 10 名人才子女就学。

（李　腾）

宣传工作

【概况】 2019 年，湖里区宣传工作承担起“举旗帜、聚民心、育新人、兴文化、展形象”的使命任务，讲述湖里好故事，唱响湖里好声音，树立湖里好形象，各方面工作稳步推进。在 2019 年厦门市对各区意识形态工作责任制考核中被评为优秀等次。《党建》杂志第一期《厦门改革情况》刊发湖里区意识形态考核工作“三突出”（突出“共性 + 个性”，突出“亮点 + 难点”，突出“查责 + 问责”）模式。

【“学习强国”学习平台推广】 2019 年 1 月 1 日“学习强国”学习平台正式上线后，由区委宣传部牵头，召开全区“学习强国”学习平台工作部署会，组建学习管理员队伍，邀请市“学习强国”平台总管理员授课开展集中培训，完成组织架构建设，形成“区委—区属党组 / 党（工）委—党总支—党支部”纵向到底的四级组织架构，全体党员包括机关干部、国企、非公企业职工、教师等应进就进，党外人士、群众能进就进，覆盖率达到 100%。从 1 月 23 日起，要求各党委、党工委每个工作日都要汇总报送学习平台推广运用工作统计表，进行日统计、周汇总、月通报，并将“学习强国”学习平台推广运用情况纳入党委（党组）理论学习中心组、意识形态工作责任制、精神文明创建和党员干部学习考核，全区学员日均积分排名在全市名列前茅。

【意识形态工作责任制】 2019年，湖里区修订完善意识形态考核体系，对全区11个党（工）委和37个区直单位意识形态工作责任制落实情况进行专题督查，没有出现不合格的街道和单位。出台《关于进一步加强和改进意识形态工作专项检查的意见》，成立专项检查组，对全区18家单位开展意识形态专项检查，有针对性地提出纠偏措施、处置建议等，并把结果与干部考核、绩效考核和文明单位考核挂钩。出台《关于进一步加强对论坛、讲坛、讲座、年会、报告会、研讨会等阵地管理的实施意见》《爱国主义教育基地管理办法》等制度，强化阵地管理的针对性。结合“项目带动法”，以常态化项目督查推动意识形态工作责任制落细落实。

【湖里新形象宣传报道】 2019年，湖里区通过九大活动串联70周年主题宣传，创作“礼赞新中国·奋斗在湖里”系列短视频，组织“追梦湖里”全媒体宣传，举办“我和我的祖国”书画摄影作品巡展、庆祝新中国成立70周年文艺晚会。宣传全区基层党建、小区治理、“大城管”、招商引资等重点工作，在《人民日报》《中国城市报》《福建日报》等省级以上主流媒体推出报道142篇。围绕元宵民俗文化节、悦游湖里系列文化旅游活动举行区级新闻发布会，在20家主流媒体进行报道。新华社、新华社国际版以《老厂房的文艺复兴》为题，报道湖里区老旧厂房华丽蜕变为“海峡建筑设计文创园”历程，并首次以全英文方式进行外宣，人民网、中国经济网等国家级媒体转发。在湖里区举办的F1摩托艇世锦赛，中央电视台、中新社、新华社、《人民日报》等国家级重要媒体刊发新闻20余条，以国际赛事为窗口，向世界展示湖里新形象。

【理论宣讲】 2019年，湖里区借助湖里星期六讲堂、新市民讲堂、工地学堂、新时代文明实践站、妇幼大讲堂等阵地，区委讲师团、特区建设者宣讲团、校长宣讲团、新青年宣讲团、巾帼宣讲团等区级品牌宣讲队伍开展新思想“进机关、进企业、进小区、进楼宇、进学校、进军营、进网络”活动，开展宣讲654场次。庆祝新中国成立70周年，进行“礼赞新中国·我们都是追梦人”主题宣讲。策划“闽南曲艺说唱新思想斗阵行”活动，用答嘴鼓、南音等文艺形式把新思想唱给群众听。线下、线上宣讲相结合，打造新媒体+微信公众号+融媒体产品等“互联网+”矩阵，推出《新思想一分钟》《奋斗》系列短视频。

【影视文化产业发展】 2019年，湖里区打造海丝艺术品中心、湖里大道1号院、海西MCN产业园等一批影视产业园区，引进中影股份、爱尚传媒、儒意影业等一批影视企业，推进市级政策核心条款——“一月一兑”落实，区级政策创新限时“335”办理流程，兑现政策扶持资金152万元。梳理32项影视企业常用审批事项，为辖区企业开展一条龙服务，打造良好营商环境。全区规模以上文化企业营收255.9亿元，比上年增长37%。尤其是影视企业新增160家，总注册资本超过10亿元。主办厦门国际影视论坛、红点概念设计大奖等大型产业活动，筹备湖里海峡文博会、文创产业与城市更新周等。

【文化惠民活动】 2019年2月15—20日，湖里区举办第十五届厦门元宵民俗文化节，以“政府+企业+商圈+社区+居民”共筹共建的活动模式，开展100余场文化活动，吸引线上64万余人次关注，为各大商圈带来7900万元营业收入，实现社会效益和经济效益双丰收。4月27日，第十一届厦门（湖里）城市诵读节启动，做到诵读活动天天有、天天新、天天深。打造“悦游·湖里”新品牌，摸清湖里区“红色文化家底”，开展“湖里

2019年4月12日，湖里区在东南天地影视文创园主办2019年厦门国际影视产业论坛（中国·湖里）

（湖里区委宣传部　供图）

2019 年 6 月 25 日，湖里区举办红色文化巡礼活动——禾山街道场

（湖里区委宣传部 供图）

红色文化巡礼”活动，编发《湖里红色文化记忆》口袋书 2 万多册，开展红色文化巡礼 150 多场，辐射 1 万多人。

【阵地管理】 2019 年，湖里区修订《关于进一步加强对论坛、讲坛、讲座、年会、报告会、研讨会等阵地管理的实施意见》，坚持“谁主管谁负责”和“属地管理”等原则，实行“一会一报”制度，实行报告人、报告内容“双审制”，通过加强活动审核、备案、督查，从源头上确保各类活动导向正确，全年各级各部门向区委宣传部报备 36 批次。制定下发《湖里区公共领域宣传载体展示内容改进提升工作方案》，对全区重点公共领域宣传载体开展“拉网式”排查，更新陈旧过时、表述不够严谨等内容，让新思想占领基层宣传阵地。

（林 颖）

小资料

“335”办理流程：符合政策扶持条件的影视企业（工作室）按要求向区文化和旅游局进行申报，区文化和旅游局在 3 个工作日内完成初审、转报经本区授权认定的影视服务机构；影视服务机构在 3 个工作日内应负责对材料真实性进行审核，符合规定的上报区文发办，不符合规定的反馈给区文化和旅游局向影视企业（工作室）回复；区文发办负责组织财税等有关部门在 5 个工作日（不含第三方审核）内完成审批，交由区财政局拨付奖励资金。

统战工作

【概况】 2019 年，湖里区委统战部主要负责分管和联系区台办、民宗局、工商联、侨联等 4 个部门，厦门市知联会湖里分会、区新的社会阶层人士联谊会、区佛教协会、区福德文化联谊会、区侨乡促进会等 5 个统战社团，湖里区 8 个民主党派近 1300 名成员。支持各民主党派加强思想、组织和制度建设，推动自身建设上新台阶，提升履职能力和水平。民革、民建、民进等党派湖里组织分别获党派中央表彰。在“我为湖里发展出良策——金点子征集”活动中，党外各界代表人士积极建言献策，有 8 篇获金点子奖。开展“同心”系列主题教育实践活动。举办统一战线庆祝新中国成立 70 周年文艺会演、系统气排球比赛等 15 项“同心”文化活动；统战“同心荟萃堂”宣讲团常态化下基层宣讲；“同心志愿服务团”深入一线服务基层。在新的社会阶层人士人群聚集的园区和楼宇组建一批新的社会阶层人士联合组织和统战自组织，仙岳书院、惠和石文化园等 5 家单位创建“新的社会阶层人士统战工作实践创新基地”，14 个基地和“一鹭同心 幸湖之家”社区实现规范化建设，团结凝聚约 10 万名新的社会阶层人士。成立工商联课题调研组，开展促进民营经济健康发展的调研工作，形成多项调研成果。开展“法律三进”“人到、心到、服务到”等系列促进民营经济发展的主题活动 17 场次，700 多家次会员企业受益，送政策汇编 1000 多册，收集意见建议 135 条，帮助协调解决问题 95 项，推动惠企政策落地落细。

【新春走访慰问】 2019 年 1 月 16 日，湖里区委常委、统战部部长陈岚带队，区工商联（商会）、区侨联等区统战系统成员单位主要领导到同安田洋村，与 3 户成长户开展结对共建，送去慰问品和慰问金。1 月 17—18 日，区委常委、统战部部长陈岚率队走访慰问湖里辖区党外代表人士，向他们献上新春的问候和祝福。1 月 23 日，召开党外人士新春座谈会，邀请湖里区的党外人士代表 20 余人座谈。区委书记、区委副书记、统战部部长、区委办主任 5 人与党外人士代表欢聚一堂，畅叙友情，共庆佳节，集思广益，共话未来。1 月 18 日，区委书记、统战部部长、副区长、区台

2019 年 1 月 23 日，湖里区委统战部在行政中心召开党外人士新春座谈会

（湖里区委统战部　供图）

办主任 4 人到厦门台青创客家走访调研，参观基地内台湾青年创业公司。通过与台湾青年面对面交流，了解入驻企业创业创新理念、长远发展目标以及台青创客家对企业孵化的投资意愿、对台湾青年服务的情况等。

【基层统战调研座谈】 2019 年 3 月 12—14 日，湖里区委统战部深入辖区湖里、殿前、江头、禾山、金山 5 个街道，开展基层统战调研座谈活动，了解各街道统战工作情况，并部署 2019 年全区统战领域、台港澳办、民宗、工商联、侨联主要工作。统战部部长、区委台港澳办、区民宗局、区工商联（商会）、区侨联等区统战系统部门单位主要负责人参加此次活动。

【统一战线同心志愿服务进社区活动】 2019 年 3 月 13 日，由湖里区委统战部、金山街道党工委主办，金山社区协办的“同心同行，共建和谐小区”——湖里区统一战线同心志愿服务进社区活动在金山社区书香广场举办。统战部部长，金山街道党工委副书记以及各民主党派、统战社团、街道社区志愿者代表近 80 人参加活动。

【2019 年统战工作联席会议】 2019 年 3 月 19 日，湖里区委统战部召开 2019 年统战工作联席会议，围绕 2018 年的工作亮点以及 2019 年的工作思路交流座谈、分享经验，并为湖里新一年的统战工作建言献策。区八大民主党派主委、区佛协、区侨乡经济促进会、区新的社会阶层联盟等社团代表近 20 人参加会议。会议由区委常委、统战部部长陈岚主持。

【厦门市委统战部副部长郑秀文率队调研湖里新的社会阶层统战工作】 2019 年 3 月 19 日下午，厦门市委统战部副部长郑秀文率队走访湖里区致同会计师事务所，对湖里区新阶统战工作建设情况开展调研。市委统战部新阶处处长林云青，区委常委、统战部部长陈岚，金山街道党工委副书记庄伟等领导陪同调研。

【党外人士（干部）培训班】 2019 年 4 月 21—26 日，由区委统战部、区委组织部、区委党校、区工商联联合组织湖里区各民主党派基层委代表、无党派代表人士、新的社会阶层人士、非公经济人士、党外干部等党外代表人士，以及统战机关干部等近 40 名学员赴井冈山学习培训。

（陈旖旎）

机构编制管理

【概况】 2019 年，湖里区机构编制工作完成党政机构改革，深化事业单位改革，推进行政管理体制改革，谋划街道机构改革和执法队伍改革，13 个事业单位完成隶属关系调整，23 家事业单位完成名称规范和职责调整，安置 2018 年度军转干部至群团机关 4 名、事业单位（含参公编制）70 名，下达选调生指标 7 名，核准公务员招考用编申请 2 名，核准机关跨区跨系列用编申请 14 件，核准全区机构改革大批量处科级干部调配用编和职务调整 121 件，办理全区机关人员实名制增减编 144 人次、事业单位人员实名制增减编 272 人次，职务职级变动 362 人次，工资审核 416 人次，审核事业单位补充编内人员招考 27 名。

【党政机构改革】 2019 年 2 月 28 日，湖里区印发《湖里区区级机构改革实施方案》，设置党政机关 31 个，区委编办会同区委组织部、区财政局、区人社局、区机关事务管理局等相关部门推动新机构挂牌、人员转隶、新印章启用、国有资产交接、办公用房调整等工作，完成 20 家党政部门“三定”方案制订及 6 家党政部门职责事项调整。

【事业单位改革】 2019 年，湖里区整建制划转区机关事务服务中心、

2019年9月6日，厦门市委编办到湖里区调研执法队伍改革相关事宜

（湖里区编办　供图）

区企业服务中心、区生产力促进中心、区文化市场综合执法大队、区文化馆、区图书馆、区卫生和计划生育监督所、区流动人口计划生育管理站、区疾病预防控制中心、区妇幼保健院、区老年活动中心、区安全生产执法大队、区行政审批事务管理中心13家事业单位由相关部门管理；剥离区档案馆、区政务信息中心、区行政审批事务管理中心、区人民政府教育督导室、区建设工程质量安全监督站、区残疾人就业管理中心6家事业单位承担的行政职能并进行相应更名和调整职责；完成区重点项目建设前期办公室等23家事业单位名称规范和职责调整任务。

【五大领域综合执法改革】 2019年上半年，湖里区整建制上划区文化市场综合执法大队归口市文化和旅游市场综合执法支队管理，暂定9家机构为综合行政执法队伍，锁定机构编制，暂不新进人员，待中央明确政策后再开展相关工作。

【街道机构改革】 2019年下半年，湖里区委编办组织开展街道机构模拟改革，研拟街道内设机构设置、下属事业单位设置方案以及编制职数需求，梳理街道党工委、办事处、人大工委、纪工委职责；研究探索街道“一支队伍管执法”改革，研究梳理街道综合执法办公室的主要职责以及人事管理、日常管理、后勤保障等相关措施。

【机构编制资源配置】 2019年，湖里区依托厦门市忠仑公园设立厦门市湖里区数字湖里事务中心，归区城管委办公室协调，单列管理；设立区退役军人服务中心，各街道下属事业单位统一加挂退役军人服务站牌子，核定退役军人服务工作专项编制；贯彻落实关于东西部扶贫协作工作的部署，审核面向临夏州建档立卡贫困高校毕业生专场招聘用编2名；根据新学年办学计划，审核湖里区招考教师用编185名；为鼓励更多办学主体兴办教育，先后为厦门市天地教育投资有限公司举办的厦门市天地禾缘幼儿园、厦门国贸教育集团有限公司举办的厦门市湖里区国贸殿前幼儿园办理设立登记。

【“放管服”工作职能划转】 2019年，湖里区委编办原承担的“放管服”改革工作职能随区行政审批制度改革工作领导小组办公室划转至区行政审批管理局。

【区级权责清单】 2019年，湖里区落实权责清单动态调整，取消公共服务事项4项、取消行政许可事项4个子项，规范行政许可事项名称1项、公共服务事项名称1项。先后调整规范权责事项名称、依据、类型239项。

【街道办事处权责管理】 2019年，湖里区对街道办事处现行124项权责事项权责层级进行分类，对其中114项街道本级职责、6项区直部门委托下放事项、3项市级委托下放事项给予明确，对1项实施依据文件失效的事项给予取消。梳理完成街道“属地管理”主体责任和配合责任清单，初步形成街道“属地管理”主体责任和配合责任事项75项。

（李红星）

机关党建

【概况】 2019年，湖里区区直机关党工委所属基层党组织97个，其中党委7个，党总支3个，党支部87个，有党员1606名。全年累计上党课115次，全年有1436人线上缴纳党费，接转组织关系222人，开展主题党日等活动620场次，发展党员14名。

【党组织建设】 2019年，湖里区更名4个党组织、撤销4个党组织、新建4个党组织，确保机构改革后机关各级党组织管理规范有序。区人社局党委下属党支部、审计局、统计局等45个基层党支部完成换届选举。区工信局党支部、区工青妇联合党支部、区城管委办党支部完成第一届支部委员会选举。

【关注机关干部心理健康】 2019年，湖里区搭建机关干部身心调适平台，通过采购专业社工服务的形式，举办3期区直机关减压增能活动，为200多名机关干部进行心理舒压。配备乒乓球室、健身房、瑜伽室等多个活动室，建设机关党群活动服务中心和临时党校。

【开展区直机关“两优一先”表彰活动】 2019年7月9日，湖里区在行政大楼一号会议室召开“两优一先”表彰大会。授予32人优秀共产党员称号；授予16人优秀党务工作者称号；授予中共湖里区纪律检查委员会支部委员会等11个党组织先进党组织称号。

【庆祝中华人民共和国成立70周年系列活动】 2019年，湖里区组织43场红色巡礼活动，1100多名机关党员参观海堤纪念馆、解放厦门第一面红旗插放遗址、厦门经济特区纪念馆等红色文化基地；组织观看“青海省‘两弹一星’精神宣讲报告”录像和电影《情满万家》《樵夫·廖俊波》等，强化党员党性教育；举办区直机关“时代新人说——我和祖国共成长”演讲比赛，经过初赛、复赛，选出11名选手进入决赛，评出一等奖1名，二等奖2名，三等奖4名。

2019年7月16日，湖里区直机关党工委、区机关工会联合举办区直机关“时代新人说——我和祖国共成长”演讲比赛决赛。图为湖里区市场监督管理局陈怀熙在演讲 （王光熙　摄）

【“学习强国”平台推广运用】 2019年1月24日，湖里区组织召开区直机关“学习强国”学习平台工作紧急部署会暨学习管理员培训。区直机关1436名党员完成“学习强国”的下载及注册认证工作，参与率100%。每周通报各党组织的学习情况，就平台的使用对广大党员干部提出严格要求，点击浏览学习平台上相关内容。党员通过学习平台的学习报表查询每日积分。

（戴　玺）

2019年7月9日，湖里区区直机关党工委在行政中心1号会议室为获“两优一先”表彰的人员颁奖 （戴玺　摄）

精神文明建设

【概况】 2019年，湖里区在省文明城区测评中位居全省第三名；在全市城市综合管理季度测评中，湖里区连续四个季度获全市第一；在全市文明城区季度测评中，湖里区连续两个季度获全市第一；“路长制”工作经验被中国文明网刊登；承接全市文明单位“三项清单”管理办法试点；社区书院与新时代文明实践中心相融合建设经验被新华网、人民网等权威媒体报道。全年向市委文明办推荐18名“身边好人”，入围中国好人榜、福建好人榜6人次，1人上榜省级好人。

【文明创建】2019年，湖里区完善“社区+路长+路巡员+楼（梯）长”网格化文明创建责任体系，实现辖区城市综合管理全覆盖。针对小区文明创建盲点，率先在全市制定出台《小区消防设施维修管理若干意见》《加强小区物业管理若干意见》等文件，填补社区小区文明创建空白。出台《湖里区文明创建督查机制》，推动各相关责任部门问题整改常态长效。全年办理和反馈市创建工作督查通报48期，反馈问题244件次，累计发现城市管理各类问题5258个、整改5103个，整改率97%。在全市第二、第三季度文明城区测评中，湖里区连续取得全市第一佳绩。举办全区精神文明战线增强“脚力、眼力、脑力、笔力”培训班，提升全区精神文明建设干部队伍素质。组织全区所有单位党员干部、公职人员签订《移风易俗承诺书》11807份，筑牢崇德向善思想基础。开展第十九届全国、省级、市级文明单位（校园、社区）补申报工作，发动63家优秀非公企业参评区级文明单位，动员55家上级驻区单位参与属地社区文明创建，增强文明创建合力。

【文明单位活动】2019年9月19日，湖里区委文明办、区卫健局、区机关事务管理局共同举办文明单位“同心礼赞新中国　热血汇聚传文明”献血活动，表彰225名“献血英雄”，激发文明单位社会责任感。9月24日，举办“全闽共舞　礼赞新中国”广场舞大赛湖里赛区初赛，区选送的《篔筜渔火》获厦门市赛区复赛中老年组一等奖。开展“快乐健步走　文明齐动手”洁净家园活动，全年累计开展健步行活动1221场次，参与21.3万人次。

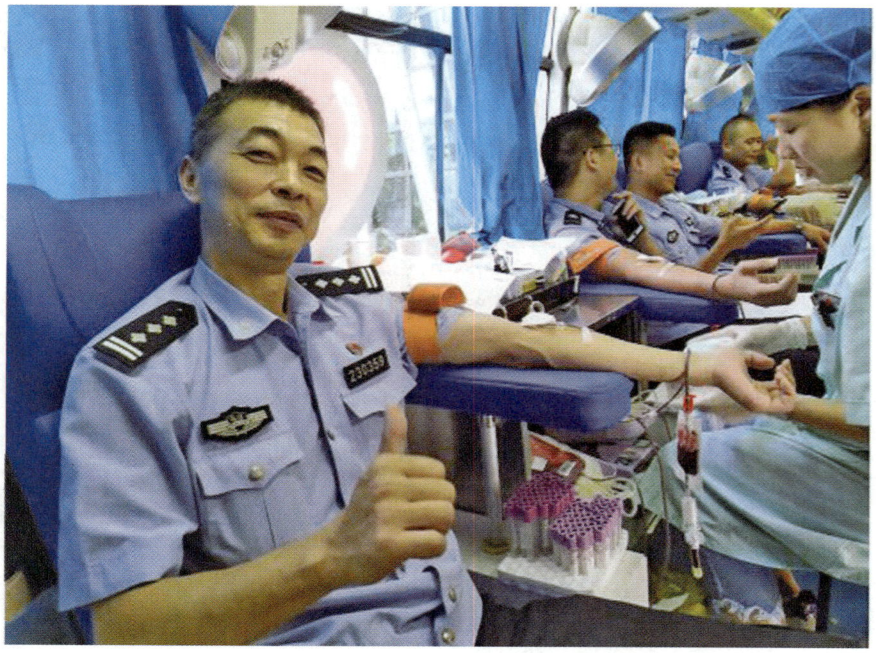

2019年8月27日，湖里公安分局组织开展“创建当先锋，献血我先行”无偿献血活动

（湖里区委文明办　供图）

【社区书院转型】2019年5月23日，湖里区出台《湖里区社区书院与新时代文明实践中心相融合的实施方案》，打造七大平台，成立11支志愿服务队伍，建立阵地库、人才库、项目库等“三库”，实现全区公共文化服务资源“一盘棋”。构建区中心、街道所、社区站、小区点“四位一体”工作格局。选取兴华社区、徐厝社区、兴隆社区、兴园社区、金尚社区、禾山社区、金安社区7个社区作为融合工作第一批试点。打造学“习”心得分享会、“同融特色讲堂”及“红喇叭理论传习所”等新时代文明实践活动品牌。制定《新时代文明实践站（点）“十个有”标准》，被“新华网”“人民网”“党建网”“中国文明网”等权威媒体报道。6月13日，召开全区社区书院与新时代文明实践中心相融合现场推进会。7月10日，在市新时代文明实践中心建设试点工作专题调研座谈会上湖里区做典型发言。

【志愿服务活动】2019年，湖里区承办中国志愿服务联合会“志愿之城”培训项目，完成既定任务。3月5日，举办“邻里‘益+’志愿‘五缘’”年度学雷锋月活动启动仪式暨“益+”出行礼遇卡发布会，结合学雷锋月活动，向市民群众推送70余项优秀志愿服务项目。11月30日，在万达广场举办全市“12·5”国际志愿者主题活动暨湖里区志愿服务风采展，首次发布厦门市志愿誓词及志愿礼，首次进行志愿服务大型装备展，在全市掀起浓厚的学雷锋志愿服务氛围。开展“爱在七夕·传承经典”网络文明传播志愿服务活动，累计阅读量达30.7万，参与讨论网友近2500人次。截至12月底，全区共开展文艺会演、洁净家园、邻里守望等各类学雷锋志愿服务活动1200余场次。

【移风易俗】2019年，湖里区通过理论宣讲、社会宣传、教育服务、文化服务、科技与科普服务、健身体育服务、文明风尚培育等七大平台，开展小区文明实践活动，把移风易俗等文明风尚传递给千家万户。依托小区党支部、调解室等场所，开展小区书屋建设，截至年底，全区设置42个小区书屋，藏书超过2万册，创新打造仙岳公园、惠和石文化园、诺斯蒂体育公园等独具特色的“三嘉悦读”体验馆，定期组织形式多样、内容丰富的阅读推广活动，释放更多阅读正能量，通过倡导全民阅读引导居民摒弃陋俗。创作《移旧习俗立新风》答嘴鼓文艺作品，拍摄微电影《移旧习俗》闽南方言文艺作品等。在清明节期间，利用微信公众平台推送“移风易俗　文明清明”内容，发放文明祭扫宣传单1万多份，发动各级学校开展国旗下讲话、“网上祭英烈”等活动，倡导文明祭祀新理念。各校园结合“社会主义核心价值观”和中国传统文化教育，采取国旗下讲话、主题班会、经典诵读等形式，宣传移风易俗。

【“文明旅游”行动】 2019年，湖里区刊播文明旅游公益广告、发放宣传材料、悬挂宣传条幅等多种形式，在辖区主要景点、港口码头等重点场所集中开展文明旅游宣传，发放宣传单700多册。开展多种文明志愿服务活动，“五一”国际劳动节期间，全区有300余名志愿者在各旅游行业岗位上，在景区、交通站点等游客聚集场所宣传文明旅游知识，开展义务解说、秩序维护等专项行动，引导游客提升文明旅游意识。湖里街道新港社区组织青年志愿者50人在邮轮中心厦鼓码头开展“微笑服务·文明迎宾”主题活动，“五一”国际劳动节期间有15万名游客受益。各街道组织志愿者开展文明旅游督导活动20余次。国庆期间，各景区通过微信公众号、微博及抖音等新媒体刊播旅游公益广告；利用景区LED屏播放社会主义核心价值观、国庆主题宣传、文明旅游广告等10条主题公告，刊播时间累积450小时。各景区规划庆祝中华人民共和国成立70周年旅游项目，张贴国庆主题标识和海报等30余块，悬挂大小国旗近600面；利用景区全覆盖广播播放爱国主义歌曲近168小时。以旅游景区、交通枢纽、客流量大的商业区域为重点，加大旅游市场检查力度，重点加强对各类经营者的规范管理，严把市场准入关，对强拉强卖、欺行霸市、虚假宣传、销售假冒伪劣旅游商品以及利用旅游格式合同欺诈消费者等违法行为依法惩处，发现一起查处一起。定期组织对辖区酒店、餐饮等场所开展文明旅游安全专项检查，为游客提供良好的旅游环境。

【文明交通行动】 2019年，湖里区安排107家文明单位（校园）的志愿者对接7个重点交通路口开展文明交通宣传，引导市民自觉遵守交通规则、文明礼让斑马线。湖里交警大队在主要交通路口加强警力，提高“见警率、管事率”，依法纠正和处罚机动车通过人行横道时不按规定礼让斑马线、不减速慢行等各类交通违法行为，维护交通秩序。12月1日，区委文明办、湖里交警大队联合举办以“守规则除隐患、安全文明出行”为主题的全国交通安全日宣传活动，24家重点运输企业代表及“美团”“饿了么”20名外卖骑手代表受邀参加活动。湖里交警大队开展交通安全宣传活动7场。区教育局组织区属235所校园通过国旗下讲话、邀请交警进校园、交通安全知识讲座、参观交通安全宣教基地等形式开展交通安全宣传月活动。通过报刊、广播、电视、网络、微博、微信、手机短信以及路面交通引导屏、机关企事业单位宣传栏等媒介，印制发放倡议书、宣传折页等各类文明交通宣传材料5万余份，倡导文明交通。贯彻落实《厦门经济特区促进社会文明若干规定》，核查、通报文明单位记录在案的54条不文明行为，每季度下发通报，要求各级文明单位（校园）干部职工过马路要从斑马线安全通行，开车要礼让行人，增强交通安全意识。

【“我们的节日”主题活动】 2019年，湖里区围绕春节、元宵节、清明节、端午节、七夕、重阳节等传统节日开展传统民俗、经典诵读和文体娱乐活动。区委文明办组织道德模范代表参观特区纪念馆、华美文创园。召开道德模范新春慰问座谈会，邀请36名道德模范代表参会。慰问生活困难道德模范12名，发放慰问金1.7万元。区民政局慰问特困供养、低保户、孤寡老人等困难群众1081人次，发放慰问物资94.33万元；社会力量为全区特困、低保等困难家庭发放爱心年夜饭906份，总价值26.21万元，发放大米等物资80万元。区委宣传部开展文化科技卫生“三下乡”惠民活动，现场提供卫生计生、法律、科普、环保知识、文明礼仪、安全生产、书写春联、优秀节目展演。2月15日，“团团圆圆闹元宵　红红火火新时代”2019第十五届厦门元宵民俗文化节启动仪式在建发湾悦城广场举行。各社区以游园会、喜乐会、文艺晚会、诗词会等形式，开展迎新春文艺会演活动、闹元宵猜灯谜活动65场。

【未成年人思想道德建设】 2019年5月31日，湖里区开展“小手拉大手、文明齐动手”洁净家园活动，工作经验被《特区快讯》刊发推广。率先开展“HUA说文明湖里”主题征集活动，评选出250篇优秀

2019年暑假，湖里区未成年人心理健康辅导站举办“未成年人专注力训练”夏令营
（湖里区委文明办　供图）

征文作品和绘画作品。推选品学兼优、事迹感人的未成年人先进典型，金尚中学邵瑞超获全市“新时代好少年”称号。开展优秀童谣征集推广主题教育实践活动，5篇作品入围市级优秀童谣。净化校园周边文化环境，营造有利于未成年人健康成长的外部环境。组织未成年人心理健康知识公益巡讲10场次，举办“营动福建”公益夏令营，金尚社区未成年人社会实践指导站被确定为市级试点。

（吴千惠）

保　　密

【保密自查自评及督查】 2019年6月5日起，湖里区区直部门、单位部署内设科室及下属单位开展保密自查自评工作；6月26日至8月14日，区国家保密局对全区进行保密自查自评督查，完成对全区5个街道，39家机关、单位的督查工作。

【高考中考保密检查】 2019年6月5—8日，湖里区国家保密局到区招生办检查高考、中考保密工作。通过实地查看、座谈问询等方式进行检查，指出存在的不足，并要求招生办及时查缺补漏，为高考、中考顺利进行保驾护航。

【保密知识宣传】 2019年8月28日，湖里区在行政服务中心开展保密知识宣传教育活动，活动现场采取展示宣传教育展板、播放宣传教育视频、讲解保密法等形式宣传保密基础知识；9月16日，利用“网络安全宣传周”，开展1次保密宣传教育活动，在保密局展位区，摆放《警钟长鸣》《警惕身边的泄密隐患》展板，宣传《中华人民共和国保守国家秘密法》《中华人民共和国保守国家秘密法实施条例》，引导群众关注“保密观”公众号，筑牢辖区群众保密思想防线；12月3日，利用“12·4”国家宪法日开展保密法治宣传活动，分发保密宣传资料120余份，为群众解读《中华人民共和国保守国家秘密法》及其实施条例的有关规定。

档　　案

【概况】 2019年，湖里区档案局接收档案材料7688卷6395件，其中专业档案6652卷，接收数字化成果97.7万页。截至年底，馆藏档案57659卷（盒）114026件，数字化原文约600万页。是年，接待档案查阅利用581人次，查阅案卷2916卷（件），提供打印、复印档案资料8700余张。档案中心主体工程进入二装阶段，完成幕墙、节能、防雷、正式排水等专项验收。

【《湖里乡村记忆》成书】 2019年11月15日，由湖里文史专家黄国富撰写的《湖里乡村记忆》以内部资料的形式辑录成书。书中记录了湖里辖区内原本的78个村社和街市，全书18万余字、上千幅图片，再现辖区部分乡村原貌，具有丰富的史料价值和现实意义。

【档案宣传教育】 2019年，湖里区结合“6·9”国际档案日和“12·4”国家宪法日现场开展档案法制宣传。围绕“新中国的记忆”这一主题，在后坑社区小广场、枋湖社区乐群广场开展现场宣传。举办1期全区档案人员业务培训班，有83名负责档案工作的人员参加培训。

（陈　婷）

老干部工作

【概况】 2019年，湖里区委老干部局管理离退休干部28人，离休干部遗属10人。其中，离休干部4人，退休干部24人。

2019 年 6 月 10 日，湖里区全区老党员代表在区老年活动中心接受"不忘初心、牢记使命"主题党课教育 （殷银山　摄）

【离退休干部参加市区开展的活动】 2019 年，湖里区组织离退休干部参加市委组织部、老干部局牵头在市艺术剧院、厦门大学、厦门理工学院举办的"我们与共和国一起成长"3 场文艺演出；举办"奋进新时代，谱写新篇章——庆祝中华人民共和国成立 70 周年暨湖里区老年大学建校 25 周年"文艺会演、书画和摄影作品展。组织区离退休干部参观兰馨颐养院、惠和石文化园和翔安马塘新农村建设，引导老干部忆往昔、叙发展、谈变化、献良策，为厦门经济特区发展成就点赞。

【老干部服务】 2019 年，湖里区召开区级老干部新春、国庆重阳 2 场座谈会；落实离退休干部生活待遇有关政策文件，制定定期走访慰问和困难帮扶制度，与区卫健部门共同做好医疗保健和疗养工作，全年走访慰问离退休干部 32 批次 46 人次，组织开展文娱活动 12 次。与市拔尖人才林佩芬创办的金霞辉养老服务公司对接服务资源，建立离退休干部精准服务体系，确定"一人一策"方案，为区 4 名"双高期"离休干部提供亲情化、个性化、多样化服务。

【湖里区老干部党校成立】 2019 年 6 月 19 日，湖里区老干部党校揭牌仪式在区老年活动中心举行，厦门市委老干部局局长、副局长，湖里区委组织部部长、区委老干部局局长，湖里区区级退休老干部代表和湖里区老年大学党员学员代表 20 余人参加揭牌仪式。区老干部党校依托区老年大学教学资源，聘请有关专家、教授或领导授课，着重开展中国特色社会主义理论体系教育，形势政策教育和党的基层组织建设、党性修养以及老干部政策等相关知识的培训。

【老干部"四就近"工作】 2019 年，湖里区发挥金安、吕岭社区 2 个"四就近"（就近学习，就近活动，就近得到关心照顾，就近发挥作用）省级服务站示范辐射作用，开展"传帮带"活动，新增发展禾盛、禾山社区 2 个"四就近"服务工作站，推动禾盛社区创建省级示范点，利用社区资源做好离退休干部服务工作。

【老干部先进典型事迹宣扬】 2019 年，湖里区开展寻找"最美老干部""最美老党员"活动，依托《福建老年报》《鹭江银潮》及厦门离退休干部、湖里头条等刊物和微信公众号作为宣传主阵地，宣扬先进典型人物。引导老干部结合自身特点讲好湖里故事、弘扬湖里精神、传播湖里好声音，助推湖里新发展。反映湖里区离退休干部发挥作用、参与社区治理的情景剧《党旗红，金安美》，在中共福建省委组织部

2019 年 6 月 19 日，湖里区老干部党校揭牌仪式在区老年活动中心举行 （黄小寒　摄）

举办的“传承红色基因、讲好红色故事”八闽离退休干部舞台剧展演中获得“金奖”；区老党员志愿者服务队1人被市委组织部评为优秀共产党员；3人分别被中共湖里区委表彰为优秀共产党员、优秀党务工作者。

【湖里区老年大学】 2019年，湖里区老年大学开设27门课程，开办76个班，常年在校学员1948人，实际参加学习的有3551人次，分别比上年增长18.7%和24.9%。学校艺术团器乐分团赴云南省参加2019“古滇之都”全国葫芦丝艺术展赛，《太阳最红毛主席最亲》《天边》分获组合组金奖、银奖；在“2019年第八届国际武术大赛”中，太极拳分社的陈式太极拳获得个人组金牌4枚、银牌6枚、铜牌5枚，洪式太极拳获得团体铜牌、个人组金牌1枚、银牌1枚。10月28日、11月1日分别在厦门兰馨颐养院和厦门温馨家园养老中心设立教学点并挂牌。

（孙天锡）

2019年10月16—18日，湖里区关工委在厦门市委党校举办“不忘初心、牢记使命”学习班（方丽铃 摄）

关心下一代工作

【概况】 2019年，湖里区成立2家国有企业关心下一代工作委员会（以下简称关工委）和区慈善会关工委。殿前街道新成立6家非公企业关工委，禾山街道组建民企民校关工委8家；教育系统新增7家“五好基层关工委”达标单位，已建立关工委组织的61所公民办中小学、幼儿园均完成“五好基层关工委”的创建。全区“五老”志愿者3654人。是年，各级关工委突出抓青少年社会主义核心价值观教育，为青少年办实事、做好事、解难事，推动关爱工作水平再提升。

【主题教育】 2019年4月，湖里区关工委与厦门市关工委联合在人民解放军解放厦门战役中插上第一面红旗的神山举办“传承红色基因，缅怀革命先烈——庆祝新中国成立70周年”纪念活动。开展“腾飞中国、辉煌70年”“我和我的祖国”“老少共话中国梦”等活动。区教育系统关工委开展“我为祖国点赞”主题教育读书活动。“五老”宣讲报告团举办主题宣讲报告研讨活动，参加宣传系统“四力”建设培训班等。全年举办各类座谈交流会、宣讲报告会等600场，感染激励青少年3万余人。

【关爱青少年儿童】 2019年，湖里区全区126名“五老”网吧义务监督员，组成63个网吧义务监督小组，配合相关部门，就地、就近对全区65家有证网吧及周边文化环境进行4.8万余次巡查，制止网吧内的不文明行为，劝阻100多名未成年人进入网吧，为青少年的健康成长作贡献。开展“关爱行动进千家万户”活动。区关工委与区慈善会等单位共同举办“爱心托举未来——湖里区2019雨露育青苗”结对帮扶公益活动。在“六一”儿童节期间，为辖区157名孤困儿童发放逾40万元的扶助金及爱心大礼包。区关爱联盟各成员单位和街道关工委动员社会各界参与关爱助学助困，多方筹集资金316万元，资助辖区青少年3000人。街道、社区关爱团积极融入社区治理，落实对“五失”青少年的关爱、助困、帮教，加强心灵慰藉、自信养成。各社区关工委把辖区中小学、幼儿园领导纳入班子中，共同制定教育计划，选派“五老”进校园。全年开展夏令营、冬令营活动380场，参加的青少年2万余人。借助社区书院平台，常态化组织辖区青少年参加科普、安全、国学等教育活动。“五老”志愿者就近、就地参与到社区开辟的“四点钟学校”“绿色网吧”“心理咨询室”“道德讲堂”等关爱平台。

（方丽铃）

厦门市湖里区人民代表大会

重要会议

【概况】 2019年，湖里区人民代表大会召开人民代表大会1次、人大常委会9次、主任会议11次。主要听取“一府两院”工作报告，区政府半年政情通报，研究人大相关工作等。

【湖里区八届人民代表大会第四次会议】 2019年12月25—28日，湖里区召开第八届人民代表大会第四次会议。会议听取和审议区人民政府区长林重阳作的《湖里区人民政府工作报告》；书面审议《湖里区2019年预算执行情况和2020年预算草案的报告》，批准湖里区2020年区本级预算；听取和审议区人大常委会主任黄炜作的《湖里区人大常委会工作报告》；听取和审议区人民法院院长高碧青作的《湖里区人民法院工作报告》；听取和审议区人民检察院检察长吴华峰作的《湖里区人民检察院工作报告》，并表决通过各项决议。会议补选区八届人大常委会副主任1名、委员2名；选举区八届人大社会建设委员会主任委员1名、副主任委员1名、委员若干名；选举区八届人大监察和司法委员会主任委员1名、副主任委员1名、委员若干名。会议期间收到代表提出的议案、建议、批评和意见87件。

【政情通报会】 2019年8月8日，湖里区人大组织召开2019年上半年政情通报会。全区人大代表参加会议，听取区长林重阳所作的《湖里区人民政府关于2019年上半年工作情况和下半年工作安排的报告》，以及区法院、区检察院关于2019年上半年工作情况的书面报告。

【湖里区八届人大常委会会议】 区八届人大全年召开常委会会议9次，具体情况详见2019年湖里区八届人大常委会会议一览表。

【湖里区八届人大常委会主任会议】 2019年，湖里区人大常委会全年召开主任会议11次。会议主要研究区人大班子领导分工、区人大代表补选和人事任免有关事宜、区八届人大四次会议筹备等重大事项；讨论2019年度工作要点；研究确定常委会重点督办代表建议；研究通过课题调研评审办法和年度计划；通过执法检查组执法检查方案；听取“一府两院”有关工作汇报等。其中，3月28日召开的第34次主任扩大会议，听取区政府关于2018年度环境状况和环境保护目标完成情况的报告；8月28日召开的第37次主任扩大会议，听取区政府关于办理区八届人大三次会议代表议案、建议工作进展情况的报告；11月1日召开的第39次主任扩大会议，听取区政府关于湖里区学前教育工作情况的报告；11月15日召开的第40次主任扩大会议，听取

2019年8月8日，湖里区人民政府区长林重阳为区人大代表作政情通报

（黄绍义　摄）

2019 年湖里区八届人大常委会会议一览表

单位：人

会议名称	会议时间	出席常委	主要内容
区八届人大常委会第 21 次会议	1 月 31 日	28	表决通过人事任免有关事项
区八届人大常委会第 22 次会议	3 月 14 日	27	表决通过人事任免有关事项；传达学习贯彻习近平总书记参加福建团审议时的重要讲话精神；书面审议区政府关于区人大常委会对“我区市政道路建设管理情况报告”“我区民办教育发展情况报告”“区八届人大二次会议代表建议办理工作情况报告”审议意见研究处理情况的报告
区八届人大常委会第 23 次会议	3 月 28 日	25	补选王飞、陈李升为厦门市第十五届人民代表大会代表
区八届人大常委会第 24 次会议	5 月 30 日	24	听取和审议区政府关于人民调解工作的报告；听取和审议区政府关于城市建设和管理情况的报告；表决通过人事任免有关事项
区八届人大常委会第 25 次会议	7 月 26 日	22	听取和审议区政府关于我区国有资产运行管理情况的报告；听取和审议区政府 2018 年决算草案报告和 2018 年度区本级预算执行和其他财政收支情况的审计报告，批准 2018 年决算；听取和审议区政府关于湖里区创建健康促进区建设情况的报告；表决通过区人大代表补选事宜和人事任免有关事项
区八届人大常委会第 26 次会议	9 月 27 日	26	听取部分市人大代表报告履职情况；听取和审议区政府关于 2019 年 1—8 月预算执行情况和预算调整草案的报告，审查批准预算调整草案；听取和审议区人大常委会执法检查组关于检查《中华人民共和国统计法》贯彻实施情况的报告；听取和审议区法院刑事审判工作情况的报告；审议代表资格审查委员会关于补选代表资格审查的报告；表决通过人事任免有关事项；书面审议区政府关于区人大常委会对“人民调解工作报告”、“城市建设和管理情况报告”审议意见研究处理情况的报告
区八届人大常委会第 27 次会议	11 月 18 日	22	听取部分市人大代表报告履职情况；听取和审议区政府关于区八届人大三次会议代表建议办理工作情况的报告；研究区八届人大四次会议相关事宜；审议代表资格，表决通过区人大代表补选事宜和人事任免有关事项；书面审议区政府关于区人大常委会对“我区国有资产运行管理情况报告”“2018 年财政决算草案报告和 2018 年预算执行和其他财政收支情况审计报告”审议意见研究处理情况的报告
区八届人大常委会第 28 次会议	12 月 3 日	23	表决通过区人大代表补选有关事宜
区八届人大常委会第 29 次会议	12 月 19 日	24	听取和审议区政府关于 2019 年预算执行情况和 2020 年预算草案编制情况的报告；审议代表资格有关事项；审议区八届人大四次会议相关材料；表决通过人事任免有关事项；书面审议区政府关于区人大常委会对“2019 年 1—8 月预算执行情况和预算调整草案报告”“检查统计法实施情况报告”和区法院关于区人大常委会对“刑事审判工作情况报告”审议意见研究处理情况的报告

湖里公安分局关于禁毒工作情况的报告。

人大监督

【专项报告审议】 2019 年，区人大听取和审议区政府关于人民调解工作、城市建设和管理、国有资产运行管理、创建健康促进区建设、区八届人大三次会议代表建议办理等工作情况报告和区法院关于刑事审判工作情况的报告；听取区政府关于 2018 年度环境状况和环境保护目标完成情况、湖里区学前教育工作情况的报告和湖里公安分局关于禁毒工作情况的报告。

【预决算批准】 2019 年，区人大加强对预、决算全口径、全领域、全过程的审查监督，听取和审议区政府 2018 年决算草案报告、2018 年度区本级预算执行和其他财政收支情况的审计报告，批准 2018 年决算；听取和审议 2019 年 1—8 月预算执行情况和预算调整草案的报告，审查批准预算调整草案；听取和审议关于 2019 年预算执行情况和 2020 年预算草案编制情况的报告，批准 2020 年区本级预算，确保全区经济平稳运行。

2019 年 10 月 16 日，区人大常委会执法检查组开展教师法执法检查

（蒋惠琼　摄）

【执法检查】 2019 年 5—9 月，区人大对湖里区贯彻实施《中华人民共和国统计法》情况开展执法检查。成立由区人大常委会副主任梁国富任组长的执法检查组，听取区政府及有关部门关于执行“统计法”情况的汇报，先后深入街道、企业开展实地检查。5—10 月，配合福建省、厦门市人大，开展《中华人民共和国水污染防治法》《中华人民共和国教师法》三级联动执法检查。

代表工作

【议案建议办理】 2019 年，湖里区人大坚持常委会领导领衔督办、人大工委对口督办、整体面上督办与社会参与督办的“多维督办、多方协作”机制，分时段、分层次听取专项工作报告，对代表反馈不满意的建议重新交办、限时答复，开展重点建议满意度测评，针对性地加强代表建议“提”“交”“督”三个环节，推动代表建议办理工作由“文来文往”向“人来人往”转变，由“答复满意”向“结果满意”转变。区人大全年督办代表建议 98 件。其中，满意率 89.8%，基本满意率 10.2%。推动辖区中小企业发展政策性融资担保、金山社区菜市场建设、园山及乌石浦片区幼儿入学、小区居民看病难等事关经济发展、城市建设、教育医疗问题得到有效解决。

【代表视察】 2019 年，湖里区人大组织或委托街道人大工委组织省、市、区人大代表视察湖里区企业运营、城区建设、文化产业、小区治理、医疗卫生等情况 16 场次。其中区级层面组织的视察活动有 6 场：4 月 24 日，组织市人大代表湖里小组视察湖里区文化创意产业发展情况；5 月 28 日，组织部分区人大代表视察湖里区食品安全管理工作情况；8 月 9 日，组织市人大代表湖里小组视察湖里区西部旧村整村更新提升情况；9 月 24 日，组织部分区人大代表视察湖里区安置房建设和返迁情况；11 月 15 日，组织市人大代表湖里小组前往翔安区开展跨区视察；11 月 19 日，组织市人大代表翔安小组跨区视察湖里区东部旧村改造及两岸区域性金融中心片区开发建设情况。

【代表资格变动】 2019 年 3 月 28 日，湖里区八届人大常委会第 23 次会议补选王飞、陈李升为厦门市第十五届人民代表大会代表。9 月 27 日，区八届人大常委会第 26 次会议，接受曾秋皓辞去区第八届人大代表职务。11 月 18 日，区八届人大常委会第 27 次会议，接受卢秀萍、方文群、黄锦城辞去区八届人大代表职务。区八届人大常委

2019 年 8 月 9 日，湖里区人大组织部分市区人大代表视察湖里区西部旧村整村更新提升情况

（黄绍义　摄）

2019 年 12 月 7 日，第 1 选区（金鼎选区）选民投票选举人大代表

（金鼎社区　供图）

会第 25 次会议审议通过《关于补选区八届人民代表大会代表的决定》，决定在第 62 选区、第 79 选区等额补选区八届人民代表大会代表 2 名。8 月 24 日，湖里区第 62、79 选区分别组织选民投票补选吴进华、张国平为区八届人民代表大会代表。区八届人大常委会第 27 次会议审议通过《关于补选区八届人民代表大会代表的决定》，决定在第 1 选区、第 12 选区等额补选区第八届人民代表大会代表 2 名。12 月 7 日，湖里区第 1、12 选区分别组织选民投票补选钟伟东、唐娟为区八届人民代表大会代表。区八届人大常委会第 28 次会议审议通过《关于补选区八届人民代表大会代表的决定》，决定在第 63 选区等额补选区八届人民代表大会代表 1 名。12 月 15 日，区第 63 选区组织选民投票补选林充贺为湖里区八届人民代表大会代表。截至 12 月 31 日，区八届人大代表实有 189 名。

人事任免

【概况】2019 年 12 月 28 日，湖里区八届人民代表大会第四次会议补选林充贺为厦门市湖里区人大常委会副主任；张国平、唐娟为厦门市湖里区人大常委会委员；向延琼为厦门市湖里区人大社会建设委员会主任委员；杨飞鹏为厦门市湖里区人大社会建设委员会副主任委员；杨旭清、杨雅慧、张军、陈志强、陈瑞华、俞礼博、夏江平为厦门市湖里区人大社会建设委员会委员；林颖为厦门市湖里区人大监察和司法委员会主任委员；王康为厦门市湖里区人大监察和司法委员会副主任委员；刘长江、陈昱、陈丽铭、陈衍达、洪永超、翁明远、黄业峰为厦门市湖里区人大监察和司法委员会委员。是年，区人大常委会依法任免国家机关工作人员（不含人民陪审员）83 人（次）。具体情况详见 2019 年湖里区人大常委会任免国家机关工作人员一览表。全年作出重大决定 9 项。

（蒋惠琼）

2019 年湖里区人大常委会任免国家机关工作人员一览表

时间	会议	任免人员
1 月 31 日	区八届人大常委会第 21 次会议	任命：林筱丽为厦门市湖里区工业和信息化局局长；王萍为厦门市湖里区卫生健康局局长；黄木清为厦门市湖里区应急管理局局长；周泽勇为厦门市湖里区城市管理局局长；郑高良为厦门市湖里区司法局局长；朱觉为厦门市湖里区文化和旅游局局长；郑朝东为厦门市湖里区退役军人事务局局长；张慧勤为厦门市湖里区行政审批管理局局长；刘梓良为厦门市湖里区信访局局长 免去：林筱丽的厦门市湖里区经济和信息化局局长职务，王萍的厦门市湖里区卫生和计划生育局局长职务，黄木清的厦门市湖里区安全生产监督管理局局长职务，周泽勇的厦门市湖里区城市管理行政执法局局长职务，马竞生的厦门市湖里区科学技术局局长职务，叶毓青的厦门市湖里区民族与宗教事务局局长职务，林秀瑜的厦门市湖里区文体出版旅游局局长职务，傅芳槐的厦门市湖里区司法局局长职务，刘秋生的厦门市湖里区人力资源和社会保障局局长职务
3 月 14 日	区八届人大常委会第 22 次会议	任命：李建军为厦门市湖里区人力资源和社会保障局局长 免去：王毅厦门市湖里区人民法院湖里区人民法院副院长、审判委员会委员、审判员职务；林瑞珍厦门市湖里区人民法院审判监督庭庭长、审判员职务

续表

时间	会议	任免人员
5月30日	区八届人大常委会第24次会议	接受：方文群辞去湖里区第八届人民代表大会常务委员会副主任职务 任命：张天勇为厦门市湖里区监察委员会委员；姚亮为厦门市湖里区人民法院殿前人民法庭庭长；苏天胜为厦门市湖里区人民法院综合审判庭庭长；王芳为厦门市湖里区人民法院禾山人民法庭副庭长；陈巧玲为厦门市湖里区人民法院刑事审判庭副庭长；王蕊为厦门市湖里区人民法院立案庭副庭长；陈婧怡为厦门市湖里区人民法院民事审判第一庭副庭长；邓剑斌为厦门市湖里区人民法院简易案件审判庭副庭长；李艳斐为厦门市湖里区人民法院民事审判第一庭副庭长；陈惠清为厦门市湖里区人民法院简易案件审判庭副庭长 免去：林志荣厦门市湖里区人大常委会禾山街道人大工作委员会主任职务，于鲁燕厦门市湖里区人民法院行政审判庭庭长职务，姚亮厦门市湖里区人民法院禾山人民法庭副庭长职务，苏天胜厦门市湖里区人民法院民事审判第一庭副庭长职务，邓剑斌厦门市湖里区人民法院民事审判第一庭副庭长职务，李艳斐的厦门市湖里区人民法院禾山人民法庭副庭长职务，陈惠清厦门市湖里区人民法院殿前人民法庭副庭长职务
7月26日	区八届人大常委会第25次会议	免去：黄锦城厦门市湖里区人民政府副区长职务；许标旗厦门市湖里区人民政府挂职副区长职务；马菡菲厦门市湖里区人民法院审判员职务；卢泽潇厦门市湖里区人民法院审判员职务
9月27日	区八届人大常委会第26次会议	接受：曾秋皓辞去湖里区人大常委会委员、湖里区第八届人大代表职务 任命：林志荣为厦门市湖里区人大常委会城市建设环境资源工作委员会主任；张国平为厦门市湖里区人大常委会禾山街道工作委员会主任；陈舒雯、郑安稳为厦门市湖里区人大常委会江头街道工作委员会委员；戚乐健为厦门市湖里区人民政府副区长；陈滨为厦门市湖里区人民政府副区长 免去：曾秋皓厦门市湖里区人大常委会城市建设环境资源工作委员会主任职务，戴春梅、郑文金厦门市湖里区人大常委会江头街道工作委员会委员职务，黄平南厦门市湖里区人民政府副区长职务，张天勇、徐祥敏厦门市湖里区人民检察院检察委员会委员、检察员职务，王百秋、黄烨、叶宗、林彬彬、黄金蝉、赵克潮、黄城、赵亮、高雅冰、童乔容厦门市湖里区人民检察院检察员职务
	区八届人大常委会第27次会议	任命：刘晓洪为厦门市湖里区人民法院民事审判一庭庭长；王友平为厦门市湖里区人民法院民事审判二庭庭长；刘洲为厦门市湖里区人民法院刑事审判庭庭长；张海强为厦门市湖里区人民法院立案庭（诉讼服务中心）庭长；李艳斐为厦门市湖里区人民法院民事审判一庭副庭长；邱烨为厦门市湖里区人民法院民事审判二庭副庭长；王蕊为厦门市湖里区人民法院立案庭（诉讼服务中心）副庭长；陈婧怡为厦门市湖里区人民法院民事审判一庭副庭长 免去：郑金雄厦门市湖里区人民法院副院长、审判委员会委员、审判员职务，宋晋勇的厦门市湖里区人民法院执行庭庭长职务
12月19日	区八届人大常委会第29次会议	任命：唐娟为厦门市湖里区人民代表大会常务委员会办公室主任；吴旗荣为厦门市湖里区人民政府副区长；曾斌为厦门市湖里区监察委员会副主任；陈朝阳为厦门市湖里区人民法院审判员、审判委员会委员、副院长；敖玲、鲍洪宇、毕忠香、陈光永、陈济文、陈金通、陈淑碧、陈雅真、陈颖、陈韵、陈卓洵、邓玮、董国策、范良荣、范中冠、方兰香、方小华、费野、付结兰、高广德、龚纯斌、郭贵香、郭晓燕、郭新营、何晓霞、洪春敏、洪微、胡新伟、胡玉魁、黄阿富、黄洁欣、黄侨丽、黄武维、黄雪高、黄亚玲、黄燕红、江小荣、赖锦祥、雷琴、李国林、李金雕、李莉、李若仪、李珊、李巍、李雯媛、李秀燕、李燕青、廖干忠、林佳梅、林黎锦、林志娟、刘端填、刘福伟、刘黎智、刘美慧、卢起铭、鲁久林、吕妍、马阑铰、莫绍芬、倪婉芳、彭伟华、钱景、乔嘉祥、邱洋城、盛志敏、宋茂峰、宋学、苏文芳、孙光华、孙国智、孙晓聪、王达琪、王捷、王莉娜、王清联、王松、王雪梅、王一羽、王宇豪、魏毅、吴俊仙、吴美满、吴笑笑、夏天、夏艳亮、肖雄、肖延辉、谢新春、许刚、许平辉、许树姬、严建阳、杨春娥、杨连军、杨志超、尤林清、游静娜、袁玉洁、张传健、张芬、张洪海、张柯伟、张文新、张翼、张志军、赵美霞、赵梦帆、郑刚、郑建红、郑智伟、周世敏、朱淑秀、朱晓鑫、曾君为厦门市湖里区人民法院人民陪审员 免去：向延琼厦门市湖里区人民代表大会常务委员会办公室主任职务，林充贺厦门市湖里区人民政府副区长职务，张树国厦门市湖里区监察委员会副主任职务，冉茂国厦门市湖里区人民法院审判委员会委员、审判员职务，刘铭、陈亚源的厦门市湖里区人民法院人民陪审员职务，林黄玉厦门海事法院人民陪审员职务

厦门市湖里区人民政府

重要会议

【概况】 2019年，湖里区人民政府召开招商引资工作会议、区政府全体成员会议、区政府常务会（扩大）会议等。年内，湖里区人民政府召开全体成员会议1次，区政府常务会（扩大）会议26次，区政府系统廉政和效能建设工作会议1次。

【湖里区政府第一次全体成员会议】 2019年2月15日，区长林重阳主持召开区政府第一次全体成员会议。会议就弘扬海堤精神和特区精神，贯彻落实中央和省、市重要会议精神及区委八届九次全会、区“两会”部署要求，切实加强政府自身建设，攻坚克难做好2019年政府工作提出四点要求。

【湖里区政府常务会议】 2019年，湖里区人民政府召开26次区政府常务会（扩大）会议。会议主要学习习近平在中央政治局会议，全国安全生产电视电话会议等会议上发表的重要讲话精神，中共十九届四中全会精神等学习议题15个；听取湖里区经济运行和项目推动、“大棚房”整治、房屋安全隐患排查整治、国防动员、安保维稳、安全生产、消防安全、道路交通安全、食品安全、生态环保、登革热疫情防控、历史文化遗产保护修缮等重点领域工作情况汇报，研究政府工作规则、扶持退役士兵再就业、出让土地后续监管、旧村整村改造等相关事宜；讨论通过《湖里区贯彻落实〈关于进一步深化厦台经济社会文化交流合作的若干措施〉实施办法》《湖里区小区治理小额“以奖代补”项目实施办法》《湖里区扶持部分退役士兵再就业实施方案》《2019年政府投资基建项目年度计划》等经济社会发展重要议题157个，其中为企业保驾护航、降费减税，使企业换挡提速相关议题55个。

第49次常务会议　2019年2月13日，湖里区人民政府召开第49次常务会议。听取区发改局关于经济运行和项目推动有关情况的汇报、市政园林局关于“大棚房”问题清理整治专项行动工作汇报；研究区征收办提交的《关于给予湖里区2018年度土地房屋征收、安置返迁及旧村改造工作先进单位和个人通报表扬的请示》，区小区办提交的《湖里区小区治理小额“以奖代补”项目实施办法（送审稿）》、江头街道办提交的《关于成立江头街道忠仑社区居委会的请示》。

第52次常务会议　2019年3月7日，湖里区人民政府召开第52次常务会议。传达省、市防汛备汛工作会议及各级领导指示精神；传达学习上级关于防范化解地方政府隐性债务风险有关精神；讨论并原则通过区发改局提交的《2019年政府投资基建项目年度计划（送审稿）》《2019年区级重点项目安排（送审稿）》，区工信局提交的《湖里区关于开展“人到心到服务到”重点企业服务活动工作方案（送审稿）》；传达学习全国和省、市信访工作会议精神，讨论并原则通过区信访工作联席会议办公室提交的《关于召开2019年区信访工作会议的报告》。

第60次常务会议　2019年7月18日，湖里区人民政府召开60次常务会议。传达学习上级扫黑除恶专项斗争相关会议精神，听取区扫黑办关于2019年上半年扫黑除恶专项斗争开展情况报告，研究部署下一步工作；听取区安委办关于区2019年上半年安全生产情况报告，研究部署下一步工作。听取区消防工作联席会议办公室关于2019年上半年消防安全工作情况报告，区道安办关于2019年上半年道路交通安全工作情况报告，研究部署下一步工作，区食安办关于2019年上半年食品安全工作情况报告，区生态环境保护委员会办公室关于2019上半年生态环保工作情况报告。研究区财政局提交的《关于湖里区国有资产管理情况的报告（送审稿）》、区教育局提交的《关于申请开展禾山中学改扩建项目可研决策的请示》。

第63次常务会议　2019年9月6日，湖里区人民政府召开第63次常务会议。学习《法治政府建设与责任落实督察工作规定》《关于开展法治政府建设示范创建活动的意见》，听取区司法局关于湖里区配合创建“全国法治政府建设示范市”工作的汇报，研究部署法治政府建设工作。研究区委财经办提交的《湖里区推进“岛内大提升”三年行动规划（送审稿）》，区审批管理局提交的《湖里区2019年深化“放管服”改革工作要点（送审稿）》。听取湖里公安分局、区信访局关于国庆安保维稳工作的汇报，研究部署迎国庆有关工作；传达学习全国及省、市、区委退役军人工作会议精神，研究湖里区贯彻意见；讨论区工信局提交的《关于促进集成电路双创平台发展的若干办法（送审稿）》《关于兑现亿联网络等企业2018年度增产增效奖励的请示》。

第66次常务会议　2019年10月25日，湖里区人民政府召开第66次常务会议。学习《重大行政决策程序暂行条例》。听取湖里生态环境局关于配合第二轮中央生态环保督察工作情况报告，研究部署下一阶段工作、区应急局提交的《关于厦门城优建设有限公司“8·19”事故调查情况报告的请示》。研究金山街道办提交的《关于申请金山西路外立面提升改造工程项目资金的请示》，区建设局提交的《关于申请开展金禾苑安置房项目选址、可研决策的请示》，区市政园林局提交的《关于启动东兴路提升改造工程的请示》《关于申请华泰东路提升改造项目费用的请示》《关于申请火炬国际学校北侧临时便道工程费用的请示》《关于申请2019年旅游公厕建设工程资金的请示》《关于申请四海明楼周边停车整治工程资金的请示》。

第70次常务会议　2019年12月12日，湖里区人民政府召开第70次常务会议。审议并原则通过区政府办提交的2020年《政府工作报告（送审稿）》、区发改局提交的《关于2020年全区主要经济指标计划安排方案的报告（送审稿）》、区财政局提交的《关于湖里区2019年预算执行情况和2020年预算草案的报告（送审稿）》。传达学习习近平在中共中央政治局第十九次集体学习时的重要讲话精神和全国安全生产电视电话会议精神。听取区安委办关于安全生产工作情况汇报，研究部署安全生产集中整治工作。传达学习近期上级扫黑除恶专项斗争会议精神，听取区扫黑办关于扫黑除恶专项斗争有关工作的汇报，研究部署下一步工作。听取区禁毒办关于禁毒工作情况的汇报，研究部署下一步工作。

【区政府系统廉政和效能建设工作会议】　2019年6月6日，湖里区召开政府系统廉政和效能建设工作会议。会议贯彻落实国务院第二次廉政工作会议精神，部署推进区人民政府系统党风廉政建设和反腐败工作重点任务，加强效能建设和作风建设，促进政府工作提质增效，确保完成2019年各项目标任务。区政府领导班子成员，区政府组成部门及各街道办事处主要领导参加会议。市直驻湖里区有关单位、区委有关部门、区纪委监委等单位领导应邀出席会议。

区政府办工作

【办文办会】　2019年，湖里区政府办公室制定出台《关于进一步规范公文处理加强公文管理的通知》，统一办文程序，在收文、登记、分办、审核、送签等环节做明确规定，使办文工作环环相扣，责任到人。组织安排区政府各类会议，全年政府办撰写各类综合性材料100余篇、公文收发7031件、保障区政府各类会议157场，信息报送389条。组织保障区政府主要领导主持召开的区政府全体会议1次、党组会议22次、常务会议26次、专题会议125次。

【信息化建设】　2019年，湖里区信息中心做好区政府信息化常规保障工作，管理维护好湖里区政务网络、政务信息平台等信息系统，保障全区机关企事业单位政务网络平稳运行。全年保障OA办公协同平台公文流转39996余件，电子大屏幕信息发布130条，政务短信发送13515条，主动公开政府信息2746条，全文电子化率100%。定期检查维护全国政务信息网高清视频会议系统、福建省应急会商标清视频会议系统等国家、省、市级会议系统，保障各级各类视频会议75场。完善网络安全与应急保障管理机制，完成中华人民共和国成立70周年大庆网络安全保卫工作。

【督查督办】　2019年，湖里区政府办督查科梳理形成区政府主要工作任务“六定”分解方案，将任务细化分解到各责任部门，每月跟踪督查进展情况。督促落实项目化管理，结合“六定”分解方案，督促区政府各部门、各街道办将每项工作任务具体化为可操作、易对照检查的工作项目，实行挂图作战。按照统筹规范督查检查考核工作的各项要求，合并督查事项，采取不打招呼、直奔现场方式开展实地督查督办。全年针对 22 个大项工作任务开展督查督办，办结 20 项；督促办理完成 65 件区政府领导批示件，办结 60 件。

【东部征拆改造】 2019 年，湖里区采取“整村、整体，一次性拆迁改造”的办法，实行“商谈意向—集中签约—发布公告”征收新模式，截至年底，全区房屋征收签约 301 万平方米，完成年度任务的 103%；拆除房屋 57 万平方米，提前 2 个半月完成年度房屋征收任务。重点项目征收保障到位，完成土地征收约 11.3 万平方米，完成序时计划的 126%；完成房屋征收 22.86 万平方米，完成序时任务的 322%。

【《湖里年鉴（2018）》出版】 2019 年 1 月，《湖里年鉴（2018）》由方志出版社出版发行。该本年鉴卷首设特载、大事记、区情综述，卷中设中共厦门市湖里区委，厦门市湖里区人民代表大会等 20 个类目，卷尾设附录、索引，全书有 72.9 万字、251 张图照。

人才服务与管理

【概况】 2019 年年底，湖里区事业单位在编在职工作人员 4111 人。其中，管理人员 472 人（含“双肩挑”人员 164 人）、专业技术人员 3506 人、工勤技能人员 133 人；纳入湖里区劳务派遣有限公司统一管理的机关事业单位非在编雇用人员 589 人，编外补充性工作人员 1975 人。

【人员招聘及人才引进】 2019 年，湖里区提供 2 个区属事业单位编内人员岗位定向招聘临夏州建档立卡贫困高校毕业生。全年公开招考新聘用事业单位工作人员 4 人，接收随军家属安置到事业单位工作人员 2 人，接收大学生村官安置到事业单位工作人员 2 人，补充非在编雇用人员及编外补充性工作人员 92 人，其中接收安置随军家属 12 人；接收安置区人社局及事业单位营职以下军转干部 11 人。其中，安置到区人社局参公单位 9 人、事业单位 2 人。全年兑现高校毕业生住房补贴 2 批 344 人次，发放补贴 137.4 万元。全年向 316 名在湖里区企事业单位工作的新引进人才兑现一次性生活补贴 951 万元，向 2 名新引进台湾同胞兑现生活补贴 6 万元。办理外地人才调入区属企业 161 人。其中，博士 1 人，硕士 7 人，本科 119 人，大专 28 人，中专 6 人。

【人事调配与职务任免】 2019 年，湖里区开展事业单位人员岗位调整工作，办理事业单位区内调整 2 人。政府系统事业单位调出本区 1 人，辞职解聘 15 人，退休 37 人，其中干部 23 人，工人 14 人；事业单位新聘用毕业生见习期满转正 108 人；办理政府系统事业单位岗位设置方案设置或变更申报 74 家，事业单位工作人员岗位聘任 2516 人次。

【考核奖惩】 2019 年，湖里区政府系统事业单位 4107 人参加考核，其中 723 人被确定为优秀等次；行政机关和参照公务员法管理事业单位工勤人员 23 人参加考核，其中 4 人被确定为优秀等次。办理事业单位工作人员因被采取强制措施和受行政刑事处罚及受处分期间工资待遇处理 8 人次。

【初级职称确认和评审】 2019 年，湖里区办理毕业生初级专业技术职务任职资格确认 523 人。业务主管部门做好教师系列、综合类工程技术系列、土建工程技术系列的初级职务评审工作，有 32 人通过评审取得相应的初级专业技术职务任职资格。

【工资福利和退休待遇】 2019 年，湖里区启动 2014 年 10 月后退休人员退休待遇重算第一阶段工作，于 12 月完成 5 名合同制工人的退休待遇按“老办法”重算，并移交 4 人至区社保中心办理。

【编外人员管理】 2019 年 7 月，湖里区研究出台《中共湖里区委办公室　湖里区人民政府办公室印发〈湖里区关于加强编外人员管理的意见〉及其相关配套文件的通知（厦湖委办〔2019〕62 号）》。在指标控制和使用、晋升和激励、工资福利待遇、考勤考核和退出机制等方面做出规定。从 8 月 5 日开始，全区编外人员管理工作由区委编委会统一领导，编外人员管理办公室从区人力资源和社会保障局调整到区委编办。

【2018 年度科技经济卫生系统表彰】 2019 年，中共湖里区委、湖里区人民政府对 2018 年度科技经济卫生系统先进集体和先进个人进行表彰。全区表彰 25 个科技经济卫生工作先进集体，60 个先进个人。

【人事人才代理】 2019 年，湖里区企业人事代理业务继续保持增长，全年新增立户企业 319 家，立户企业总量 2264 家。全年接收大中专毕业生 13298 人，外地干部调入 161 人，办理人才流动手续 702 人次，单纯寄档及个人委托人事代理

444 人，档案入库 2418 份，档案出库 582 份，零星材料归档 489 份，借档案材料 89 人次，政审查档 77 人次，出具证明函件 1009 份。

【毕业生就业】 2019 年，湖里区人社局完善毕业生就业登记网络共享平台功能，完善本地生源毕业生信息库。发动辖区企业参加 30 万院校毕业生招聘行动、厦门市大中专毕业生专场招聘会、创新园区春季招聘会，促成企业接收引进高校毕业生。通过招聘、园区走访等活动，现场解答、宣传人事人才政策，分发宣传册 5000 余份。宣传重点高校毕业生就业创业优惠政策，征集上报并通过评审的大中专毕业生创业省级资助项目 3 个。

招商引资

【概况】 2019 年，湖里区出台《关于调整湖里区招商引资工作领导小组的通知》，分类别成立 10 个招商工作小组。出台《湖里区人民政府办公室关于进一步加强招商引资工作的若干意见》《关于印发湖里区投资顾问聘请管理办法的通知》和《湖里区招商中介机构及项目引荐人奖励办法》等一系列招商政策及管理办法，湖里区超额完成年度招商任务。全年实际利用外资 2.86 亿美元，完成全年指标的 133%，比上年增长 88%；引进合同利用外资 67 亿元，完成全年指标的 195%；引进内资 1043 亿元，完成全年指标的 189%，全区新批及增资企业超 2 万家。

【“9・8”厦洽会招商】 2019 年，湖里区“9・8”厦洽会招商世界 500 强、跨国公司、行业龙头、央企和优质民企等重点企业。对接推动项目 52 个，总投资约 664 亿元，其中内资项目 45 个 596.39 亿元，外资项目 7 个 9.66 亿美元。签约项目 36 个，投资 607.1 亿元，其中市级签约项目 8 个，区级签约项目 23 个，湖里区与自贸区、火炬高新区联动招商签约项目 5 个。项目涵盖总部经济、新兴金融、影视文化、高端制造、医疗卫生、商贸物流、教育科技、现代农业等产业。9 月 26 日，中国第一艘自主运营的豪华邮轮“鼓浪屿号”首航成功。“特区・1980 西泠艺苑”、海丝艺术品中心羲缘楼、航空古地石广场、希尔顿欢朋酒店、厦门市心脏中心等 12 个重点项目开工、开业。

【联动招商】 2019 年，湖里区与自贸试验区、火炬高新区（自创区）统筹协调、联动招商。与自贸委共同引进中金资本系列基金、京东金融、世界 500 强“荷兰皇家壳牌集团”、亚马逊全球开店项目、影儿时尚集团、魔毯大宗、大有海洋等项目。与两岸金融中心指挥部共同推动世界 500 强阳光龙净“一带一路”国际总部、郭氏集团闽南区域总部项目签约。与火炬管委会共同引进首悦精工、中励信、青瓦总部、创士锋及中国短视频产业基地等项目。联合自贸区继续推动中信弘慈、大搜车、朝聚医疗等重点项目，联合火炬高新区（自创区）推动新加坡国际安全科技创新中心、智联友道、寨上工业园等项目。

【重要招商活动】 2019 年 5 月 20 日，湖里区在厦门市现代服务业招商座谈会暨项目签约仪式上，签约 9 个项目，总投资 60.2 亿元；7 月 3 日，在现代农业签约会上，签约 4 个项目，总投资 25 亿元；在 8 月 9 日中国人工智能峰会项目对接集中签约活动上，签约 2 个项目；在“9・8”厦洽会上，对接推动项目 52 个，总投资约 664 亿元；在 9 月 27 日全市金融产业促进大会上，签约 4 个项目，总投资 300 亿元；在 11 月 2 日闽港“一带一路”高峰研讨会上，签约 2 个项目，总投资 15.3 亿元；在 11 月 13 日全市文旅大会上，签约 4 个项目，总投资 31 亿元；在 11 月 29 日全市新经济大会上，签约 3 个项目，总投资 20 亿元。

2019 年 9 月，湖里区举行“9・8”厦洽会项目签约仪式（湖里区商务局　供图）

【总部和科创经济发展】 2019年，湖里区出台《湖里区关于促进总部经济发展的实施意见》，提出四类总部企业类型、七大类23条具体扶持措施。厦门银行、中金资本南方总部、厦门农商银行金融运营中心、金圆集团总部、厦门钨业总部、绿地金融、兴业证券、平安银行及悦榕庄酒店等项目有序推进。出台《湖里区关于促进科创型企业发展的实施意见》，推动湖里区科技创新型企业集聚发展，营造有利于“三高”（高技术、高成长、高附加值）企业发展及创新创业创造的良好发展环境。

【外资入境通道创新】 2019年，湖里区在全市首创多币种中外合伙股权投资基金项目，会同自贸委针对中金启航、亚腾资本等基金项目展开联动招商，共同协调市发改委、市商务局、外管局、商业银行等相关单位，打通外资入境通路，理顺外资基金落地流程，为境外美元基金在厦门登陆，直投国内产业开辟通道。该通道可复制推广至国内企业通过对外直接投资（ODI）将国内资金出境，收购外资企业股权，再利用外商投资企业（WFOE）返回国内，达到国内企业海外上市的目的。吸引“车和家项目”“中金海盈项目”等一系列外资基金集群落地。

（黄灵玲）

【全市招商大会设湖里分会场】 2019年4月29日上午，中共厦门市委、厦门市政府召开全市招商大会，湖里区在区信访大楼4楼设分会场。邀请厦门太古可口可乐饮料有限公司、厦门新游网络股份有限公司、厦门信达股份有限公司等113家重点企业人员参会。

（戴静静）

行政审批

【概况】 2019年3月29日，湖里区行政审批管理局正式挂牌成立，主要负责牵头、协调、指导、监督全区“放管服”改革和行政审批制度改革工作，对全区行政审批服务事项办理工作实施统一管理，对行政服务质量进行监督检查、绩效考核等。截至12月底，全区设有区级行政服务中心1个、区行政服务中心分中心2个、街道便民服务中心5个、社区便民服务代办点54个，全区有行政审批和公共服务事项632项（街道和社区事项不重复计算），其中，区级事项502项、街道事项62项、社区事项68项，全年总办件1001596件。

【行政审批简政放权】 2019年，湖里区行政审批局牵头梳理区级行政审批中介服务事项，取消4项无法律法规规章依据设立的行政审批中介服务事项，对保留的30项行政审批中介服务事项实行动态化清单管理；448项区级事项完成与国家、省级通用目录“四级四同”绑定工作，465项审批服务事项实现容缺受理，298项证照资料纳入不重复收取纸质材料范围，全区事项办理时限继续压缩至法定时限的23.6%。

【审批服务】 2019年，湖里区设立区行政服务中心司法局分中心、婚姻登记分中心，水、电、燃气、广电等便民服务机构进驻区行政服务中心，区就业中心13项事项进驻窗口。6月10日，整合开设涵盖8个部门的跨部门综合窗口，12月23日推出区行政服务中心商事登记综合窗口，年底启动“一窗受理、集成服务”改革工作。5月，在区行政服务中心开设帮办代办窗口，为重点引进人才、重点建设项目、重点招商引资项目、重点企业开通“绿色通道”，在办理审批服务手续过程中提供帮办代办服务，全年累计为8个项目提供帮办代办服务；在区行政服务中心设置企业咨询投诉台暨中小企业、台胞创业咨询指

2019年3月29日，湖里区行政审批管理局揭牌

（湖里区行政审批局　供图）

2019 年 5 月 15 日，湖里区行政审批管理局与市场监督管理局、两岸梧桐（厦门）中小企业创业服务有限公司在区行政服务中心联合设置企业咨询投诉台暨中小企业、台胞创业咨询指导处　（湖里区行政审批局　供图）

导处，日均接待近 60 人次；委托第三方公司梳理各级各类扶持政策，并上墙公示，为企业查询了解提供方便；开设“企业成长课堂”，邀请市、区审批服务单位和律所等机构，聚焦中小企业重点关注的行政审批事项等提供免费培训，全年举办各类培训 15 期，参训企业 720 家；梳理公布全区 47 个高频复杂事项全流程导览图、22 个群众热点关注事项全流程图。

【审批服务改革】 2019 年，湖里区制定《湖里区进一步深化工程建设项目审批制度改革实施意见》，推动审批流程、信息数据平台、审批管理体系、监管方式等“四个统一”，实现工程建设项目审批事项 100% 网上办理，市级下达湖里区的 16 项年度改革任务完成；是年，“一趟不用跑”事项占比提高至 76.3%，超出省、市下达的 40% 目标任务；推动部门采用电子送达、结合现场勘查核验材料原件、实施告知承诺制等方式实现全流程网办，是年，“全程网办”事项占比提高至 39.4%，超出上级 20% 的任务要求。

【“互联网 + 政务”服务】 2019 年，湖里区各部门、街道、社区通过“福建省网上办事大厅”部署审批服务事项 4632 项。其中，五星级事项占 32%，全年累计受理群众申请业务 1423 件，预审及时率 99.02%、受理及时率 98.38%。全年推动建成街道 24 小时自助服务区 5 个、社区 24 小时自助服务区 6 个。

【审批窗口建设】 2019 年 9 月，湖里区开展政务服务“评立改”项目，通过调研评估、制度规范、落实整改，制定台席和窗口人员服务标准。实行内训师、早课等制度，随机调查办事群众，满意度 92%。开展全区各窗口单位视频电子监察，每日定人定岗巡查区行政服务中心各部门进驻窗口，每周抽查全区 2 个分中心、5 个街道便民服务中心和 54 个社区便民服务代办点窗口。检查发现问题，通知责任单位整改，并纳入当月湖里区行政服务质量考评体系，每周汇总检查发现的窗口服务问题报区效能督查办进行全区通报。委托第三方评价机构，每月对区行政服务中心各进驻部门、各街道办政务服务质量开展社会评议和质量评估，全年开展窗口服务质量评估 12 次，评选出 12 期 180 人次湖里区“政务服务之星”、348 人次“便民服务能手”。

（翁琪玥）

2019 年 9 月，湖里区行政审批管理局组建内训师团队

（湖里区审批服务中心　供图）

信　访

【概况】 2019年，湖里区全年信访总量19625件次。其中，群众到区走访160批580人次，到市访144批897人次，人民网132件、省长信箱49件、书记区长信箱386件、网诉1048件、“12345”政务热线17346件，区级领导干部接待群众来访61批336人次，信访事项及时受理率、按期办结率均为100%，群众对信访机构和责任单位满意度分别达到95.6%和91%。是年，强化正面舆论宣传引导，在人民网、《福建信访》《厦门信访》上发表7篇文章；湖里区信访工作在市对区综治信访考评中获得第一名。

【重要节点信访保障】 2019年，湖里区信访工作主要是中华人民共和国成立70周年大庆活动，国家、省、市“两会”及“一带一路”高峰论坛、数字中国建设峰会及亚洲文明对话大会、中共十九届四中全会期间信访保障工作。落实信访信息每日“零报告”制度，矛盾纠纷排查、各级各部门包案、多元化纠纷化解等机制。开展“四门四访”（开门接访、进门约访、登门走访、上门回访）活动。

【阳光信访】 2019年，湖里区多次组织街道、区信访工作人员学习阳光信访平台操作手册。落实首接责任、首办责任、反馈责任。在接访窗口设立党员先锋岗。全年通过“最多投一次”阳光信访工作机制办理的82件信访件，全部按时办结化解，群众满意率100%；率先探索制定信访评理机制，在全区建立评理室62个、评理人才库62个，选聘评理员844名，全年开展评理44件。

【信访积案梳理排查化解】 2019年，湖里区梳理排查出重点领域事项3个，重点问题10个，重点人员2人，逐个制订化解方案，确保上级交办积案全部办结化解。排查梳理出征地拆迁安置、产权办理纠纷、物业管理等一批容易引发集体上访的问题15件，提交区委研究落实，区领导包案化解。结合“不忘初心，牢记使命”主题教育，梳理出14件信访积案，区党政领导包案化解，主题教育期间全部办结。梳理研究信访积案4件。

【信访业务能力提升】 2019年，湖里区建立、健全学习、管理、履职方面的8项制度机制。在市委党校组织2期业务培训，学习总书记习近平关于加强和改进人民信访工作的重要思想，学习“最多投一次”阳光信访机制操作手册，学习信访积案化解攻坚的基础知识和经验要求，提高全体信访工作人员的业务素质。专人负责转交办信访事项“三率”（信访事项及时受理率、按时办结率和群众参评率）考核。全年安排人员到街道、社区现场检查督办40余人次，提高办理效率。通过《信访月报》通报每月信访工作情况。

【环保督察件办理】 2019年7月17日至8月15日，湖里区接收中央环保督察组交办信访督察件48件。用时近40天，所有信访投诉件均按时派发、办理、反馈。

（张　涛）

机关事务管理

【概况】 2019年，湖里区完成2018年公共机构能源消耗统计工作。参加清华大学公共机构节能管理远程网络培训6期，20名学员接受培训。全年保障各类会议17575场，为56万余人次提供就餐保障。动力设备组完成日常电话报修的877个维修项目，调整安装电话120余部，

【会务及餐饮保障】 截至2019年12月底，湖里区会务保障中心保障会议17575场次，其中大中型会议560场次，小型会议17015场次，接待参会人数99000人次。湖里区有区行政中心主食堂和驻外5个分食堂，每天有约2000人次就餐，全年保障56万人次正常工作用餐需求，保障节假日期间值班工作人员的就餐及各相关业务部门接待。在机关食堂大餐厅设置“健康饮食知识”宣传展板，每月2期，全年制作24期。

【公车管理】 2019年，湖里区机关车队通过“全省一张网”管理平台调度、管理使用车辆。节假日所有公务车辆一律进入区行政中心地下车库及各保留车辆单位指定的车库封存，行驶证、钥匙统一上缴。区车队逐台核对行政机关留用车辆入库情况并做好登记，确保入库车辆停放有序、准确无误。安排24小时值班驾驶员及值班车辆，纪检监察部门对湖里区其他保留车辆的单位（检察院、法院、执法局、五个街道等）车辆入库情况进行实地查看。年内，保障区领导工作调研及各部门工作用车4000余台次，出车频率较车改前大幅减少。车改后，对使用年限用超过10年的37辆车有计划、分批次地进行车辆定点维修、保养、统一年检；组织驾驶员集中观看典型事故案例，召集小组长现场观摩车辆保养、维护，北斗星使用等，保证公务车辆的行车驾驶、文明出行。

2019 年，湖里区机关事务管理局组织行政大楼安保人员开展消防演练

（湖里区机关事务管理局　供图）

【物业工作】 2019 年，湖里区不定期抽检 23 个单位（部门）办公用房的使用情况，对不规范使用单位及时给予纠正。汇总统计、存档全区党政机关办公用房信息，建立一套全区党政机关办公用房完整的资料数据库。是年，区属外围办公用房修缮 8 处，装修改造 2 处。做好联谊大厦、就业培训中心综合楼、园山综合楼等 9 处约 45700 平方米外围办公用房物业管理监督、协调工作。邀请区公安分局治安大队、辖区派出所、消防大队等专业人员对安保人员进行培训和应急处突演练，制定应对各种突发事件预案。督促物业公司抓好区行政中心公共区域卫生保洁工作，确保公共区域卫生管理及时到位。物业采取专人监督、多人检查的工作制度，安排专业绿化养护人员做好巡查，根据季节进行虫害消杀，并对部分名贵树种进行输入“营养液”、增加肥料等作业，截至 12 月底，绿化施肥 8.83 吨，其中复合肥 0.95 吨，有机肥 7.88 吨，整体修剪 75 次，草坪修剪 11 次，消杀喷药 15 次。

【禁烟控烟】 2019 年，湖里区继续推进无烟健康环境创建工作。通过宣传栏、展板、标语等方式，宣传禁烟控烟知识，发出健康促进机关创建倡议书 600 余份。把禁烟控烟作为机关文明办公室评优的一项指标，引导全区党政机关干部职工树立公共场所禁烟观念。

（薛雅琳）

退役军人事务管理

【概况】 2019 年 2 月 28 日，湖里区组建区退役军人事务局，4 月 28 日正式组建挂牌。5 月底，区退役军人服务中心和街道、社区退役军人服务站完成组建挂牌，区退役军人服务保障体系基本建成。年内，全区有退役军人和其他优抚对象 9239 人。完成信息采集 9289 人，悬挂光荣牌 8522 块。接收退役士兵、复员干部，安置转业士官，协调转业干部报到和档案交接。促进退役人员、随军随调家属 37 人就业，为退役人员介绍公益性工作岗位。组织 2 场退役士兵、随军随调家属专场招聘会，达成就业意向 67 人。受理退役士兵社保补缴，完成退役士兵高职扩招身份审核确认工作。年内，全区核发各类优抚安置保障经费 2036.11 万元。

【退役军人服务保障体系建设】 2019 年 4 月 28 日，湖里区退役军人事务局组建挂牌，核定编制 2 个，其中领导职数 1 个，实际在岗 4 人。其中，1 名干部挂职、1 名 2019 年转业安置干部。下辖湖里区退役军人服务中心，中心事业编制 6 个、非编 2 个，实际在岗 5 人，其中事业干部到位 4 人、挂职 1 人。5

2019 年 12 月 7 日，湖里区退役军人事务局在江头街道蔡塘广场举办退役军人暨随军家属专场招聘会

（湖里区退役军人事务局　供图）

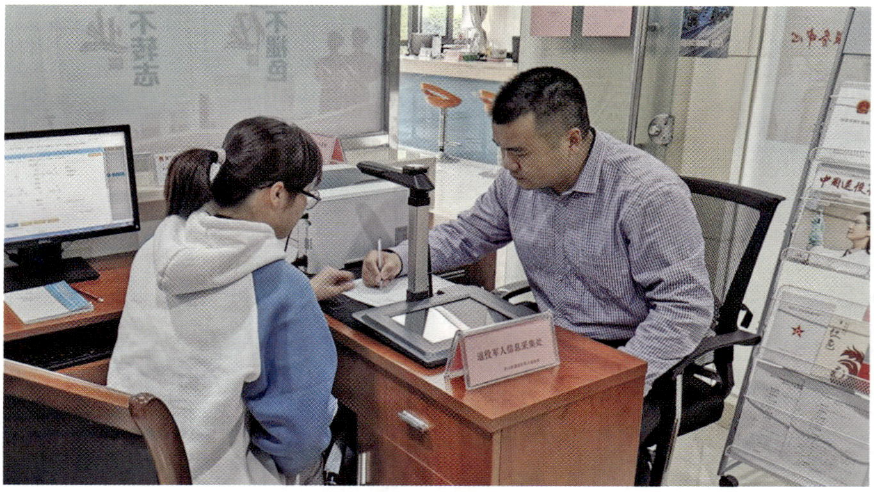

2019 年 12 月 10 日，街道退役军人信息采集点对退役军人进行信息采集

（湖里区退役军人事务局　供图）

月底，按照退役军人事务部印发的《退役军人服务中心（站）建设与工作规范》要求，湖里区 5 个街道、57 个社区退役军人服务站组建挂牌，主要负责人和工作人员到位，全区退役军人服务保障体系初步实现“有机构、有编制、有人员、有经费、有保障”的“五有”要求。7 月，研究制定了《中共湖里区委退役军人事务工作领导小组 2019 年工作要点》《中共湖里区委退役军人事务工作领导小组工作规则》《中共湖里区委退役军人事务工作领导小组办公室工作细则》，推动湖里区退役军人事务工作的开展。协调区慈善会、爱国拥军促进会、军梦双拥双创园开展服务保障。组建老兵学雷锋志愿队和老兵宣讲团，开展志愿服务，构建党委领导、政府牵头、退役军人事务部门协调、相关部门配合、社会参与的工作格局。

【退役军人移交安置】 2019 年，湖里区接收退役士兵，安置符合政府安排工作条件的转业士官，接收复员干部，协调落实转业干部的报到和档案交接工作。核发 2018 年度退役士兵自主就业、自谋职业补助金 440.88 万元，发放无军籍退休职工退休金、文明奖 345.75 万元。

【扶持退役军人就业】 2019 年，湖里区完成退役人员扶持再就业工作，为 12 名随军随调家属提供工作岗位，为退役人员介绍公益性工作岗位。组织 2 场退役士兵、随军随调家属专场招聘会，达成就业意向 67 人。组织退役士兵参加政府免费职业教育和技能培训，完成退役士兵高职扩招身份审核确认工作。

【优抚帮困】 2019 年，湖里区发放优抚对象优抚金 622.25 万元，为 111 名义务兵家属发放家属优待金 261.56 万元，为 2 名家属发放一次性抚恤金 147.62 万元，为应征入伍青年大学生核发一次性奖励金 55.6 万元，报销参战人员养老医疗保险 43.77 万元。做好对重点优抚对象和困难退役人员的慰问和帮困工作，“八一”建军节、国庆节、春节期间走访慰问、救助生活困难退役人员，发放慰问、救助金 118.68 万元。

【社保补缴工作】 2019 年，湖里区探索建立“讲清补缴政策、摸清办理底数、分清部门职责、厘清工作程序”社保接续“四清”工作法，在全省率先实现全流程办理。截至 12 月底，完成退役士兵社保补缴工作。

【褒扬纪念】 截至 2019 年 12 月 31 日，湖里区完成退役军人和其他优抚对象信息采集 9289 人，福建省审核通过 9239 人，悬挂退役军人光荣牌，符合悬挂条件、有意愿悬挂光荣牌的家庭 100% 完成悬挂。为退役老兵颁发“庆祝中华人民共和国成立 70 周年”纪念章。开展清明祭英烈和烈士纪念日活动，组织老兵学雷锋志愿服务队对薛岭烈士陵园 345 个烈士墓进行描红、清扫并敬献花圈。清明节期间接待祭扫人员 395 人次。烈士纪念日期间，组织 5 批次 89 人次在薛岭山烈士陵园和忠仑公园谢景德烈士墓开展公祭活动。

【双拥共建】 2019 年，湖里区建立健全新时代拥军支前协调机制，调整区双拥共建工作领导小组。“八一”建军节期间，区领导和机关工作人员组成慰问团走访部队，了解困难，解决问题，并送去慰问物资折合 77 万元。帮助现役军人解决子女就近入学入园问题。为辖区部队闲置地块建设围墙，协助做好部队闲置地产的保护工作。辖区部队支持江华路人行道、马厝大件垃圾处理场进出道路、蔡岭路、园山步行栈道和薛岭、枋湖、钟宅安置房建设及地铁 2 号线蔡塘站管线迁改等重点项目建设。开展生活垃圾分类“示范营区”建设，参与文明城区创建，开展结对帮扶活动，成立应急抢险分队，随时做好处置辖区抢险救灾和维护社会稳定相关工作。强化国防教育和双拥宣传工作，投入经费在主要街区建立国防教育和双拥宣传阵地，营造“拥军优属人人有责”的社会氛围。12

月 4 日，召开区双拥共建工作领导小组会议，对争创全国双拥模范城“十连冠”工作进行动员部署。为退役残疾军人吴勤勇落实 6 级因公残疾军人医保政策，为退役军人游春华申请残疾等级评定，为国民党抗战老兵低保户洪发祥争取大病救助资金 3.1 万元，解决原武警水电第六支队 122 名改转士兵参加高职扩招的报名问题，为 3 名不符合政府安置条件的退役人员介绍公益性工作岗位，为因病滞留部队人员蔡龙杰申请带病回乡退伍军人待遇，解决其长期滞留部队问题。

（张三海）

对口帮扶

【概况】 2019 年，湖里区出台《2019 年湖里区东西部扶贫协作工作意见》《湖里区关于进一步做好东西部扶贫协作工作实施方案》。落实对口帮扶东乡县资金 7120 万元，帮扶西藏自治区左贡县绕金乡、旺达镇资金 400 万元。在东乡县新增建设扶贫车间 12 个，新增 2 家企业到东乡县投资。联合浦城县印发《2019 年厦门市湖里区对口帮扶浦城县工作方案》，两地党政主要领导互访 5 次。全年拨付帮扶资金 1720 万元，全部用于促进贫困户脱贫助困。两地产业协作、人才交流、劳务输转、社会帮扶等工作有序推进。落实长泰县、连城县帮扶资金各 100 万元，选派 1 名科技专业干部到连城县挂职交流，加强科技工作沟通交流。

【《2019 年湖里区东西部扶贫协作工作意见》出台】 2019 年 4 月 11 日，湖里区制定《2019 年湖里区东西部扶贫协作工作意见》。该意见要求，做好新一批干部选派工作，拓展人才支援帮扶领域，推进志愿者帮扶工作。2019 年安排不少于 3520 万元（不含结对帮村资金）年度财政资金帮扶东乡县开展脱贫攻坚工作；拓展社会帮扶渠道，力争 2019 年社会帮扶资金突破 300 万元；推进援藏工作，加强与左贡县绕金乡、旺达镇的协作，援助资金按照市年度每乡（镇）100 万元要求落实。做大做强落地项目，年内实际投资资金增长 30% 以上，引导到东乡县新增投资企业不少于 2 个，增强东乡县经济发展“造血功能”，扩大贫困劳动力就业空间；扩大消费扶贫，2019 年湖里区落实采购、销售东乡县特色农业产品不少于 1000 万元，带动贫困人口脱贫不少于 200 人。推进区级事业单位编制内岗位、区属国有企业根据招聘计划，招收东乡县建档立卡贫困高校毕业生。

【《2019 年厦门市湖里区对口帮扶浦城县工作方案》出台】 2019 年 5 月 15 日，湖里区制定出台《2019 年厦门市湖里区对口帮扶浦城县工作方案》，方案提出：完善领导互访机制，湖里区与浦城县双方党政主要领导分别带队赴对方所在地，开展互访调研对接并召开高层联席会议，重点在精准扶贫、产业对接、招商引资、资金支持、干部人才交流、共建产业园、社会扶贫等方面开展合作。2019 年，湖里区对口帮扶浦城县资金标准提高至 1600 万元，确保 1200 万元帮扶资金至少 80% 以上用于促进贫困户脱贫项目。决定 2019 年由湖里区选派 1 名县处级领导和 3 名科级干部（或技术人员）到浦城县挂职交流，挂职时间为期 1 年；由浦城县选派 1 名县处级领导和 5 名科级干部（或技术人员）到湖里区挂职交流，挂职时间为期 1 年。帮助浦城县引进 2 家以上企业入驻共建产业园区并带动贫困人口特别是建档立卡贫困群众就业。湖里区组织不少于 30 家企业到浦城县召开 1 次以上的劳务协作招聘会，引导企业到浦城县建设“扶贫车间”，促进浦城县的劳动力特别是建档立卡贫困户就业。做好湖里区优势教育和医疗卫生结对帮扶工作，促进浦城县教育整体办学水平和医疗水平的提高。区民政局、团委、妇联、慈善

2019 年 8 月 12 日，湖里区区长林重阳带队至浦城县枫溪乡池家村高山蔬菜种植基地考察

（曾惠红 摄）

会与浦城县相关部门开展对接，做好帮困扶困扶贫志愿者以及捐物捐款工作。

【《湖里区关于进一步加强东西部扶贫协作的工作方案》出台】 8月23日，湖里区印发出台《湖里区关于进一步加强东西部扶贫协作的工作方案》，方案要求，在建成10个东乡县扶贫车间的基础上，新增建设扶贫车间不少于12个；确保每个入村扶贫车间吸纳不少于20名建档立卡人员稳定就业3个月以上。区商务局牵头落实消费扶贫工作。区总工会要将东乡县等扶贫协作地区的特色农副产品、手工制品纳入职工福利采购范围，采购金额原则上每人不少于500元。机关、事业单位和国有企业食堂要预留一定比例经费采购扶贫协作地区的农副产品。支援东乡工作组要加强对产业项目实施及收益分配的监督，所有以集体名义实施的产业扶贫项目，其所有收益用于公益事业、改善公共服务和设立公益岗位；用于奖补到户的资金，必须坚持先验收、后奖补，发现问题及时纠正。区人社局要加强与东乡县人社局联系，根据东乡县外出务工人员的需求、习惯及意愿，调整完善扶持政策，组织辖区企业赴东乡县开展招聘活动，力促东乡县16周岁以上、有劳动能力的建档立卡贫困人口多渠道就业，实现稳定增收脱贫。帮助东乡县培训“致富带头人”不少于90人，成功率不低于40%，创业成功数不少于35人，带动脱贫不少于110人，每名培训成功的创业致富带头人必须带动2—3名建档立卡人员稳岗就业3个月以上或增收达到脱贫标准。采取“一对多”的结对帮扶形式，接收结对帮扶学校、医院的专技人员到湖里区进修学习。在保持赴东乡县1年期以上专技人才数量不变的基础上，配合市相关部门新选派教育、医疗、科技、金融、文旅等方面人才赴东乡县开展1个月以上帮扶工作。配合市相关部门着力解决寄宿制学校建设问题，改善贫困学生就学条件，确保实现“控辍保学”目标。帮助解决农村饮水安全供水保障问题，确保全面解决供水不稳定、水质不达标和冬季冻管等问题。区民政局牵头落实增加10个社区结对帮扶10个深度贫困村，区工信局、区商务局、区文旅局、区建设局、区工商联动员辖区企业（合计不少于10家）参与结对帮扶贫困村工作，各区属国企要带头结对帮扶到村并签订帮扶协议，结对帮扶贫困村的社会资金每个村不少于10万元，上不封顶。

2019年10月17日，湖里团区委在东乡县锁南中学举行图书捐赠仪式

（湖里团区委　供图）

【省内对口帮扶工作】 2019年，湖里区与浦城县两地党政主要领导分别带队互访5次。细化帮扶任务，出台《2019年厦门市湖里区对口帮扶浦城县工作方案》。全年拨付浦城县帮扶资金1600万元，支持灵芝产业项目和浦潭生物共建产业园区基础设施建设。安排120万元救灾款，用于支持浦城县“7·9”特大洪灾灾后重建工作。是年，湖里区选派4名干部到浦城县开展挂职交流工作。邀请浦城县39位骨干教师参与湖里区举办的培训活动，两地结对帮扶学校达5对。与浦城县共同引进福建省浦城县山久科技有限公司、浦城阳光置业有限公司、年产3000吨精细化工中间体项目等3家企业（项目）。2次组织区35家企业赴浦城开展用工招聘会，提供1200多个就业岗位。通过“以买带帮”方式，采购浦城县农产品。

【湖里区区长到浦城县调研】 2019年8月11—13日，湖里区委副书记、区长林重阳一行赴浦城县调研考察，推进对口帮扶工作，并开展灾后慰问活动。湖里区携市旅游集团、鹭燕医药、商洲农产品集团、厦门佳康食品等企业代表调研仙芝科技灵芝扶贫车间、枫溪乡香米种植基地、高山蔬菜基地、池家村“三生融合”基地等产业项目，共商产业合作事宜，推进两地山海协作工作。

【2019年扶贫日活动】 2019年10月17日中国第6个扶贫日暨第27个国际消除贫困日，湖里区委宣传部、区工信局在新浪网、今日头条、腾讯网等网站平台宣传扶贫工

作取得的成效及典型经验。市广电集团通过电视投放东乡县农特产品公益广告1个月，宣传东乡县农特产品。团区委组织湖里青体协向浦城2所学校捐赠足球60个、篮球30个、跳绳30条、训练器材1套；青体协与学校实行结对帮扶，长期开展到厦交流、体育器材捐赠、困难学子资金捐助等活动。组织20家企业700多个岗位前往浦城招聘。发动睿和电子、同致电子等4家企业接收东乡籍务工人员，慰问东乡籍务工人员200余人。区青少年权益中心前往甘肃省临夏州东乡县举办“超越极限，点亮梦想”扶智活动，活动面向锁南中学初三年级、民族中学高三年级的近1500名学生，举办图书捐赠仪式。举行“厦门市湖里区机关工会采购临夏州东乡县消费扶贫产品”现场发放仪式，鼓励社会各界参与扶贫活动，购买扶贫产品。

2019年12月5日，湖里国投东乡农特产品专营店在金尚农贸市场营业

（湖里国投集团　供图）

【消费扶贫】 2019年春节前，湖里区从甘肃临夏州东乡县购买八宝茶等慰问品，慰问甘肃省东乡县在睿和电子、立达信、华联电子、宇科模具、欣贺服装、哈隆电子、港务服务等7家企业的职工385人，发放价值11.55万元的慰问品。从工会经费中，拨出61万专款，在东乡县援建8个“共享职工之家”，为环卫工人提供休息场所。中秋节或国庆节的全额职工福利费采购东乡县湖里产业运营有限公司所提供的价值280万元特色农产品作为职工福利。

（戴静静）

【国投集团落实扶贫任务】 2019年，东乡公司注册资本金由1300万元增资为1690万元，总投资金额1529.73万元，带动906人脱贫（任务指标为700人），完成全年任务的129.4%。引进爱福农业公司、美佳雨具公司等2家企业；参股及实施羊产业、八宝茶、香菇种植、雨具、针织、腐竹加工等9个项目，提供工作岗位721个。完成湖里区消费扶贫订单1236.36万元（任务指标为1000万元），完成全年任务的123.6%，惠及临夏州贫困人口1666人。其中，湖里国投集团完成消费扶贫185.4万元（任务指标为150万元），完成全年任务的123.6%。12月，在金尚农贸市场设立湖里国投东乡农特产品专营店。

（叶淑红）

政协厦门市湖里区委员会

综　述

2019 年，在中共湖里区委的领导下，政协厦门市湖里区委员会（以下简称政协湖里区委员会）坚持把习近平新时代中国特色社会主义思想作为总揽工作的总纲，把握团结和民主两大主题，发挥人民政协作为社会主义协商民主重要渠道和专门协商机构作用，团结带领全区政协委员，履行政治协商、民主监督和参政议政职能，为湖里经济社会发展，全面建设高素质高颜值现代化中心城区作出贡献。

坚持中国共产党的领导　坚持用习近平新时代中国特色社会主义思想武装头脑，加强党对人民政协工作的领导，兴起“大学习”热潮。政协党组成员带头上党课，宣讲习近平在中央政协工作会议暨庆祝中国人民政治协商会议成立 70 周年大会上的重要讲话精神；组织专题研讨活动，围绕党中央关于“人民政协要通过有效工作，成为重要阵地、重要平台、重要渠道”新论断新部署，结合实际学习交流；举办政协暑期研习班，在学懂弄通做实上下功夫，提高政治把握能力、调查研究能力、联系群众能力和合作共事能力。开展“不忘初心、牢记使命”主题教育。落实意识形态工作责任制，致力营造在大是大非面前敢于坚持原则、在歪风邪气面前敢于亮剑斗争的政治生态。抓好党组织建设，召开政协党建工作推进会，以区政协业务分工为依托，设立 4 个委员功能型党支部，探索打造“党建 + 履职”新模式。

为区委区政府中心工作建言献策　围绕推进湖里区人工智能产业高质量集约发展，提出“建设全市领先人工智能产业发展空间”“打造我区‘3+6+N’人工智能产业体系”“发展自贸区特色人工智能产业”等意见建议。围绕加快“三高”企业发展，先后形成“促进湖里区企业科创板上市的对策建议”“借力科创板发展我区‘三高’企业”等课题调研报告。围绕服务保障民营经济健康发展，提出“建立服务民营企业保障机制”等系列提案，协调解决民营企业发展遇到的用地难、融资难、招工难等问题。着眼城区品质提升，先后组织委员大会发言、提出重点提案、常委会议专题协商。针对西部旧村整村更新提升，提出结合岛内大提升、“全域旅游”和高崎机场搬迁，有序推进更新提升工作的优化建议。开展“数字湖里”公共管理集成平台建设运行专题民主监督活动，为推动城区管理常态化、长效化、精细化提出 6 个方面的工作建议。专项视察考察，紧密关注垃圾分类，固废垃圾规范回收、再生利用等热点问题。

聚焦民生福祉发声出力　2019 年，政协湖里区委有 85% 的视察考察活动围绕民生主题；调研课题中，有 18 个关系民生问题，占总数的 64%；委员正式提案中，有 46 件涉及民生议题，占到总数的 55%。坚持把社情民意作为为民代言“直通车”，全年有 64 件社情民意信息经分类处理后报送厦门市政协，31 件直接转送市、区职能部门办理

巩固统一战线　常态化邀请各专委、界别委员和特邀研究员参与政协常委会，参加重大活动、重要协商、重点监督，民主党派、工商联、无党派人士提案立案、大会发言、社情民意信息报送分别占到总数的 82%、67% 和 94%。发挥对台区位优势，组织台籍委员参观考察五通码头，围绕“进一步优化监管模式，挖掘厦金航线资源”建言献策，助力打造台胞登陆第一家园。发挥政协委员在界别群众中的带动作用，加强与台港澳同胞、海外侨胞，特别是新生代的联谊交流。加强与民族宗教界人士联络交往，通过出席信俗交流和畲族节庆活动，听取意见诉求，传播党的民族宗教政策。

2019年6月27日，政协湖里区委员调研小区调解员、小区律师工作

（政协湖里区委员会　供图）

【调研考察】 2019年，政协湖里区委员会组织区各民主党派、工商联和政协各参加单位开展专题考察56次，完成28篇调研文章并形成《区政协2019年度专题调研报告汇编》。

【社情民意反映】 2019年，政协湖里区委员会收到区政协委员和信息员反映的社情民意信息101件，其中整理报送厦门市政协信息处69件，其余转市、区相关部门办理。3篇社情民意信息被全国政协刊用。

【文史工作】 2019年，政协湖里区委员会编辑出版第24辑《湖里文史资料（民居卷）》。全书由11万字的文字资料和492幅湖里民居图片组成。

重要会议

【政协湖里区委员会八届四次会议】 2019年12月25—27日，政协湖里区委员会八届第四次会议在湖里区行政中心举行。会议审议通过政协第八届湖里区委员会常务委员会工作报告、提案工作报告和提案初审报告以及大会决议，表彰2018年度区政协优秀提案和提案承办先进单位，安排5个委员作大会发言。会议选举区政协副主席1人、区政协秘书长1人、区政协常务委员2人。

【区政协八届常委会议】 2019年，政协八届湖里区委员会召开9次常委会议，即第十六次至第二十四次常委会议。

八届区政协第十六次常委会议　2019年3月5日上午，湖里区政协主席林凡主持召开区政协八届十六次常委会议。会议审议区政协常委会工作要点。

八届区政协第十七次常委会议　2019年5月24日上午，湖里区政协主席林凡主持召开区政协八届十七次常委会议。会议通报区委任职决定；审议区政协有关内设机构人事任免事项及区政协专门委员会的任免事项；通报八届区政协领导班子分工调整方案；审议区政协相关工作规则。

八届区政协第十八次常委会议　2019年7月25日上午，湖里区政协主席林凡主持召开区政协八届十八次常委会议。专题协商湖里区社区集体发展用地项目建设情况；专题协商优质普惠学校、幼儿园情况。

八届区政协第十九次常委会议　2019年9月25日上午，湖里区政协主席林凡主持召开区政协八

2019年12月25—27日，政协八届湖里区委员会第四次会议在区行政中心召开，图为会议期间投票选举

（政协湖里区委员会　供图）

届十九次常委会议，协商《关于湖里区2019年1—8月财政预算执行情况及年度预算调整（草案）的报告（征求意见稿）》；专题协商关于湖里区西部旧村整村更新提升试点工作进展情况；学习习近平总书记在中央政协工作会议暨庆祝中国人民政治协商会议成立70周年大会上的重要讲话精神。

八届区政协第二十次常委会议　2019年10月18日上午，湖里区政协主席林凡主持召开区政协八届二十次常委会议，通报2019年提案办理情况；反馈“数字湖里”公共管理集成平台专题民主监督情况。

八届区政协第二十一次常委会议　2019年11月28日上午，湖里区政协主席林凡主持召开区政协八届二十一次常委会议。会议传达中共福建省委、厦门市委政协工作会议精神；审议相关大会文件；审议八届区政协常委会工作报告（草案）和提案工作报告（草案）；审议相关人事事项；学习《关于重申政协委员应依照章程正当履职的通知》。

八届区政协第二十二次常委会议　2019年12月18日上午，湖里区政协主席林凡主持召开区政协八届二十二次常委会议。会议协商区政府工作报告、2019年预算执行情况和2020年预算草案；审议通过相关人事议题；审议相关大会文件。

八届区政协第二十三次常委会议　2019年12月25日下午，湖里区政协主席林凡主持召开区政协八届二十三次常委会议。会议听取八届四次会议各委员小组审议八届区政协常委会工作报告和提案工作报告；审议提交区政协八届四次会议酝酿的《选举办法（草案）》及总监票人、监票人建议名单（草案）。

八届区政协第二十四次常委会议　2019年12月26日下午，湖里区政协主席林凡主持召开湖里区政协八届二十四次常委会议。会议听取八届四次会议各委员小组关于区政府工作报告、区2019年预算执行情况和2020年预算草案讨论情况的汇报、区政协八届四次会议决议（草案）分组审议情况汇报；审议《选举办法（草案）》、有关人事事项建议名单、总监票人和监票人建议名单（草案）、总计票人、计票人名单。

【区政协八届主席会议】 2019年，政协八届湖里区委员会召开7次主席会议即第十六次至第二十二次主席会议。

八届十六次主席会议　2019年2月25日上午，湖里区政协主席林凡主持召开区政协第八届湖里区委员会第十六次主席会议。会议研究区政协常委会2019年工作要点。

八届十七次主席会议　2019年5月17日上午，湖里区政协主席林凡主持召开区政协第八届湖里区委员会第十七次主席会议。会议研究区政协相关工作规则等。

八届十八次主席会议　2019年7月18日上午，湖里区政协主席林凡主持召开区政协第八届湖里区委员会第十八次主席会议。会议研究区政协八届十八次常委会召开时间、议题。

八届十九次主席会议　2019年9月19日下午，湖里区政协主席林凡主持召开区政协第八届湖里区委员会第十九次主席会议。会议研究区政协八届十九次常委会时间和议题等。

八届二十次主席会议　2019年10月16日上午，湖里区政协主席林凡主持召开区政协第八届湖里区委员会第二十次主席会议。会议研究区政协八届二十次常委会时间和议题等。

八届二十一次主席会议　2019年11月20日上午，湖里区政协主席林凡主持召开区政协第八届湖里区委员会第二十一次主席会议。会议审议召开区政协八届四次会议的决定（草案）等。

八届二十二次主席会议　2019年12月10日下午，湖里区政协主席林凡主持召开区政协第八届湖里区委员会第二十二次主席会议。会议研究部署区政协八届四次会议筹备工作等。

政治协商

【概况】 2019年，政协湖里区委员会主动融入经济社会发展大局，谋划和推进政协工作，开展常委会专题协商项目4个、主席会议协商项目3个，监督性协商项目15个。

【界别协商活动】 2019年6月13日上午，科技界别和无党派界别委员开展“考察辖区相关科研院所，助力现代渔业发展”的界别协商活动。委员们对福建省水产研究所大径实验场进行实地调研，参观东方鲀繁育基地和休闲渔业发展模式，听取水产所相关负责人对新形势下发展现代渔业的新思路、新举措和休闲渔业新模式的介绍，就促进辖区科研院所发展提出意见建议。

【食品安全监管工作对口协商活动】 2019年8月22日上午，政协湖里区委员会经科建委委员以及部分其他界别委员、特邀研究员考察湖里区食品安全监管工作。考察组一行先后实地考察厦门家的味道餐饮管理有限公司、厦门市绿百合食品有限公司，就食品生产加工、餐饮卫生管理、食品留样、风险管控等情况与相关负责人和监管部门进行交谈，了解食品安全监管情况。区市场监督管理局局长全程参与对口协商活动。

民主监督

【概况】 2019年，政协湖里区委员会通过全体会议、常委会议、主席会议、委员考察、委员提案和课题调研等形式，重点开展“村改居”社区集体发展用地项目建设情况，优质普惠学校、幼儿园建议情况，湖里区西部旧村整村更新提升改造情况，“数字湖里”公共管理集成平台建设运行情况的监督活动，邀请区政府主要领导通报湖里区经济社会发展情况与发展思路，就政府工作报告、计划财政报告开展议政监督。

【东部旧村整村改造视察】 2019年6月14日上午，政协湖里区委员会经科建委组织委员参与“开展东部旧村整村改造（高林—金林片区）”对口协商活动，经科建委委员、无党派界别委员、其他部分委员及特邀研究员参加活动。委员们实地考察东部旧村整村改造配套安置房金林湾花园A区并听取返迁情况汇报。在现场召开座谈会，听取指挥部领导汇报征迁进展情况。委员们对东部旧村整村改造进展情况提出各自的意见建议。

【社区发展用地项目进展情况调研】 2019年5月16日上午，政协湖里区委员会专委办、经科建委开展“湖里区社区发展用地项目进展情况”专题协商前考察调研。区政协副主席、区政协经科建委委员以及部分其他界别委员、特邀研究员、区发改局和相关街道领导等20人参加调研。委员们实地考察后埔社区发展中心（一、三期）和枋湖社区发展中心项目，并在座谈会上听取区发改局关于社区发展用地项目总体进展情况汇报，相关街道介绍所辖社区发展用地项目主要做法和遇到的问题、难题及建议。委员们提出社区发展用地项目推进应该制定时间表，从用地、建筑成本、招商工作、老百姓腰包等多方面予以综合考虑等8条建议。

2019年9月20日，政协湖里区委员会组织委员监督“数字湖里”公共管理集成平台建设情况 （政协湖里区委员会 供图）

参政议政

【概况】 2019年，湖里区政协全体委员、各专门委员会各界别提交提案127件，经提案委员会审查，区本级立案提案83件（1件并案），其中，财政经贸方面20件，占24.1%；政法民政方面10件，占12%；科教文卫方面21件，占25.3%；城建城管方面32件，占38.68%。内容超出区本级权限的提案20件，转为社情民意信息的23件。截至6月8日，34个承办单位均已按期向提案人作出答复，提案人均对办理结果进行评价，其中满意77件，占92.8%，基本满意6件，占7.2%。截至9月1日，所有提案均已向社会公开，提案答复函公开119份，占97.5%。区政协常委会专题听取区政府关于区政协八届四次会议提案办理的通报。

【2019年上半年政情通报会】 2019年8月8日上午，湖里区召开上半年政情通报会。全区政协委员参加会议。听取湖里区政府、区人民检察院、区人民法院上半年工作情况的通报。

（倪惠敏）

纪检　监察

综　述

2019年，湖里区纪检监察机关围绕招商引资、减税降费、环保督查、金鸡百花电影节、重点工作及时跟进监督。牵头“不忘初心、牢记使命”主题教育专项整治工作，督促参学单位深入查找问题、切实整改到位。建设投用“第一种形态教育室”。创新问题专报制度，创新“一线监督”工作方法，建立东部旧村整村改造监察员制度。打通监督“最后一公里”，规范提升“一站两员”（社区党风廉政建设工作站，社区纪检委员、社区廉情信息员）工作，新建工作站14个，选树培育示范点10个。完成3轮6批次巡察和1轮区级交叉巡察、1轮提级巡察，覆盖1个街道、17个区直部门和1个基层站所。对11个“村改居”社区开展常规巡察和集体“三资”监管专项巡察，对2家区属国企进行巡察“回头看”。巩固拓展作风建设成果，深化专项督查，推进利用名贵特产特殊资源谋取私利、“天价烟”、工会福利费和行政福利费使用等问题排查整治，查处违反中央“八项规定”精神问题9起9人，给予党纪政务处分9人，曝光典型问题5起5人。集中整治形式主义、官僚主义，推动落实“基层减负年”工作任务，采取为社区减负9条硬性措施，压减社区43%工作量，检查考核比上年减少58%，取消“责任状”10项，查处形式主义、官僚主义问题8起13人，通报曝光4起典型案例。聚焦金融税收、市政园林、征地拆迁等重点领域，全年立案48件48人。创新廉政教育，建立区委常委（扩大）会廉政学习教育制度，探索“掌上测廉＋考前观廉＋任前考廉”一体化任前教育新模式。组织旁听职务犯罪案件庭审，开展专题巡回警示教育，深刻剖析并通报曝光忠仑公园多起违纪违法案件，用身边事教育身边人。弘扬廉政文化，深化“一镇一孝廉”创建工作。与区妇联联合开展“学家训、倡廉风”系列教育活动，举办“清风廉韵”文艺晚会。

【中共湖里区纪委八届四次全体会议】 2019年1月30日上午，中共湖里区纪委八届四次全体（扩大）会议召开。会议传达学习十九届中央纪委三次全会、福建省纪委十届四次全会、厦门市纪委十二届四次全会精神。区委书记林建讲话，对湖里区推动全面从严治党向纵深发展、

2019年1月16日上午，湖里区区纪委干部到邮轮城项目一线督查

（湖里区纪委　供图）

深入开展党风廉政建设和反腐败斗争作出部署。区委常委、区纪委书记、区监委主任黄绿青作题为《推动新时代纪检监察工作高质量发展，为建设高素质高颜值现代化中心城区提供坚强保证》的工作报告，全面回顾2018年全区纪检监察工作情况，研究部署2019年党风廉政建设和反腐败工作。

【建立问题专报制度】 2019年，湖里区纪检监察部门将日常监督检查、巡察、审查调查和主体责任检查中发现的突出问题，以专报件形式专报联系或分管的区领导，作为廉政约谈或谈话提醒的重要内容，督促相关单位切实履行好主体责任。全年形成6份专报件呈送区领导。

【责任落实清单化管理】 2019年，湖里区制定年度全面从严治党“两个责任”清单模板。督促43个单位、部门党组织制定年度责任清单。将全区16个党（工）委及“一把手”主体责任清单的961项工作任务、区纪委及5个派驻纪检组的监督责任清单的262项工作任务，纳入信息化监管平台，推动责任落实全程纪实。

【第一种形态教育】 2019年，湖里区建设投用“第一种形态教育室”，突出个性化、仪式感和实效性。通过开展重温入党誓词、阅读典型案例通报、观看正能量教育片、作出书面检查等形式制定教育菜单，提升谈话效果。全年开展教育53人次。《中国纪检监察报（9月4日）》《中国纪检监察（2019年第24期）》杂志分别报道湖里区开展第一种形态教育相关情况。

【信访举报办理】 2019年，湖里区开展全员接访、带信下访工作。建设独立开放的接访场所，建立接访人才库，推进检举举报平台建设，拓展分级录入扫描试点成果，做好矛盾纠纷隐患排查，化解信访积案。全年受理信访举报221件，对检控类初次举报65件，核实和处理率100%。

党风廉政建设

【东部旧村改造监察员制度】 2019年，湖里区出台《关于建立监察员制度助推东部旧村改造廉洁高效的意见》。成立一线监督组，向8个旧村改造片区指挥部派出监察员，编印《湖里区征地拆迁领域警示教育手册》，严明征地拆迁纪律要求。纪检监察人员采取不打招呼、不听介绍、直插现场的方式开展监督检查，发出21份整改意见，推动落实群众意见建议19条。

【“一站两员”工作规范提升】 2019年，湖里区出台《关于规范提升“一站两员”工作进一步推动全面从严治党向基层延伸的意见》。在所有小区党支部中设立纪检委员，将2018年换届后居务监督委员会、资产管理组织监事会等个别成员和优秀“小区秘书”等吸收为廉情信息员，有278名社区纪检委员、60名廉情信息员履职在监督一线。“村改居”社区以监督“三资”为主，城市社区把监督重点放在党员日常表现、帮扶民生领域。在已建立的30个社区党风廉政建设工作站选取10个社区作为新示范点进行培育，以点带面提升整体实效。年内，“两员”接待党员群众538人次，收到群众反映的各类问题105件，发现疑似问题线索13条，谈心谈话204人。

【区委常委会专题廉政学习】 2019年，湖里区强化对“关键少数”的教育提醒，区委常委会制定常态化学习研究党风廉政建设议题制度。每两个月选取1个主题，围绕警示教育、抓早抓小、个人事项报告等内容，综合使用视频、PPT、文字稿等多种方式分析讲解，提升教育的针对性、生动性和渗透力。

2019年8月29日，湖里区建设局、城市管理局执法一线工作人员在湖里法院观摩法院庭审，进行警示教育（阮俊杰 摄）

【廉政宣传教育】 2019年，湖里区弘扬廉政文化，挖掘池浴德、薛令之等本土勤廉文化资源，深化“一镇一孝廉”创建工作，编印分发宣传手册1000本。区纪检监察部门与区妇联联合开展“学家训、倡廉风”系列教育活动，举办“清风廉韵”文艺晚会。“廉植湖里”微信公众号推送廉政信息37期184条，向全区副科以上干部发送廉政短信3600多条，编印分发《违反六大纪律案例警示教育手册》，全年累计被《人民日报》《中国纪检监察报》等中央级媒体采用稿件54篇，营造崇廉尚洁的良好氛围。

【任前教育新模式】 2019年，湖里区探索建立“掌上学廉+考前观廉+任前考廉”一体教育模式。实现掌上学廉，在“廉植湖里”微信公众号开辟任前考廉专栏，包含真题学习、考廉模拟、错题笔记等内容。在考廉前，组织观看10分钟廉政短片。领导干部任前考廉室投用，使考廉有了专门场所。全年组织考廉17场，123人接受考察。

案件查办

【概况】 2019年，湖里区查处原中信银行厦门分行集美支行行长刘小平、厦门市税务局稽查局干部曹海霖以及忠仑公园原副主任陈岗东等严重违纪违法案。全年立案48件48人，其中科处级16件，留置6人，党纪政务处分42人，查处恶势力犯罪集团“保护伞”1人，移送司法机关5件5人。

2019年7月23日，湖里区国有资产投资集团有限公司召开集团中层干部会议，为被错告的周健康澄清正名 （蓝雅婷 摄）

【检举控告失实澄清制度】 2019年，湖里区在厦门市率先出台《湖里区纪委监委关于检举控告失实澄清的实施办法（试行）》，明确党员干部受到错告、诬告陷害的具体情形，通过公开反馈会、座谈会、个别说明等方式消除不良影响。是年，分别为1名社区干部和1名区属国企干部举行失实澄清工作。

【群众身边腐败和作风问题整治】 2019年，湖里区督促区教育、民政、卫计等职能部门落实行业监管职责。重点围绕“三资”管理、征地拆迁、海域退养补偿、社区“小额工程”等方面开展监督检查，严肃追责问责。全年查处帮扶领域和群众身边腐败和作风问题19起26人，给予2人党纪处分，14人诫勉谈话，7人批评教育，其他处理3人。

巡察工作

【概况】 2019年，湖里区完成对17个区直部门、1个街道、1个基层站所和11个“村改居”社区的巡察。对11个“村改居”社区集体“三资”监管情况开展专项巡察，对2家区属国企开展巡察“回头看”，移送问题线索37条，已立案9件9人，党纪政务处分8人。

【主体责任落实情况专项检查】 2019年，湖里区开展2018年度全面从严治党主体责任落实情况检查。全年检查街道、部门及国企领导班子及其成员11个，召开集体约谈会议11场，集体约谈领导干部256人次，延伸检查社区、下属单位14个，访谈干部114人，发现问题190个，提出问责建议8条。

（赵　亮）

外　事

【概况】 2019年，湖里区出台《中共厦门市湖里区委外事工作委员会工作规则（送审稿）》和《中共厦门市湖里区委外事工作委员会办公室工作细则（送审稿）》。全年湖里区办理领导干部因公出国（境）12人次。接待外宾2批次。

【外事接待】 2019年，湖里区接待外宾2批次。4月3日，厦门市友好交流城市澳大利亚阳光海岸议员、厦门市荣誉市民珍妮·迈凯到湖里区禾盛社区参观访问，探讨阳光海岸市市民艺术团到湖里区进行文化艺术交流事宜；9月10日，由哈萨克斯坦“祖国之光”党青年组织“青年祖国”执行书记丘克耶夫率领的青年干部考察团一行9人到湖里区金山社区访问，了解基层社区党建情况。

侨　务

【概况】 2019年，湖里区侨务办公室（以下简称湖里区侨办）出具“三侨子女”身份证明4份，出具国外中国公民回国落户证明68份，批准4位华侨回国定居申请。全年接待和受理涉侨来信、来访、来电9件，对涉及回国落户、华侨子女就学等热点问题及时给予协调处理，维护侨胞的合法权益。落实低保归侨8人，定期给予200元/人·月补助；落实重病特困归侨户5户，给予3户一次性补助6000元，给予2户一次性补助1000元。落实特困归侨5名，定期给予300元/人·月生活补助。开展2019年度华侨华人捐赠兴办公益事业情况统计工作。

【经济建设服务】 2019年，湖里区侨办开展“人到、心到、政策到”企业大走访活动，走访厦门兴联电子有限公司、龙侨电子等重点侨资企业15家，送服务、送政策，了解企业的生产情况和侨商的生活情况，帮助侨企、侨商协调解决2个问题。“9·8”厦门国际投资贸易洽谈会期间，参与组织协调湖里区海外联谊会四届五次理事会的举办，26名海外人士参会。搭建招商引资平台，不断加强与海外重点人士的联系，挖掘侨务资源潜力。

【团结侨界人士】 2019年，湖里区侨办在春节、“六一”儿童节、中秋节和重阳节等重大节日，走访慰问贫困归侨79人次，发放慰问金3.64万元。支持马联会、印联会湖里联谊组开展各种活动，下拨活动经费6000元，为其开展联谊活动提供经费保障。

【福建省委统战部调研组到濠头社区调研】 2019年10月11日，福建省委统战部常务副部长臧杰斌一行到湖里街道濠头社区调研指导为侨服务工作。调研组了解濠头社区创新“5+5+4”为侨服务工作法，坚持以侨为本，竭诚为侨服务、凝聚侨心侨力，深化融合发展的相关情况。调研组一行先后参观濠头社区侨务活动文化照片墙、便民服务大厅、侨务小组办公室及侨务之家服务站。

（陈旖旎）

小资料

“5+5+4”为侨服务工作法：第一个“5”指社区“五有”保障推进为侨服务工作，“五有”包括有上墙的制度；有侨务小组的牌子；有一年一度的记事本；有活动资料和相册；有一间十五平方米以上的活动场所。第二个“5”指深化侨务小组“五必到”工作制度，“五必到”一是归侨、侨眷、侨属海外亲人回家探亲，居委会领导和工作

2019年10月11日，福建省委统战部常务副部长臧杰斌到濠头社区调研

（湖里区委统战部　供图）

人员必到家里拜访；二是归侨、侨眷、侨属家里有喜事，社区居委会人员必登门祝贺；三是归侨、侨眷、侨属家里发生丧事，居委会人员必上门慰问，帮助料理后事，慰藉家属；四是侨属家里有较大变故，居委会人员必主动到家里看望，了解情况，帮助解决问题；五是侨属与邻居发生纠纷，社区人员必及时上门调解，给予妥善解决。“4”指打造“四个一”为侨服务平台，“四个一”指打造一个“侨之家”平台；设立一个涉侨服务窗口；组建一个为侨服务网络；建立一个侨务工作台账。

台港澳事务

【概况】 2019年，湖里区落实惠台政策，开展两岸人文、宗亲、民俗等双向交流活动，配合举办海峡论坛、海峡两岸文博会，举办海峡两岸大学生篮球争霸赛和海峡两岸青少年射击运动交流。开展台湾专业人才就业创业与台湾青年实习见习暨研习活动，联合举办2019年两岸创新创业邀请赛，成立两岸青年创业就业运营中心、两岸设计师交流中心。率先成立区级涉台法律服务工作站、专业法律顾问团，创新聘请台胞担任社区主任助理、小区业委会主任和顾问，设立3个台胞服务中心。兴隆社区“对台服务工作法”入选全国100个优秀社区工作法，濠头社区获评福建省基层对台交流示范点，东兴小区成为海峡两岸社区治理论坛现场观摩小区。组织台商、台胞开展联谊活动，协助组织“台联小组”开展节日系列活动，协助举办福德文化节活动。开展“不忘初心、牢记使命”主题教育专题研讨。全年处理求助案件43起，结案率100%。

【对台招商引资】 2019年，湖里区台港澳办公室（以下简称区台港澳办）走访台资企业50余家，与台资企业负责人座谈交流并听取意见、建议。市、区领导到辖区台资企业调研，了解企业发展情况，解决企业困难。在第十一届海峡论坛现场宣传湖里区的投资环境，20多位台湾嘉宾当场表示有意入驻湖里投资办厂。“9·8”厦洽会期间，邀请天粤农业科技有限公司和海峡珠宝中心2个团组19人到湖里区参访。年内，湖里区新增台资企业124家，总投资额20051.22万美元，合同外资16693.36万美元；增资台资企业13家，增资总额1090.62万美元。

【对台经贸交流与合作】 2019年，湖里区台港澳办按照年初的工作计

2019年6月17日，第十一届海峡论坛两岸联盟嘉宾参观云创智谷

（湖里区台港澳办　供图）

划，走访台资企业 50 余家，与台资企业负责人座谈交流并听取意见和建议。区委书记林建走访重点台资企业，了解台资企业发展情况，解决台资企业反映的实际困难；健仲（厦门）健康产业有限公司落户湖里区，与氢浪（厦门）科技有限公司做好产品对接和项目开发研究工作。推荐惠和石文化园、厦门益力康生物科技有限公司和厦门法蓝瓷实业有限公司 3 家企业参加 6 月 16 日在厦门国际会议中心举办的台湾人才登陆第一家园暨闽台人才融合发展成果展及厦门市两岸人才机构合作洽谈会。6 月 17 日，区台港澳办接待参加第十一届海峡论坛的台湾两岸联盟嘉宾 140 余人到云创智谷考察参访。6 月 24 日，湖里区组织经贸文化考察团赴台开展经贸考察和交流活动，先后拜访 16 个重点台资企业，并推介湖里区的商贸和文化旅游，引进力丽集团落户。

【对台基层交流】 2019 年，湖里区民政局组织第九、第十批社区 30 名负责人赴台开展“村（里）对接和学习交流活动”。首次组织湖里区八大涉台宗亲赴台开展两岸宗亲交流，全年组织 5 批次 72 人赴台开展宗亲交流活动。萧氏、薛氏、孙氏、陈氏接待台湾宗亲 11 批次 2400 余名宗亲谒祖，区台港澳办全年接待台湾信众 57 批 10300 余人到湖里区开展信俗文化交流。

【关爱台胞台属】 2019 年春节前夕，湖里区台港澳办联合辖区 5 个街道，走访慰问 26 户困难台胞及台属，促进两岸同胞的心灵契合。10 月 11 日，区委统战部、区台港澳办及江头街道领导一行走访慰问老台胞，送上具有闽南特色的生活用品等，并询问他们的健康情况，对他们反映的困难和问题一一记录，要求有关部门跟踪解决。

【联谊活动】 2019 年 3 月 7 日，湖里区在湖里仙岳书院举办“我为特区发祥地接力助跑”2019 湖里区台商、台胞“三八”节活动，60 多位来自台湾的女同胞代表穿汉服、品鉴茶、学古礼。6 月 4 日，来自湖里区的台湾同胞、创业就业青年、涉台宗亲等近 300 人在云创智谷科创产业园的闽南风情馆举办“粽香两岸·闽戏传情”喜迎端午联谊会。8 月 8—9 日，湖里区举办以“追寻闽台记忆·弘扬同脉文化”为主题第十八届两岸青少年夏令营。海峡两岸 160 名青少年参加夏令营，营员们参观惠和石文化园、闽南古镇、特区纪念馆、云创智谷。中秋节，湖里区组织台商、台胞开展“迎中秋”联谊活动，为其讲解关心的政策问题，吸引 200 位台商参加联谊。

【文化体育交流】 2019 年 8 月 5 日，“体彩杯”2019 年厦门第五届国际名校大学生篮球争霸赛女子组比赛在湖里区蔡塘学校体育馆开幕，来自台湾的世新大学队和体育大学队参赛，台湾世新大学获得第四名。8 月，中华台北射击协会青少年射击队一行第四次到安兜小学“启梦”射击馆集训，双方教练和运动员在射击运动技术方面进行交流。

【信俗交流】 2019 年 11 月 9—11 日，湖里区派员参加在台湾高雄举办的第十二届福德文化节。4 月 15 日，金门县长、议长率领金门局、处长、议员、乡民代表及金门宫庙信众一行 1700 人到厦门闽南朝天宫祭拜参香，并与湖里区委统战部、湖里区台港澳办举行座谈，加深双方交流，促进两岸和谐发展。

【融合发展】 2019 年，湖里区社区聘请 11 名台胞担任 11 个社区主任助理，聘请 12 名台胞担任小区业委会主任和业委会顾问；湖里区在江头街道的台商会馆、金山街道的恒安商务广场和殿前街道的航空商务广场分别设立台胞服务中心，通过党建引领促进台企发展。兴隆社区以促进“两岸一家亲、同胞融合情”的社区治理理念，吸引台胞参与社区治理，让台胞融入厦门，开

2019 年 3 月 7 日，湖里区台港办在仙岳山书院举办湖里区女台商、女台胞“三八”国际妇节活动

（湖里区台港澳办　供图）

展的对台服务工作法，被民政部评为全国优秀社区工作法。濠头社区在创建贴心对台交流示范社区工作中，发挥东渡社区台联小组的作用，在元宵、端午、中秋、春节等传统节日，组织台胞参与庆祝活动。社区创建8支专为台商、台胞服务的志愿者服务队伍。

【"青创基地"建设】 2019年1月18日，湖里区委一行到厦门台青创客家调研台湾青年创业情况。成立两岸青年创业就业实习基地，吸引更多台湾青年人才服务湖里区经济建设。协助台青创客家组织2期"青春在鹭上"台湾青年创业就业研习营，200余名台湾大学生参加研习营，对接15名大学生在台青创客家实习。6月15日，湖里区参加市人才中心组织的第十四届台湾专业人才就业创业暨台生实习见习厦门对接会，组织台青创客家、云创智谷、一品威客（湖里园）、华美文创园等6家单位参加现场招聘，有近100位台湾青年应聘。区台港澳办现场发放《湖里区鼓励和支持台湾青年创业实施办法》和《湖里区贯彻落实〈关于进一步深化厦台经济社会文化交流合作的若干措施〉实施办法》300多本。全年兑现35家台青创业启动资金、场租、房租补贴330万余元，补助云创智谷和台青创客家台湾青年创业就业基地创建专项经费70万元。

【台湾专才服务】 2019年4月25日，湖里区与厦门人才服务中心在厦门人力资源市场签署《"台湾专业人才就业创业与台湾青年实习见习暨研学服务"战略合作协议》，搭建台湾专业人才就业创业、台湾青年实习见习、到福建研学联合发展平台，为台胞就业创业、实习见习提供服务。湖里区全年接待4批次500多名台湾高校毕业生到云创智谷、华美空间、闽南古镇、惠和石文化园参观考察；提供260个岗位在"中国海峡人才网"供台湾青年人才选择；推荐5名台湾专业人才参加"550"人才（创新创业等5类，每类约50名高层次人才）评选，有13名台湾专业人才获得薪酬补贴、保健补贴、个税奖励等各项补贴奖励84.8万余元。根据《湖里区2019年"三个五"计划招聘引才工作方案》的柔性引才目标，截至年底，区台港澳办推荐12名人才参加专业人才评选。

【辖区台企和台青创业发展】 2019年1月24日，台湾大学生冬令营在湖里区举行，台湾9所大学涉及广告、传媒、艺术、多媒体工程等专业的32名台湾在校大学生，先后到湖里区惠和石文化园、仙岳公园参观交流。7月4日，厦门大学举办第十五届海峡两岸大学闽南文化研习夏令营，来自台湾和大陆的20所高校80名学生到云创智谷参观体验。区台港澳办向营员们推介湖里，现场解读湖里区招商信息和惠台政策，发放惠台政策文件。7月12日，湖里区成立台胞服务中心，为台胞提供涉台法律援助、涉台政策资讯和台湾专才服务；处理涉台投诉、求助、化解矛盾纠纷；帮助台湾青年到湖里创业、就业、实习、见习；协助办理台生就学和台胞居住证；开展涉台宗亲联络、台胞联谊、节日慰问等活动。

【涉台投诉求助受理】 2019年，湖里区台港澳办受理台青创业、就业实习以及青创基地建设等求助案件43起，结案43起，结案率100%。在福建德和联盟律师事务所设立专门的涉台法律顾问工作室，妥善处置5起台商涉法涉诉纠纷。

【涉台宣传】 2019年，湖里区利用微信公众号、《厦门日报》以及厦门电视台宣传湖里区"惠台政策"和"同胞融合"成果。全年推送宣传信息36篇，其中8篇被"湖里头条"选用。年内，举办的"三八"国际妇女节、端午节和夏令营活动，《厦门日报》和厦门电视台现场采访并报道。

【"热血联盟"推动无偿献血】 2019年7月16日，由湖里区台港澳办、台商联谊会，厦门市中心血站共同主办的全新公益献血品牌"热血联盟"启动，同时开展一站式无偿献血活动。当天活动受到台胞、台商、台企大力支持。该活动通过游园会的形式举办无偿献血，推广"热血联盟"及献血文化相关资讯。

【台港澳办公室成立】 2019年5月，原湖里区委台办整编为区委办内设科室"台港澳工作科"，并对外加挂"湖里区委台港澳办公室""湖里区台港澳办公室"两块牌子。根据市台港澳办港澳处要求，对接辖区涉台港澳企业相关事宜。

（李宝龙）

法　治

政法委与综治

【概况】 2019年，湖里区“110”刑事警情比上年下降18.9%，连续7年实现命案全破、连续2年实现“两抢”案件全破，率先全市打击邪教“法轮功”，破获全市最大一起“全能神”案件。截至年底，湖里区查办恶势力集团6个、恶势力团伙2个，查办涉黑涉恶腐败案件9件9人。“小黄卡”问题等乱点乱象整治经验在全市推广。区领导带头开展“大走访”活动，重点涉访人员全部化解到位，在市对区综治信访考评中连续6年排名第一。完成中华人民共和国成立70周年大庆和“金鸡百花”电影节安保工作。群众安全感率超99%，连续15年获评全市综治考评优秀区。

【创稳工作】 2019年，湖里区健全完善区、街、社区、小区四级主动创稳责任体系，全区5个街道党工委均配备了政法委员，各派出所所长均兼任各街道党工委委员，55个社区全部由社区党员民警担任社区党委副书记，全部由社区治保主任担任社区警务助理，280个小区全部由小区民警担任党支部副书记。小区民警全年参与化解矛盾纠纷369起，化解率98.6%。

2019年，金安社区小区调解员、退休法官吴秀丹为居民提供调解咨询服务

（湖里区政法委　供图）

【小区治理体系】 2019年，湖里区开展打击整治小区地痞恶霸专项行动，查处刘某长期霸占小区公共资源的恶霸行为，形成强大震慑，为深化小区治理提供强有力的法治保障。区、街、社区、小区四级矛盾纠纷调解体系日益完善，全区小区调委会有234家，未设立调委会的小区配置2名调解员，实现小区调解力量全覆盖。全区调解组织全年调处矛盾纠纷4890件，其中重大纠纷61件，协议金额5993.5万元，涉及1万余人，调解成功率99.7%。探索“访调对接”新路径，全年围绕信访事项开展调解172起，成功调解124起。推动律师参与信访积案化解，办结信访积案30件。其中，国家信访局交办件1件、省级信访积案1件，市级信访件28件，办结率100%。

【扫黑除恶治乱】 2019年，湖里区在各大片区征地拆迁指挥部成立扫黑办，加大线索问题大排查大起底力度，全年各类线索办结率98.69%。截至年底，查办恶势力集团6个，恶势力团伙2个，刑拘犯罪嫌疑人139人，逮捕53人，起

2019 年 4 月 13 日下午，厦门市 2019 年创建平安厦门暨扫黑除恶专项斗争攻坚年集中宣传活动在闽南古镇举行　　（湖里区政法委　供图）

诉 94 人，一审判决 74 人。依法审理上级指定管辖的海沧区颜某等 24 人组织、领导、参加黑社会性质组织案，有罪判决率 100%。年内，冻结扣押涉案现金存款类 187.53 万元，查封房产 7 套，估值 7145.4 万余元，违建建筑 1 万余平方米，医疗器械 15 套，估值 90 万元。查办涉黑涉恶腐败案件 9 件 9 人。完善行政执法与刑事司法衔接机制，医疗卫生、旅游市场、小区治理等重点领域综合治理成效显著，其中“小黄卡”问题专项整治经验做法得到市、区领导批示并在全市推广，年内，群众涉黄举报警情比上年下降 11.4%。

【司法行政体制改革】 2019 年，湖里区法院、检察院完成内设机构改革。区法院全年审结各类案件 25707 件，比上年上升 31.1%；区检察院依法批准逮捕 620 人，提起公诉 1420 人；员额法官、员额检察官人均结案分别 559 件、59 件，其中员额法官人均结案数居全省基层法院首位。区法院实施诉源“减量”工程，增设简易案件审判庭，结案 7198 件，占同期审结民商事案件的 64.22%。立足政法职能助力营商环境建设，为轨道交通建设、老旧小区提升改造等市、区重点工程办理各类公证 500 余件，化解各类土地房屋征收矛盾纠纷 50 余件。破解“执行难”问题攻坚行动，执结案件 9805 件，比上年增长 39.23%，实际执行到位 7.05 亿元。建成全省首个“自贸区公共法律服务协同创新基地”，探索法律文书概括性委托送达机制和自贸案件立审执一体化机制，快审、快执涉自贸案件 6659 件。

（郑奕昕）

法治政府建设

【概况】 2019 年，中共厦门市湖里区委全面依法治区委员会及执法、司法、普法协调小组成立，区委书记任区委全面依法治区委员会主任、区长任第一副主任，履行党政主要负责人法治政府建设第一责任人职责。9 月 12 日，召开湖里区委常委会会议暨区委全面依法治区委员会第二次会议，对 2019 年法治政府建设重点工作作出安排。印发《2019 年度法治政府建设与责任落实督察工作计划》，督察法治政府建设重点工作落到实处。

【“放管服”改革】 2019 年，湖里区承接国务院、福建省、厦门市下放行政许可事项 13 项、行政确认 1 项、公共服务 1 项、其他行政权力 5 项、事权 1 项，福建省政府精简企业投资项目前置审批事项 1 项。推行“马上办”，实施“一趟不用跑”改革，在“福建省网上办事大厅”的 4491 个审批服务事项中，“一趟不用跑”事项占 73.18%，超出省市下达的 40% 目标任务；街道、社区建成 10 个 24 小时自助服务区；绘制“开餐厅”“开旅馆”“开饮品店”等 22 个与群众生产、生活密切相关的办事全流程图；设置“企业咨询投诉台”暨“台胞创业咨询指导处”，开设帮办代办窗口，为重点建设项目、重点引进人才、重点招商引资项目、重点企业开通“绿色通道”；加强窗口标准化建设，在全市首创开展政务服务“评立改”项目，通过调研评估、制度规范、落实整改，推动窗口办事服务规范化。

【一流法治化营商环境营造】 2019 年，湖里区制定《湖里区招商中介机构及项目引荐人奖励办法》《促进厦门两岸集成电路产业园发展的办法》，重新修订《湖里区促进总部经济发展实施办法》，在产业引导政策、人才引进、总部经济政策中突出对民营企业的政策扶持服务。做好涉及民营企业的行政规范性文件专项清理工作。为企业提供免费法治体检，关注民营企业法治需求，组织 3 家律师事务所组建律师服务团队，联合区工业园区管委会，对接 100 余家中小型民营企业，为企业提供针对性、定制式、精细化免费法治体检，为湖里区民营经济发展提供法律服务和法治保障。

【规范性文件管理】 2019年，湖里区经合法性审核，通过并依法公布规范性文件5件，均向市政府和区人大常委会备案。年内，对2件重大行政决策开展实施后评估，并根据评估情况作出调整，提高重大行政决策的精准性、实效性。

【区、街、社区法律顾问全覆盖】 2019年，湖里区在5个街道成立公共法律服务工作站，实行“前台统一受理、后台分别办理、结果及时反馈”的模式，为辖区居民提供便捷高效、普惠的“一站式”法律服务；通过实体、热线、网络有效融合，实现线上与线下法律服务。设立湖里创新园公共法律服务工作站，整合区司法行政、工业园区管委会、区法院、区人社、区工会、街道等多部门法律服务力量，为园区企业和职工提供“一站式”法律服务。在区政府、街道及区直各部门、社区三级层面实现法律顾问全覆盖，发挥法律顾问在重大法律事务中的作用，提高依法执政、依法行政、依法管理的能力水平。55个社区全部聘请社区法律顾问，社区法律顾问服务延伸下沉到354个小区，实现小区律师全覆盖。小区律师全年开展法治宣传教育讲座活动158场次，提供法律咨询2108人次，协助社区处理纠纷调解、信访等182起。

【行政执法监督】 2019年，湖里区推行行政执法公示制度、执法全过程记录制度、重大执法决定法制审核制度。建立健全行政执法事前、事中、事后公开机制，通过区政府门户网站、区行政服务中心办事大厅及服务窗口、区公共信用管理工作平台等载体，依法向社会公开有关行政执法信息。采取“互联网+行政执法”方式，自动生成不可删改的行政执法数字化案卷，实现行政执法全过程留痕和可回溯管理，规范行政执法行为，提升执法公信力。对全区行政许可、行政处罚案卷开展案卷质量评查，抽查区教育局、区建设局、区文旅局、区卫健局、区应急局、区市政园林局、区城管局等10个部门的行政执法案卷37件，对评查发现的问题及时反馈、限时整改，评查结果计入依法行政绩效评估考核内容。全年审查区执法局、区卫健局报送的重大行政处罚案件137件。开展行政执法主体资格确认和行政执法人员清理工作，公布34个行政执法主体资格目录清单，梳理区行政执法人员信息455人。

【行政复议】 2019年，湖里区重新修订《湖里区行政复议工作制度》，推动行政复议规范化、制度化、专业化。截至年底，湖里区收到行政复议案件申请63件。其中，依法受理54件，不予受理1件，转送8件。加强行政复议听证审理，针对案件事实复杂疑难的，听取各方当事人意见，审查证据材料，全年采取听证审理3件。依法化解行政争议，运用行政复议和解调解手段，对存在自由裁量过当、被处罚后积极整改并取得执法机关认可案件，依法按照自愿、合法的原则进行调解，全年采取和解调解方式结案的行政复议案件9件，占行政复议案件的14.2%。是年，以区政府为被告的一审行政应诉案件9件，一审审结的7件中，裁定驳回起诉4件，裁定驳回诉讼请求2件，当事人撤诉1件。

【政府工作人员法治思维和依法行政能力培养】 2019年，湖里区落实领导干部学法制度，区政府领导在常务会上专题学习《中华人民共和国宪法》《重大行政决策程序暂行条例》等相关法律法规。举办关于行政诉讼和征地拆迁等方面的专题法治讲座，邀请厦门市中级人民法院法官、区政府法律顾问为区政府全体领导、各部门和街道主要领导授课。全区1638人参加国家工作人员统一学法考试；组织科处级领导干部任职前法律知识考试12次，115人参加考试；邀请市委党校教授以《规范干部管理　促进正确履职》为题，为全区500余名干部开展《中华人民共和国公务员法》专题辅导；举办全区普法联络员培训班，落实“七五”普法规划各项工作任务，提高全区普法依法治理联络员和普法骨干的法治宣传工作水平。

【创建首批“全国法治政府建设示范市”活动】 2019年，湖里区通过区政府常务会议、区委常委会议研究部署“全国法治政府建设示范市”创建相关工作。区委依法治区办组织实施，制定创建方案，明确责任分工，并督促各责任单位对标对表抓好落实。湖里区把创建宣传工作融入“12·4”宪法宣传和“平安三率”活动宣传；利用政府门户网站、宣传栏、短信、微信、邮政夹报等方式开展宣传，印制应知应会宣传折页、小册子，推动创建示范宣传活动进社区、进机关、进企业、进校园、进窗口、进公共交通设施，提升创建活动知晓率。排查劳资纠纷隐患，推行“一线工作法”，全区未发生因拖欠农民工工资引发群体性事件或造成严重后果的极端事件。以创建示范市为契机，梳理湖里区党建引领基层治理模式、公共法律服务助推小区“三治”融合、“数字湖里”公共管理集成平台等特色品牌，以创建促提升，以示范带发展，推进创建示范活动。

（张宪敏）

公　安

【概况】 2019年，湖里公安分局有13个内设机构，下辖7个派出所，有民警525人、警辅1374人。是年，分局以保安全、护稳定、促发展，为全区高质量发展落实赶超创造良好环境为主要任务。分局维稳成效位居全市首位，先后因“两会”和大庆安保表现突出荣立集体三等功，国保、刑侦、治安、禁毒、经侦等领域打击成效位居全市前列，万达高层楼宇“智慧小区”“护校安园”平安眼等科技应用创新举措被全市推广，综治考评公安项目、公安差异化考评位居全市前列，全年刑事警情比上年下降18.9%，社会治安大局持续向好。

【扫黑除恶专项斗争】 2019年，湖里公安分局打掉全市首例网络空间领域涉恶犯罪团伙，打掉横跨全国多省市的医社保、食药领域全链条犯罪团伙并推动医社保领域违法犯罪问题在全国范围引起重视，侦破“1·14”敲诈勒索案、“2·17”妨害公务案及“7·17”网上预谋抢劫未遂犯罪团伙等涉恶大要案件，全区“八类”案件（放火、爆炸、劫持、故意杀人、故意伤害、强奸、绑架、抢劫）破案率98.4%，黑恶九类犯罪（聚众斗殴、强迫交易、寻衅滋事、敲诈勒索、非法拘禁、组织卖淫、强迫卖淫、开设赌场、故意毁坏财物）破案率100%，比上年上升0.75%。分局刑侦大队2名主要领导被省厅邀请以视频案例讲座的形式向全省公安机关介绍分析分局扫黑除恶典型案例。

【打击电信网络诈骗犯罪专项行动】 2019年，湖里公安分局侦破省厅督办的涉案98万元特大电信网络诈骗案、涉案95万元诈骗系列案；打掉2个涉案金额800余万元受害者1000多人的电信网络诈骗团伙，捣毁2个用于转接境外虚拟诈骗电话的“猫池”设备电信网络诈骗窝点等一批重大电信网络诈骗案件；打掉1个全链条的民族资产解冻类犯罪团伙，抓获嫌疑人20名。是年，累计打掉诈骗窝点59个，刑拘230人，分别比上年上升22.92%、29.21%。其中，10万元以上案件破案率63.6%，比上年上升10.3%，50万元以上案件破案率100%。

【打击“盗抢骗”犯罪专项行动】 2019年，快侦快破涉案200余万元的“9·24”入室盗窃案，破获涉案505万元的“6·24”默往公司特大被盗案，快速破获“9·25”抢夺黄金首饰案并成功追缴全部被抢夺黄金首饰，破获跨9省市系列诈骗案，全区“两抢”案件破案率100%，传统盗抢骗破案率64.8%，入室盗窃破案率65.1%，比上年上升14.23个百分点。

【“飓风肃毒2019”会战】 2019年，湖里公安分局累计打掉贩毒团伙21个、抓获毒品犯罪嫌疑人260名、移送起诉毒品犯罪嫌疑人222名、查处吸毒人员631人次，缴获大麻和大麻叶26117.9克，冰毒、海洛因、LSD毒品1559.07克，氯胺酮525.5公斤，含有氯胺酮成分的毒品230公斤。

【治安问题专项整治】 2019年，湖里区先后组织开展“扫黄打非”、治安乱点整改、“小黄卡”打击整治等专项行动，累计侦破涉黄刑案75起、治安案件244起、涉赌刑案77起、治安案件505起，查处涉枪涉爆涉危行政案件14起，涉枪刑事案件7起。其中，多方联动整治五缘湾游艇码头散装汽油隐患突出、旅游市场管理混乱、游客纠纷投诉较多，以及万达广场、大唐YOHO等高层楼宇无证经营旅馆、消防安全隐患、“黄丑”现象和利用合法企业身份作为掩饰的诈骗窝点问题突出等乱点乱象，全面清扫整肃有效净化辖区治安环境；以“小黄卡”发卡人员、通联电话及印刷厂商等为切入点，面上查处与深挖链条相结合，累计破获“小黄卡”案件28起、抓获嫌疑人71名，打掉1涉案24人的涉黄犯罪团伙，收缴“小黄卡”近10万张。协助市局侦破部督“9·16”特大跨国网络赌博案。

【第二十八届金鸡百花电影节安保】 2019年，湖里公安分局聚焦第二十八届金鸡百花电影节涉及湖里区的5个住地酒店及10场配套活动，把握此次安保活动形式新、宾客人数多、住宿时间长、影迷聚集围堵风险大的特点，对标金砖会晤安保标准，落实证件查验、分区管控、前置安检、便衣押车等各项安保措施，确保活动现场秩序良好、艺人住宿安全，实现上级提出的“安全、精彩、圆满”总要求。

【防暴恐应急处突】 2019年，湖里区在全区范围累计开展反恐培训14场次、反恐演练24场次，检查反恐目标单位173家次、跟踪督导整改问题隐患226处；加强反恐应急处置作战单元及机制建设，在全市率先开展“雷霆”系列演训，完善各类突发案（事）件应急处置工作预案、导调流程图、分级处置要点图，通过“常态化”演训、“背靠背”对抗、“全要素”参训，提升应急处置能力、保障辖区稳定安全。全国“两会”、“一带一路”建设、中华人民共和国成立70周年大庆、金鸡百花电影节安保期间，抓好各项安保维稳工作措施落实。

【渔港管理】 2019年，湖里区海防委出台船舶、渔船民分级管理工作措施，细化渔船民分层次分类标准，配套出台走访调查、清理考核、风险评估、联动管理、档案管理等5项工作制度，推行重点渔船民列管率、熟悉率、控制率、建档率、帮教率等5项日常考核督导措施，构建湖里区“大渔船民管理”工作格局。升级改造高崎闽台中心渔港，打造多功能船管站。大型船舶安装AIS定位系统，利用互联网随时查看辖区船舶动向，并对其进行有效管理。

【派出所建设】 2019年，湖里区研究制定《全区公安机关基层基础提升工程任务分解实施方案》，明确78项具体任务项目，打造殿前派出所“八合一守户员社区警务工作机制”、江头派出所“吕厝社区（高密度出租房高层楼宇）信息自主采集”等基层基础建设样板点，率先在全市推行“社区警务助理”、完善“警官任社区副书记（副主任）”等工作机制。年内，全区59名社区领导（治保主任）兼任社区警务助理，全局7个派出所领导进入街道班子、70名党员社区民警兼任社区党支部副书记，59个社区实现“小区警察”全覆盖，推动社区警务工作手段升级、模式升级、效果升级。

【科技应用提升】 2019年，湖里区预算投入金额7000万元推动“雪亮工程”四期建设，建成智慧社区22个、智能门禁118个、一类视频监控813路，建成接入二、三类社会面监控6670路（全市视频监控联网总数全市排名第一），其中针对当前校园安全工作形势，于金山街道36家幼儿园及小学试点安装“护校安园警校通”一体化智能人员防控体系，扎紧校园安全篱笆；围绕高层楼宇防控管理难题点，在冠宏花园小区安装14个“微住”门禁系统，试点小区案发数比上年下降75%，入室盗窃保持零发案；在邮轮城二期高层楼宇治安管理难点，探索高层楼宇智慧管理提升工程，实现拦路抢劫恶性案件、入室盗窃等其他案件零发案。

【万达广场高层楼宇“智慧小区”建设】 2019年，湖里区在万达广场高层楼宇小区合理规划视频监控分布，安装“智慧云”智能视频监控门禁系统，建立本地前端人脸比对分平台，织密智能感知网络，形成“人车识别+后台比对+精准管控”的“科技围楼”模式。在该小区车辆、人员主要出入口和重点部位安装人脸识别门禁5套、访客登记机5套、人脸识别监控34处、车辆抓拍监控6处、高空侦测监控13处。

【建立“八合一”守护员社区警务工作机制】 2019年，殿前派出所以履行“三职责”（信息采集、治安巡防、消防安全）、强化“四意识”（情报收集、动态管控、防骗宣传、法制宣讲）、落实“一化解”（矛盾纠纷）为重点，要求或赋予私房出租屋房东（统称“守户员”）八种职责和义务，建立“八合一”守户员社区警务工作机制。

【“护校安园”警校通建设】 2019年，金山派出对接厦门身份宝网络科技有限公司，在辖区内36家幼儿园和小学全面安装覆盖一体化“护校安园”警校通视频监控系统，全面提升校园安保质态，打造全方位校园安全圈。该创新性做法于5月17日在公安部、教育部联合召开的全国校园安全工作经验交流现场会上作为典型经验向全国介绍推广。

（周　翔）

消　防

【概况】 2019年，湖里消防救援接警出动1565起，出动车辆1762辆次，出动消防指战员10042人次，疏散被困人员395人，抢救被困人员175人，抢救财产价值117万元，完成海峡论坛、金鸡百花电影节等活动安保工作；13名指战员获得部局、总队、支队表彰。以“防风险保平安迎大庆”消防专项执法检查工作为重点，开展“三合一”场所、电动自行车专项整治、文物建筑大型城市综合体“回头看”等专项整治工作，形成“街道吹哨，部门报到”消防联合执法机制。全年摸排“三合一”场所4006处，区“三合一”整治办组织开展联合执法145次，开展整治督导64次；分批挂牌督办10处“不放心”场所突出火灾隐患整治；完成对15个社区年度消防安全示范社区创建区级验收工作，消防安全示范社区创建达标率100%。

【小型消防站建设】 2019年，湖里区通过政府租赁、利用闲置用地等形式，投入1560.71万元建成高崎、金山2个小型消防站。1月，站点人员招聘组建完成，正式进驻，实行混编制中队、老消防员代干管理体制。2个站点全年参与处置各类型灭火救援400余起，解决了周边城中村消防救援难题。

（蓝　淳）

道路交通安全管理

【概况】 2019年，湖里区围绕“降事故、保安全、保畅通”工作主责，全力推进城市交通排堵保畅治理，维护辖区道路交通安全形势持续稳定向好。靶向整治交通乱象，查处各类道路交通违法行为561564起，其中现场查处违法247175起，非现场查处314389起；查处酒驾醉驾、超员超速超载、涉牌涉证等严重道路交通违法行为17332起；查扣机动车7539辆、非机动车7345辆。抽查客货运、危化运输企业545家次，实地查验运输车辆2600余辆次，抽查GPS平台车辆管理记录1205余趟次，下发限期整改通知书205份；通报逾期未年检、未报废车辆26282辆；分批约谈相关企业负责人、安全管理人和驾驶人358人次；处罚责任企业6家，发送违法抄告函201份，催检临审和逾期驾驶人7000人，推送催检短信38592条，五类重点车辆检验率100%，重型货车检验率95.25%，重型挂车检验率95.25%。微信平台推送交通微文392篇，开展主题宣传活动44余次，“七进”宣传583家次，粘贴宣传海报4万余份，传发宣传材料7万份，发出各类提示信息96万条。完成各级别特勤保障636趟次，完成春节、清明、“五一”劳动节等节假日及中高考、海峡论坛、厦门国际马拉松赛等重要活动、重大赛事的道路交通安全保障工作。特别是启动各级别等级响应207天，完成中华人民共和国成立70周年大庆安保，维护社会大局稳定。

【道路通行条件改善】 2019年，湖里区配合对长岸路与兴湖路交叉口、金山路与仙岳路交叉口等5个重要交叉口进行精细化改造，以设置左转或直行待转区为主，通过从渠化设计和交通信号灯控制两个方面着手优化，减少车辆延误，提高交叉口通行效率。利用交叉口时空资源，减少排队长度缓解交通拥堵。推动局部优化改善提升，湖里交警大队紧盯复旦医院民生热点区域，多次联合交警支队、区道安办、建发集团等单位，实地勘察，磋商医院门口交通信号灯增设、斑马线增减等事宜，优化提升道路通行条件。会同交警支队实地查勘拥堵路段殿前四路，深挖细查道路拥堵原因，商讨制定改善措施。6月，厦门市公安交通管理局向社会发布通告，在殿前四路对重中型载货汽车采取道路交通限制措施。跟进东渡港区交通组织调整工作，对接交警支队、自贸委象屿办等部门，研究建立自贸区象屿片区交通管理组织机制，推动成立象屿交警中队；配合市交研中心启动对东渡港区交通情况分析工作，并提出重要交通节点改造建议；加大园区内违停整治力度，规范道路通行秩序。排查路面停车泊位，根据大型停车场所建设、公交出入口及渠化路口影响交通等路面实际通行情况，依法撤除收费停车位127个；坚决打击非法私设停车位违法行为，取缔非法私设停车位36个。地毯式排查交通问题点段，排查上报、及时清零135处道路隐患问题。

2019年，嘉禾路与仙岳路交叉路口渠化提升　（湖里交警大队　供图）

【占道施工快审快批】 2019年，湖里区有地铁2号线、3号线、第二海西通道等重点工程占道施工项目，道路交通管理难度增大。湖里交警大队安排专人负责，定期关注刷新网上占道施工申请提交情况，第一时间予以回复反馈，尽可能通过网上阅件，让群众少跑路，全年受理办理占道施工申请167起。缩短内部流程审批时限，尤其对个别重点项目采取现场办公、部门联勘等方式，提高办理速度。动态巡查占道施工安全隐患，约谈违规施工单位161家次，下发整改通知书152份，开具罚单42张，处罚金额21万元。湖里交警大队在枋钟路云顶北路口（南侧）设置临时快处点，快速处置施工点段及周边交通事故，提高轻微事故快处、快撤、快赔效率，保障施工的顺利进行。

【校园周边交通安全保障】 2019年，湖里交警大队春、秋两季开学季首日及首周，多措并举强化开学护校安园交通保障，确保校园师生出行安全与顺畅，其间应急处置现场学生聚集问题5起。在地处复杂路段的学校安排专门护学岗14人，并由各网格民警带领辅警于上学时

2019 年，湖里区多部门联合现场办公，解决道路交通问题

（湖里交警大队　供图）

段加强校门口交通管控，中队骑警加强校园周边路面巡查，共同做好道路保障工作。协调条件成熟的学校，发动学校老师、保安和义务交警，组建护学队伍和护学岗，构建“警—校—民”爱学护学、共建共治的良好格局，截至年底，组建义交护学队伍 12 支。各网格民警密切与校方联系，指导校方落实安全措施；开展交通安全进校园宣讲，培塑中小学生交通安全意识；组织开展校园周边道路隐患排查，及时清除治理安全隐患。持续推动第二批 7 所、第三批 3 所交通组织疏解试点校园道路改善提升工作。

【骑警作用】 2019 年，湖里交警大队全年出动骑警队 4422 组次，巡逻线路 11273 条，巡逻里程 183995 公里，发现警情 20621 宗，发现率 33.21%，提高疏堵保畅效率。快速发现并及时处置车辆自燃、侧翻、抛锚，路面积水，群体性聚集等各类突发事件 106 起，降低紧急突发案事件对城市道路交通造成的影响。骑警勤务涌现好人好事 73 起，救助待产孕妇、摔倒老人、迷路儿童、迟到考生、晕厥乘客、轻生女子、醉酒人员等 32 人。

【义务交警队伍】 2019 年，湖里义务交警队有正式队员 370 人、见习队员 153 人。重点开展“守护斑马线”“呵护上学路”“安全进校园”等劝导活动，常态值守日常斑马线 11 条、护学岗 19 处，以及节假日、景点码头等特殊勤务，全年累计发布任务 15998 条，出勤 36316 人次，总执勤时长 52451.3 小时。队中有 32 人当年积分在 3000 分以上，有 150 人积分在 1000 分以上。义务交警队还开展了“文明过马路、不做低头族”“礼让斑马线、守护红绿灯”等文明交通等系列活动，到社区、福利院、孤儿院开展志愿服务活动 30 余次。连续两年被交警支队评为先进集体，是年，先后有 320 人次获得交警支队、区道安办等各级单位表彰奖励。

【便民利民服务】 2019 年，湖里区推动深化公安交管“放管服”改革 10 项便民利民新举措，深化交管“一次办、马上办”“就近办、便捷办”“网上办、掌上办”“依法办、规范办”，持续提升群众满意度和获得感。利用各平台载体，及时发布改革信息和政策法规解读，引导群众正确理解“放管服”改革措施，引导群众就近办事、便捷办事。优化提升“微信公众号”、交管“12123”App、福建交通罚没、网上处理系统等现有网络平台，实现车驾业务网上办理，对非接触类的 50 项线上交管业务，24 小时提供电话咨询服务，让群众足不出户也可享受便捷优质的车驾管服务。

2019 年，网格民警为幼儿园孩子开办交通安全小课堂，讲授道路安全常识

（湖里交警大队　供图）

变线下业务办理“网上全预约”为“网上预约＋现场取号”。业务窗口主动延长服务时长，坚决做到业务办理日接日清。办事大厅实时更新业务办理标准化流程图表；在醒目位置规范设置窗口标识，为群众办事提供指引；设置自助服务区，公示自助操作指南，配备导办员，方便群众自助办理相关业务。是年，接听各类咨询电话2.1万余通，现场办理业务30.8万余起，日均服务办事群众约510人，日最高峰时近700人。

（吴敬城）

2019年，湖里义务交警队员在SM城市广场附近的斑马线执勤

（湖里交警大队　供图）

【校园周边交通安全设施】 2019年，兴隆路康乐二小路段（嘉禾路口至仙洞路口）完成新建中央隔离护栏444米，道路中心双黄线133.2平方米，道路边缘线68.1平方米，斑马线、停止线、菱形线48.05平方米，绿化带改为人行道23.25平方米；设障碍墩8个，反光柱20根，标志牌2套；人行道增设六度灰栏杆2.5米。施工结算报送价是14.59万元。

【事故多发易发路段交通安全整治】 2019年，仙岳路跨线桥部分路段、东渡路、云顶北路因行人横穿马路事故多发，湖里区协调厦门市市政园林局、市公路局、市绿化中心增设及加高中间绿化护栏，增设仙岳路跨线桥护栏1004米、云顶北路护栏60米、东渡路护栏246米。在长岸路、高殿一路段高架缺口，长岸路路政、公路局设置道闸1个。厦门市市政园林局安装金尚路机场至林后段人行护栏1431米。环岛干道高架下桥口至环岛干道隧道路口段往机场方向增设事故多发标志、增设导流线。

【地铁沿线施工路段交通安全整治】 2019年，湖里区召集地铁办、轨道集团、各地铁施工单位召开专题会议，逐个点位巡查地铁施工路段存在的交通安全问题，巡查9个站点，发现22处问题，完成施划标线。

（王晓兰）

2019年，湖里交警大队改善兴隆路康乐二小路段交通安全设施　（吴黎恒　摄）

检　察

【概况】 2019年，湖里区检察院办理各类移送审查逮捕案件544件811人，审查起诉案件1149件1613人，依法批捕619人，起诉1420人。落实宽严相济刑事司法政策，依法不捕196人、不诉135人。推行认罪认罚从宽制度，适用该制度办理案件1121人，并依法提出从宽量刑建议915份，已判决案件采纳率96.7%，在有效惩治犯罪的同时减少社会对抗、促进社会

和谐。推进自贸港法治化营商环境建设，全力支持“三高”企业做大做强。与湖里区法院、厦门市法律援助中心等六方联合成立厦门自贸片区公共法律服务协同创新基地，共同构建全链条、宽领域的自贸区法律服务体系。办理民事行政监督案件8件，发出诉前检察建议2份。完善涉案未成年人帮防体系，为13名涉案未成年人及家属提供心理疏导23人次，对6个涉案家庭开展强制亲职教育。接待群众来访39人次，其中检察长接访11批次15人次，受理各类信访80件，依法导入司法程序80件，确保群众诉求得到及时回应。

2019年4月12日，厦门自贸片区公共法律服务协同创新基地合作协议在厦门自贸片区跨境电商产业园举行签署暨揭牌仪式　（吴琳琳　摄）

【民营企业健康发展保障】 2019年，湖里区推动法治化营商环境建设，起诉非法吸收公众存款、集资诈骗等破坏社会主义市场经济秩序犯罪46件104人。依法起诉中国进出口银行厦门分行、中信银行厦门集美支行相关人员违法发放贷款、受贿系列案件7件7人，挽回国家经济损失530余万元，有效防范金融风险。起诉强迫交易、合同诈骗等侵害民营企业及企业家财产权益的犯罪15件22人，协助被害企业追回赃款900余万元。对涉嫌犯罪的民营企业负责人慎用强制措施，依法取保候审14人，不捕、不诉4人，保障企业正常生产经营秩序。面向企业发放法治宣传册1000余份，开展法治讲座4场，帮助划清法律红线。

【厦门自贸片区公共法律服务协同创新基地建设】 2019年4月12日，湖里区检察院与法院、厦门市法律援助中心、厦门市公证处、区法学会自贸区法学研究会、福建自晖律师事务所在厦门自贸片区跨境电商产业园共同举办厦门自贸片区公共法律服务协同创新基地合作协议签署暨揭牌仪式，共同签署《厦门自贸片区公共法律服务协同创新基地合作协议》。协议明确合作目标，确定合作内容，建立合作机制。六方各自确定1名联络员负责台账管理、沟通联络等日常事宜，开展定期会商和不定期交流互鉴，并明确各方的权利义务，确保合作事宜落到实处。

【扫黑除恶专项斗争】 2019年，湖里区检察院依法批捕涉黑涉恶犯罪4件40人，起诉7件52人；办理黑恶势力“保护伞”职务犯罪案件1件1人。充分发挥法律监督作用积极引导侦查，提前介入案件5件，参与会商18次，提出侦查建议2条。妥善办理中央扫黑除恶督导组交办的谢某某恶势力犯罪集团案件以及全市首例医疗机构涉恶案件等社会影响较大的案件。坚持“打财断血”，全面梳理10件黑恶案件涉案财产处置情况，确保涉案财产依法处置到位，推进扫黑除恶专项斗争向纵深发展。

【陈某某、卓某某等19人涉恶案件提起公诉】 2019年8月20日，湖里区检察院以涉嫌诈骗罪、敲诈勒索罪依法对陈某某、卓某某等19名被告人提起公诉。经查，2017年12月以来，以陈某某、卓某某为首要分子的恶势力犯罪集团长期纠集在厦门湖里阳光医院。由集团成员充当医务人员，采用虚构病情、虚构诊疗效果等方式骗取被害人财物，并在手术过程中，采用胁迫等手段逼迫被害人接受无相应手术适应证的新增手术或者不属于临床应用技术的手术，从中勒索被害人财物，造成恶劣的社会影响。

【谢某某恶势力犯罪集团案件办理】 经厦门市人民检察院指定管辖，2019年9月29日，湖里区检察院以涉嫌寻衅滋事罪、聚众斗殴罪，依法对谢某某等12名被告人提起公诉。经查，2009—2016年，被告人谢某某利用宗族势力及家族影响力，纠集被告人谢某晋等人，以暴力手段在厦门市海沧区石塘村多次实施寻衅滋事、聚众斗殴等违法犯罪活动，形成以被告人谢某某为首要分子的恶势力犯罪集团，造成恶劣影响。

【《关于协作提升职务犯罪案件质量工作办法（试行）》】 2019年11月8日，湖里区检察院与区监委、区法院共同制定《关于协作提升职务犯罪案件质量工作办法（试行）》，“办法”规定：一是建立办理职务犯罪案件工作建议登记制度。监、检、法三家分别在审理、起诉、审判阶段填写登记表，列明案件事实、证据、定性、量刑情节、款物处理等方面存在的不足和推进情况，并提出建议、总结经验做法，促进执法规范化。二是建立职务犯罪案件“三书”对比分析制度。判决生效后，及时将《起诉意见书》与《起诉书》《判决书》进行对比，着重分析三家在事实、证据、定性、量刑情节等方面的认定差异及原因，并填写对比分析表，促进统一执法标准。三是建立职务犯罪案件质量研讨会机制。明确研讨会启动情形、参加对象和讨论内容，便于三家就已判决生效职务犯罪案件办理中存在的不足、法律适用认识不一致、证据标准掌握不统一等，深入沟通交流，共同分析原因，统一认识，提出对策建议，促进案件质量提升。

【刑事案件“捕诉一体”办案机制】 2019年，湖里区实行刑事案件“捕诉一体”办案机制，实现刑事案件繁简分流、类案专办，同一案件由同一办案组、同一检察官负责办理到底，统一履行批捕、起诉、诉讼监督等职能，一体提升刑事检察办案、监督质效，促进司法责任制落实，做到简案出效率、繁案出精品。

【刑事诉讼监督】 2019年，湖里区检察院依托驻市场监督管理局检察工作室与“两法衔接”平台加强监督线索排查，全年办理立案监督案件9件9人，监督侦查机关立案、撤案4件4人。加大对侦查活动的监督力度，提前介入案件9件，在检察环节细审细查，纠正漏捕漏诉6人，改变侦查机关定性108人，针对侦查违法违规行为发出纠正违法通知书1份、检察建议2份，防止案件“带病”进入审判环节。强化刑事审判监督，依法提出抗诉2件。强化刑事执行监督，办理羁押必要性审查申请135件，发出变更强制措施建议函和建议书53份，深入推进判实刑未交付执行、财产刑执行等专项监督，监督收押1人。

【公益诉讼】 2019年，湖里区检察院针对枋湖工业区垃圾随意倾倒、食品安全管理相关禁入措施落实不到位等问题向有关部门发出诉前检察建议2份，并督促问题有效整改。其中，区检察院针对厦门健康步道项目枋湖工业区路段沿线环境污染问题向属地禾山街道办事处发出诉前检察建议，促成街道办协调社区、城管、环卫、城建建发等部门组成联合工作组承办整治工作。出动工人600余人次，清理该区域乱停放共享单车40余辆、土头杂物垃圾13处和被污染发臭渗流液黏土，埋设雨污水管约120米并开挖二级地下沉淀池，消除该区域环境污染的状态。区检察院针对区市场监督管理局存在食品安全管理相关禁入措施落实不到位的问题，依法发出诉前检察建议，督促该局对2017年8月以来因食品药品安全违法犯罪行为受到刑事处罚的以及因未取得许可从事食品药品生产经营活动受到行政处罚的经营者进行梳理排查，依法将16家食品药品经营者列入食品药品严重失信“黑名单”，对其中1名经营者实施终身行业禁入措施。该检察建议书被福建省院作为食品药品严重失信“黑名单”行政公益诉讼专项监督活动的诉前检察建议模板，在全省范围内推广。

【民生重点领域社会治理】 2019年，湖里区检察院通过执法办案参与对医疗、食品安全等民生重点领域的整治，依法惩治非法行医、坑骗患者的“黑诊所”“黑医院”相关人员，批捕7人、起诉22人，依法批捕利用医保卡刷药套现诈骗医保基金的犯罪嫌疑人23人、起诉45人，有效遏制欺诈骗保乱象。区检察院办理的“黄某明、沈某平生产、销售有毒有害食品案”被评为“2019年厦门市食品安全社会共治优秀案例”。加强强制医疗执行和社区矫正检察监督，对辖区5个司法所的社区矫正工作开展巡回检察，针对社区矫正工作中的不规范问题发出检察建议，对1名依法不负刑事责任的精神病人向法院申请强制医疗。

【“因案致贫”当事人帮扶】 2019年，湖里检察院梳理2016年以来故意伤害、交通肇事等当事人伤情较重案件387起，发现因案致贫且可能符合救助条件的当事人并主动联系告知司法救助相关政策。受理司法救助申请后，加强与区委政法委、代理律师的沟通协调，确保高效快速办理。是年，为2名当事人申请司法救助金5万元，协调为2名当事人申请社会治安综合保险理赔7万元。

【监护侵害类刑事案件刑民一体化保护机制】 2019年，湖里区检察院第三检察部在办理白某某虐待案中发现其未成年子女白某被长期虐待，遂联合所在社区居委会、公安机关、区青少年权益中心合力开展保护工作。在提前介入阶段，协调将白某安置于同心儿童福利院，并定期走访，保障其正常学习、生活。在刑事判决生效后，第五检察部启动支持起诉工作，依法支持未成年人住所地的居委会向法院申请

2019 年 11 月 26 日，湖里区检察院人员到金安社区为刑事案件受害人发放国家司法救助金　（林舒婷　摄）

撤销白某某的监护权，并指定该居委会担任监护人。在法院判决后，第四检察部联合第三检察部共同为白某申请并落实司法救助金 3 万元，最大限度保障未成年人的合法权益。

【“一站式”便民服务平台】 2019 年 11 月 28 日，湖里区检察院“12309”检察服务中心投入使用，整合检察业务咨询、控告申诉、司法救助、案件管理、律师接待、检务公开等职能，实现一个窗口对外，提供“一站式”检察服务。与现有的“12309”举报电话、网上信访平台整合，形成线上线下全方位、立体式检察服务平台，为群众提供便捷、高效的检察服务。落实好高检院关于“7 日内程序性回复、3 个月内办理过程或结果答复”相关要求，确保不积案、不压案，群众诉求得到及时回应。

【落实高检院“一号检察建议”讲座】 2019 年 11 月 8 日，湖里区检察院干警到区教育局开展题为《落实“一号检察建议”、携手共护校园安全》的法治讲座，介绍最高检“一号检察建议”的背景、内容和成效，并就校园如何做好预防性侵害工作进行普法，全区 164 所民办中小学、幼儿园的校长、园长和开办者参加培训。

【省检察院检察长霍敏到湖里区检察院开展“不忘初心、牢记使命”主题教育调研】 2019 年 7 月 8 日，省检察院检察长霍敏到区检察院开展“不忘初心、牢记使命”主题教育调研。霍敏与院长吴华峰、纪检组组长郑沁单独谈话，还与科室负责人、员额检察官、司法行政人员干警代表进行集体座谈，了解并回应干警们关于上级院业务指导、检察职业保障、机构改革、未成年人普法、服务地方发展、队伍教育培训等方面的问题和困惑。

【检务公开】 2019 年，湖里区检察院先后以劳动者权益保障、未成年人权益保障、服务保障民营经济发展等为主题举办“检察开放日”活动 3 场，邀请人大代表、政协委员参加“检察开放日”、案件公开审查等各类活动 4 次 42 人。参观者参观“12309”检察服务大厅、远程提讯系统、未成年人心理疏导室、沙盘工作室、半亩苑、荣誉室、廉政室及观看检察文化建设宣传片、开展交流座谈会在听取各界意见建议的同时自觉接受外部监督。

【检务管理能力】 2019 年，湖里区检察院推进智慧检务应用，完成检委会电子化办公室建设，促进议事

2019 年 11 月 28 日，湖里区检察院“12309”检察服务中心揭牌并投用　（林舒婷　摄）

议案信息化。做好电子卷宗应用，制作电子卷宗1135件4636册，为律师提供阅卷光盘677张。推进公检法司跨部门信息共享，接收电子换押1213条，录入综治诚信信息系统数据1180条。强化案件流程管理，开展“执法质量监督年”活动，开展案件评查4次140件，提升办案质效。细化办案流程监控，发出流程监控口头提醒238次，赃物入库9件20样，出库14件49样。

（林　菁）

法　院

【概况】 2019年，湖里区法院受理各类案件30545件，办结25707件，比上年分别上升37.77%和31.1%，收案、结案均创新高。

审判执行　湖里区法院审结刑事案件996件，判处罪犯1366人。持续深化扫黑除恶专项斗争，审结全市首例医疗领域恶势力犯罪集团案件等黑恶案件4件32人。审结涉严重暴力、侵财犯罪案件386件。审结非法集资、金融诈骗、“套路贷”等经济犯罪案件17件。严惩危害公共安全、危害食品药品安全和毒品等犯罪，打击新型电信网络犯罪，审结案件424件。坚持宽严相济，判处五年以上有期徒刑43人，判处缓刑、管制等非监禁刑529人，适用认罪认罚从宽制度审结案件496件，占同期结案的51.34%。审结民商事案件14057件，标的额30.56亿元。弘扬诚实信用，促进公平竞争，审结合同纠纷案件11251件。着力防范金融风险，审结金融借款、民间借贷、融资租赁纠纷案件3283件。服务供给侧结构性改革，审结强制清算与破产案件17件。加强涉外、涉港澳审判工作，审结案件123件。建立涉自贸案件立审执一体化机制，快速审执结涉自贸案件6659件。发挥知识产权司法保护的主导作用，审结知识产权案件363件。支持促进依法行政和法治政府建设，审结行政诉讼案件10件，审查行政非诉执行案件172件。进一步巩固提升“基本解决执行难”工作成果，执结各类案件9805件，执行到位金额7.05亿元。保持执行高压态势，开展“夏季风暴”、夜间执行、周末执行等集中执行行动12次，拘留失信被执行人73人，移送追究拒执罪8人，将1906人列入失信被执行人名单库，对8181人限制高消费。

司法为民　湖里区法院落实主动创稳工作，强化诉源治理和纠纷预防。着力构建以诉讼调解为主体，人民调解、行业调解、公证调解、律师调解等为补充的大调解格局，7436件民商事案件以调撤方式结案。全面推进诉讼服务中心转型升级，构建集诉讼服务大厅、诉讼服务网、“12368”诉讼服务热线为一体的诉讼服务格局，当事人网上自助立案7100件，律师服务平台立案3494件，跨域立案56件，在线开具裁判文书生效证明1421份，促进诉讼便利化。全面应用自主研发的“全在线诉讼”平台，出台在线诉讼规程，制作网上诉讼指南，推动在线立案、在线送达、在线证据交换、在线庭审，探索“电子支付令”、在线调解机制，提高诉讼服务信息化智能化水平。与区总工会联合出台《建立维护劳动者合法权益的执行联动工作机制的实施意见》，为1895名工人追索劳动报酬2772.13万元。加强司法救助工作，发放保险救助金、司法救助、欠薪应急保障金26.64万元，为当事人缓减免诉讼费8.5万元。

司法改革　湖里区法院组织开展第三批法官入额遴选工作，优化审判资源配置，挖掘办案潜力，员额法官全年人均结案559件，居全省基层法院首位。多举措破解案多人少难题，推进“分调裁审”机制改革，推进简案快审、繁案精审。成立简易案件审判庭，配备10名法官，组成5个快审速裁团队，审结案件7198件，占同期审结民商事案件的64.22%。推行审判辅助事务集约化、社会化管理模式，将分散在各部门各环节的送达、保全、鉴定、评估等辅助性、事务性工作集中到诉讼服务中心，以购买社会服务的方式将部分适合外包的司法辅助事务交由社会力量承担，解决审判辅助力量不足的问题。健全审判执行任务指标分析机制，每周滚动通报结案进度，促进均衡结案。严格审限管理，建立分级审批制度，加强对审限扣除事由审核，杜绝隐性超审限，案件法定审限内结案率100%。完善长期未结案件督办机制，清理旧存案件2327件，清理率90.9%。定期召开发改案件专题评析会，以评促改，提高案件质量，一审案件服判息诉率88.95%，比上年上升1.14个百分点，案件发改率0.36%，比上年下降0.31个百分点。加强审判流程监督，及时发现和解决审判执行工作中存在的问题。深化司法公开，上网裁判文书15406份，直播庭审2532场。开展优秀文书、优秀庭审评选活动，推进审判执行“精品工程”建设。

队伍建设　开展“不忘初心、牢记使命”主题教育，坚持抓党建带队建促审判，深化基层党组织组织力提升工程，开展“审判执行之星”和“服务保障之星”评选活动，营造团结向上、攻坚克难的浓厚氛围，全院有2个集体和29名个人受到市级以上表彰。组织干警

2019 年 2 月 2 日，湖里区法院与区工商联签订《涉民营企业纠纷诉调对接协议》　（湖里区法院　供图）

参加各类业务培训 710 人次。全院有 10 个典型案例入选国家级案例，29 篇学术论文在省级以上刊物发表，5 个案件被评为全市优秀案例。

【涉民营企业纠纷诉调对接】 2019 年 2 月 2 日，湖里区法院院与区工商联签订《涉民营企业纠纷诉调对接协议》。协议规定：设立诉调对接工作室，聘任 9 名特邀调解员负责调解涉湖里区民营企业的各类商事纠纷；建立案件流转及诉调衔接机制，明确调解时限，指定专人负责材料移交、案件流程管理和数据统计；加强业务指导，法院定期为特邀调解员讲授法律知识和调解技能，组织旁听民商事案件审理。

【“公众号＋文书码”微信送达文书】 2019 年 2 月 13 日，湖里区法院殿前法庭推出微信公众号发送文书码的“号码微送达”服务，并于当日送达 1 起案件的诉讼文书。此案原告在“全在线”诉讼平台提交立案申请并同意接受电子送达。立案后，平台生成立案文书码并通过“互联网法庭”微信公众号向原告推送，原告接收后即识别、验证和下载了电子文书。相对于个人微信、电子邮箱等传统电子送达方式，微信公众号送达具有公信力高、安全性强、反馈即时等优点，解决当事人因担心查收电子邮件不及时，个人微信号公信力不足，反馈延时等缺陷而抗拒电子送达的心理。采用“微信公众号＋文书码”方式电子送达诉讼文书，在福建省法院系统尚属首次。

【“民事执行调查令”签发】 2019 年 2 月 22 日，湖里区法院签发第一份民事执行调查令，准许一起租赁合同纠纷当事人律师在调查令有效期限内，持令前往调取被执行人名下银行账户的银行流水明细。民事执行调查令可以用于调查被执行人的基本主体信息、被执行人名下财产现状及其变动或者交易明细等。

【《关于建立维护劳动者合法权益的执行联动工作机制的实施意见》签订】 2019 年 2 月 27 日，湖里区法院与区总工会签订《关于建立维护劳动者合法权益的执行联动工作机制的实施意见》，加强劳动者工资报酬权益保障，及时有效应对劳动争议纠纷引发的群体性事件。该意见规定：区总工会及时提供辖区内欠薪、工伤损害赔偿等案件相关信息，实现法院、工会资源整合、信息共享；法院开辟绿色通道，优先安排人力、物力，加大对恶意欠薪行为的制裁力度，依法采取强制措施；区总工会协查被执行人财产线索、安抚劳动者情绪等，配合法院曝光失信用人单位信息；法院定期协助区总工会开展专业普法宣传、培训活动，提升基层组织调处纠纷能力。

2019 年 2 月 27 日，湖里区法院与区总工会签订《关于建立维护劳动者合法权益的执行联动工作机制的实施意见》　（湖里区法院　供图）

【全市首例贩卖“邮票”毒品案审结】 2019年3月18日，湖里区法院以贩卖毒品罪判处被告人苏某某有期徒刑十个月，并处罚金人民币2000元，被告人苏某某当庭表示悔罪服判。经查，2018年11月，苏某某通过网络约售毒品并快递邮寄至厦门，被公安机关抓获，缴获“邮票”毒品96枚。被告人苏某某通过网络接触毒品麦角酸二乙胺（LSD，俗称“邮票”毒品）后，不仅自身吸食，还利用网络对外贩售。

【新方式确定房产拍卖参考价】 2019年4月，湖里区法院首次运用双方当事人议价方式，确定执行案件中房产的拍卖参考价，即在双方当事人达成合意的情况下，以230万元的价格将被执行人名下房产移送拍卖。

【内设机构改革】 2019年4月，湖里区法院完成内设机构改革，内设机构由13个缩减为11个。合并原刑一庭、刑二庭为刑事审判庭；裁撤行政审判庭及审判监督庭；增设综合审判庭，依法审理原行政审判庭负责的由本院管辖的行政诉讼案件，审查行政非诉执行案件和再审案件，以及其他案件；增设简易案件审判庭，依法审理适用小额诉讼程序、督促程序、公示催告程序、特别程序、先予执行的案件以及事实清楚、权利义务关系明确、争议不大等案情简单民商事纠纷案件。

【简易案件审判庭成立】 2019年，湖里区法院新设简易案件审判庭，细化繁简标准促进精准分案。配备10名法官，按照“法官＋法官助理＋书记员＋调解员”的模式设立5个速裁团队。简案庭全年审结案件7198件，占同期审结民商事案件的64.22%，法官人均结案1081件。

【涉自贸案件立审执一体化机制建立】 2019年5月22日，湖里区法院启动涉自贸案件立审执一体化机制。完善院本部、自贸区法庭、综合法律服务中心以及在线平台“四位一体”快速立案机制。建立涉自贸案件立案甄别机制，开辟“绿色通道”。强化送达管理，通过在线送达提升效率，探索涉港澳案件委托原告或代理人送达机制。做好繁简分流，由简易案件审判庭过滤简案，增配自贸区法庭法官和审判辅助人员专攻复杂疑难案件审判。选聘外籍专家、香港籍人民陪审员，提高审判水平。加强案件节点管理，推广使用“全在线诉讼”平台，提高诉讼效率。成立涉自贸案件执行团队，建立办案流程操作办法，提升保全速度，缩短执行时间，每季度与涉自贸企业开展一次“执行互动交流会”，靠前服务企业。

【“全在线诉讼”平台无缝对接海沧“e调解”平台】 2019年6月初，湖里区“全在线”诉讼平台与海沧“e调解”平台完成业务对接，共享用户认证体系，实现数据互联互通。6月27日，殿前法庭通过平台对接模式，借助“在线诉调对接”机制，历时2天，调解一起跨域商事纠纷案件。本案是全省首个通过平台对接方式实现全在线诉调对接的成功案例，实现多元调解、司法确认、卷宗流转全在线，为在线多元纠纷化解提供新样本。

【全市首例因虐待未成年子女被申请撤销监护人资格案】 2019年7月23日，湖里区法院立案受理申请人金安社区居委会与被申请人白某撤销监护人资格案。案件审理过程中，区法院实地走访社会福利院、民政局等，协调对该未成年人进行安置、救助。依法判决撤销被申请人白某监护人资格，并指定金安社区居委会为监护人。

【《E场官司》获评全国法院第六届微电影微视频十佳微电影】 2019年8月21日，由人民法院新闻传媒总社、中华全国法制新闻协会、最高人民法院政治部、新闻局、执行局、影视中心及中央电视台（今日说法栏目）联合举办的全国法院媒体融合工作促进会暨第六届微电影微视频颁奖会在呼和浩特举行。由湖里法院拍摄的以互联网审判为

2019年8月21日，《E场官司》获评全国法院第六届微电影微视频十佳微电影

（湖里区法院　供图）

主题的法治微电影《E 场官司》在全国 449 部微电影、微视频中脱颖而出，获评全国法院第六届微电影、微视频十佳微电影。

【“共享汽车撞亡厦大教师”案民事赔偿和解】 2019 年 9 月 7 日，厦门大学 2 名教师遭遇交通事故不幸身亡，肇事者为驾驶租赁“共享汽车”的新手司机。湖里区法院交通法庭主动介入，发挥指导调解作用，与湖里交警、人民调解委员会协同开展 4 次调解，每次调解长达 5—6 小时。9 月 25 日晚 10 点，“共享汽车”出租方与死者家属就事故民事赔偿方案达成和解，交通法庭作出司法确认。

【“电子支付令”批量发出】 2019 年 9 月 6 日，殿前法庭在线审查受理了厦门某银行 16 起信用卡纠纷的支付令申请。该批案件从受理申请到法庭以电子邮件和短信同步发出支付令，整个程序用时不足 8 小时，并于当日全部送达成功。异议期满，被申请人均未提交书面异议，支付令全部生效。

【沃尔玛诉山姆会员店不正当竞争案】 2019 年，湖里区法院审结沃尔玛（中国）投资有限公司诉厦门山姆大院商贸有限公司、厦门风信子网络科技有限公司不正当竞争纠纷案。“山姆会员店”属于反不正当竞争法所界定的知名服务特有名称，“山姆”系山姆会员店的核心词汇，可以起到区别商品来源的作用，厦门山姆大院商贸有限公司在厦门风信子网络科技有限公司运营的“风信子厦门跨境商品直购体验中心”商城实体店铺销售带有“山姆安全食品”标识的食品，并在其微信公众号中使用“山姆”字样宣传其食品，容易误导消费者，存在不正当行为，应承担相应的停止侵权、赔偿损失、消除影响的民事责任。厦门风信子网络科技有限公司没有对厦门山姆大院商贸有限公司销售的产品尽到合理的审查义务，共同实施了不正当竞争行为，应承担连带责任。沃尔玛公司在 10 余个城市对被告关联企业相似侵权行为提起诉讼。

2019 年 11 月 26 日，湖里区法院公开宣判全市首例医疗领域恶势力犯罪集团案件

（湖里区法院　供图）

【“湖里高新技术园开发用地项目”征地拆迁系列案】 2019 年，湖里区法院受理厦门市天地开发建设有限公司与陈国本等人房屋拆迁安置补偿合同纠纷系列案 6 件，案涉房屋于 2009 年即已确定属于“湖里高新技术园开发用地项目”征地拆迁范围。因被拆迁人拒绝搬迁腾房，矛盾争议较大，地块历时 9 年仍无法完成征地拆迁工作，被厦门市委、市政府重点督办。案件受理后，区法院提前会商，制订处理方案，多次前往现场勘查，组织双方当事人协商。历时 10 个月，最终促成当事人签订调解协议，被拆迁人限期完成搬迁。

【实习律师担任实习法官助理】 2019 年 10 月 18 日，湖里区法院与市律协合作举行实习律师任实习法官助理聘任仪式。双方签订合作协议，为 14 名实习律师颁发“实习法官助理”聘书。

【全市首例医疗领域恶势力犯罪集团案件审结】 2019 年 11 月 26 日，区法院公开宣判，以陈某堂为首的 19 名被告人分别获八个月至九年不等的刑期，并处罚金。经查，2017 年 12 月以来，被告人陈某堂、卓某荣等人为牟取非法利益，共同出资成立厦门湖里阳光医院，先后招聘部分无医疗从业资格的人员担任医院的医生、护士等，配置性能低劣的前列腺治疗仪、B 超机、震动感觉阈值检测仪、数字心电图机等医疗设备，利用百度推广、快手直播、广告等渠道，以低廉检查费用及夸大、虚假宣传医疗技术、医疗设备等方式诱骗被害人前往就诊。通过虚构病情、诊疗效果等方式骗取被害人财物，在手术过程中，采用胁迫手段逼迫被害人接受无相应手术适应症的新增手术或接受不属于临床应用技术甚至是根本不必要的手术，勒索被害人钱财。

（杨莉苹）

司法行政

【概况】 2019年，湖里区推进法治湖里、平安湖里、幸福湖里建设。是年，区司法局审核规范性文件13件，应诉行政诉讼案件22件，胜诉率100%。办结行政复议案件52件，备案审查重大行政处罚案件137件，组织领导干部任职前法律知识考试和依法行政能力测试12批115人次。全区各级人民调解组织调解案件4890件，调处成功4874件，调解成功率99.67%，其中重大纠纷61件，涉及死亡纠纷45件，协议金额5593余万元，涉及10139人。全区新入矫社区服刑人员538名，解矫514名，上报特赦人员15名，截至年底在册社区服刑人员556名；全区共安置帮教962人，安置率100%，帮教率100%，截至年底在册安置帮教人员745人。全年办理各类法律援助案件2027件，接待法律咨询群众3981人次，受理刑事案件辩护全覆盖案件380起，完成“认罪认罚制度”律师见证633件。全年办理各类公证4397件，协助法院完成公证送达2000多件。全年在各类新媒体平台发布法治资讯218条，举办互动普法答题15期，有55815人参与。

2019年4月12日，湖里区在湖里法院举行特邀调解员聘任仪式

（湖里区司法局　供图）

【延伸帮教活动】 2019年1月9日，湖里区司法局人员到厦门监狱开展以“情暖高墙法同行　塑造光明新生活”为主题的共建延伸帮教活动。委托专业机构制作新视频，为高墙中服刑湖里区籍人员带去外界变化，减缓他们的消极情绪，促进其完成自我改造；播放亲友嘱托视频直击灵魂，唤醒他们的责任感；与湖里籍服刑人员面对面沟通答疑解惑，发放、收集、梳理湖里区籍帮教对象“帮困解难”调查表，与其他部门沟通后再用信函答复。摸排辖区内经济困难或发生重大变故的服刑人员家庭，确保其未成年子女“不流浪、不失学”；协调人社局等相关单位，共同组织安置帮教对象职业技能培训暨就业指导，提高其就业能力；在辖区探索建立安置帮教就业基地，为安置帮教对象创造良好的就业平台，铺就美好生活之路。

【特邀调解员聘任仪式】 2019年4月12日，湖里区在湖里法院举行特邀调解员聘任仪式，聘任21名特邀调解员。特邀调解员代表、退休法官吴秀丹在聘任仪式上发言，表示要发挥余热，积极开展调解工作，为诉调对接工作做贡献。

【区公证改革模式在全省推广】 2019年4月16日，福建省司法厅发文，在全省推广湖里区公证处改革模式。湖里区对公证机构内部运行制度、人事管理制度、财务管理制度、分配激励制度作出规划安排，调动公证机构和工作人员的积极性、主动性。简化服务流程、降低收费标准、缩短公证书出具时限，节假日预约办证、上门服务，将委托、声明、遗嘱、赠予等群众常做的158项公证事项列入公证“最多跑一次”范围。为重点工程招投标监督，旧城旧村改造、老旧小区提升改造等市、区重点项目提供“全方位、全过程”的公证服务。在“厦门市湖里区公证处”微信公众号上推行在线办证，对具备网上申办条件的公证事项，实行网上申请、受理、审核、缴费，逐步实现公证文件电子化。

【湖里区法律志愿者联盟成立】 2019年5月，湖里区司法局牵头，整合全区法律服务志愿者资源，成立湖里区法律志愿者联盟，组建律师、公证、法治宣传、人民调解、法律援助5支志愿服务队伍，法律志愿者有426人。该服务队围绕人民群众基本法律服务需求，在全区陆续开展“送法进企业”“百姓法治讲堂”“公证敬老月”“法治文艺演出”等形式多样的法律志愿服务活动。

【司法部副部长刘振宇到湖里区走访调研】 2019年5月21日，司法部副部长刘振宇一行，实地走访金山社区达嘉馨园小区，了解小区调委会的工作情况，肯定达嘉馨园小区创新的“互联网＋调解”新模式。10月30日，司法部刘振宇副部长一行7人，实地察看禾山街道多元调解中心和公共法律服务工作站建设情况。

【徐厝法治文化广场投用】2019年5月29日，徐厝社区法治文化广场正式揭牌投入使用。广场占地面积2290平方米，依托原老人活动中心改造，设计了“一心二环”的结构（“一心”，广场中心法治神兽獬豸为中心；“二环”，法治宣传环、法治互动环），宣传环包含“法治之路、法治名人浮雕、法治成语典故、经典法治案例”等丰富法治内容；互动区设置法治书法走廊，法治问答翻牌、法治互动转筒等趣味法治互动元素，融文化性、娱乐性、教育性为一体。

【湖里创新园公共法律服务站成立】2019年7月30日，湖里创新园公共法律服务站揭牌仪式在湖里创新园创新驿站举行。法律服务站整合司法行政、管委会、法院、劳动仲裁、工会、街道等多部门法律服务力量，下设创新园人民调解委员会、巡回法庭、劳动争议调解委员会、劳动争议巡回仲裁庭，为园区企业和职工提供“一站式”法律服务。每周一、三、五上午安排律师、公证员、工会及劳动中层工作人员值班，开通预约服务热线，采用“前台统一受理、后台分别办理、结果及时反馈”的模式，服务内容包括法律咨询、纠纷调解、公证服务、法律援助、民（商）事审判、劳动争议仲裁等。编印《湖里创新园公共法律服务站服务手册》。通过简明、通俗、便捷的指南式服务，为园区企业和职工提供方便和帮助。

【第六个国家宪法宣传日活动】2019年12月4日，湖里区组织全区及部分市属单位40余个部门在禾山街道乐群广场举行第6个国家宪法宣传日活动暨“宪法五进、法润湖里”联队授旗仪式。湖里区成立5支“法润湖里　宪法五进”普法宣传队伍，通过进机关、进单位、进社区、进企业，把法律送到群众身边，使宪法走进千家万户，树立良好法治观念。

【法律援助群众满意度提升】2019年，湖里区法律援助健全完善以区法律援助中心为龙头，5个街道法律援助站为骨干，53个社区法律援助联络点为补充的网络体系，为辖区群众提供“半小时圈”法律援助便民服务。利用信息系统对法律援助案件从登记、审查、审批、指派、承办、结案审查、结案监督卡等7个环节实行全程实时监督，保证援助案件质量。区法律援助中心与区计生协会共同为计生困难家庭提供法律维权；与劳动保障部门联动提供群体性涉农民工法律援助案件的咨询及办理；与区民政局协作对低保户实行“一卡五免”活动。通过“湖里法律在线”微信平台、“丁成说法”广播节目等媒体，开展新颁布的法律法规、援助典型案例的宣传，提高法律援助工作的知晓率。

【公共法律服务实体平台建设】2019年，湖里区公共法律服务中心设立“一站式、窗口化”服务平台，整合人民调解、法律援助、法律咨询等法律服务资源，接待现场来访、解答法律咨询、受理审批法律援助申请、受理人民调解案件、专业调解服务、开展法治宣传教育等。街道公共法律服务工作站，配备公共法律服务触摸查询一体机，实现化解矛盾纠纷、法治宣传、提供法律服务咨询等综合服务。社区设立公共法律服务工作室，定期举办法治讲座，参与社区人民调解工作，为社区治理重大决策提供法律意见。公共法律服务延伸进小区，成立小区调委会及律师、公证联络点。“湖里公共法律服务”微信公众号，增加24小时免费线上法律咨询、法律法规在线查询、诉讼指引、法治地图、线上知识竞赛答题系统、在线投票等内容，在线受理申请公证、法律援助、人民调解、社区矫正学习教育等。

【刑事案件辩护全覆盖】2019年，湖里区受理刑事全覆盖案件380起，完成“认罪认罚制度”律师见

2019年7月30日，湖里创新园公共法律服务站揭牌　（洪祥　摄）

2019 年 12 月 4 日，湖里区在禾山街道乐群广场开展第六个国家宪法宣传日活动

（湖里区司法局　供图）

证 633 件。将驻法院值班点扩大为律师服务公共站，增强驻法院律师值班队伍力量，对适用简易程序、速裁程序审理的案件，被告人没有辩护人的，安排值班律师为其提供法律帮助。明确律师提供法律帮助服务的规章制度和执业行为规范，按规定指派相关律师承办，实施刑事案件普通程序律师辩护工作和认罪认罚法律帮助工作。建立“湖里区刑事案件法律援助律师库”，应对刑事案件数量大幅增加的需要，成立法律援助值班律师专业团队，提供常态化的法律帮助、法律援助。通过法律援助案件质量控制系统，建立程序监管、法官意见征询、旁听庭审等法律援助案件质量评价体系，所有法律援助案件实现“一案一评”。

【扫黑除恶专项斗争宣传】 2019 年 4 月，湖里区与湖里公安分局合作，从已定性的 3 个扫黑除恶战果挖掘宣传素材，制作全市首个扫黑除恶“套路贷”改版的以案释法 8 分钟宣传视频短片及预告片 2 种形式，在“12·4”国家宪法日等大型宣传活动首播，并在行政中心楼宇电梯及全区各社区巡回展播，扩大扫黑战果宣传面。借热门电影《流浪地球》的宣传力，设计制作若干湖里区扫黑版《流浪地球》海报，配套制作“扫黑除恶六大方向”漫画解读和梳理扫黑除恶攻坚之年名词解读的易拉宝若干，增加扫黑除恶宣传亲民度。制作湖娃说法套头人偶 2 个，玻璃钢版形象 2 个，编入扫黑除恶宣传队伍，增加现场活动的吸引力、趣味性，该形象被《福建日报》《厦门日报》及厦门电视台、厦门 107 电台等各大媒体报道。

【社区矫正心理矫治】 2019 年，湖里区对新入矫社区服刑人员开展心理测评，测评量表包括艾森克人格测验（EPQ）、心理健康临床症状自评量表和社区矫正人员自测量表，并由心理咨询机构根据测评结果判定其是否为再犯罪高风险等级的人员。每月对每一名社区服刑人员的情绪、态度、居住地变更情况等进行客观评价，完成在矫期间动态再犯罪风险评估量表中的 26 道选择题，通过后台数据比对自动生成被评估人的危险预警指数和心理状态动态曲线图。每半年由司法所组织入矫人员填 1 次心理健康临床症状自评量表，发现心理异常人员，及时采取有效的预防和稳控措施。同时根据半年测评结果，由心理咨询机构对社区服刑人员开展分类心理教育、个体心理咨询、团体心理辅导和个案疗程治疗等。

【诉调对接】 2019 年，湖里区特邀吴秀丹等 21 名退休法官为调解员，安排 5 名法官定向联系 5 个街道司法所，负责诉调对接有关案件的流转、办理以及相关的业务指导。制定《关于进一步推进湖里区诉调对接工作意见》，明确诉调对接的受理范围、案件流转程序、调解工作期限。区司法局、区法院分管领导牵头负责诉调对接的有关工作，并明确立案庭、区司法局基层科作为具体的业务承办部门。把诉调对接案件纳入法院的案件登记系统，进行个案补贴，明确绩效考评措施，作为特约调解员是否续聘的依据。

（陈文勇）

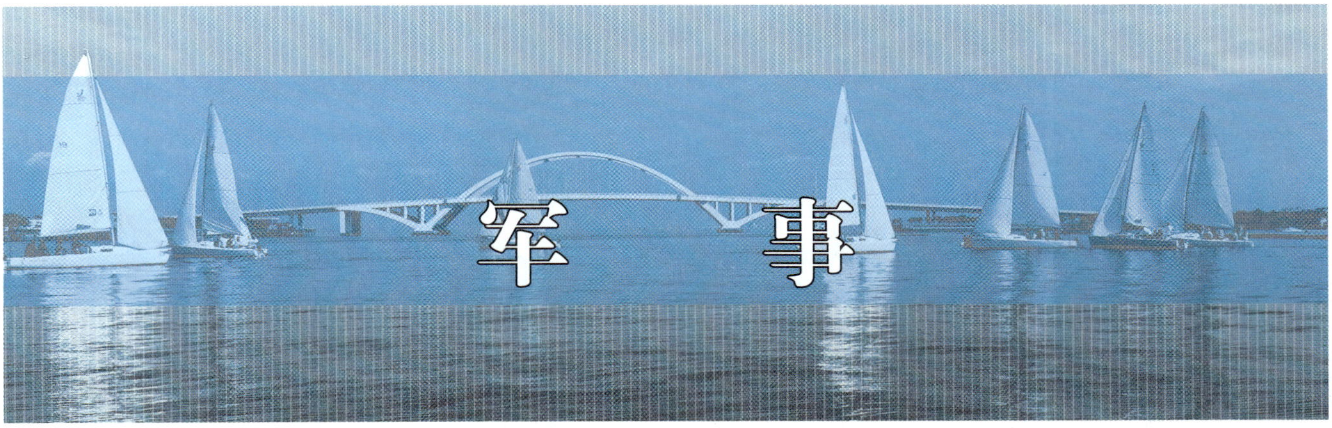

军　事

人民武装

【概况】 2019年，湖里区人民武装部做好党管武装、政治建设、备战训练、国防动员建设等方面的工作。年初，召开党委（扩大）会议。完成基干民兵整组编建任务。分2个批次各组织为期12天民兵应急分队集训。全年高标准完成新兵征集任务。

【党管武装】 2019年初，湖里区人武部召开党委（扩大）会议，传达福建省军区、警备区党委（扩大）会议精神，研究部署区人武部党委年度党管武装工作；6月21日，组织召开区委议军会，研究湖里区党管武装建设重要问题，落实民兵营（连）长岗位津贴发放；11月3日，组织区“四套班子”（中共厦门市湖里区委员会、厦门市湖里区人民代表大会常务委员会、厦门市湖里区人民政府、政协厦门市湖里区委员会）领导到厦门武警支部营区过军事日活动；针对专武干部年龄偏大问题，区委组织部按程序逐个把关，调整6名基层专武干部，使专职武装干部队伍结构趋于合理；12月，区委组织部、区人社局组织专武干部考评；年底，迎接市对区党管武装绩效考评，完成区对街道党管武装考评工作。

2019年11月3日，湖里区组织区“四套班子”领导到厦门武警支部营区过军事日活动

（湖里区人武部　供图）

【民兵整组】 2019年，湖里区人武部按照“够用、管用、能用”的要求，针对辖区特点，从“编、建、训、用、管、保”等方面着手，推动编兵向行业系统、高新技术企业等领域拓展，完成基干民兵整组编建任务。湖里街道代表湖里区迎接省军区、警备区检查，表现突出，受到上级通报表扬；湖里区民兵整组工作通过省军区、警备区检查。在征集国庆70周年预备役部队方队的阅兵人员中，采取“深入发动、严格把关，主动关心、积极鼓励”相结合的办法，选送2人完成阅兵任务。参阅人员分别获“训练标兵”和“优秀队员”，湖里区获得“优秀出兵单位”奖牌。

【征兵工作】 2019年，湖里区采取“传统与创新”相结合的模式，创新宣传形式，营造“精准征兵”氛围，遵守征兵程序步骤，严把兵员质量，做到廉洁征兵，全区兵役登记完成率101.09%，完成新兵征集任务；走兵率比上年提高23%，实

2019 年 9 月 9 日，湖里区召开新兵欢送会　　（湖里区人武部　供图）

现 36 年无责任退兵。区人武部 1 人和公安分局 1 人参加全省征兵业务集训考核，获得福建省第二名。

【国防教育】 2019 年，湖里区人武部落实深化全民国防教育改革部署，推进国防教育进党委中心组、进学校、进社区活动。8 月，组织 5 场征兵宣传暨国防教育文艺晚会。9 月，组织民兵骨干开展学生军训，完成市区 4 所学校 4900 人次学生军训任务，推动《中华人民共和国国防法》进校园；同月，湖里区代表选手 1 人参加厦门市国教办组织的“第十九个全民国防教育日”演讲比赛，获二等奖。11 月 18 日，在厦门三中开展国防教育进校园专题演出；12 月，开展国防法规普法宣传。

【区国防动员民兵训练中心竣工】 2019 年底，湖里区国防动员民兵训练中心全部竣工。中心集战备、训练、工作、生活于一体，具备部署点调整条件。

【战备训练】 2019 年 6 月，湖里区专题召开区国防动员委员会成员会议，以会代训方式进行业务培训，明确“军队提需求、国动委搞协调、政府抓落实”的职责。会上，针对各成员单位职责，提出“议事有位置、军地重协同、落实讲效力、经费强保障”要求，推进各项工作的落实；以《军事训练大纲》为依据，坚持按纲施训、科学组训、依法治训，5 月、11 月分 2 个批次，各组织为期 12 天的民兵应急分队集训，提高民兵应急应战能力；出动民兵参与区人防办组织的“5·10”防空演练，展开伤员救治、营院灭火、空情预警、道路抢通、战场管控等科目演练；定期组织民兵开展应急处突演练；完成辖区驻军某单位警戒执勤任务；抓好潜力调查和目标防卫、普查，召开任务部署会和业务培训，组织深入一线走访勘查，按时间节点完成重要防卫目标建议清单；撰写上报《海上民兵力量担负职能任务的问题研究》《海上民兵后装保障问题的几点思考》。

（张友勇）

人民防空

【概况】 2019 年，湖里区人防办做好人防宣传教育工作，开展人防教育宣传板评比，组织 1 次防空袭应急疏散演练，完成人防组织指挥体

2019 年 7 月 16 日，湖里区人武部在殿前街道开展征兵宣传暨国防教育文艺演出
（湖里区人武部　供图）

系建设。

【防空警报试鸣暨人防演练】 2019年，湖里区成立区“5·10”演练工作领导小组。制定《2019年湖里区防空警报试鸣暨人防演练方案》。5月10日，在金山街道湖边社区开展防空袭应急疏散演练活动，参演社区居民和学校学生7万余人，防空袭应急疏散演练参演3000余人，有21家单位参加演练活动，创下历次演练参与单位最多的纪录。此次演练是以信息化条件下城市防空袭斗争为背景，突出实战化背景，丰富演练内容，在社区房屋高层、广场、人行通道、电梯等场所开展抢险抢修、医疗救护、高层消防救援、民兵救援巡逻、电梯受困人员救援、道路清障等科目的演练。

2019年5月10日，湖里区在金山街道湖边社区举行防空袭应急疏散演练

（辜丹红 摄）

【人防知识宣传教育】 2019年，湖里区人防办结合“5·10”防空演练活动，开展年度社区人防宣传板报评比，在演练社区——湖边社区发放各类宣传资料2000余份，张贴宣传画70多幅，进行人防知识有奖竞答，3000多人参与答题。

【人防组织指挥体系建设】 2019年，湖里区人防组织指挥体系建设基本完成金山社区试点项目，做好新建成熟新社区的规范化建设工作。区人防办在兴华社区召开现场会，组织全区各试点单位参观学习。动员禾缘社区、金海社区加入基层人防规范化建设试点工作中。承接人防行政审批服务和行政监督检查职能，完成人防审批事项清单16项的录入工作，完成人防审批件5件。推进人防地下指挥所及人防机动指挥所的前期工作，完成《湖里区人防和机动指挥通信系统项目建议书》和《湖里区人防地下指挥所项目建议书》，形成送审稿上报区政府。

（辜丹红）

民主党派

中国国民党革命委员会湖里总支委员会

【概况】 2019年，中国国民党革命委员会湖里总支委员会（以下简称民革湖里总支）新发展党员8人。新发展联系对象2人。截至年底，湖里总支4个支部有党员119名，联系对象2人。民革湖里总支有14位党员当选市区两级人大代表或政协委员。其中，市、区人大代表4人，市、区政协委员10人。11月，民革湖里总支获全国优秀民革党员之家和全国示范支部。

2019年11月，民革湖里总支获得2019年全国优秀民革党员之家和民革示范支部称号

（民革湖里总支　供图）

【参政议政】 2019年，民革湖里总支党员围绕中共湖里区委、区政府中心工作，开展课题调研，相关调研成果转化为人大建议案、政协提案或通过社情民意直接报送有关领导，推动了相关工作。全年开展课题调研7个，纳入调研成果与提案汇编4项，反映社情民意的信息和报道稿46篇。

【民主监督】 2019年，胡德智被区纪委聘为湖里区特邀纪检监察员，被厦门市湖里区纪委聘请担任2016—2021年度湖里区特邀纪检监察员，成为13位湖里区特邀纪检监察员之一。

（胡德智）

中国民主同盟湖里区基层委员会

【概况】 2019年，中国民主同盟湖里区基层委员会（以下简称民盟湖里基层委）下设综合、科技、经济、火炬园区、三中、禾山中学、信息学校、文创8个支部，及调研宣传、老龄工作、青年工作3个跨支部的工作委员会，年底有盟员291人。其中，市人大代表4人、市政协委员1人、区人大代表2人（其中，常委1人）、区政协委员14人（其中，常委2人）。综合支部39人、科技支部57人、三中支部50人、火炬园支部32人、禾山中学支部26人、经济支部48人、信息学校支部13人、文创支部26人。年内，发展新盟员39人，比上年增长12.4%。

【参政议政】 2019年，民盟湖里基

2019年10月27日，民盟市委领导到湖里区基层委开展“不忘合作初心　继续携手前进”主题教育宣讲 （魏立成　摄）

层委完成25个调研课题，13个课题获得民盟市委立项，与金山街道办、湖里街道办共建4个课题获湖里区政协立项。25个调研课题按时提交调研报告，其中，4个共建课题入选湖里区政协八届四次会议课题汇编，4个课题参加民盟教育研讨会，2个课题参加民盟中央“一带一路”文化与产业研讨会。大部分课题都转化为市、区“两会”的提案或议案。人大代表、政协委员在区“两会”上共提交30个提案、建议案。

【民主监督】 2019年，民盟湖里基层委有特约监督员6人。其中，省级1人、市级3人、区级2人。“特约监督员”在省市区纪检监察部门、纠风办和特约单位的领导下，开展工作、履行职责。

【信息报送】 2019年，民盟湖里基层委被盟市委采用的信息49篇，占盟市委采用总量的26.5%。其中，1篇被全国政协采用，1篇被中央统战部全国“两会”信息采用，1篇被中央统战部《零讯》、全国政协、盟中央采用，1篇被省政协、省盟采用，1篇被省政协采用。3人获民盟福建省社情民意信息工作先进个人。

【主要活动】 2019年1月，民盟湖里基层委组织全体盟员考察园博园，召开总结表彰会；与金山街道办到后坑社区进行新春慰问，入户慰问10户困难家庭。3月，与盟市委文化委、思明文化支部联合举办“春分雅意　诗颂花开”诵读活动；调研委和综合支部联合组织信息撰写培训。5月，民盟湖里基层委组队参加由共青团湖里区委主办的“2019悦动湖里·青春活力”挑战赛；由盟员原创的音舞诗画《筑梦新时代》节目参加盟市委举办的纪念“五四”运动100周年文艺会演获得优秀奖。6月，民盟基层委组织各课题组主要成员和各支部支委进行红色教育并组织各课题组讨论课题调研工作。9—11月，基层委及各支部组织多场“不忘合作初心，继续携手前进”主题教育活动；邀请民盟市委分管领导开展主题教育宣讲；邀请民盟省委专职副主委到民盟湖里基层委开展主题教育活动，并做《学习新型政党制度的体会》的主题宣讲。9月，开展厦门民盟信息委走进湖里基层委暨调研信息主题研讨会，并邀请湖里区委统战部干部介绍湖里区委、区政府中心工作；同月，基层委选送《名门世家》旗袍秀参加区统战部“礼赞新中国　筑梦新时代”中华人民共和国成立70周年文艺会演。12月，组织3支队伍参加盟市委组织的第三届气排球比赛；组队参加湖里区统战部“同心杯”气排球比赛。

（陈施超）

中国民主建国会湖里区基层委员会

【概况】 2019年，中国民主建国会湖里区基层委员会（以下简称民建湖里区基层委）经过换届选举和新设立第六支部，截至年底，有6个支部，设有参政议政工作委员会、经济工作委员会、信息工作委员会3个跨支部的工作委员会。年内，发展新会员10人，比上年增长5%。截至年底，有会员207人，其中，一支部34人、二支部47人、三支部32人、四支部38人、五支部36人、六支部20人。主委1人，副主委7人。

【参政议政】 2019年，民建湖里区基层委有市人大代表3人、市政协委员1人、区人大代表3人（常委1人）、区政协委员16人（常委1人）。代表及委员围绕党和政府的中心工作申报课题，完成7个调研课题。湖里区基层委向民建市委、区统战部报送信息107篇，其中1篇被市政协采用。

【民主监督】 2019年，民建湖里区基层委有4人分别担任厦门市国土局、人社局、检察院、党风廉政监督员；2人担任湖里区特邀纪检监察员。

（王毅林）

中国民主促进会湖里区基层委员会

2019年，民进湖里基层委部分会员开展绿色港口调题调研

（民进湖里基层委　供图）

【概况】 2019年，中国民主促进会湖里区基层委员会（以下简称民进湖里基层委）下设经济、科技、综合、教育、信息学校5个支部，组织宣传、参政议政、社会服务3个工作委员会，发展新会员14人，比上年增长11.4%。截至年底，有会员135人。其中：经济支部30人、科技支部40人、综合支部31人、信息学校支部17人、教育支部17人。民进湖里基层委获评民进全国先进基层组织，科技支部获评民进福建省先进基层组织。

【参政议政】 2019年，民进湖里基层委有市人大代表1人、区人大代表2人（其中常委1人）、区政协委员7人（其中常委1人）。完成会省委课题5篇，其中《完善综合整治成效评估机制，促进河长制全面落实》转化作为省政协常委会协商口头发言，《关于我省生态保护补偿的调研报告》被推荐为会省委重点课题；完成市社科联课题《进一步推动厦门垃圾分类减量工作的对策研究》；完成会市委课题20篇，其中8篇重点课题，9篇重要课题。1个课题转化为全国“两会”提案，1个课题转化为市政协十三届三十次主席会议专题协商议政口头发言，1个课题转化为2019年政党协商口头发言，1个课题转化为市政协专题协商议政口头发言，3篇课题推荐为市“两会”大会发言。完成区委统战部联合调研课题1篇，区政协课题3篇（其中1篇为与湖里区江头街道联合调研课题），2个调研课题入选湖里区政协2019年调研报告汇编。提交福建省政协提案4件，福建省两会大会快报5件，2个调研课题列为省两会大会发言；提交市“两会”人大议案和政协提案8件。提交区人大议案2件，区政协团体提案1件，委员提案7件。

【信息报送】 2019年，民进湖里基层委报送65篇信息，被全国政协采用3篇，民进中央采用6篇，福建省政协采用12篇。其中，杨喜爱撰写的信息《完善我省排污权交易政策体系建设》得到省领导批示。朱敬恩撰写的《关于打造闽西南—金门生态旅游圈的建议》获得省政协主要领导的批示，胡小进撰写的《关于把握新契机扩大厦门邮轮入境的建议》得到厦门市市长庄稼汉和原副市长韩景义的批示，杨喜爱撰写的《关于持续推进我市水环境综合整治的建议》得到厦门市委常委、统战部部长张毅恭的批示。

【社会服务】 2019年，民进湖里基层委组织5个支部与江头街道5个社区结对子，签订社区治理责任书，根据每个社区的任务和需求，与支部优势和特色相结合，开展社区治理帮扶行动。科技支部继续与江头街道吕岭社区结对子，开展“凤凰绿萌助学行动”，帮助16名大学生减轻入学经济负担。发动会员们捐献4万多元帮助民进患病会员江峰，减轻家庭经济压力。教育支部罗家永参与民进市委组织的对接帮扶贵州省金沙县的“同心彩虹行动”和民进省委的“同心助推政和金秋助学”活动，开展户外心理拓展。

（杨喜爱）

中国农工民主党湖里区基层委员会

【概况】 2019年3月，中国农工民主党湖里区基层委员会（以下简称农工党湖里基层委）将环境资源支部调入，12月将口腔医院支部调出，截至年底，农工党湖里基层委有儿童医院支部、综合支部、教科支部、双十中学支部、二中支部、六中支部、中医院支部、卫生计生支部、环境资源支部9个支部；有基层委委员14名，主任委员1人，副主任委员5人，组织委员2人，宣传委员2人，委员4人；有党员250名，其中，男党员有116名，女党员有134名；拥有高级职称117人、中级职称87人，医疗卫生界党员110人，全体成员平均年龄55.55岁；党员中有十五届厦门市人大常委1人；十五届厦门市政协委员1人；八届湖里区人大代表3人；八届湖里区政协常委1人；八届湖里区政协委员9人。农工党湖里基层委围绕"创星级支部"开展各类组织活动，发展新党员11人，农工党湖里基层委和各个支部开展组织活动62次，撰写各类调研课题11篇，报送各类意见信息120篇。3月26日，农工党厦门市委授予儿童医院支部、综合支部、二中支部"五星级支部"称号；授予双十中学支部、中医院支部、环境资源支部"四星级支部"称号；授予六中支部、卫生计生支部"三星级支部"称号。

【参政议政】 2019年，农工党湖里基层委和9个支部围绕湖里区委、区政府的重点工作，承接并开展多个课题调研项目，继续与江头街道共建，联合议政调研的课题《湖里区校园餐食安全科学监管体系的问题和对策调研》转化为区八届四次政协提案；2个课题入选湖里区政协《2019年度湖里区优秀调研课题报告》；4个课题转化为区八届四次政协提案。1个课题转化为市十五届四次政协提案。

【培训学习】 2019年，农工党湖里基层委组织2次集中培训学习，参加学习的基层委主委、支委委员以及骨干党员100多人。5月25—26日，在仙岳书院举办2019年提高党员参政议政能力培训，培训班邀请中共湖里区委常委、湖里区委统战部部长陈岚系统阐述习近平中国特色社会主义新时代统战工作的指导思想，邀请农工党厦门市委宣调处副处长杨军讲授《立足本职　心怀天下　做好参政议政工作》，邀请农工党厦门市委文化艺术专委会委员、画家杜江洪讲授《美术欣赏》。11月9日，在仙岳书院举办"不忘合作初心，继续携手前进"主题教育活动推进会暨廉洁风险预警提示活动培训班，农工党厦门市委组织处副处长王复光部署《农工党厦门市委廉洁风险预警提示活动实施方案》，培训班邀请湖里区巡察办二级调研员杜军做《从巡察角度看预防职务犯罪》讲座，副主委黄格成传达《中共中央关于加强中国特色社会主义参政党建设的意见》《民主党派代表人士队伍建设规划（2018—2027年）》以及《各民主党派中央关于新时代组织发展座谈会纪要》等文件精神。

2019年5月25—26日，农工党湖里基层委在仙岳书院举办提高党员参政议政能力培训（农工党湖里基层委　供图）

【建立非公党建红色之旅学习体验中心】 2019年，教科支部与漳州台商工业区非公党委合作，在角美建立非公党建红色之旅学习体验中心，即鲸彩红色文化体验中心。在体验中心建立各地扶贫产品的集中展示销售中心，将党建文化活动与扶贫助农活动创新式联合。中心被授予非公党建教育培训基地全省示范点。

【反映社情民意】 2019年，农工党湖里基层委收集撰写提交社情民意信息120篇。其中，1篇被全国政协采用，1篇被农工党中央、全国政协采用；有3篇被农工党福建省委会采用；有37篇被农工党厦门市委采用；农工党湖里基层委人大

2019 年端午节期间，农工党湖里基层委和农工党湖里区综合支部开展“粽情粽意 端午节慰问”活动 （农工党湖里基层委 供图）

代表向湖里区八届人大四次会议提交 3 条人大代表建议。

【社会服务】 2019 年，农工党湖里区基层委继续开展“粽情粽意 端午节慰问”活动，每两个月给残疾人提供 1 次就业援助。开展“送医送药”义诊为民等服务，全年累计义诊 29 次，足迹遍布湖里区各社区、霞浦、晋江东石镇清透村、龙岩老区，受惠群众 600 多人；中医院支部张建新等党员，还分别到厦门双十中学初中部、厦门十中为初中生开办“青少年脊柱侧弯的防治”讲座；二中支部老师王健到西藏昌都支教；厦门六中支部裴涛、李锋、林晓华 3 位党员到甘肃省临夏市开课交流；湖里综合支部党员李玉柱资助新疆地区 4 名集美大学学生完成四年学业；卫计支部、儿童医院支部参与市委会组织的大方县扶贫购买猕猴桃活动。教科支部主委周湘斌和省级贫困县浦城县建立长期的商业合作关系，采取基地 + 贫困户 + 合作社 + 公司的模式，实现厦门与浦城的产销对接，将浦城优质的农产品大米、薏米、桂花蜜、灵芝等引入城市市场。

中国致公党厦门市委员会湖里总支部

【概况】 2019 年，中国致公党厦门市委员会湖里区总支部（以下简称致公党湖里总支）下设 3 个支部，截至年底有党员 84 人。其中：市政协委员 2 人、区人大代表 2 人（其中常委 1 人）、区政协委员 5 人（其中常委 1 人）。全年总支部开展 2 次活动，3 个支部开展活动均在 10 次以上。

【参政议政】 2019 年，致公党湖里总支的区级人大代表和政协委员，在“两会”期间积极建言献策，参政议政，提交提案 8 个，人大代表建议 2 个。其中，《关于打造高殿社区双创小镇的建议（颜伟民执笔）》和《关于我区城市外立面改造长效机制的建议（钟寅翔执笔）》被湖里区政协第八届三次会议评为优秀提案。《关于尽快解决小区管理中盲点的几条建议》，被区小区办、区建设局、区城市执法局等承办单位接受，拆除江头菜市场 39 个违建摊位，疏通江头菜市场综合楼的消防通道。全年完成市、区两级调研课题 12 篇。其中 9 篇市委会调研课题、3 篇区级调研课题。

【反映社情民意及信息报送】 2019 年，关琰珠报送的信息被采用 28 条，其中，全国政协采用 1 条，致公党中央采用 1 条；致公党福建省委《情况反映》采用 5 条次，中国侨联及福建省侨联采用 8 条次，厦门市政协采用 3 条，致公党厦门市委采用 10 条。黄霓裳提交 6 条社情民意信息，其中“建议对南安金淘黄奕住故居实行抢救性维修”被厦门市侨联作为侨情专报件。钟寅翔撰写社情民意 6 篇，均被市委会、市政协采用，其中《关于规范用于教学的 VR/AR 技术的建议》被全国政协办公厅《每日社情》采用。

（孙 怡）

九三学社湖里区基层委员会

【概况】 2019 年，九三学社湖里区基层委员会（以下简称“九三学社湖里基层委”）有 11 个支社，309 名社员。其中，新成立 1 个支社复旦大学附属中山医院厦门医院支社，发展新社员 14 人。社员主要分布在科技、教育、医卫界别。社员中有区人大代表 5 人（区人大常委 1 名），市人大代表 1 人；区政协委员 15 人（常委 2 名），市政协

2019 年 12 月 25—27 日，九三学社湖里区政协委员参加政协第八届湖里区委员会第三次会议　（九三学社湖里区委　供图）

委员 1 人。

【参政议政】 2019 年，九三学社湖里基层委人大代表、政协委员围绕湖里区建设高素质、高颜值的现代化中心城区目标，密切关注城区建设管理、民生保障改善、科技创新发展、社区环境提升等热点、难点问题，参加各项考察和调研，为湖里区的经济社会发展出谋献策，完成区政协和区统战部的 3 个调研课题，提交 30 件提案。其中，界别提案《关于建设湖里区智慧审计平台的建议》被列入重点提案，并与《关于五缘湾水体综合整治的建议》、《关于做好我区地铁交通衔接工作的建议》同时被评为优秀提案。7 月 17 日，九三学社湖里区委界别组织考察湖里区地铁车站建设及运营情况，区政协委员和社员代表实地考察 3 号线双十中学站建设现场，乘坐 1 号线，参观了乌石浦站和 1、3 号线换乘站火炬园站。10 月 31 日下午，区委会组织政协委员和社员考察市政综合管廊建设情况。

【信息工作】 2019 年，九三学社湖里基层委向九三学社市委报送信息 94 篇，其中 15 篇被各级相关部门采用。3 月 30 日，九三学社湖里区委举办 2019 年第一次参政议政沙龙，信息骨干就如何做好课题调研工作和撰写社情民意信息分享经验。3 篇信息被社中央采用，5 篇报社市委。

【社会服务】 2019 年，亚热带植物研究所支社先后有 6 人前往甘肃临夏回族自治州、宁夏回族自治区彭阳县参加科技扶贫工作。5 月 11 日下午，厦门信息学校支社 3 人在金安社区中心广场参加 2019 年全国职业教育活动周“技术技能服务进社区”活动，为社区居民提供电脑硬件组装与维修、动漫制作、现场机器人仿真表演、轨道交通安全常识宣传、新能源汽车介绍、物联网知识问答、3D 打印现场展示等服务。5 月 24 日下午，九三学社医卫支社在厦港街道下沃社区举办专题讲座及健康义诊活动。中医院支社到聚龙小镇义诊。为厦门市对口支援学校宁夏泾源高级中学捐书。

【“同心”科技服务】 2019 年 8 月 1 日，九三学社厦门市委志愿者服务团水产养殖专家组，前往位于厦门市海沧区鳌冠社区的“同心·科技服务基地（水产）”，指导在基地实习的国家援外培训项目“2019 年发展中国家海水养殖与水产品加工、流通贸易技术培训班”学员，

2019 年 8 月 1 日，水产研究所支社专家前往位于厦门市海沧区鳌冠社区的“同心·科技服务基地（水产）”，指导援外项目学员　（九三学社湖里区委　供图）

开展水产养殖技术服务活动。培训班21位学员来自老挝、孟加拉国、缅甸、泰国、埃及、利比亚等国家。专家组现场指导学员南美白对虾生态育苗的关键技术，回答学员们提出的问题，与各国学员进行交流。

（郑国防）

台湾民主自治同盟湖里支部

【概况】2019年，台湾民主自治同盟湖里支部（以下简称台盟湖里支部）下设3个支部，有盟员62人。其中，高级职称9人，中级职称13人；担任区人大代表1人，区政协委员5人。

【参政议政】2019年，台盟湖里支部全年完成2篇调研报告，报送4篇信息。人大代表、政协委员参加湖里区政协、人大第三次会议，履行参政职能。提交《关于湖里区旧村改造工作的建议》和《关于推进厦门惠台新政策落地的几点建议》等提案。

2019年5月17日，台盟湖里支部在金尚社区组织心脑血管预防讲座

（李丽莎　供图）

【民主监督】2019年，湖里台盟支部有特约监督员2人，分任湖里区特约审计员及区财政局特约监督员。在上级纪检监察部门的领导下，配合开展工作，履行应尽职责，做好民主监督工作。

【社会服务】2019年5月17日上午，台盟湖里支部开展进社区活动，邀请专家为金尚社区居民进行科普讲座。11月7日下午，特邀福建省针灸学会常务理事灸法分会主任委员、市中医院针灸主任医生邱东升为吕厝社区居民做《话说养生——穴位保健》的健康讲座。

（吴维超）

人民团体

湖里区总工会

【概况】 2019年，湖里区总工会在凝聚职工听党话跟党走，加强产业工人队伍建设，维护职工合法权益，服务职工群众，夯实工会基层基础等方面开展工作。年内，新增工会733家，发展新会员6875人。截至年底，湖里区有独立组建工会2483家，百人以上工会180家，覆盖小微企业20693家，有职工238946人，会员196808人。

【专题培训班】 2019年，湖里区总工会举办为期3天的工会干部学习贯彻中共十九大精神和工会十七大精神培训班。厦门市总工会领导围绕基层工会组织建设如何“升级打怪”，从“达标”到“创优”，实现规范化建设等方面进行讲解；中共厦门市委党校党建部教授牛君以《三十讲》为分析视角，解读习近平新时代中国特色社会主义思想；湖里区职工摄影协会会长陈伟凯分享8位工匠的故事，以实际案例让学员感受工匠精神；科技谷有限公司研发部经理、福建省劳模吴炎泉分享科技创新的工匠精神；创新园共享职工之家驻点律师何玲重点解读工会干部如何落实劳动法律监督；厦门市总基层工作部张聪解读非公企业工会主席履职补贴政策。

【基层工会组织建设】 2019年，湖里区新组建工会733家，其中单独组建108家，联合会覆盖建会625家；发展会员6875人，其中农民工会员2414人；所属基层工会完成换届审批178家，变更工会主席审批51家。审核工会关系调整交接，新增转出40家。审核办理工会年检268家。基层工会新增会员信息采集201家，单位办理工会卡9035人，截至年底，湖里区累计办理工会卡183341张。5月26日，五缘湾天虹商场工会联合会成立，有1000多名天虹商场信息员集体加入工会。

【产业工人队伍建设】 2019年，湖里区总工会推动企业创先争优，2家公司获福建省工人先锋号。相关部门与工会联合开展“名师带高徒”活动。在原有服装行业和飞机维修行业基础上，新增汽车维修行业和建筑行业，开展“名师带高徒”活动。湖里区总工会与区建设局联合开展建筑行业电工、测量员技能竞赛，辖区55家建安企业，110名电工参加理论考试及现场操作。在第28个全国消防日，湖里区总工会在厦门火炬荟智空间举行第二十五届职工技术比赛消防技能竞赛。发动基层参加“五小”（小发明、小制造、小革新、小设计、小建议）创新活动，有8家企业申报30个项目。

【维护职工合法权益】 2019年，湖里区总工会落实工会主席信访接待日制度，把信访工作列入重要工作日程和工作规划，将信访工作与工会工作同部署、同安排。购买福建厦信律师事务所律师团队的法律服务，在创新园区设立法律服务站，全年提供104场互联网咨询，解答全区职工、企业有关法律问题的微信、电话、邮件等178件。开展5场“尊法守法·携手筑梦”服务农民工公益法律服务集中行动，引导农民工以理性合法的方式维护自身合法权益，促进劳动关系和谐稳定。加大微信公众号、网站等线上和线下法治宣传力度，在微信公众号刊登10篇普法宣传。通过购买服务的形式，在街道、工业园区开展法律公益讲座。进企业、进社区、进学校开展禁毒普法知识宣传9场，在火炬园、乐群广场等开展法治宣传活动4场，发放《职工劳动保护知识普及手册》《规范企业规章制度及劳动争议仲裁典型案例汇编》等1000余本。组织“平安湖里”法律知识竞答活动。湖里区继续采用“工会＋法院”的工作模式，维护职工合法权益。创新园公共法律服务工作站提供法律咨询、纠纷调解、公证服务、法律援助、民（商）事审判、劳动仲裁等法律服务。年内，湖里区总工会参与调解劳动争议、劳务合同案件15起，涉及职工348人673万元。

2019年4月20日，湖里区总工会在后浦社区“共享职工之家”授牌仪式上为顺丰快递员等“八大员”赠送礼包　（湖里区总工会　供图）

【安全生产监督】 2019年，湖里区工会专干深入一线做好“安全生产月”宣传教育活动，逐家走访企业工会，开展安全生产方面的检查，推动企业落实安全生产主体责任，提高安全生产水平，预防和减少各类事故特别是重特大生产安全事故发生。区总工会参与安全生产事故调查处理，发动450家企业参加“安康杯”竞赛，提升职工的安全生产意识、知识技能、防范水平、应急处置能力。以“夏送清凉”系列活动、“安全生产月”等为契机，走访鼎台旅游运动用品（厦门）有限公司、厦门立起鞋业有限公司等25家企业，开出工会职业病防治“三查一看”现场检查记录25份，督促企业落实整改。

【集体协商和集体合同】 2019年，湖里区完善工资协商、集体合同等与职工切身利益息息相关的维权手段，开展工资集体协商要约行动。把职工工资支付情况、劳动保护状况、社会保险缴纳情况等纳入工资集体协商和集体合同的内容，保障职工的合法权益不受侵害。在开展工资集体协商要约行动中，覆盖企业561家职工45796人。其中，百人以上企业101家，覆盖职工24674人，区域性要约4家，覆盖企业273家，覆盖职工1886人。

【普惠服务】 2019年，湖里区组织开展春季人才招聘活动，127家企业报名参加，提供471个工作岗位，吸引1000余人应聘。为11810名外来职工平安返厦办理交通补贴，补助174.09万元。组织医务人员到企业为2000余名女职工免费筛查“两癌”；组织开展女职工周末学校活动，邀请市中医院专家万文涛举办中医养生讲座。全年为31895名职工交纳医疗互助金191万元。开展“夏送清凉”活动，慰问对象由原来的建筑、物流、环卫等高温企业和重点工程项目职工及困难人员扩展到旧村改造指挥部、交警、公安和文明城市创建工作人员，走访慰问237家单位，惠及职工37861人，发放慰问品近90万元。在乐群广场和创新园举办“心系职工、情暖会员”服务活动，线上送出1000张游泳票，线下活动开展赠送一元购大米、茶叶、清洁剂等，免费口腔检查、血糖测试、修眉、贴膜、法律咨询等志愿服务活动。以“共享阳光、快乐成长”为主题，开展“六一”国际儿童节慰问活动，走访慰问火炬小学、文心小学、天地小学300名外来员工子女，送出近10万元的慰问品和慰问金。区总工会分别在湖里街道后浦社区、徐厝社区、江头街道金尚社区、湖里创新园、中绿集团、翊达企业等6地开设13个班次的暑托班，吸引319名职工子女参与。暑托班设置学业辅导、外教英语、趣味科学、读书分享、球类、书法、乐器等课程。

【共享职工之家】 2019年，创新园“共享职工之家”在服务中不断完善，形成“1365”工作机制，为广大职工提供具有工会特点的普惠性、常态性、精准性服务。4月，厦门市总工会在厦门市职工服务中心举行“共享之家·益职追梦”服务活动，厦门市总工会领导为后浦、徐厝社区共享职工之家授牌，共享职工之家向社区延伸。区总工会在厦门航空商务广场和职工群众相对集中的“梧桐栖”园区推广建立“共享职工之家”。

【职工文化活动】 2019年1月11日至3月15日，区总工会举办第五届“回家的路”主题征文活动，收到征文作品115篇，评出一等奖10名，二等奖20名，三等奖35名，并在《厦门晚报》上刊登获奖作品。3月8日，湖里区总工会在湖里创意产业园组织开展以“新时代　新女性　新风尚”为主题的“三八”游园活动，来自辖区机关、企事业单位的500多名女职工参加该活动。4月27日，举办以“智动湖里 追梦同行”为主题的第五届职工运动会，包括智能足球趣味赛、羽毛球比赛、气排球比赛等系列活动，参加职工1130人。6月15日至8月31日，举办以“匠心筑梦”为主题的职工摄影大赛，收到122位作者1323幅作品，评选出120幅获奖作品，获奖作品在区政府大楼一楼和厦门市总工会的五一艺术展览馆展出。利用微信、网络宣传，打造“欢乐周末”职工素质提升工程，通过线上让职工随机抽奖方式，组织插花、烘焙、手链DIY、亲子趣味羽毛球等培训，近1000名职工参与。同月，在创新园开展“创享奇趣节”活动，把职工趣味运动和创意集市相结合，让广大职工在身心得到放松的同时，凝聚团队力量，宣传企业文化。9月12日，在湖里乐群广场举办2020年厦门职工春晚湖里区专场海选，来自辖区企业、学校、社区的12支代表队参加海选。9月28日，组织职工参加市总工会组织的庆祝新中国成立70周年歌咏比赛，选派的中绿公司合唱团获二等奖。

【共享学堂】 2019年，湖里区通过微信平台线上组织报名，线下开展职场提升类讲座、行业沙龙、读书分享会、技能提升等培训，全年组织各类培训20场。在创新园开展2场《以案说法——社保入税后的企业薪资结构重整计划》、1场《工会民主管理民主监督及劳动用工风险预防》培训讲座。10月下旬，在湖里区政府礼堂举办湖里区2019年基层工会经审干部培训，310人参加该培训。

（林舒婕）

小资料

“1365”工作机制：“1”是努力达到一个目标，呼应职工群众对美好生活的向往；“3”是整合工会服务平台、政策资讯平台、企业资源平台3个服务平台；“6”是建会服务、健康服务、生活服务、文体服务、维权服务、提升服务6项服务措施；“5”是党工共建保障、组织保障、队伍保障、经费保障、阵地保障5项服务保障。

共青团湖里区委员会

【概况】 2019年，共青团湖里区委员会（以下简称“湖里团区委”）下设基层团支部312个、团委19个、团总支15个，覆盖和联系团员4983名。全区有21名团员青年及8个单位获全国最美中学生、福建省向上向善好青年、福建青年五四奖章、厦门市红旗团委等国家、省、市荣誉。

【主题教育活动】 “五四”青年节前后，湖里团区委组织全区各基层团组织结合实际开展“青春心向党 建功新时代”纪念“五四”运动100周年活动100余场；5月4日，湖里团区委举办“追梦畅游湖里 奋斗正当青春”2019悦动湖里青春活力挑战赛，通过打卡湖里区特色景点、历史文化、工业文创等任务点，带领青年走进湖里、发现湖里、悦游湖里、融入湖里，挑战赛吸引160支队伍800名青年参加；结合新中国成立70周年，先后组织观看《古田军号》《我和我的祖国》红色电影，征集“翰墨寄初心，丹青绘使命”书画作品等活动；“不忘初心、牢记使命”主题教育期间，组织开展榜样青年说座谈、线上征集“我与榜样的故事”、“我和我的祖国”主题征文、参观海堤纪念馆等“风湖·青年说”系列活动。

【助力湖里区中心工作】 2019年，湖里团区委在各类评先评优中向征地拆迁等基层一线倾斜，推荐在旧村改造、“大城管”等工作中有突出贡献的6名工作人员及2家单位参评厦门市优秀青年、厦门市级“五四”奖章。举办“悦舞飞扬 绽放青春”东部旧村整村改造

2019年10月29日，湖里团区委在服务驿站举办“榜样·青年说”特色主题活动

（湖里团区委 供图）

指挥部青年突击队舒压活动，帮助队员舒缓压力，调整状态；通过青年干部能力训练营，围绕党性修养、区情了解、能力提升、服务大局、关爱干部等五个方面，打造青年干部学习“加油站”、交流“新平台”、成长“练兵场”。先后开展“加强党性修养　坚定理想信念”主题讲座、基础生命支持 BLS 培训、“点亮微心愿”、羽毛球交流等各类活动 10 余场，覆盖青年干部 189 人次。

【青少年服务】 2019 年，湖里区依托区青少年权益中心，引入专业社工为 7 所公办中学学生提供心理咨询、行为矫正等服务，累计服务个案 69 个，提供辅导 190 节次，服务时长 251.5 小时。针对就业创业青年，出台“青年人才支持计划”，并制定青年人才政策申报指南，吸引青年公益人才、青年新媒体人才、青年互联网经济人才到湖里区就业创业。区政府举办 2019 两岸青年创新创业邀请赛，吸引台湾优秀青年创业者到大陆就业创业。联合中公教育举办 2019 年公务员暨事业单位考试公益培训，为青年考生提供备考指导。“六一”儿童节期间，为外来务工人员子女举办“阅享童年”阅读活动，中秋节期间举办“情暖童心　悦享中秋”活动，授予高殿公益图书馆、安兜公益图书馆为“外来务工人员子女志愿服务行动示范基地”，与鸟巢阅读计划一起关爱外来务工人员子女成长。持续在霞光小学、育青小学等民办学校开展“情驻民工校 · 爱赋外来娃”支教项目，约有 60 名大学生志愿者开展支教 150 课时。暑假期间，举办外来务工人员子女夏令营，开展篮球、足球培训，丰富青少年暑期生活。

【团组织建设】 2019 年 3 月 22 日，湖里团区委召开第八次团代会，完成团区委换届，按照共青团改革要求，配备书记 1 名，挂职副书记 1 名，兼职副书记 1 名，选举产生 31 名来自党政部门、非公企业、青年社会组织、基层一线等领域的团区委委员。团区委直属 14 个团组织完成班子成员配备。5 个街道完成大团工委组建。在湖里区工业园区成立全区首个非公团工委，新建亿联科技团支部、壹壹时代文化创意有限公司团支部等一批非公团组织，扩大团组织的有效覆盖。

【“1+1+N”楼宇团建模式】 2019 年，湖里区探索“1+1+N”楼宇团建模式，即在每个楼宇党建示范点配备 1 名楼宇小助手、打造 1 个“青年之家”平台、开展 N 场服务青年活动。为 13 栋楼宇配备楼宇小助手，通过实地走访楼宇企业，全面掌握楼宇青年基本情况，通过与楼宇青年交朋友、谈心、座谈等方式，了解楼宇青年的所思、所想、所需，解决青年诉求。参与湖里区部（局）长会客厅、所长课堂等活动，解决楼宇青年实际困难。禾山街道团工委与冠寓党支部联合实施“热享青春伙伴计划”，将有共同特长、兴趣爱好的楼宇青年聚集起来，定期举办读书交友、资源交流等组团式活动，助力楼宇青年成长。以共建共享的理念，打造楼宇的“青年之家”平台，为楼宇青年提供联络、交流、服务阵地。为楼宇青年群体设计开展文化学习、休闲娱乐、公益服务等各具特色活动，提供政策宣讲、法律咨询、个人创业沙龙等线下服务。5 月，团区委联合殿前街道党工委在航空商务广场举办“殿宇楼阁　花前月下”主题联谊活动，吸引约 100 名楼宇单身青年参与。6 月，邀请科技谷信息技术有限公司首席执行官、团区委兼职副书记陈思恩走进楼宇“青年之家”，以大数据助力楼宇经济发展为主题进行专题宣讲。

【青少年身边的共青团】 2019 年，湖里共青团在小区、社区、街道、楼宇或其他青少年聚集区打造身边的共青团。截至年底，在新景龙郡小区、兴园社区、禾山街道、航空商务广场等青年聚集地打造 11 个“青平台”，并相应配备青年之家管理员，开展思想引领教育、权益保护、婚恋交友、心理健康、社会融入等方面活动 20 余场，覆盖团员青年 1000 多人次。组织开展“鹭岛新青年　追梦共前行”主题团日活动，组织美团外卖小哥参观厦门经济特区纪念馆并重温入团誓词，引导他们融入湖里发展建设；金安社区青年之家开展以“辉煌七十年，奋进新时代”为主题的剪纸 DIY 课程；禾山社区青年之家开展“我和我的祖国之继承传统手工艺折纸”主题教育活动。委托专业社工团队提供心理咨询、素质拓展等服务，开展“关爱快递从业青年服务月”活动，以文艺演出、在线咨询、倾听心声等方式慰问关爱快递小哥；组织大学生志愿者依托青草学堂阵地开设四点半课堂，活动包含作业辅导、知识科普、手工制作等。在乐群广场、航空商务广场等楼宇党建示范点选任楼宇小助手，组织开展青年联谊、座谈交流等活动。

【扶智行动】 2019 年，湖里区号召“青年干部训练营”成员参与扶智行动，带动全区机关干部参与捐书；建发房产商业公司结合“童心颂祖国，放飞七彩梦”暑期蜕变计划，开展募款捐书，爱心义卖等公益活动，50 个孩子、100 个家庭，大手牵小手加入“情暖人心　书送未来”捐书扶智活动的行列，捐赠

2019 年 5 月 4 日，湖里区举办 2019 悦动湖里青春活力挑战赛（团区委　供图）

图书 300 余本；国家进出口银行厦门分行、誉财投资集团等企业号召企业内部广大青年以捐书、心愿祝福等形式关爱贫困地区青少年。依托区青少年权益中心到甘肃省临夏州东乡县举办“超越极限，点亮梦想”扶智活动，为锁南中学初三年级、民族中学高三年级的近 1500 名学生进行户外素质拓展，帮助备战中高考的考生舒缓焦虑情绪、释放压力，调整心态从容备考，活动现场还收集 1000 份心愿书单；联合禾山青联体育协会开展浦城公益行活动，为乡镇学校提供特色体育课程，丰富学生的课余生活。线上募集图书 2508 本。在海峡设计文创园开展“情暖人心，书送未来”爱心义卖市集活动，文创爱心企业通过义卖手工花束、原创设计手作、文创胶带等商品，募集近 9000 元资金用于采购书籍，现场还收到爱心人士赠予图书 199 本。

【2019 悦动湖里青春活力挑战赛】 2019 年 5 月 4 日，湖里团区委举办 2019 悦动湖里青春活力挑战赛。围绕“青春领航、青春建功、青春活力”等主题篇章，以“追梦畅游湖里，奋斗正当青春”为口号，设有爱国、民主、进步、科学 4 条线路，每条线路囊括旅游景区、居住小区、商业综合体、趣味体验区、历史文化点、文创园区等 6 个标志性区域作为集卡点，全方位呈现湖里区的城市发展成果。由 5 人组成一队，通过步行或乘坐公共交通的方式穿梭于湖里区的大街小巷。近 800 名青年组成 100 多支参赛队伍。

（汤婷芳）

湖里区妇女联合会

【概况】 2019 年，湖里区有妇联组织 61 个。其中区级 1 个，街道 5 个，社区 55 个。有全国巾帼建功标兵 1 人，全国维护妇女儿童权益先进个人 1 人，福建省巾帼文明岗 5 个，市级优秀妇女工作先进集体 2 个，优秀妇女 3 人，妇女工作先进个人 1 人。

【庆祝中华人民共和国成立 70 周年系列活动】 2019 年，湖里区组织开展“倾情礼赞新中国　巾帼奋进新时代”巾帼健步行及“唱响我和我的祖国”微视频快闪活动。组织社区 53 个妇女之家开展“唱响祖国颂歌”系列活动，组织开展“巾帼颂歌迎华诞　社区文艺谱新篇”文艺晚会。推出庆祝中华人民共和国成立 70 周年“聆听巾帼故事，感悟‘她’风采”湖里特辑，展现湖里区 4 名市级优秀风采人物在改革开放的浪潮中建功立业的巾帼风采。

【对台交流】 2019 年，湖里区组织辖区优秀妇女干部、最美家庭、台胞家庭 60 人参加第十一届海峡论坛·海峡妇女论坛开幕式，“拉家常·共奋斗”共同分享两岸家庭故事，加深两岸同胞情感交融和民族、历史、文化认同。

2019 年 3 月 7 日，厦门市、湖里区领导，区、街、社区巾帼志愿者队伍，最美家庭代表在仙岳山公园文化广场拍摄“我和我的祖国”微视频　（厦门日报　供图）

【妇女儿童保障】 2019年，湖里区组织开展妇女公益技能培训6场，与区妇幼保健院联合举办3期“母婴护理师培训班”。协助市妇联为辖区21名创业女性提供小额信贷贴息贷款。推动扩大妇女“两癌”免费检查，实施贫困妇女“四癌”救助，全区有7名贫困妇女受到救助。春节和“六一”儿童节期间，慰问贫困妇女儿童472名，发放慰问金、慰问品28万元。建立困境儿童与“爱心妈妈”结对帮扶机制，吸引更多社会资源参与妇女儿童公益事业，有13位巾帼文明岗的爱心妈妈牵手湖里区困境儿童。

【弘扬好家风系列活动】 2019年，湖里区推选省市级最美家庭21户。举办“童心共话好家风 传承美德伴成长”家风家教亲子夏令营，全区5个街道250对亲子家庭参加夏令营。区妇联与区纪委联合举办“学家训 倡廉风 扬正气 颂盛世”等活动，全区100多名党员代表及家庭参加。组织湖里区妇联巾帼宣讲团深入企业、社区，进到家庭举办新时代家庭教育理念系列之智慧家庭、家教方式等公益讲座9场。

【婚姻家庭矛盾纠纷化解】 2019年，湖里区5个街道53个社区成立婚姻家庭矛盾纠纷调解工作室（点）65个，专职调解员21名，兼职调解员128名，每个婚姻家庭矛盾纠纷调解工作室（点）均配有律师或调解员，化解婚姻家庭矛盾纠纷，妇女维权阵地建设实现全覆盖。全年化解矛盾纠纷355件。

【社会基层治理】 2019年2月，湖里区组建“小区妇女娘家人”队伍，为小区妇女群众提供“零距离服务”，解决妇女群众需求35起，化解婚姻家庭矛盾纠纷20起。引导带动妇女参与社会基层治理。

【妇联组织组建】 2019年，湖里区在全面深化5个街道妇工委改妇联及53个社区妇联完成换届的区域化改革成果的基础上，加大在机关和事业单位、社会组织建立妇女委员会或妇女工作委员会的力度。区直机关党工委、区建设局党工委、区教育局党工委等完成妇委会新建或换届，吸收社区文化艺术协会为首家女性团体会员。

（许维维）

2019年10月19日，湖里区在惠和石文化园开展“学家训、倡廉风、扬正气、颂盛世”主题教育活动

（胡小宣 摄）

湖里区科技协会

【概况】 2019年，湖里区5个街道均建立科学技术协会（以下简称科协）组织，配备专（兼）职科协秘书长，55个社区成立科协分会，配有专人负责科普工作。各街道、社区根据自己资源优势，开展各类具有当地特色的科普活动。辖区有9个科普教育基地，有稳定的区、街道科普志愿者936人。年内，为10个已建成科普e站的社区统一配备1台福建科普智慧云互动大屏。截至年底，全区建成84个科普e站，其中60个社区e站，15个校园e站，9个中国科普e站，配套51个福建科普智慧云互动大屏，社区、学校e站、互动大屏数量占比居全市各区之首。全区5个街道55个社区已建成4所区级青少年科学工作室，23所市级社区青少年科学工作室，其中市级社区青少年科学工作室纳入省青少科技中心网上管理。湖里区科协全年安排科普专项经费248万元，街道科协安排195万元，人均4.3元。每年对各社区科普宣传栏拨付3000元经费用于更新内容以及修护保养，对各社区青少年科学工作室拨付0.75万元—1.75万元不等的经费用于日常运行，对各社区科普大学拨付0.8万元—1.5万元不等的经费用于教学活动，向各社区赠送科普图书、科普挂图，以及拨付专款用于支持部分科普教育基地开展科普活动。

【科普阵地建设】 截至2019年年底，湖里区形成怡景陶艺制作、东渡古船文化、兴隆亲子科学、金尚动漫制作、禾缘科学魔术等22个特色科普体验室，实现55个社区高标准10米以上科普宣传栏全覆盖，宣传栏每2个月更新1次，展

2019 年 9 月 12 日下午，湖里区在建发湾悦城广场举行湖里区“全国科普日”启动仪式暨街道科协全民科学素质知识竞赛活动　（湖里区科协　供图）

示内容涵盖防震减灾、食品安全、健康保健、生态环保、自然知识等。55 个社区均建有科普图书角（柜），实现社区全覆盖；建有 30 座科普电子画廊，占全区社区总数的 1/2 以上。与中国知网合作，建有湖里“科普网络书屋”，社区利用微博、微信、科普 e 站等社交媒体开展网络科普宣传。

【科普活动】 2019 年，湖里区、街道、社区三级科协投入 30 余万元，用于组织青少年科学工作室开展车模、陶艺、无线电测向等比赛。在（寒）暑假，组织学校、社区开展科普（冬）夏令营活动和青少年科学调查体验活动。各中小学组织学生到科技馆、科技类博物馆、科研院所、青少年科技中心、社区科普活动室参观学习。

【湖里区“全国科普日”启动仪式】 2019 年 9 月 12 日下午，湖里区在建发湾悦城广场举行湖里区“全国科普日”启动仪式暨街道科协全民科学素质知识竞赛活动。该活动由区全民科学素质纲要领导小组、区科协、禾山街道办事处主办，五缘湾北社区承办，区教育局、区工信局（区科技局）、区卫生健康局、区通讯报道组协办，指导单位为区委宣传部。

【社区青少年科学工作室竞赛】 2019 年，湖里区科协分别举办“翔鹭杯”青少年机器人火星登陆挑战赛、“禾山杯”青少年无线电测向大赛、“怡情杯”社区科普工作者陶艺创意体验赛、“怡景杯”青少年越野车模竞赛和“五缘湾北杯·船递梦想”南湖红船邀请赛 5 场社区青少年科学工作室竞赛。由 5 个街道组织社区进行培训、比赛，选出优胜者参与区级竞赛，场地从社区搬到学校、购物中心商场。

（黄琳姗）

湖里区归国华侨联合会

【概况】 2019 年，湖里区归国华侨联合会（以下简称湖里区侨联）走访慰问辖区内 104 户（人）归侨家庭，发放慰问金（品）5.98 万元，受理咨询涉侨房产、寻找海内外亲人等 7 件事务。

【侨界志愿服务】 2019 年，湖里区侨联组织“联心侨”志愿者为侨界和社区群众服务。63 名“联心侨”志愿者携手社区志愿者帮扶孤老归侨，开展涉侨法律法规及其他公益咨询服务、扶贫帮困、爱心助学等活动；在春节、助残日、“六一”儿童节、中秋节、重阳节等节日慰问困难归侨侨眷，全年慰问困难归侨侨眷 100 人（次），发放慰问金（物）5.98 万元。

【法治宣传进基层】 2019 年，湖里区侨联邀请侨界专家学者，开展普法宣讲进社区活动。针对中共十九大精神、宪法修正案、全国侨联十代会精神等政治热点，分别进行了以“迎接新时代，抓住新机遇，开启新征程”“学习《中华人民共和国宪法修正案》”“第十次全国侨代会精神及相关涉侨问题”为主题的宣讲。

【侨界举办或参与活动】 2019 年，湖里区侨联配合厦门市侨联举办“侨心向党、情系鹭岛”嘉庚精神专场音乐会；参加区委统战部“礼赞新中国，筑梦新时代”文艺会演，选送马来西亚名歌《传灯》参演；协助市侨联举办“创客中国”首届侨界中小企业创新创业大赛；承办以“侨与祖国共前行”为主题的第九届厦门市侨界健步行（湖里片区）活动，辖区近 700 名侨界群众及港澳同胞参加此活动；侨界群众参加厦门市侨界联欢节活动，开展观看侨界影像展、综合性文艺会演、与国旗同框合影、法律咨询、医疗义诊等活动。

【侨胞之家建设及争优创新】 2019 年，湖里区以“侨胞之家”创建为核心，在完善侨情普查材料和活动场所建设的基础上，探索基层侨联组织建设的工作新模式。10 月，金安社区侨联获福建省侨联“侨胞之家”授牌；12 月，康乐社区侨联被福建省侨联授予“侨胞之家示范点”称号。鼓励辖区内侨界群众争优创先，参与市侨联第三届“最美侨界家庭”评选，湖里区有3位侨界人士获厦门市侨联表彰。

【参政议政】 2019年，湖里区侨联发动和鼓励基层侨联申报调研课题，反映侨情民意，建言献策。是年，基层侨联向市侨联和区政协提交《采用旧有建筑加层方式改造老旧小区空间环境》《关于加强街道侨联组织建设的调研与思考》《新形势下发挥新侨作用的思考与建议》等4篇调研文章。

（蔡慧雯）

2019年8月15日，湖里区召开促进民营经济健康发展第二次恳谈会

（湖里工商联　供图）

湖里区工商业联合会

【概况】 2019年，湖里区工商业联合会（以下简称湖里工商联）创新开展促进民营经济健康发展系列活动。下半年，代表厦门市在福建省工商联十一届四次常委会议暨组织工作会议上做《重视自身组织建设　努力提高服务水平》典型发言。迎接宁夏回族自治区工商联互学互促小组到湖里区开展全国“五好”县级工商联检查指导工作。

【民营企业纠纷诉调对接协议签约仪式】 2019年2月2日下午，湖里区涉民营企业纠纷诉调对接协议签约仪式在湖里法院举行。根据协议，湖里法院、湖里工商联建立起常态化沟通机制，并聘请特邀调解员，灵活运用诉讼和非诉讼相互配合、相互衔接的方式，共同探索创新“诉源治理”有效模式，妥善化解各类涉民营企业纠纷，为企业家创新创业营造良好的法治环境。会后，湖里法院院长高碧青为特邀调解员颁发聘书。

【促进民营经济健康发展恳谈会】 2019年5月13日，湖里区召开促进民营经济健康发展恳谈会。区民营经济工作领导小组成员单位及辖区部分企业代表参加会议。会上，区民营经济工作领导小组成员单位专题汇报各自落实厦门市委、厦门市政府“30条”惠企政策及任务分工情况。来自两岸股权交易中心、台青创客家、云创智谷青创时代等的台商、台青代表们就中央、省、市各级惠台政策在本区的落实情况及存在问题交流看法。区教育局、区财政局、区工信局、区委台港澳办及辖区各街道等单位有关人员听取台商的意见建议并现场予以解答。8月15日，湖里区召开第二次促进民营经济健康发展恳谈会。会上，湖里区政府区长通报2019上半年湖里区经济社会发展情况，企业家代表们结合各自企业情况，就企业发展及湖里区发展情况畅所欲言、建言献策。区发改局、区工信局、区教育局、区财政局、区商务局、区工商联（区民营办）、区税务局等单位代表及辖区重点民营企业家代表等出席恳谈会。

【百万消费扶贫】 2019年9月3日，湖里工商联（商会）六届四次常委、监事会议举行。会议审议通过湖里区工商联（商会）关于设立消费扶贫项目事宜。湖里工商联从第六届商会会费中提取100万元专项资金，购买临夏州贫困地区的农副产品，进行专项消费扶贫。湖里工商联、厦门市绿百合食品有限公司、中国农业银行股份有限公司厦门湖里支行签订光彩项目合作协议。湖里工商联委托厦门市绿百合食品有限公司购买并销售临夏州贫困地区的农副产品，弘扬企业家精神，落实攻坚扶贫任务。

【宁夏回族自治区工商联互学互促小组到湖里区检查指导工作】 2019年9月26日，宁夏回族自治区工商联互学互促小组到湖里区开展全国“五好”县级工商联检查指导工作。互学互促小组对照福建省工商联2018年制定的“五好”县级工商联建设实施方案确定的工作目标、工作要求和工作进度，检查湖里区工商联“五好”建设工作完成情况；对照全国工商联“五好”县级工商联确认标准和省工商联制定的“五好”县级工商联建设量化标准和评价考核细则进行实地调研。湖里区委统战部部务会成员、工商联党组书记胡金藤作工作汇报。随后，互学互促小组到禾山街道商会参访并听取相关工作汇报。

（林　澜）

湖里区红十字会

【概况】 2019 年，湖里区组织开展初级急救员持证培训 6 场，区级应急救护普及培训 106 场，养老照护应急救护培训 52 场，水上安全教育 34 场。开展“博爱送万家”活动，向困难群众发放困难救助金 5 万元，慰问物资 100 份，慰问款物总价约 6.03 万元；发放定向捐助慰问金 26 人次 3.7 万元；救助本区患大病群众 12 人，救助金额 3.15 万元，帮助符合条件的外来务工人员申请市级大病救助 5 人次，救助金额 1.5 万元。全年捐赠收入 3.84 万元。登记遗体捐献志愿者 1 名，器官捐献志愿者 1 名，遗体和器官捐献志愿者 8 名。新成立 2 个社区红十字会（翔鹭社区、嘉福社区），挂牌成立 1 个湖里区红十字生命教育体验馆（金安小学）。开展各类宣传活动 200 余场次，发放各类宣传册、宣传折页 2 万余份，发送红十字宣传短信 8 期。为各基层红十字组织及志愿服务队配备常见药 60 套，在村里社区试点“家有红十字爱心小药箱”健康项目，配发小药箱 28 套。

【爱心相伴　“救”在身边主题宣传】 2019 年 5 月 7 日下午，湖里区红十字会以“爱心相伴　‘救’在身边”为主题的宣传活动在村里社区永辉超市前广场举行。全区各级红十字会工作者和志愿者、相关单位人员及现场群众约 300 人参加活动。通过文艺会演、心肺复苏互动教学、健康义诊、爱心义卖、发放宣传材料等多种形式普及应急救护知识。相关医疗单位在周边设点义诊，为现场群众提供免费测量血压、测血糖等服务，并普及公共卫生知识。

【红十字生命教育体验馆揭牌】 2019 年 5 月 14 日上午，湖里区首个红十字生命教育体验馆在金安小学揭牌开馆。区红十字生命教育体验馆建设总面积 200 平方米，由听课区、红十字应急救护知识体验区、安全情景教育体验区、交通安全游戏体验区、自助体验区、3D 警示教育区六部分组成。

【驾驶员应急救护培训】 2019 年每周三，湖里区红十字会在车管所枋湖服务站开展针对驾驶员的应急救护常态化培训。该项培训将应急救护培训与交通安全知识相结合，讲解和演示创伤救护、心肺复苏、突发事件应对与现场处置等内容。

【养老介护应急救护培训】 2019 年 5 月 9 日至 8 月 15 日，湖里区举办覆盖全区 5 个街道 52 个社区的养老介护应急救护培训讲座，4000 多人接受培训。该培训主要围绕保健操系列之手指操、中医九种体质的辨证及食养建议、老年人应急救护常识三个主题开展。在培训现场发放《护老家庭应急救护指南》宣传手册。

【“家有红十字爱心小药箱”健康项目试点】 2019 年 11 月 11 日起，湖里区红十字会在村里社区开展“家有红十字爱心小药箱”健康项目试点，入户配发红十字爱心小药箱 28 套，价值 4216.8 元。该健康项目主要服务对象为社区 60 周岁以上有用药需求的困难、高龄老人和有潜在健康风险的老年人以及缺乏健康知识的重点家庭。

（冯亚楠）

2019 年 5 月 14 日，湖里区红十字生命教育体验馆在金安小学举行揭牌仪式

（李汪洋　摄）

城建　环保

城市建设

【概况】 2019年，湖里区实施“岛内大提升”，推进城区环境综合整治、建筑行业监督管理、民生基础设施补短板等工作。1—12月，辖区建安企业完成建筑业总产值703.43亿元，比上年增长32.3%。引进2家一级企业，全年新增产值60亿元。排查房屋24646栋，完成D级危房整治251栋；推进西部旧村整村更新提升，6个试点社区签约54栋，总建筑面积6.38万平方米；提升改造完成50栋，总建筑面积约3.67万平方米，可提供出租房1543间。完成厦门北站至厦门站铁路沿线（湖里片区）环境综合整治，整治房屋立面4.5万平方米，拆除违建579平方米，绿化美化1.3万平方米；完成嘉福花园一期立面改造提升项目，建设改造建筑立面4万平方米；推动健康步道沿线建筑立面改造提升工作。实施4个老旧小区改造项目，总投资约1200万元；推进美仑花园一期等10个在建安置房项目建设，完成投资约20.62亿元，其中东宅安置房、金林湾花园B区1—03地块安置房等3个项目完成投资5.95亿元；完工14个停车场项目，新增车位3207个。承接消防审批及验收工作，出台《特许改造项目质量安全消防服务工作操作实施方案（试行）》，扶持企业发展。制定《湖里区住宅小区物业服务日常监督检查实施方案》，实施物业服务日常监督检查机制。厦门英蓝项目“智造黑科技”技术观摩、高林学校消防应急处置演练及东宅安置房项目在扬尘防治方面取得的成效被多家媒体宣传报道。

【安置房建设与管理】 2019年，湖里区统筹推进市政府下达的东部旧村整村改造6个片区13个安置房项目以及浦东花园、金禾苑安置房项目的前期工作，总用地面积约27.76万平方米，总投资约75.5亿元。美仑花园一期、金林湾花园B区、东宅安置房、枋湖安置房等10个安置房项目为全区提供安置房房源约1.01万套，项目总投资约69.5亿元，年内完成投资约20.62亿元。接管市级房源上湖洪塘安置房1400套，回购市级房源金林湾A区安置房1424套作为区级房源。完成忠仑公园安置房整体项目实物资产移交，并签订安置房整体项目资产移交协议书，接收894套作为区级房源。推进上湖洪塘、忠仑公园、钟宅新家园A区安置房3个安置房改造提升工作。其中，上湖洪塘及钟宅新家园A区安置房已开工建设。完成上湖洪塘安置房及金林湾花园安置房A区2824套房源初始产权办理。

【公共停车设施建设】 2019年，湖里区将全区存量停车资源和拟建停车设施项目打包，整合成全区停车设施建设大项目包；推进34个公共停车设施项目，规划停车位约8500个，截至年底完成14个项目，新增车位3207个；策划金尚小区地下停车库试点项目，推动老旧小区业主利用居住区用地自筹资金建设停车设施。

【建筑行业发展】 2019年，湖里辖区内263家建安企业完成建筑业总产值703.43亿元，比上年增长32.3%。湖里区加大对辖区建筑企业的扶持力度，鼓励本地企业做大做强，到市外、省外承揽业务；是年，房地产业销售面积完成30.16万平方米，超过年度指标的63%；引进3家施工总承包一级企业。

【小区治理和物业管理】 2019年，湖里区出台《关于湖里区加强住宅小区消防设施设备管理维护的通知》《文明创建中小区物业管理若干意见》《湖里区住宅小区公共收益管理指导意见（征求意见稿）》《湖

2019 年 9 月 25 日，湖里区委书记林建（前排右二）带队到金尚小区调研地下停车库项目（江媛 摄）

里区住宅小区物业选聘指导意见（征求意见稿）》等小区建设配套文件，夯实小区建设基础；启动《湖里区物业管理暂行办法》的修改工作，制定《湖里区住宅小区物业服务日常监督检查实施方案》，实施物业服务日常监督检查机制，促进小区综合治理再升级。全年开展住宅小区物业服务日常监督检查 374 次，实现半年一轮全覆盖检查，发出整改通知书 374 份。其中，湖里街道 84 份，殿前街道 19 份，江头街道 118 份，禾山街道 68 份，金山街道 85 份；做好省物业信用平台审核录入工作，录入良好信用 81 条，不良信用 17 条。其中，记录良好信用企业 55 家，不良信用企业 13 家。

【行政审批“放管服”改革】 2019 年，湖里区建设局受理行政许可及公共服务事项 488 件，其中网上受理“一趟不用跑”事项 366 件。推行容缺预审制度，“一趟不用跑”事项 11 个，占比提升至 44%。“最多跑一趟”事项 14 个，占比提升至 56%；推行多图联审，湖里区制定《政府购买审查服务实施办法》；完成 21 梯既有住宅增设电梯财政补贴资金 464.5 万元；《湖里区促进建筑业发展实施办法》延长至 2019 年 12 月 31 日，服务辖区企业，助力企业发展；出台《特许改造项目质量安全消防服务工作操作实施方案（试行）》。

【消防审查验收】 2019 年 7 月 1 日消防验收职责衔接后，湖里区接收区消防大队移交的档案资料 77 个，其中消防验收（备案抽查）项目 30 个，消防设计审核项目 47 个；出台《特许改造项目质量安全消防服务工作操作实施方案（试行）》，监督辖区内“特区 · 1980”、金鹰学校等一批特许改造项目。

【商办类违法违规房地产项目整治】 2019 年，湖里区开展商办类违法违规房地产项目整治及维稳专项工作。成立商办类违法违规房地产项目整治及维稳专项领导小组及“一办三组”，明确各成员单位职责。全年排查出 34 个商办类及“小产权房”违法违规房地产项目，建筑面积约 165 万平方米。其中金汇花园、碧湖嘉园、鼎泰和国际金融中心 3 个中风险项目均明确区领导包案责任；分类处置其余摸排出的涉稳房地产项目。

【房屋安全隐患排查整治专项行动】 2019 年，湖里区开展房屋安全隐患排查整治专项行动。排查房屋 25173 栋，录入房屋信息 24646 栋。其中，录入殿前街道 5107 栋、江头街道 2823 栋、湖里街道 2720 栋、禾山街道 7268 栋、金山街道 6728 栋，建立房屋档案，鉴定 C 级危房 272 栋，鉴定 D 级危房 251

2019 年，湖里区治理明园花园挡土墙坍塌地质灾害点（吴奕明 摄）

栋，按照“四个一律”（一律封房、一律清人、一律拉警戒线、一律拆除）进行整治。

【地质灾害点治理】 2019年，湖里区新增明园花园挡土墙坍塌项目和南山路100号南侧边坡隐患治理工程2个地质灾害项目，其中，明园花园挡土墙坍塌项目完成治理；湖里区全年完成南山新村南侧边坡地质灾害治理工程等5个地质灾害项目结算工作，下达地质灾害预算100万元，拨付工程款约96.6万元。

【建筑质量及安全生产管理】 2019年，湖里区监管工程项目70个，总建筑面积280.34万平方米，造价76.36亿元。其中，新开工项目13个，总建筑面积32.02万平方米，造价12.71亿元；竣工验收项目28个（含改造提升及加装电梯项目）。开展质量安全生产检查244次，出动检查人员1098余人次，督促整改质量安全隐患776处，10家单位记入信用监管行为P类；指导辖区内湖里老旧厂房改造、学校装修改造等项目质量安全和消防施工工作；开展“安全月”“质量月”“消防月”系列活动17场，3300人次参与；针对上半年发生在辖区内不属区监管项目的2起建筑施工安全生产事故，剖析事故原因，吸取事故教训。

【老旧小区改造提升】 2019年，湖里区实施港务金鼎小区（含华阳阁小区）、金鼎双狮山小区三期、东辉小区二期、上苑小区4个老旧小区改造提升，涉及建筑面积16.14万平方米、46幢房屋、1281户，总投资1189.6万元。主要针对市政配套设施、小区环境及配套设施、建筑物本体等部位进行改造提升。是年，完成金鼎双狮山小区三期、东辉小区二期改造任务。

【健康步道沿线建筑立面改造提升】 2019年，湖里区健康步道沿线建筑立面改造提升工作由湖里街道、江头街道、禾山街道、金山街道具体组织实施。涉及4个街道15处（含滨海步道）建筑物（群）。其中，湖里街道8处、江头街道4处、禾山街道3处，健康步道沿线整治提升项目年内开工。

（辜丹红）

厦门市湖里区国有资产投资集团有限公司

【概况】 2019年，厦门市湖里区国有资产投资集团有限公司（以下简称湖里国投集团）下设9个职能部门，下属一级全资及控股子公司11家，二级子公司4家，三级子公司1家，对外参股公司9家；在岗职工4036人，其中，集团本部80人，下属各子公司3956人。是年，湖里国投集团完成湖里区下达的征地拆迁、新发展用地建设、公建配套工程建设、产业园区改造提升、城区环境改造提升、资产运营管理等任务；深化国有企业改革，推进市场化，实现国有资产的保值增值。全年完成投资20.55亿元，实现营业收入4.68亿元，利润总额0.49亿元，纳税1.1亿元。

【征地拆迁】 2019年，湖里国投集团参与并具体实施湖里区9个指挥部、5个街道办的新旧征迁项目40余项。全年完成征地106.88万平方米，完成全年任务的140.73%，约占全区完成量的65%；完成拆迁256.22万平方米，完成全年任务的132.79%，约占全区完成量的73%；支付征迁相关费用约16.47亿元。完成五通金融商务片区马厝、莲山头、凤头，高林—金林片区东黄厝、田中央、高林，湖边水库东片区上湖、洪塘，五缘湾营运中心片区仓后、坂美，蔡塘片区忠仑等11个自然村的房屋签约工作。其中，全部完成市对区考核征迁项目五通浦东花园安置房及配套项目（含绿化工程）、高林学校周边道路（南侧道路、横八路）项目等2个项目的拆除交付工作，两岸金融中心核心区三期的交地工作。超额完成莲山头、马厝旧村整村改造项目房屋征收6万平方米，实际完成房屋签约17.08万平方米。完成市重点项目厦门市筼筜湖第二排涝泵站及西堤闸项目、健康步道项目的征收工作，区重点项目金山派出所南侧地块征收（收储）项目、名城花园项目的征收工作。基本完成集鑫B安置房6户12套、金枋世家安置房26户81套、五通安置小区307

2019年，湖里区特殊教育学校主体工程完工 （湖里国投集团 供图）

2019年，湖里国投集团启动湖里区文物保护单位——“周文学宅”修缮工作

（湖里国投集团 供图）

户511套、嘉福花园安置房216户440套的产权证办理。

【建设项目】 2019年，湖里国投集团承担房建工程、装修工程、综合整治等建设项目46个。其中，30个已完工，12个处于前期设计阶段，4个处于施工阶段。全年完成投资约1.61亿元。房建工程项目9个，完成投资6323.92万元。其中，湖里区特殊教育学校项目主体工程（区“六定”任务）、湖里区职工文体中心主体工程、枋湖社区服务中心建设已完工；高林—金林社区发展中心（区“六定”任务）基坑土方开挖完成40%；禾山中学改扩建工程、江村社区发展中心（二期）、蔡塘社区发展中心西侧地块（蔡塘地铁连接体）等项目处于前期设计阶段。装修工程项目19个，完成投资6001.11万元。其中，金尚小区农贸市场装修改造工程、区文体中心二次装修工程、江头街道园山社区服务中心装修工程、区委党校临时校区装修工程等14个项目完工。综合整治项目18个，完成投资3745.33万元。其中，厦门两岸集成电路产业园室外改造提升工程、五通安置小区改造工程、嘉福花园立面改造提升工程、海域历史遗留海蛎石清理等13个项目完工。

【土地房屋储备管理】 2019年，湖里国投集团交地及储备管理地块约41.84万平方米。其中，完成交地约23.63万平方米，由湖里国投集团直接管理地块约9.23万平方米，其余由区其他单位管理地块约8.98万平方米。办理片区开发农转用、收储红线报批等前期手续，推进五通金融商务区三期旧村改造、凤头渔村特色小镇、“厦门之眼”、浦口旧村改造等项目的土地收储前期工作。推进轨道平衡用地约77.26万平方米收储的前期工作。其中，市级下达轨道平衡用地收储6宗，面积约29.05万平方米；拟纳入轨道平衡用地增补地块6宗，面积约38.24万平方米；拟结合轨道平衡用地收储地块2宗，面积约9.97万平方米。协助开发湖里区“智慧土管”信息系统（一期），为实现湖里区土地资源的信息化管理打好基础。协助起草出台《厦门市湖里区土地房屋储备管理暂行办法》，明确全区土地房屋储备管理工作的要求，提供政策保障。

【打造凤头渔村特色小镇】 2019年，湖里国投集团作为凤头渔村特色小镇开发运营主体，全力推进凤头社征迁工作并着力打造渔村特色小镇。通过现状测绘、缩时摄影、无人机拍摄等方式，梳理街区脉络，作为后期宣传、规划、建设素材。

金尚农贸市场改造前后对比图

（湖里国投集团 供图）

从遗迹、海洋文化、古井等 15 个维度切入梳理历史脉络；记录当地渔民文化和生活方式，进行风头社第一期人物采访拍摄；启动湖里区文物保护单位“周文学宅”修缮工作；深度挖掘闽南古老元素，拟建旧物仓。开展新媒体矩阵搭建及部分网站建设、logo 及古椎古羿异兽志吉祥物设计等创意服务。结合小镇业态定位，进行项目整体规划设计及城市设计；策划招商，探讨合作模式、相关资源整合及政策支持。

【金尚农贸市场改造升级】 2019 年 10 月，由湖里国投集团负责运营的金尚农贸市场，按照《厦门市农贸市场建设改造标准》2.0 版进行改造提升后投入使用。改造后的金尚农贸市场，达到环境整洁化，空间布局合理化，硬件设施功能化、人性化，消费安全化，管理精细化的标准。

（叶淑红）

厦门市天地开发建设有限公司

【概况】 2019 年，厦门市天地开发建设有限公司（以下简称“天地公司”）注册资本 16.96 亿元、总资产 83.74 亿元、净资产 29.26 亿元。主要业务涵盖旧村改造、产业园区建设与管理、房地产开发、工程项目代建、物业服务、资产管理、股权投资、教育、文化、养老服务等多个领域，旗下全资及控股子公司有 12 家，孙公司 7 家，对外参股公司 11 家。年内，天地公司完成投资约 12.97 亿元；实现主营业务收入 4.76 亿元，上缴税收约 5000 万元。天地学校获评区优秀民办学校，天地幼儿园获评区示范性幼儿园。是年，新开办天地禾缘幼儿园及天地嘉禾托育中心。

【工程代建】 2019 年，天地公司完成乌石浦 220 千伏缆化工程，保障乌石浦商住地块于年前出让。乌石浦安置房二期完工，天地幼儿园封顶，金禾苑安置房设计方案完成多规平台审核，湖里创新园“互联网 + 平安园区”工程、停车场整合系统进入收尾阶段，禾山阳光公寓二期改造工程基本完成。县后小学二期扩建、天地金融港项目获“2019 年度厦门市建设工程鼓浪杯金奖”。

2019 年，天地公司拆除忠仑公园已征收房屋　（天地公司　供图）

【旧村改造】 2019 年，天地公司基本完成忠仑社旧村改造签约征收工作，总签约及拆除面积 17.37 万平方米，签约及拆除率 100%。统筹协调、同步推进片区旧改配套工程 30 余项，基本完成忠仑安置房改造提升前期工作，完成忠仑公园地下空间建设规划设计初稿，完成金尚学校立项批复等。

【房地产开发】 2019 年，天地公司以合作方式参与商品房开发，有集美国贸天悦以及合肥国贸天成在售项目 2 个。9 月，新合作项目福州榕高新地块开工建设。公司自营的天地金融港办公楼年内销售约 7500 平方米、12 个地下车位，销售金额 1.45 亿元。

【物业服务】 截至 2019 年底，天地物业公司管理服务面积 358 万平方米，包括保障性住房、写字楼、工业厂房等多种物业类型。是年，物业公司承接湖里区 11 所小学物业服务工作，中标同安祥平保障房一期 50 万平方米的物业服务项目。

【创新驿站】 2019 年，天地产业园公司运营的“创新驿站”，完成接待参观任务 141 场 2674 人次，满意率 98% 以上；组织活动 126 场，举办园区职工子女暑托班；吸引湖里区总工会、区委组织部等政府部门和鹭燕医药等多家园区企业购买专项服务。

【停车服务】 2019 年，天地公司主动参与湖里区停车设施建设工作。设立专业化停车公司，梳理规范近 8000 个车位的运营管理，有 3300 多个车位改造升级为无人值守；新建同安园 F 地块、物流园边角地块和围里公寓地块停车场；对接湖里区新建校区地下车库运营管理，高林学校、湖边小学、特教学校、县后小学 1606 个地下车位委托天地停车公司管理。

（巫灵青）

城市管理

【概况】 2019年，湖里区城市管理局拆除新增“两违”（违法占地、违法建设）1013处10.78万平方米，实现新增“两违”零形成。纠正劝导各类违章行为11.35万余起，暂扣物品8693件。办理各类信访举报3.2万余件，接待群众来访54批98人次，妥善应对处置各类网络舆情81起。在《厦门日报》《海峡导报》等主流媒体开展宣传报道89次。在年度全市城市综合管理绩效指标考评中，湖里区位列全市第一。“门前三包”管理、区级单位扬尘防治、数字化城市管理、城市管理与行政执法4项考评排名均全市第一，“两违”综合治理排名与翔安区并列第一。

【巡察整改】 2019年4月25日至6月5日，湖里区委第二巡察组对区城市管理局和机动中队开展为期40天左右的巡察。8月5日，区委第二巡察组向区城市管理局党委反馈6个方面13项24个具体问题，提出6条整改意见。围绕巡察组指出的问题，区城市管理局先后召开11次会议研究落实整改工作，细化整改措施60条，明确整改时限并责任到人。截至12月31日，完成整改59条，巡察反馈的未办结反馈的信访件因入户难、无法认定违法事实等原因尚未全部办结；形成常态、长效落实29条；强化执纪执法督查、涉诉案件承办执法人员旁听庭审等13项制度，约谈相关责任人24人。

【“两违”治理】 2019年，湖里区落实网格管理、快速处置等制度机制，对新增“两违”做到发现即拆除。年内，发现拆除新增“两违”1013处10.78万平方米，实现新增“两违”“零形成”。拆除影响铁路沿线景观的历史违建10处404平方米；查处2018年国土卫片图斑5宗，核查整改市下发的“两违”图斑71宗。加大裁执分离案件执行力度，全年执行裁执分离案件96件。动员违建业主自拆，先后举办“两违”政策法律咨询12场次，发放宣传单4万余份；在各级媒体刊登“两违”整治稿件58篇。截至12月31日，福建省“两违”系统录入拆除违建370处65.44万平方米，完成年度目标任务的186.98%。

2019年2月2日，湖里区城市管理局金山中队拆除湖边水库旁绿化带上的违建小木屋 （湖里区城市管理局 供图）

【占道经营整治】 2019年，湖里区城市管理局落实错时弹性工作制，开展占道经营、露天烧烤等问题的常态化整治行动。组织开展为期3个月的夏季夜间市容专项整治，每周四晚组织1次全局性集中执法，确保打早打小。做好重大节庆期间市容保障工作，确保辖区市容市貌整洁有序。全年纠正劝导各类违章行为11.35万余起，暂扣物品8693件。针对油烟扰民、夜间露天烧烤等问题，累计出动执法人员10650人次、车辆2150车次，发现并纠正908起，暂扣物品425件，关转停19家，立案132件，罚款90.27万元，其中结案47件。

【矛盾纠纷化解】 2019年，湖里区发布城市管理政府类信息16条，新闻类信息67条。年内，办理各类城市管理方面信访举报3.2万余件，办结率100%，完结率84%；接待城市管理方面群众到访54批98人次，群众满意率99%。定期排查梳理各类矛盾纠纷和重点信访事项，是年未发生城管执法工作领域的群体性越级上访事件。

【环保督查件办理】 2019年，湖里区城市管理局按时、保质办理城市管理类环保督察信访交办件40件。其中区城市管理局主办27件，协办13件；依法立案55起，发出告知书37份，拟关停55家、罚款41.22万元，实际作出处罚决定22份，关停17家，处罚款22.26万元。7—8月，湖里区开展餐饮油烟集中整治99次，累计检查餐饮店547家，责令当场或限期整改238起；夜间组织烧烤整治227起，出

2019 年 11 月 7 日，厦门市在湖里区召开“门前三包”和流动摊贩整治工作现场会（湖里区城市管理局 供图）

动 1999 人次，开具执法通知书 48 份，暂扣物品 245 起 728 件，纠正跨店经营 283 起。

【安全隐患整治】2019 年，湖里区城市管理局开展液化气经营使用安全专项整治，暂扣燃气钢瓶 89 个。开展扫黑除恶专项整治，成立扫黑除恶专项斗争工作领导小组，制定整治方案、宣传方案，每月召开局务会进行专题研究部署。全年开展扫黑除恶集中宣传活动 50 场，发放普法宣传材料 2.5 万余份，接收及查处黑、恶、乱线索 11 条。

【“门前三包”专项整治】2019 年 6 月 14 日，湖里中队执法队员根据《厦门市市容卫生环境卫生管理条例》的规定，对华光路 96 号某海鲜店开具行政处罚决定书，罚款 500 元。这是湖里区开出的第一单“门前三包”处罚单。该海鲜店位于永升新城菜市场大门口，该商家将门口“门前三包”包干区当成自己的营业场所，在门口摆满经营物品，既影响行人通行，又污染路面。湖里中队执法人员多次劝导制止无效。是年，湖里区对“门前三包”不落实做出专项行政处罚 776 件，罚款 12.55 万元。11 月 7 日，厦门市在湖里区召开“门前三包”和流动摊贩整治工作现场会。

【第二十八届中国金鸡百花电影节市容保障】2019 年 11 月 19—23 日，第二十八届中国金鸡百花电影节在厦门市举办。电影节前夕湖里区拆除重点区域及道路沿线各类违法设置的广告、招牌等。发现新增违法广告设施，及时制止。11 月，拆除违规户外广告设施 210 块 1147 平方米。整治占道经营、跨店经营、垃圾分类不落实等问题，特别是加大对电影节活动所涉及辖区内的高崎机场、枋钟路、成功大道的整治力度。是月，纠正各类占道经营 1500 余起。治理共享单车乱停放问题，对机场 T4 航站楼、集美大道出岛方向、枋钟路等路段加大监管力度，督促各单车企业加强运维管理，清运调度堆积车辆，规整乱停乱放车辆，通过文明骑行督导宣传，引导公众文明使用、规范停放共享单车。11 月，纠正乱停放共享单车 500 余辆。

【垃圾分类专项执法】2019 年，湖里区城市管理局成立垃圾分类执法整治组，每个中队抽调 1 名执法队员及 1 名协查员，对辖区 5 个街道的生活垃圾分类工作进行拉网式、全覆盖检查和执法。重点加大对物业小区和农贸市场的垃圾分类执法力度，对违反垃圾分类有关规定的商家和个人，由执法队员当场给予教育，并开具限期整改通知书。全年累计发放宣传单和宣传册等相关材料 2 万余份。年内，对垃圾分类违法行为实施行政处罚 461 起，罚

2019 年 12 月 9 日，湖里区城管局等部门到康乐社区开展“‘门前三包’打造‘最美街景’，争做‘文明市民’”主题宣传活动（湖里区城市管理局 供图）

款 2.3 万元，湖里区垃圾分类专项处罚量位居全市第一。

【城市管理宣传】 2019 年 9 月 12 日下午，厦门市、湖里区城市管理部门，殿前街道，翔鹭社区等单位在翔鹭社区联合举办，迎中秋、庆国庆文艺会演和宣传——“礼赞共和国 智慧新生活”活动。活动现场，除文艺表演，还有城市管理、移风易俗、食品安全、环境保护等方面知识的宣传咨询。12 月 9 日下午，区城市管理局、区委文明办、湖里街道、康乐社区等部门在康乐社区开展“‘门前三包’打造‘最美街景’，争做‘文明市民’”宣传活动，重点宣传“门前三包”、文明养犬等法规，累计发放宣传单及宣传品 200 余份。

（林元华 林 璐）

市政园林

【概况】 2019 年，湖里区推进精细化管养、垃圾分类、民生项目建设等各项工作开展。截至年底，全区完成 316 条市政道路维护改造、316 条道路绿化的养护管理、785 万平方米主次干道的清扫保洁；新增园林绿地 5 公顷，完成全年任务的 100%，完成义务植树劳动 9.38 万人，完成全年任务的 109.07%，植树 28.22 万株，完成全年任务的 104.52%。

【市政设施项目建设】 2019 年，湖里区投入 2.55 亿元提升改造城区景观。年内，完成江顺二路等 14 条道路提升改造、福厦铁路沿线（杏林大桥—吕岭路段）二期等 2 条绿化景观提升；开展自贸区道路绿化提升、高殿社区寨上公园景观提升

提升改造后的殿前一路 （蔡新强 摄）

等 10 个项目；区环卫处北侧用地景观提升与雨污治理工程、湖里区污水管网建设一期工程等 4 个项目处于前期阶段。

【污水设施规划建设】 2019 年，湖里区推动污水设施规划建设工作。逐项梳理辖区内污水混错接情况和村庄污水合流及部分污水管网断头、缺失和老旧问题，提出打通断头管、补齐空白区污水管、雨污混接排查改造、村庄截污等方面的建设计划；核实全区入海排污口的具体位置，补充完善入海排污口信息，梳理辖区待整治排海口。

【生态城市创建】 2019 年，湖里区投入 622 万元，梳理绿化地块及有条件进行绿化的空地，采取新建小公园、增补原有小游园配套设施等方式，达到创建国家生态园林城市公园服务半径的要求。年内，完成兴隆路转盘公园绿地小游园，宜宾路（华盛路—兴隆路）、悦华路（华昌路—和悦路）、围里路（云顶北路—县围路）、文心小学边侧绿地等 13 个增补设施项目。

吕岭路口街头公园 （杨艺端 摄）

中草药科普主题园　（陈幼妹　摄）

【“中草药科普主题园”项目】 2019年3月，湖里区卫健局与海峡导报社联合启动“海峡导报20周年20项暖城工程——春暖花开　暖城暖事”之“中草药科普主题园”项目在忠仑公园儿童园农耕区域落地。4月中旬，中草药科普主题园引种穿心莲、紫背筋骨草、薄荷等约80种中草药，百草园初具规模。9月底，完成第一批引种苗木科普牌制作、中医药文化宣传场所室内布置。11月上旬，完成中草药园二期工程药用观赏植物引种栽培科普教育工程。

【环卫体系“智慧+”】 2019年，湖里区推进环卫体系“智慧+”工作。通过构建车辆GPS、环卫车辆作业管理、车辆维护管理、果皮箱满溢等管理系统，配备环卫工人SOS紧急情况呼救功能，实现对车辆轨迹、车辆油耗、车辆作业速度、果皮箱满溢监测等环卫工作所涉及的人、车、物进行全过程实时管理；首创引入环卫问题逐级上报处理流程，建立“环卫一张图”平台，将车辆、人员、果皮箱设备以热力图的方式展示在一张图中，根据主题进行显示、集中调度，促进指挥调度一体化，实现装备智能化、平台化、标准化。

【生活垃圾分类】 2019年，湖里区厨余垃圾转运量从307吨/日增加至335吨/日，其他垃圾直运量近231吨/日，垃圾减量化、资源化效果明显。制定《湖里区2019年生活垃圾分类示范社区考评方法》，先后培育发展三德兴宿舍、兴隆新村等55个生活垃圾分类示范小区。规划、理顺垃圾分类直运线路，建立厨余垃圾直运线路30条、其他垃圾直运线路43条，关停13座清洁楼，直运体系初步建立。重新调整垃圾分类预算，调剂资金用于全区垃圾箱房的定制和采购，确认建设点位226座，完成垃圾箱房采购。

【河（湖）长制】 2019年，湖里区建立以党政领导负责制为核心的河（湖）长责任体系，出台《湖里区全面推行河（湖）长制实施方案》。建立工作会、专题会形式工作调度平台，协调解决问题，建立“水域警长”机制，提升五缘湾内湾综治管防能力。截至年底，全区有区、街河（湖）长12名，副河（湖）长14名，专职河道专管员8名，另招募“市民河（湖）长”共同参与水环境治理。各街道河（湖）长每周对辖区内水体开展河（湖）长巡查，各河道专管员每日开展巡河并做好巡河记录，对发现的问题及时组织落实整改，建立长效管理机制，共同维护辖区水域环境。

【海域专项整治】 2019年6月底，湖里区完成44.2万平方米海蛎石清理工作，在厦门市率先完成中央环保督查海域整治任务。牵头市海洋执法部门、公安派出所，建立市、

2019年8月14日，湖里区领导带队巡查五缘湾水域　（林晓莉　摄）

2019 年 7 月，湖里区领导带队到殿前高崎海域检查海域整治情况

（钱振宁 摄）

区、街三级联防联控机制，出台相关联控方案；完善街道级巡逻队伍，加强海域巡查监管，做好海洋与渔业的宣传、劝导工作，利用微信群，及时反映责任海域情况。

（李玉玲）

环境保护

【概况】2019 年，湖里区坚持绿色发展理念，打好污染防治攻坚战，抓好中央和省生态环保督察问题整改，辖区生态环境质量明显改善。1—12 月，湖里区环境空气质量综合指数 3.02，比上年改善率下降 3.2%（质量向好）；空气质量优良天数占全年的 99.5%，比上年改善率上升 2%；6 项主要污染物指标均达到国家二级标准。埭辽湖地表水水功能区达标率 100%，湖边水库水质稳定达到Ⅲ类水水质。地下水极差比例有效控制在 10% 以内。区域噪声 55.6 分贝，交通干线噪声 67.3 分贝。全区通过市“多规合一”业务协同平台办理项目 353 件。全区“211”环境保护科目支出 896.86 万元，比上年增长 11.6%。

【低碳产业发展】2019 年，湖里区发展航空维修、集成电路、人工智能、平板显示等产业。发展智能制造，打造人工智能引领片区，培育软件信息产业，做大做强高新技术产业。年内，全区以工业为主要统计口径的规模以上高新技术产业增加值 325 亿元，比上年增长 15.8%，绝对值和增速均位居全市各区第一。兑现 61 家次企业 2018 年增产、增效奖励 740 万元，兑现 45 家次企业 2018 年质量品牌和标准化发展奖励 516 万元，兑现企业市级 2019 年工业投资、技改奖补 22 家次 25 个项目约 4000 万元。落实《企业投资项目核准和备案管理条例》，将绿色发展、节能环保的理念贯穿始终，从政策上规范引导，全年办理“企业投资项目备案”项目 46 个。厦门火炬高新技术产业开发区获评第四批“国家级绿色园区”，厦门致杰智能科技有限公司“一体式智能坐便器”入选第四批国家级绿色设计产品名单。

【能源资源全面节约】2019 年，湖里区落实最严格水资源管理制度，用水总量持续下降，总量控制在 1.13 亿吨以内。推进海绵城市建设，完成穆厝村积涝点、枋湖南路箱涵截流点工程等 8 个项目建设。年内，新增绿色建筑房建项目 7 个，总建筑面积 40 万平方米。其中，符合绿色建筑设计标准 5 个，新增绿色建筑面积 23 万平方米，新增绿色建筑占全部新增建筑的 56.5%。厦门德泷新能源科技有限公司、艾美肯（厦门）电力科技有限公司、福建省英诺创新能源管理有限公司、福建大亿能源管理有限公司 4 家企业的 6 项技术入选“厦门市 2019 年节能技术和产品目录”。

【土壤污染防治】2019 年，湖里区对辖区 35 家工业企业、15 家汽修企业、5 家医疗单位开展规范化管理考核，以考核促整改，以整改促提升。在省、市规范化抽查中，辖区企业达标率 100%。危险废物处置利用率、医疗废物集中处置率均达到 100%。

【生态环境保护】2019 年，湖里区开展仙岳山生态敏感区和脆弱区生态修复工作。完成年度绿化建设任务，新建塘边社区兴隆路周边小公园 1 个，新增、改造提升园林绿地 6 公顷，新建片林 4 处，改造提升街头小绿地 5 处。年内，湖里区森林覆盖率 8.8%，森林蓄积量 2 万立方米，林地保有量 351 公顷；自然岸线保有率 17.4%。推进五缘湾湿地公园等典型生态系统的保护和修复，对原生态的红树林、咸淡水区域的原生植物、红树林种植区实施封闭围护式管理。以全国第二次福

五缘湾湿地公园 （湖里生态环境局 供图）

建省湿地资源调查数据为基础，开展湿地监测，编制完成《厦门市湖里区湿地资源监测报告》，全区湿地保有量2996公顷。完成狐尾山公园、仙岳山公园、湖边水库、虎仔山、五缘湾湿地公园、五缘湾栗喉蜂虎自然保护区等区域的定桩定界工作，设立界桩113个，界碑15个。强化栗喉蜂虎保护区骑马山外围保护地带餐饮监管，对关停的36家餐饮经营单位开展网格巡查112人次。全年发现并拆除仙岳山新增违法建设项目1处，拆除硬化地面面积490平方米；拆除历史违建13处2303平方米。制定《湖里区2019年地质灾害防治方案》，开展2019年“防灾减灾，人人参与”宣传活动，完成湖里街道南山路100号南侧边坡隐患点和明园小区挡土墙垮塌治理。

【蓝天碧水净土保卫战】 2019年，湖里区开展守护蓝天、碧水、净土攻坚专项行动，形成常态化纠察机制。

蓝天保卫战　湖里区落实污染天气应急响应和防控措施，全年启动三级响应290多次，二级响应240多次，一级响应110多次。出动近4300人次对湖里中学国控点周边重点工业企业开展日常巡查，累计排查地铁三号线湖里公园站、湖里大道拆迁工地及华信广场等工地企业约2150家次。督促工地建立完善喷淋系统及雾炮降尘使用台账。跟踪、分析辖区10个空气质量微型站及重点区域在建工地扬尘在线监控数据，开展应急响应。督促海天码头提高岸电使用率，加大场地洒水抑尘作业力度，在控氮和控臭氧响应时尽量减少柴油机械作业。全年累计查处渣土车污染路面违法行为为24起。结合绿化养护，运行南山路、海天路、金湖路等12条道路绿化喷灌系统，喷灌总面积达15万平方米。成立专门作业队伍，实行“以洗代扫+快速保洁”模式，开展道路清洗保洁，辖区市政道路机扫率90%以上。推行道路作业质量“以克论净”量化考核机制，依托“大城管”机制，实现精细化管理。对第一、二阶段已完成整治挥发性有机化合物（VOCs）的企业开展“回头看”，对未达到第二阶段验收要求的企业督促整改落实；推动完成厦航车辆维修站、湖里金龙旅行车、光厦包装等3个示范点建设；配合开展减排治理，全区18个市级项目均已完成。年内，对577家餐饮项目开展事中事后监管，抄告处理77家禁设区备案餐饮项目。巡查维护安装油烟在线监控设备餐饮单位152家次，督促整改11家次；新增完成湖里中学国控点周边两公里半径范围内20家餐饮单位的油烟在线监控系统安装。出动人员11870人次，巡查整治东渡路、南山路、长乐路、台湾街、吕岭路等路段，累计纠正劝导露天烧烤910余起，暂扣各类物品418件。强化油烟噪声投诉处理，全年查处油烟噪声扰民投诉1150起，启动一般程序27起。

碧水保卫战　湖里区推行“河（湖）长制”，聘用7名专职河道专管员，对埭辽公园、火炬公园、湖里公园等3处景观水体，湖边水库、五缘湾、市政排污管网等实施常态化巡查监管，保障辖区河湖功能永续利用。区级总河长全年巡河11次。采取截污、油改气、产业结构调整等措施，推进减排，化学需氧量、二氧化硫、氮氧化物、氨氮等指标完成年度减排任务。完成尚贸家饰工业、同致电子科技（华盛路）等企业搬迁；完成湖里军用码头、兴湖路等排污口截污；建成埭辽水库鼻子沟水质应急提升站，出水水质达到设计标准；完成2次天地湖清淤；完成3家涉电镀工序的飞机维修企业、2家家具制造企业、1家汽车制造企业、8家锅炉企业、1家生物质能发电企业国版排污许可证核发。对全区548家工业源、2家集中式污染治理设施、21家移动源、5家生活源锅炉进行产排污核算，并以0.74%的指标差错率通过国家质量核查，核查结论为“优”。全年累计完成20个城镇公厕、5个旅游厕所建设任务。6月底前完成第二批9家建站15年以下的加油站地下油罐防渗更新改造任务。组建海域岸上巡查队伍，以各街道为单位，对所辖海域岸上开展日常巡查，宣传海域管理政策、法规。建立市、区、街道、社区四级联动微信平台，强化新增养殖设施、近岸倾倒土头垃圾、违法海砂开采、非法电捕鱼、滩涂违章搭建等违法行为的巡查上报与处理。开展海域联合执法行动，清退海域非法养殖，6月前完成38公顷历史遗留石蛎整治清退，提前半年完成市委、市政府下达任务，提前一年半完成中央环保督察整改任务。

净土保卫战 湖里区制定印发《厦门市湖里区土壤污染治理与修复方案》；开展涉镉等重点重金属企业排查整治；更新完善土壤重点行业企业名单，新增1家土壤重点监管企业——石湖山油库；配合市环科院推进土壤详查相关工作，完成华茂光学地块土壤的初步调查。

【环境执法及监测信息公开】 2019年，湖里区加强对辖区19家重点污染源企业、162家一般污染源企业及2家特殊监管对象开展随机抽查。结合信访投诉及各类专项检查，立案查处企业49家，罚款157万元；实施配套办法查处案件32件。辖区内21家国省控企业按时登录“省污染源监测数据综合管理系统平台”报送自行监测数据。太古飞机、太古起落架等6家重点排污单位完成自动监控在线设备安装并联网。

【环境风险管理】 2019年，湖里区对重点监控企业，环境风险企业，危险废物产生单位，Ⅳ、Ⅴ类放射源的核技术利用单位，储油库等多个行业、重点领域开展环境安全大检查，并对前期检查发现的隐患问题进行“回头看”，全年累计出动174人次，检查企业67家次，发现隐患问题34个，截至年底均落实整改。

【突出环境问题解决】 2019年，湖里区抓好中央和省级环境保护督察、省环保“三合一”督察、国家海洋督察以及《八闽快讯》等通报的突出环境问题整改工作。第一轮中央环境保护督察涉及湖里区的3项问题完成整改，交办信访件63件全部落实整改；厦门市突出环境问题涉及湖里区的整改问题加油站地下油罐双层罐防渗改造项目完成。第二轮中央生态环境保护督察交办信访件40件，已办结32件，阶段性办结8件，销号28件。

2019年11月20日，厦门市环境局大气与应急处到湖里中学拆迁工地调研空气质量管控作业情况 （湖里生态环境局　供图）

【生态环保宣传】 2019年，湖里区结合“6·5”世界环境日、文化科技三下乡、全国低碳日宣传等主题活动，开展生态环保知识“进社区、进学校、进企业”活动。以“绿色发展，节能先行”为主题，开展“绿色出行　少开一天车”、建设节约型机关、节能宣传进社区等主题宣传活动，形成“机关带头、社区参与、企业支持、学校引导”的氛围。在生态环保网站、湖里区门户网站环保板块以及主流媒体报道辖区生态文明建设工作进展、生态环境保护工作推进、垃圾分类创新经验等信息，拓宽公众生态环境信息获取渠道，提高公众生态文明知识知晓度。

（范晓东）

【2019年全国节能宣传周系列活动】 2019年6月17—23日，湖里区工信局联合金山、北站、江村、湾北、后浦5个社区开展湖里区全国节能宣传周“节绿色发展　节能先行”系列宣传活动。结合展示宣传展板、分发绿色出行倡议书、节能减排宣传品、签署承诺书的形式向企业员工普及生态文明建设理论、节能节水节电知识、节能相关法律法规，提升企业员工节能意识。在商务广场显著位置悬挂节能宣传横幅、标语，倡导简约适度、绿色低碳的生活方式，宣传绿色发展理念。

（戴静静）

商贸服务业

国内贸易

【概况】 2019年，湖里区实现限上批发零售总额5459亿元，增量779亿元，比上年增长16.6%，高于福建省2.6个百分点。全年社会消费品零售总额实现377.7亿元，增量46亿元，比上年增长13.9%，高于福建省增幅3.6个百分点。其中，限额以上262.3亿元，比上年增长19.1%；限额以下115.4亿元，比上年增长4.9%。限额以上餐饮业实现营业额4.6亿元，比上年增长10%。

【与企业纵向沟通横向联动】 2019年，湖里区采取与企业纵向分层次、横向联动的方式沟通。

纵向分层　区领导直接对口联系年销售额50亿元以上的8家区属重点企业，区直相关部门和各街道做好协助促进工作，区商务局重点跟踪走访年销售额10亿元以上的22家区属重点企业，各街道做好协助促进工作，企业所在地街道重点走访对接年销售额2亿元以上的136家企业。

横向联动　区商务局与区统计局配合，与5个街道形成合力，做好指标分解和责任落实，将限额以上批发零售销售总额及社会消费品零售总额指标按月下达到各街道，并按主要时间节点进行细化分解。强化重点企业经营预测制度，在每月下旬至次月上旬对企业报统数据实时跟踪指导，防止企业漏报错报。做好辖区百强商贸企业分析、落后指标分析，批零、社零指标分析等研究报告，全面分析商贸指标的特点、原因、趋势。

【商贸企业安全生产】 2019年，湖里区对商贸企业组织各类安全生产检查16次，复核排查大型商场、超市、专业市场28家次，检查加油站8家次，分发安全生产相关指导文件300余份，发现疫情防控措施落实不到位5处，消防安全隐患1处，均已责令整改到位。

【酒类管理】 2019年，湖里区对辖区大型商超的酒类流通二维码溯源制度建设情况开展市区联合专项检查，对发现的部分商场、超市本地供应商供货的酒类商品未及时张贴、激活溯源二维码的问题，开具整改通知书，责令其整改，并开展"回头看"检查落实追踪整改情况。全年累计开展检查6次，出动执法工作人员12人次，检查各类酒类经营商户15家次，更新补发"禁止向未成年人出售烟酒"告示牌20个，处理举报投诉2次。

2019年12月1日，湖里魅力购在五缘湾天虹购物中心举行开幕式

（湖里区商务局　供图）

【湖里魅力购】2019年12月1日，"开放湖里·向美好生活致敬"湖里魅力购在五缘湾天虹购物中心开幕，此次魅力购为期2个月。魅力购由湖里区人民政府主办，区商务局、多想互动、支付宝口碑承办，区属5个街道、厦门国际银行协办，湖里区各大商场百货、汽车商家、电商企业商家共同参与。2019湖里魅力购系列活动，利用线上线下多渠道宣传推广，实现1000万+的媒体曝光量，集合各大活动商圈举行17场线下主题活动，成为湖里区标志性的商业购物IP品牌活动，助推湖里商圈的消费新增长。

【专项资金兑现】2019年，湖里区出台《2019年促进商贸业稳定增长的意见》。开展涉企扶持、电子商务、商贸流通和生活服务业专项资金等相关政策的兑现工作。年内，兑现厦门信达股份有限公司等58家企业扶持奖励资金1174万元。

（黄灵玲）

对外经济贸易

【概况】2019年，湖里区实现进出口总额3044.96亿元，比上年增长13.0%，高于全省4.9个百分点。其中，出口1580.27亿元，比上年增长15.2%，高于福建省6.1个百分点；进口1464.69亿元，比上年增长10.8%，高于福建省4.2个百分点。服务外包企业接包合同总执行金额56413万美元，比上年增长10.16%。

【外资利用】2019年，湖里区新增外资项目236个，增资项目33个，减资项目12个，合同利用外资67.4亿元，比上年下降44.2%；实际利用外资19.51亿元，比上年增长88.7%。

（黄灵玲）

自贸区

【概况】2019年，自贸区新增注册企业3078户，注册资本255.4亿元。其中，新设企业2384户，注册资本202.7亿元，迁入企业694户，注册资本52.7亿元，外资105户，注册资本57.3亿元，合同利用外资31.2亿元。

【重点项目招商】2019年，独角兽企业车和家项目落户湖里区，新成立励顶（厦门）股权投资有限公司，注册资金25亿元，到资20亿元。亚洲最大地产股权基金ARA亚腾投资和中金资本成立外资股权投资基金，厦门中金启航股权投资合伙企业（有限合伙）实际到资2778万美元，厦门亚腾启航股权投资基金合伙企业（有限合伙）实际到资2533美元。中金资本作为基金管理人新设股权投资公司中金海盈，注册资本14.48亿元。5月20日，国内排名前十的人力资源服务外包公司——邦芒集团与湖里区及自贸委签订三方合作框架协议书。对接中信弘慈医疗管理平台项目，该项目将长生、华佑、悦程3个平台总部、供应链管理公司及东和基金的医疗基金管理公司落户湖里。

【"走出去"招商】2019年，湖里区联合自贸委，组成招商小分队，多次赴深圳、北京、上海、杭州、西安等地走访考察。9月，赴上海、北京考察上海辰帆、天坤国际、北京大账房等多家人力资源龙头企业；11月，赴南京、苏州招商，拜访中新棠国业科技有限公司、江苏万正环保科技有限公司、苏宁置业集团等公司；赴西安拜访陕西航空电气有限责任公司、中软国际科技服务有限公司、易点天下网络科技股份有限公司等。

【平台企业试点工作启动】2019年，湖里区与自贸委联合税务局、市场监管局、人社局等相关部门多次组队赴杭州、上海、北京等地实地考察多家人力资源平台企业。针对平台型总部项目研究出台4种解

2019年7月，湖里区与杭州微医集团签订战略合作协议（湖里区商务局　供图）

决方案，企业可根据自身业务实际，选择适合自身发展的业务模式，适用相关的税收政策及监管模式开展业务。是年，推动邦芒集团在厦启动试点工作，开展开票业务流程，在前期试点的基础上，11 月，开票量实现限上纳统。湖里区联合自贸委对接融易算、上海辰帆、杭州工猫等 13 个平台企业项目。

【自贸区项目签约】 2019 年 5 月 20 日，在厦门市现代服务业招商座谈会暨项目签约仪式上，湖里区作为项目签约方与自贸委参与阳光教育总部项目、邦芒集团区域总部项目、先力国际影视基地、星鳐腾讯电竞产业园等项目的签约。厦洽会期间，湖里区联合自贸委共同推动大有海洋集团总部项目、易大宗与象屿厦门总部项目签约落地，推动湖里区斗鱼和星鳐文化东南运营总部、“红巢”电商直播产业园、两岸影音双创基地 3 个项目参加自贸委的专场签约仪式。

【湖里基金集聚区】 2019 年，由湖里区和自贸委、厦门市金融局选址航空古地石广场建设首个市级“基金小镇”，共同打造针对高净值人士的财富管理创新高地。小镇有可用于股权投资类的招商空间近 6000 平方米，共享空间近 300 平方米。三方联合出台《厦门自贸区基金小镇股权投资类企业发展办法》，按照“政府引导、市场化运作”的方式，引入有实力的第三方运营商负责小镇招商及企业服务，打造顶级私募园区。截至年底，厦门德永盛、利保华晟、靖远投资、德利弘、荣正投资、德屹资本等项目完成注册。

【扶持政策】 2019 年，湖里区与自贸委共同出台《关于支持跨境电商产业发展的若干办法》《2017—2020 年航空维修产业人才激励政策》《关于组织申报航空维修产业企业 2018 年、2019 年扶持资金的通知》《关于促进集成电路双创平台发展的若干办法》等产业扶持政策。湖里区启动《关于加快推进福建（厦门）自贸区两岸贸易中心核心区建设的实施办法》修订工作。截至年底，2018 年航空维修产业企业扶持进入申报审核阶段，92 家企业和 55 名个人申报 2018 年度自贸区企业扶持资金，其中湖里区有 71 家企业和 38 名个人申报，自贸委象屿园区有 21 家企业和 17 名个人申报。

【自贸区公共交通问题解决】 2019 年 2 月 20 日，湖里区开通航空自贸广场定制通勤车，为入驻航空自贸广场的 300 多家企业 2000 多名职工解决上下班通勤难题。5 月 8 日，开通自贸空港便民专线，总长约 10 公里，截至年底，自贸区累计开通 7 条公交线路及 2 条定制专线，推动空港片区与厦门市重要路网节点的连接，解决企业职工出行难问题。

【自贸区招商项目】 2019 年，湖里区高端制造和信息产业招商组赴深圳、上海等地招商考察 10 余次，招商接洽 200 多人次，推动中励信、智联友道、伞亮科技、新加坡（创士锋）科技园、医院安全项目 JCS Bio-tech、梦新科技、浪潮项目、人民网内容科技产业园等 8 个项目签约。对接中星微电子项目、中车交通智轨东南总部等 36 个项目。推进工信领域千亿产业链项目，戴尔收购 EMC 后续项目新增产线投产，从事存储设备的制造、销售及相关服务，完成投资 1.2 亿元。推进厦门航空维修基地航材保障中心建设，吸引航材综合供应商入驻，完成投资 0.72 亿元。打造可为企业提供设计人才、制造人才、封测人才等与产业实际应用直接相关服务的集成电路产业人才实训中心项目，与厦门大学海西通信工程技术中心、厦门理工学院光电与通信工程学院等高校机构签订框架合作协议。

（黄灵玲）

服务业

【概况】 2019 年，湖里区有重点服务业企业 269 家，实现营业收入 545.57 亿元，比上年增长 3.7%。其中，亿元以上企业 66 家，与上年持平，实现营业收入 469.22 亿元。辖区内企业分布在 9 个行业，其中，交通运输、仓储和邮政业企业 160 家，全年实现营业收入 463.9 亿元，占服务业总营业收入 85.0%。其他营利性服务业分布在 4 个行业，有 70 家，其中，信息传输、软件和信息技术服务业 29 家，租赁和商务服务业 31 家，居民服务、修理和其他服务业 6 家，文化体育和娱乐业 4 家，分别实现营业收入 22.7 亿元、19.34 亿元、2.23 亿元和 3.24 亿元。

【印发《湖里区促进新一代信息产业发展实施办法》】 2019 年 12 月 18 日，湖里区人民政府印发《湖里区促进新一代信息产业发展实施办法》。该办法从资金扶持、引进奖励、创优奖励、创新补助、规上奖励、重点培育领域补助、重点企业骨干人才奖励等几个方面对新一代信息产业发展加以扶持。

（方志办）

工业　交通物流　信息业

工　　业

【概况】 2019年，湖里区实现规上工业增加值409.16亿元，比上年增长10.5%，高于全省1.7个百分点，高于全市1.9个百分点。实现规模以上高新技术产业增加值353.41亿元，比上年增长11.7%，高于规上工业增加值增速1.2个百分点，占全区规上工业增加值的86.4%。工业技改不断推进，亿联网络、台和电子等6个技改项目被列为市级重点技改项目。

【集成电路产业发展】 2019年，湖里区联合自贸区出台《促进集成电路双创平台发展的若干办法》，是年，集成电路保税交易公共服务平台新增入驻企业55家，撮合达成交易712笔，金额约9525万元。集成电路产品测试服务认证平台对外提供测试服务940家次，服务时长约6440小时。与厦门大学海西通信工程技术中心、厦门理工学院光电与通信工程学院等高校机构签订框架合作协议，打造集成电路产业人才实训中心项目。

【重点及“三高”企业服务】 2019年，湖里区出台《湖里区关于开展“人到心到服务到”重点企业服务活动工作方案》，细化明确256家重点企业的对接服务责任。出台《湖里区领导服务“三高”企业工作方案》，建立健全区领导干部挂钩服务“三高”企业制度。全年区领导走访重点企业181家次，街道及部门领导走访企业265家次，解决太古发动机新建污水处理站、太古可口可乐车辆通行证等企业反映的164个困难问题。

【政策惠企】 2019年，湖里区联合自贸区出台《2017—2020年航空维修产业人才激励办法》《航空维修产业企业扶持政策》《促进集成电路双创平台发展的若干办法》，联合火炬、自贸制定《促进新一代信息产业发展扶持办法》。落实兑现工业、软件信息、物流、品牌政策、“双百”人才政策、两岸集成电路产业园等扶持政策。

【工业创新转型增产增效】 2019年，湖里区工业技改不断推进，亿联网络、台和电子等9个技改项目被列为市级重点技改项目。是年，给予太古可口可乐、亿联网络等61家次工业企业2018年度工业创新转型增产增效扶持奖励739.89万

2019年6月12日，湖里区政府领导走访贝莱胜电子（厦门）有限公司
（王艺苗　摄）

元。给予新翰崴科技、太古可口可乐、航空工业等6家企业2018年湖里区工业投资扶持奖励60万元。扶持航空维修产业，联合市自贸委修订出台《关于组织申报航空维修产业企业2018—2019年扶持资金的通知》，联合扶持太古飞机工程、太古发动机等11家航空维修企业约2481.53万元；扶持航空维修企业人才奖励260.92万元。

【《航空维修产业企业2018年、2019年产业扶持资金申报指南》】 2019年8月21日，湖里区联合自贸委出台《航空维修产业企业2018年、2019年产业扶持资金申报指南》，对航空维修产业企业当年主营业务收入增量给予奖励。对当年客舱整装业务中单架合同总额3000万元（含）以上1亿元以下的以及单架合同总额1亿元（含）以上的给予一次性奖励。支持企业拓展新客户或重大业务能力，企业每增加1个新的大客户或拓展1个重大业务能力，给予一次性奖励。对企业获得CAAC、EASA或FAA新认证的维修能力，且属于国内首次取得认证的维修能力，给予一次性奖励。对2017年1月1日后厦门市以外到厦门新注册落地，注册资本实际到资额2000万元（含）及以上的，具备独立法人资格的航空维修产业企业给予一次性开办奖励；对引进该项目的中介机构及企业给予招揽奖励。对航空专业人才培训机构、对企业培训费用给予补贴。对所有航空维修产业企业，按照当年固定资产投资额给予一定比例补助。仓储租金补贴，对新设立航材物流分拨中心的航材寄售库和共享库的运营企业给予3年租金补贴。对2017年厦门市以外到厦门自贸片区新注册落地，开始经营活动且在自贸区缴纳税收的航空维修产业企业给予办公租金补贴。

【航空维修产业企业人才扶持】 2019年，湖里区经政府143次专题会研究，对厦门太古飞机工程有限公司、厦门太古发动机服务有限公司等8家企业给予2018年度航空维修产业人才扶持，扶持资金260.92万元。

【新项目落地】 2019年5月5日，湖里区人民政府、火炬高技术产业开发区管理委员会与中励信（厦门）科技有限公司签订三方合作协议。由北京信德天诚科技有限公司联合福建网智天元大数据科技有限公司、科技谷（厦门）信息技术有限公司、东方安卓（北京）征信有限公司及福建省星云大数据应用服务有限公司，成立中励信（厦门）科技有限公司，落户湖里火炬高技术产业开发区，运营“全国交通信用大数据综合服务平台”，并依托该平台，开展立足于厦门市的全国交通运输企业信用服务。是年，中励信项目落地运营。8月9日，区人民政府、火炬高技术产业开发区管理委员会、智联友道（厦门）科技有限公司签订三方合作协议。智联友道在火炬创业园注册其全资子公司，为智联友道在南方地区的业务总部（独立法人主体）。9月8日，区人民政府与伞亮（厦门）科技有限公司签订合作协议。9月5日，区人民政府、火炬高新技术产业开发区管理委员会与创士丰签订三方合作协议，首批引进源自新加坡的医院安全项目“Tcb Bio-tech”、梦新科技2个项目，11月23日，新加坡创士锋科技园正式落户火炬荟智中心。

（戴静静）

工业行业

【计算机、通信和其他电子设备制造业】 2019年，湖里区计算机、通信和其他电子设备制造业完成工业总产值1354.6亿元，占全区工业总产值74.61%；全行业拥有资产620.34亿元，完成主营业务收入1310.63亿元，创造利润总额46.32亿元，创利税总额51.33亿元；年平均用工3.9万人，占全部规模以上工业平均用工人数的40.79%。该行业中，有计算机制造企业9家，完成工业总产值580.97亿元；通信设备制造企业11家，完成工业总产值135.46亿元；电子器件制造企业19家，完成工业总产值607.12亿元；电子元件及电子专用材料制造企业7家，完成工业总产值16.45亿元。该行业拥有规模以上工业企业52家，其中大型企业7家，中型企业10家；产值上亿元企业25家，完成工业总产值1343.66亿元，占全行业的99.19%，其中：产值1亿—10亿元的企业有17家，产值10亿—100亿元的企业有4家，产值超百亿的企业有4家。该行业有外商投资及港澳台商投资企业21家，完成工业总产值1195.17亿元，占全行业的88.23%。

【金属制品、机械和设备修理业】 2019年，湖里区金属制品、机械和设备修理业产值位居规模以上工业分行业第二位，完成工业总产值131.86亿元。全行业拥有资产75.02亿元，完成主营业务收入131.84亿元，实现利润总额9.52亿元，创利税总额10.35亿元，年平均用工0.57万人。该行业有规模以上工业企业9家，均为航空航天器修理业，其中大中型企业3家。该行业产值上10亿元的企业有3家，外商投资及港澳台商投资企业8家。

【电气机械及器材制造业】 2019年，湖里区电气机械及器材制造业完成工业总产值86.11亿元，位居年度分行业产值第三位。该行业拥有资产 111.99 亿元，完成主营业务收入 85.13 亿元，实现利润总额 10.03 亿元，创利税总额 12.31 亿元，年平均用工 1.13 万人。该行业有规模以上工业企业 30 家，其中，输配电及控制设备制造企业 15 家，完成工业产值 56.07 亿元；照明器具制造企业 8 家，完成工业产值 7.11 亿元。该行业有大中型企业 7 家，其中大型企业 3 家；产值上亿元企业 11 家，完成产值 77.58 亿元，占全行业的 90.09%，其中产值超 10 亿元的企业有 3 家。该行业有外商投资及港澳台商投资企业 11 家，完成产值 55.81 亿元，占全行业的 64.81%。

【纺织服装服饰业】 2019 年，湖里区纺织服装、服饰业拥有规模以上工业企业 21 家，其中机织服装制造企业 16 家，针织或钩针编织服装制造企业 4 家，服饰制造企业 1 家；从企业规模上看，该行业有 2 家大中型企业。全行业年末固定资产原价 5.17 亿元，全年平均用工 0.89 万人，完成工业总产值 43.11 亿元，实现主营业务收入 31.52 亿元，利润总额 3.84 亿元，创利税 5.83 亿元。该行业外商投资及港澳台商投资企业有 10 家，拥有固定资产原价 4.53 亿元，完成工业总产值 37.18 亿元，实现主营业务收入 25.57 亿元，分别占全行业的 87.62%、86.24% 和 81.12%。

【通用设备制造业】 2019 年，湖里区通用设备制造业完成工业总产值 55.34 亿元。全行业资产 50.33 亿元；完成主营业务收入 53.9 亿元，实现利润总额 6.15 亿元，创利税总额 8.03 亿元，年平均用工 1.18 万人。该行业有规模以上工业企业 13 家，其中大中型企业 3 家，完成产值 51.35 亿元，占全行业的 92.79%。该行业有外商投资及港澳台商投资企业 4 家，完成产值 48.88 亿元，占全行业的 88.33%。

【专用设备制造业】 2019 年，湖里区专用设备制造业完成工业总产值 31.75 亿元。全行业拥有资产 36.98 亿元，完成主营业务收入 37.13 亿元，实现利润总额 4.88 亿元，创利税总额 5.92 亿元，年平均用工 0.42 万人。该行业有规模以上工业企业 17 家，其中，大中型企业 4 家。有产值上亿元企业 6 家，完成产值 26.41 亿元，占全行业的 83.18%。

【其他工业行业】 2019 年，湖里区文教、工美、体育和娱乐用品制造业完成工业总产值 15.14 亿元。该行业全年拥有资产总计 1.44 亿元，完成主营业务收入 10.78 亿元。农副食品加工业年末资产总值 5.86 亿元，固定资产原价 2.21 亿元，年平均用工 0.08 万人。全年完成工业总产值 11.65 亿元，实现主营业务收入 11.68 亿元。非金属矿物制品业完成工业总产值 12.32 亿元。全行业拥有资产 13.62 亿元，完成主营业务收入 11.91 亿元，实现利润总额 0.98 亿元，创利税总额 1.4 亿元。金属制品业完成工业总产值 8.52 亿元。全行业拥有资产 8.89 亿元，完成主营业务收入 7.74 亿元，实现利润总额 0.52 亿元，创利税总额 0.68 亿元。仪器仪表制造业完成工业总产值 12.08 亿元。全行业拥有资产 12.25 亿元，完成主营业务收入 11.62 亿元，实现利润总额 1.82 亿元，创利税总额 2.19 亿元，年平均用工 0.19 万人。

（陈豪伟）

工业园区

【概况】 湖里区工业园区管委会作为中共湖里区委、湖里区区政府派出机构负责湖里区园区的开发建设、管理服务和园区党建等工作。是年，园区企业亿联网络上榜中国公司市值 500 强，厦门钨业获“全国模范劳动关系和谐企业”称号。

湖里创新园　湖里创新园是中共厦门市委、市政府在湖里区规划建设的一个以研发结算、移动互联、创意设计为主导的大型产业园区。总规划面积 1.8 平方公里、总建筑面积 261.4 万平方米，项目总数 72 个。园区总体布局结构为“一心、三区”（商务配套中心、商务运营区、技术研发区、生活配套区）。2019 年，湖里创新园主营收入 536.6 亿元，比上年增长 3.63%；完成税收 22.3 亿元，比上年增长 5.19%。入驻企业 6336 家，其中，上市企业 16 家，国家高新技术企业 56 家，“三高”企业 39 家，从业人员 6.3 万人。7—8 月，园区企业亿联网络成上榜中国公司市值 500 强第 371 位。

厦门两岸集成电路自贸区产业基地　厦门两岸集成电路自贸区产业基地坐落在自贸区机场北片区劲美源通仓储物流园内。毗邻机场，地理位置优越。园区内有 24 栋楼，总建筑面积 7.8 万平方米。园区拥有包括集成电路产品保税交易中心、集成电路研发设计试验中心、集成电路设计企业孵化器、集成电路众创空间、集成电路产业人才实训中心、两岸（厦门）微纳电子研究院等六大产业功能区。

厦门泉州（安溪）经济合作区湖里园　厦门泉州（安溪）经济合作区湖里园由湖里区与安溪县共同开发建设，双方合作期限暂定 30 年，2014 年 7 月开工建设。园区总规划面积约 8.5 平方公里，分两期进行开发建设，其中一期规划面积为 3.35 平方公里。园区以“绿色、创新、和谐、宜业、宜居、宜游”为定位，坚持高起点规划、高标准建设，注重生态环境保护，突出综合配套服务，打造成集工业厂房、新型科研办公、员工公寓和完善的生活综合配套为一体的“以城带产，产城融合”的生态园区。

【湖里创新园环境提升】 2019年，湖里创新园引入建发城建集团，修复园区人行道透水砖3652平方米，路沿石79米，路障石87个，调整树穴石339米，铺设树穴741个，整体翻修沥青路面1.01万平方米；完成园区12条主次干道绿化带的有机肥施放及病虫害防治，补种植树1196平方米，修剪景观带6.2万平方米，除杂草5.88万平方米；加装129米绿篱用于保护公共绿化带绿植。落实园区及在建工地巡查制度，累计园区巡查81次，在建工地巡查29次。规划4条巡查路线，强化巡查频次，每天16人两班倒巡查8次，发现问题及时受理、处置、协调、报告，重点监管部位每日记录；协调沿街店面油烟油污排放问题，督导背街小巷商家店面做好“门前三包”工作，针对公共区域卫生、市容秩序等问题协调各项目管理单位及商家89次。制止违章搭建7起，整治占道经营商铺49家，协调不规范店招45个，拆除违规广告幕布、拱门59个、屋顶大型广告牌4个；开展在建工地及未拆迁村庄防台、防汛隐患排查6次。

【湖里创新园产业发展实施办法推广及政策兑现】 2019年，湖里区工业园区管委会通过其门户网站、微信公众号、短信等媒体平台，结合专场推介会，企业座谈、走访等活动，宣传“三高”企业扶持举措、集成电路双创平台发展办法、湖里创新园扶持政策等。修订《深化人才发展体制机制改革 加快推进“智汇湖里”人才强区战略政策申报指南》，完善《湖里创新园产业创新发展实施办法》相关人才补充政策。《湖里创新园产业创新发展实施办法》政策兑现工作启动，截至年底，兑现3家企业11.5万元补贴。

2019年9月16日，湖里区网络安全宣传周启动仪式在湖里创新园举行

（湖里区工业园区管委会 供图）

【湖里创新园招商引资】 2019年，湖里区工业园区管委会会同火炬管委会及区发改局、区工信局等部门，对接腾讯云项目团队，探讨项目落地事宜。9月初，组织9人队伍赴深圳、武汉考察招商，走访深圳高新技术产业园、武汉光谷，参访当地优质企业，点对点上门进行招商推介。汇总招商空间8万平方米，天地和诚物业获取园区入驻企业基础信息，配合实地调查，双向核实楼宇入驻企业情况，累积园区企业大数据，为招商引资工作提供数据支持，助力园区产业转型升级。

【安全生产】 2019年，湖里区工业园区管委会开展店面“三合一”和电动车隐患等突出问题检查。截至年底，累计排查6个在建工地、4个公共用地、34个办公楼宇、616家店面，核实危化品销售企业情况26家；给各楼盘物管、自管单位及沿街店面分发“三合一”、冬春季节消防安全、电动车火灾防范和燃气安全使用等宣传材料1300余份；园区大物业举办4场“安全生产知识专题系列讲座”。管委会与物业公司签订《湖里创新园平安创建工作责任状》，明确各楼盘物业的平安创建工作责任；提升物防技防设施，增设138个探头，为园区警务室增配10人，加大治安巡查和督导力度；全年受理信访件4起，均按时办结并得到信访对象认可；湖里区创新园公共法律服务工作站，为园区企业提供法律咨询、纠纷调解、公证服务等法律服务；开展“民营企业法治体检”专项活动；加强综治宣传和反诈骗专项宣传教育，9月16日，厦门市首届网络安全宣传周网络安全进社区暨湖里区网络安全宣传周启动仪式在湖里创新园举行。

【园区各类资源吸引人才】 2019年，湖里区工业园区管委会、区人社局、区总工会联合举办“湖里创新园春季专场人才招聘会”，为127家企业招揽人才，吸引1000多人应聘，达成就业意向600多人。企业亿联、立达信、鹭燕3家建立人才工作点。园区有“双百人才”15人，区重点产业人才26人，区拔尖人才2人，区台湾专业人才5人；园区人才平台有国家级3个、省级1个、市级5个。5月16日，由市委组织部、市金融监管局主办的全市“双百人才企业板”企业集中挂牌仪式暨投融资对接活动在湖里创新园厦门两岸股权交易中心举行，全市93家企业在“双百人才企业板”集中挂牌。

【园区创新驿站服务功能】2019年，湖里工业园区创新驿站举办各类活动91场，与企业互动1万余家次，吸引近3万人次参与；接待省内外各级各部门社会团体参访44场1190人次；发布各类资讯310余篇，覆盖近20万人次。5月中旬，园区创业创新投融资平台由政银企对接会升级成“创新金融汇”，将“金融服务大餐”送到企业家门口，邀请优质企业、优秀资方机构与行业专家参与大咖分享、政策解读、资本对接等活动，促进民营经济发展，吸引近500人参加。9月下旬，由园区党工委、管委会主办的“企业创新服务周”主题活动升级为政策、招商、“三高”、招聘会及福利体检五大专场活动，活动前期派发1万份宣传通知、拨打3000多通企业电话、发送超10万条短信，利用20多个线上渠道宣传，覆盖近50万人次；活动现场参与企业近2000家次8000人次。

【园区优化提升】2019年，集成电路产业园完成工商注册或变更登记手续在园区的企业有203家，总注册金约16.93亿元，实际入驻企业135家。建设集园区展示、企业服务、业务办公等功能的综合服务平台，进行各楼宇门厅及园区景观改造，整治空调外机，重建道路标识系统，提升营商环境；科湖公司推进园区软件服务优化建设，进行展厅内容设计及宣传片制作工作。成立园区运营中心负责管理综合服务平台，给园区企业提供服务、展示、会议、路演等功能支持。相关7个项目已完工。与科湖公司、国投集团定期进行工作汇总讨论，解决装修选材、设计变更、项目生成等问题。全年召开会议30次，含产业园综合服务平台建设讨论会12次。建立园区业主、国投集团、科湖公司三方联席会制度，召开会议13次。推动楼宇收储工作，新收储3个单元17栋楼宇。联合殿前城管，拆除楼宇广告牌21块。安溪湖里园一期、二期通用厂房（12.5万平方米）销售完毕；蓝领公寓一期（1.5万平方米）全部出租。安溪县政府加快市政配套建设，横贯园区的206省道及园区内部的横二路、横六路、横七路、纵七路南段、纵十路投用。园区莲苑大道土方工程基本完工，市政雨、污水管施工完成；横一路完成征地工作。

2019年9月24—29日，企业创新服务周期间，湖里工业园区管委会开展政策宣讲　（蔡倩茜　摄）

【湖里园区招商引资】2019年，湖里区与安溪县联合招商，有22家企业入驻，其中14个购地自建项目、8个购买厂房项目。截至年底，14个购地自建项目中，芸台科技、君诺美工贸、健为医疗、欣省控实业等5个项目试投产；佳北消防、小罐茶、欧叶自动化、豪帝卫浴、华乐电缆、业盛电气6个项目土地摘牌；中鼎联科（诚联环保）办理土地报批手续。8个购买厂房项目中，富一锦塑胶投产，贯一食品、金毅发、华夏长顺等3家企业进场装修。

（陈毅国）

交通物流

【概况】2019年，湖里区完成春运安全保障任务，自贸片区空港园区首条定制通勤车线路开通，云创智谷公交场站完成迁移，46路公交绕经两岸金融中心，439B路公交增加车辆密度等工作。是年，湖里区有寄递单位1348家，其中在市邮管局备案的独立许可寄递企业48家、分支机构130家、末端网点241家。全年湖里区物流业实现营收463.9亿元，比上年增长3.5%。兑现厦门顺丰速运、象道物流等13家物流企业2018年度物流产业扶持资金297.45万元。对新开设的“卢森堡—郑州—厦门—洛杉矶”国际货运航线予以兑现惠企扶持资金150万元。

【《湖里区2019年春运工作方案》】2019年1月10日，湖里区出台《湖里区2019年春运工作方案》。该方案要求，按照“安全第一、保障

2019 年 1 月 22 日春运前夕，厦门市及湖里区领导到五通客运码头检查

（甘嘉庆　摄）

有力、方便快捷、服务至上”的总体要求，全面落实安全生产责任和管理措施，严防各类安全事故，确保安全平稳，解决群众出行问题，确保生产、生活物资运输畅通。春运期间，主要任务是加强五通客运码头、东渡邮轮码头、枋湖客运中心和高崎汽车站等重点港站的服务保障及周边的交通秩序管理整治，各相关部门和运输企业按照职责和任务，进一步细化优化工作方案，进一步完善应急预案，确保群众满意、安全出行。航空春运的重点是做好机场 T3、T4 航站楼等枢纽站场的衔接及周边交通组织管理；做好异常天气滞留旅客的疏导和服务，加强对航线区域（特别是高殿社区）周边燃放烟花爆竹、无人飞行器的监管，避免对航班飞行造成影响；加强对气球和风筝放飞场所管理，确保飞行区净空安全。

【2019 年春运任务完成】 2019 年春运从 1 月 21 日开始至 3 月 1 日结束，共计 40 天。春运期间，区领导深入车站、码头调研，走访检查重点交通运输企业 55 家次。下发企业主体责任整改通知书 33 份。针对枋湖客运中心、湖里万达、SM 城市广场、湾悦城、辖区“四桥一隧”接驳点段等 14 个重点部位制定交通疏导应急预案，明确管控措施和绕行路径。春运期间，五通码头保障船班 1426 班，比上年增长 2.89%；客流量 20 万人次，比上年增长 16.35%。厦鼓航线客运量 309.38 万人次，执行 1.58 万个航班；枋湖客运站发送旅客 10.81 万人次，比上年下降 8.38%，累计发班 1.28 万班次，比上年下降 15.44%。

【《湖里区交通运输安全生产专业委员会工作方案》】 2019 年 8 月 10 日，湖里区制定出台《湖里区交通运输安全生产专业委员会工作方案》。该方案规定交通运输安全生产专业委员会工作职责：加强对交通运输行业领域安全生产工作的组织领导，负责研究部署和统筹协调本专业委员会各成员单位涉及交通运输行业的安全生产工作，协调解决交通运输安全生产工作中的重大问题；贯彻落实《中共湖里区委　湖里区人民政府关于推进安全生产领域改革发展的实施意见》，加强交通运输行业安全生产工作经验的总结推广和制度创新，防范遏制交通运输行业生产安全事故，确保交通运输行业安全生产形势持续稳定；开展交通运输安全专项整治、隐患排查和重大危险源监控情况，组织应急救援体系建设和事故处理与责任追究情况，以及交通运输行业安全生产形势、存在问题和主要工作措施等。

【《湖里区油气输送管道安全生产专业委员会工作方案》】 2019 年 9 月 12 日，湖里区出台《湖里区油气输送管道安全生产专业委员会工作方案》。该方案规定油气输送管道安全生产专业委员会工作职责是加强油气长输管道领域安全生产工作的组织领导，建立健全工作机制，确保专业委员会工作规范有效运行。负责研究部署和统筹协调本专业委员会各成员单位的安全生产工作，定期分析行业领域安全生产形势，研究协调本行业领域日常安全生产及油气管道保护范围内特定施工作业审批工作中涉及的安全问题；贯彻落实《中共湖里区委　湖里区人民政府关于推进安全生产领域改革发展的实施意见》，切实加强油气长输管道领域安全生产工作经验的总结推广和制度创新，坚决防范遏制油气长输管道领域行业较大以上事故，确保本行业领域安全生产形势持续稳定；开展油气长输管道领域安全专项整治、隐患排查治理和重大危险源监控情况，组织应急救援体系建设和事故处理与责任追究情况，以及相关行业领域安全生产形势、存在问题和主要工作措施等。

【寄递渠道安全保障】 2019 年，湖里区工信局与湖里公安分局治安大队、禁毒办联合印制 2000 多份宣传材料在辖区所有货运场所、寄递企业张贴发放，要求所有寄递业制度上墙，并张贴在显眼处。重点宣传落实“3 个 100%”(确保寄运物品 100%“先验视、后封箱”，寄递物流活动 100% 实名制，邮件快件 100% 通过 X 光机安检)、扫黑除恶、禁毒以及打击涉枪爆等，提高各寄递业主以及从业人员遵纪守法意识，督促寄递物流从业人员认真落实“3 个 100%”制度。湖里公安分局对辖区寄递业网点开展突击检查，全年出动警力 2100 余人次，检查 3300 余处、发现存在问题 171 处；查处通过寄递渠道进行违法犯罪案件和不落实“3 个 100%”的案件 27 起，处理 77 人。

（戴静静）

信息业

【概况】 2019 年，湖里区软件信息业实现营收 23.2 亿元，比上年增长 2.5%。是年，兑现趣游科技、淘金互动等 15 家软件信息企业 2018 年度软件信息产业政策奖励 402.93 万元。

【《湖里区促进新一代信息产业发展实施办法》】 2019 年 12 月 18 日，湖里区出台《湖里区促进新一代信息产业发展实施办法》。该办法规定：对近两年入选“中国软件和信息技术服务业综合竞争力百强、中国软件业务收入百强、中国互联网百强”的企业在湖里区新设立控股独立法人企业，首次年营收达到 4000 万元（含）以上的给予奖励；对首次入选“中国软件和信息技术服务业综合竞争力百强、中国软件业务收入百强、中国互联网百强”的企业，首次入选福建省互联网企业 20 强的企业，首次入选厦门市龙头骨干民营企业（软件信息服务业类）的企业给予奖励。对年度新增研发费用超过 100 万元的信息企业给予补助。对首次纳入规模以上软件信息服务业统计库，对规模以上软件信息服务业企业给予奖励。支持人工智能创新支撑平台建设，对使用云服务的企业给予补助。对年营收在 1 亿元以上或年区级税收贡献在 100 万元以上企业，按年区级税收贡献的 5%，对企业骨干人才进行奖励。

【第二届数字中国建设峰会厦门分会暨产业招商推介会】 2019 年 5 月 5 日下午，第二届数字中国建设峰会厦门分会暨产业招商推介会在厦门国际会议中心召开。湖里区邀请地平线机器人、智联友道、光环云数据等 8 家外地企业参会。区人民政府、火炬高新区管委会、中励信（厦门）科技有限公司签订框架协议。对接人民网项目考察华美文创园、人工智能先行启动区、海峡新岸等产业发展空间。

【人工智能产业培育】 2019 年，湖里区谋划建设人工智能产业园，重点发展人工智能产业的研发、设计、展示及总部办公。5 月，第二届数字中国建设峰会上，厦门市政府、厦门大学、阳光城控股联合签订合作意向书，将人工智能产业园区纳入建设内容。完成改造人工智能产业园先行启动区（厦门火炬荟智空间），截至年底，吸引北京智联友道项目、创士锋科技园落户。高殿科技园完成 4200 平方米厂房腾挪搬迁。浪潮南方制造基地落户 ABB 原围里厂房，施耐德电气落地 ABB 原火炬路厂房。

【厦门市网络安全进社区暨湖里区网络安全宣传周启动仪式】 2019 年 9 月 16 日，湖里区在创新园区运动馆举办厦门市网络安全进社区暨湖里区网络安全宣传周启动仪式。区工信局邀请趣游、美亚柏科等软件信息企业网络志愿服务队参与首批湖里区网络志愿服务队授旗仪式。区委网信办、区委政法委、区委文明办、湖里公安分局、禾山街道、岭下社区、北京天融信网络安全技术有限公司、杭州安恒信息技术股份有限公司、启明星辰信息技术集团股份有限公司、北京神州

2019 年 9 月 16 日，2019 年厦门市首届网络安全周启动仪式在湖里区创新园区运动馆举行

（戴静静　摄）

绿盟科技有限公司、美亚柏科信息股份有限公司现场开展网络安全宣传咨询。

【网络文明倡议】 2019年7月22日，中共湖里区委文明办、网信办，区工信局向各街道、区直各单位、辖区各网络企业发出网络文明倡议：各街道、各单位要积极开展文明上网宣传教育活动，组织“网络文明我先行”“清朗空间，你我共享”“喜阅时光”等主题网络文明传播活动，达到1个单位带动1个群体、1个群体带动千万个家庭的扩散效应。网络企业要恪守社会责任，牢固树立健康用网、文明用网新理念，把好“源头关”，让网络世界充满善意、暖意和正能量。广泛传播新中国成立以来，尤其是中共十八大以来，伟大祖国所取得的辉煌成就、伟大变革，为中华人民共和国成立70周年喝彩。结合“不忘初心、牢记使命”主题教育、党团活动、职工大会、工作例会等，加强对辖区和本单位干部职工的理想信念教育，塑造挺拔灵魂。社区居民、单位员工、网络企业要以社会主义核心价值观为导向，践行文明用网规范。营造风清气正的网络空间，为庆祝中华人民共和国成立70周年营造浓厚氛围。

（戴静静）

企业服务

【全方位的服务企业体系】 2019年，湖里区印发《关于开展“人到、心到、服务到”重点企业服务活动工作方案》，细化明确256家重点企业的对接服务责任。区领导全年走访重点企业181家次，街道及部门领导走访企业265家次，解决太古发动机新建污水处理站、太古可口可乐车辆通行证等164个企业反映的问题。建立健全区领导干部挂钩服务“三高”企业制度，印发《湖里区领导挂钩服务“三高”企业工作方案》，由区领导、各街道领导一对一挂钩联系“三高”企业，建立“街道吹哨，部门报到”的联动机制，定期走访送政策、解难题，并与自贸区、火炬高新区建立互联互动关系，共同服务辖区“三高”企业。分别开展各3个批次的国高、市高申报工作，集中组织2场高新技术企业申报宣讲会，为企业解读政策。

【《湖里区清理拖欠民营企业中小企业账款工作方案》】 2019年1月24日，湖里区出台《湖里区清理拖欠民营企业中小企业账款工作方案》。该方案要求：区政府部门及其所属事业单位和国有企业（包括政府平台公司）因业务往来与民营企业形成的逾期欠款，重点包括商品采购、购买服务、工程建设、日常水电和房租等超过合同期限或正常约定时间仍未偿付的逾期账款。因民营企业、中小企业自身原因，如票据、工程竣工未达标或未完全履行合同等原因造成拖欠账款，以及仍在诉讼中的拖欠账款，也应纳入清查范围并在备注中加以说明。清理类型包括拖欠农民工工资，涉及供气、供暖等民生安全方面的工程项目欠款，区级财政已下达专项资金预算或通过调剂解决资金渠道的欠款，清偿的地方“两款一金”（工程款、物资采购款和涉企保证金），国有企业应付未付民营企业中小企业账款，按照政策规定入库保留的PPP项目到期应付合同款，暂时难以落实预算资金的地方政府欠款，已被叫停的不规范PPP项目、政府购买服务项目且已形成一定工作量的欠款，确有困难的国有企业应付未付民营企业中小企业账款。

【《湖里区关于开展“人到心到服务到”重点企业服务活动工作方案》】 2019年3月22日，出台《湖里区关于开展“人到心到服务到”重点企业服务活动工作方案》。该方案要求，各街道、挂钩责任部门要创新与企业联系的渠道、方式，围绕企业不同阶段的需求，在区领导走访前，主动靠前做好服务工作，对企业诉求进行甄别把关、分类汇总、建立台账、提出办理建议并报挂钩区领导。挂钩区领导自行安排时间到所挂钩联系的企业走访调研，每家企业每半年至少走访1次，可根据实际需要采取多种形式联系走访。区领导和各街道、挂钩单位走访调研和协调解决困难问题的进展情况，由企业所属街道和挂钩单位于每月5日前报区工信局整理汇总。区工信局梳理汇总后，编印成《湖里区重点企业发展工作简报》，报区“四套班子”办公室呈送各挂钩领导，并转发各相关部门和街道。依托区工信局成立联络工作组，成员由挂钩单位、各街道分管领导组成，各单位要指定1名工作人员为“企业联络员”。

（戴静静）

经济管理与监督

宏观经济管理

【概况】 2019年，湖里区地区生产总值（GDP）比上年增长8.3%，高于年初既定目标0.2%，排名全市第二。工业增加值、批零等其他6项主要经济指标增速高于全省平均水平。其中，工业增加值、实际使用外资2项指标增速高于全市、全省平均水平，排名全市前列。年内，湖里区兑现双创、众创空间、企业上市奖励金、重点产业人才等各项政策扶持奖励合计约3200万元；兑现区属及自贸区和火炬高新区96家总部企业扶持奖励金5000余万元；新增启动17个项目的策划编制工作，其中5个定稿；出让4宗产业用地及枋湖A1、A7、乌石浦等3幅住宅用地。

【产业转型升级】 2019年，湖里区第二产业以45.6%的占比贡献60.6%的经济增长。工业连续20个月拉动地区生产总值增长4%，总量及增幅均位居全市各区首位。其中，平板显示、通信设备制造等高端制造产业链分别增长28.2%、14.6%。国家级高新技术企业增至283家，9家“生根型”企业上榜2019年度福建民企百强。建筑业产值增长32.3%，对全区经济增长拉动创历史新高。

【第三产业复苏】 2019年，湖里区批发零售业复苏，限上批零总量和增速持续保持全市前列；社会零售业增速列全市各区之首；住宿餐饮业新纳统五缘湾凯悦、禹洲温德姆等4家高星级酒店。房地产业止跌回升，对GDP的拉动由负转正。

【创新经济加快集聚】 2019年，全区有326家“三高”企业，占全市15.7%，高新技术产业增加值占全区规上工业增加值86.4%，高于全市19.3个百分点。引入浪潮AK南方总部制造基地、施耐德电气结算中心等高端制造业项目；为存量龙头企业拓展发展空间，亿联网络研发中心成为第一个不套用总部用地出让的岛内办公项目；引入新的优质资源，精准对接微医、邦芒人力、首汽约车、辰帆服务等一批平台经济项目，邮电纵横创新研发中心、忠仑科创研发产业园、“海峡新岸”数字经济创新中心加速推进。湖里创新园全年营业收入突破500亿元。

【招商项目】 2019年，湖里区累计入库招商项目243个、总投资1447.5亿元，项目数及投资额均位列全市各区之首，新签约、引入阳光龙净“一带一路”国际总部、郭氏集团闽南区域总部等总部项目，忠仑优质民办学校、台湾力丽集团等重点项目落地。

【重点项目建设】 2019年，湖里区辖区内有39个省、市重点项目，完成投资65.2亿元，完成年度投资计划的131%，提前2个月完成全年计划。新增“五个一批”项目155个，占累计在库项目30%以上。两岸金融中心人才租赁房、五通金浦花园安置房等18个项目开工建设，推进欣贺研发设计中心等56个项目，湖边小学、航空古地石广场等27个项目竣工。

【旧村改造】 2019年，湖里区完成西村社、忠仑社、马厝社、下忠社等14个自然社的整村签约，完成房屋征收签约362.7万平方米，超过全区前四年征签总和，占全市当年征签总和的53%。

【城市更新改造提升机制探索】 2019年，湖里区全面启动涉及10个“村改居”社区、29个自然社、现状村庄占地5平方公里、总投资约2200亿元的湖里东部旧村整村拆迁改造，编制完成《湖里区东部新城功能提升项目之战略构想》，编制东部片区整体规划，组建五缘湾北、湖边水库东等七大片区指挥部和项目公司，探索完善“先商谈、预签约、再公告、后选房”的旧村整村改造新模式。试点实施涉及10个“村改居”社区、22个自然社、房屋总量1.24万栋的湖里西部旧村整村更新提升，推进湖里、塘边、马垅等6个社区试点工作。

【管理和盘活空间资源】2019年，湖里区完成智慧土管信息一期开发工作，制定《厦门市湖里区土地房屋储备管理暂行办法》，规范收储工作程序。全年出让7幅用地，其中含厦门银行、创新园酒店等4宗产业用地及枋湖A1、A7，乌石浦等3幅住宅用地，总地价172.45亿元，占全市经营性用地总收入2/3以上。

【信用工作机制】2019年，湖里区加强信用信息归集共享，做好“双公示”信息和红黑名单信息归集，梳理公共信用信息归集目录，全区信用目录总量为5294类，信用数据总量68186条。新增2项企业扶持管理应用场景；区直各部门推出10个“信易+”应用场景，通过优先办理、降低门槛、简化程序等形式激励市民的守信行为。

【生态文明建设】2019年，湖里区跟踪、督促各相关部门落实生态文明改革任务，梳理形成具有湖里区特色的示范经验。策划实施区级生态环保目标责任制考核工作，完成2019年绿色产业政策清单，内容涵盖节能降耗、绿色金融、绿色建筑、生态保护和产业园区绿色升级等方面。

经济体制改革

【概况】2019年，湖里区深化“2+4+N”发展战略，提升产业链水平，带动一批具有主观能动性的企业和企业家，夯实实体经济，推动高质量发展。培育中高端消费、现代供应链、人力资本服务等新增长点，加快民生基础设施补短板。发挥与自贸试验区、火炬高新区的“双自联动”创新优势，释放创新创业创造动能，引导创新企业设立专业研发机构，推动众创空间孵化培育，完善“双百”人才、重点人才等扶持政策，吸引更多高层次人才就业发展。推动东部旧村整村改造、西部旧村整村更新提升工作，完善旧村整村改造和更新提升的运作机制。

【供给侧结构性改革】2019年，湖里区在“岛内大提升”314个支撑项目基础上，梳理113个重点跟踪项目，逐一明确投资额。其中，重点推动厦门之眼、湖里体育公园、凤头渔村特色小镇等14个带动性强的项目包。联合火炬园盘活ABB厂房，引入施耐德电气、浪潮AK南方制造基地等一批先进制造业项目；乔丹实业承接改造东林电子厂房。千亿产业链加快发展，平板显示、通信设备制造分别增长32.1%、22%，高新技术产业增加值占全区规上工业增加值的86.4%。

【创新驱动发展机制】2019年，湖里创新园增长率主营收入421.35亿元，完成税收17.9亿元，园区有上市企业17家，推进欣贺研发设计中心、飞鱼科技、博宏科技等一批创新型企业总部建设；推动亿联土地出让项目落地；“特区·1980”湖里创意产业园完成联发华美文创园、海峡文创口岸、两岸客家文化创意产业基地等七大文化创意产业园区的改造，完成改造厂区约20万平方米，总投资近7亿余元，引进企业490家，其中文创企业近300家。

【招商引资机制创新】2019年，湖里区首创多币种中外合伙股权投资基金项目。与自贸委针对中金资本、亚腾资本等系列基金项目展开联动招商，理顺中外合伙股权投资基金项目落地流程，共同协调市商务局、外管局、人民银行等相关单位，解决在推进过程中遇到基金备案、外汇监管等重点难点问题，简化项目资金入境流程，解决外资资金逐笔入境问题。

价格监督管理

【概况】2019年，湖里区出台《湖里区发展和改革局　湖里区教育局　湖里区财政局关于优质普惠幼儿园价格指导的暂行办法》《湖里区发展和改革局　湖里区教育局　湖里区财政局关于优质普惠义务教育学校收费定价暂行办法》2个办法，规范优质普惠幼儿园和优质普惠义务教育学校收费；开展公、民办幼儿园办园成本核算工作，评估办园收费成本；全年受理价格投诉举报及舆情专报59件。

【民办幼儿园保育教育费监管】2019年5月27日，湖里区印发《湖里区发展和改革局　湖里区教育局　湖里区财政局关于优质普惠幼儿园价格指导的暂行办法》，规范新开办民办幼儿园收费行为，保障受教育者和幼儿园的合法权益，属全市首创。区发改局全年为湖里区10家新开办民办幼儿园进行了保育教育费的价格指导。

【民办义务教育定价管理】2019年，湖里区制定《湖里区发展和改

2019年6月11日，湖里区发改局牵头区教育局召开辖区公办幼儿园保教费价格调整座谈会　（陈凌樱　摄）

革局　湖里区教育局　湖里区财政局关于优质普惠义务教育学校收费定价暂行办法》，对新开办的厦门市湖里区金鹰学校、厦门市湖里区华鹏学校核定收费价格。

【成本核算】 2019年，湖里区发改局委托厦门中泰信会计师事务所对辖区内18所公民办幼儿园进行成本核算。摸清各类幼儿园办园成本，指导保育教育费收费标准的制定。

【价格投诉举报受理】 截至2019年3月底，湖里区发改局物价所受理各类价格投诉举报57件，累计执法检查150人次。4月始，湖里区发改局价格监督检查职能移交至区市场监督管理局，其不再承担价格检查监督职责。

2019年1月22日，湖里区发改局工作人员到东渡国际游轮码头监督检查春节、元宵节市场价格　（陈凌樱　摄）

粮食和物资储备管理

【概况】 2019年，湖里区粮食和物资储备局完成辖区1家应急定点粮油加工企业和34家应急定点供应粮店的认定与管理工作。落实好粮食安全行政首长责任制考核要求，完成2018年度考核任务，被厦门市综合评定为优秀，考核结果与同安区并列第一名，受到市政府办公厅的通报表扬。

【粮食应急供应网络建设】 2019年，在企业自愿申报，市、区两级发改（粮食）部门对照条件核实基础上，湖里区认定应急定点粮油加工企业1家，应急定点供应粮店34家。

【粮食安全工作主体责任】 2019年，湖里区重新调整区粮食安全工作领导小组，配合厦门市粮食局开展粮食安全行政首长责任制考核工作。区长主持研究粮食安全工作，听取湖里区落实粮食安全行政首长责任制工作情况汇报，加强粮食安全链条管理，抓细粮食的存储、运输、供应等工作。将严格落实食品安全监管责任写入2019年度湖里区政府工作报告。

【爱粮节粮宣传教育】 2019年10月16日世界粮食日，湖里区在区政府大楼、机关食堂、各街道及各社区张贴宣传海报，发放宣传小册子100余份，开展爱粮节粮宣传教育。12月3日，发放《粮食流通管理条例》《福建省粮食流通管理办法》等相关法律法规知识手册，加强普法宣传。

【粮食安全检查调研】 2019年10月22日，湖里区发改局邀请厦门市发改委储备流通处到厦门第一粮

2019 年 12 月 12 日，湖里区区长林重阳（前排左三）带队到永辉超市闽南古镇店开展粮食安全检查调研　　（陈凌樱　摄）

库和第二粮库走访调研。通过实地查看和座谈方式与站库负责人交流粮库建设发展情况，了解储备粮轮换进展及仓容、粮库日常管理、检测能力和设备配置等情况。12 月 12 日，区长林重阳带队到第一粮库和永辉超市闽南古镇店开展粮食安全检查调研。了解企业生产经营中的问题、需求及困难，为企业提供力所能及的帮助，保障粮食安全。

（黄汉杰）

国企国资监督管理

【概况】 2019 年，湖里区出台《湖里区区属国有企业违规经营投资责任追究试行办法》，举办国企干部培训班，增强企业经营管理人员责任意识，防范经营投资风险，保障国有资产安全，防止国有资产流失；加大对区属国有企业“三重一大”制度执行情况、对外投资、违规经营、对外担保及拆借资金、资产工程招投标管理等重点领域和关键环节的监管力度，严守国有资产安全底线；规范国企薪酬管理，根据《湖里区区管国有企业领导班子和领导人员经营业绩考核办法》，组织开展区管国企 2018 年度经营业绩考核工作。配合区委组织部检查 2 家区管国企人事、薪酬发放等相关制度建设及执行情况。

【国有资产运营】 2019 年 2 月，湖里国投集团成立一级子公司——厦门湖里国投资产运营有限公司，负责经营性房产的出售、自有资产及代管资产租赁、产权手续办理等。引进并使用资产租赁管理系统、线上竞价系统，实现资产的动态化、智能化管理，强化资产招租流程的公开透明度。截至 2019 年年底，湖里国投集团管理经营性资产 538 处。其中，自有资产 138 处 14.01 万平方米；代管资产 400 处 9.14 万平方米。全年实现租金收入 5178 万元。其中，自有资产租金收入 3223 万元，代管资产租金收入 1955 万元。

（苏丽缎）

【区、街办企业清理】 2019 年，湖里国投集团继续开展中共湖里区委、湖里区政府下达的 8 家区、街办企业清理任务。截至年底，完成厦门市湖里区劳务派遣有限公司、厦门金山欣湖建设开发有限公司、厦门市湖里区凤祥五交化经营部、厦门市自行车零配件二厂、厦门市湖里鸿发物业经营部等 5 家企业接收。厦门市湖里工贸总公司、厦门市特嘉工贸发展有限公司等 2 家企业进入法院强制注销程序，厦门市湖里储运公司进入投资人变更阶段。

（叶淑红）

【天地公司资产管理及股权投资】 截至 2019 年底，天地公司自有房地产 20.97 万平方米，年租金收入 8000 余万元，比上年增长约 7%。入股合作的优望长租公寓运营公司签约长租公寓 1 万间；合资设立的黑晶石商管公司接洽近 20 个项目，签约包括软件园三期百度福建运营中心在内的 4 个项目；打造天地（厦门）建材家居广场品牌，探索家居建材广场品牌输出合作。是年，天地公司投资青牛、中创为量子等优质项目 5 个，出资 1.1 亿元。截至年底，股权投资公司持有 7 个直投项目、20 支股权基金，合计认缴投资约 8.4 亿元，覆盖超过 150 个项目，其中上市项目 5 个，申报 IPO 项目 7 个。

（巫灵青）

审　　计

【概况】 2019 年，湖里区完成审计和审计调查 18 个，查出管理不规范金额 3.16 亿元，违规金额 57 万元，移送区纪检监察机关 2 件，审计信息简报被上级批示、采用 56

篇，完成交办配合事项 19 项，提出审计建议 53 条。是年，湖里区选送的 1 个审计项目获得市级表彰审计项目；厦门市委主办的《厦门通讯》首次正面宣传湖里区开展自然资源资产审计工作和审计进小区的创新经验做法，人民网—福建频道、审计署网站、福建省审计厅网站等主流媒体报道湖里区“审计进小区”的创新模式和做法。

【审计工作规范化制度化】 2019 年，湖里区成立区委审计委员会，开展相关审计工作和建立相关制度，确保区委审计委员会及其办公室有序运作。制定《中共湖里区委审计委员会工作规则》《中共湖里区委审计委员会办公室工作细则》《中共湖里区委审计委员会办公室重大审计事项报告和重要文稿报送工作机制（试行）》，推动区委审计委员会及其办公室工作机制规范化、制度化。

【同级财审和其他审计】 2019 年，湖里区审计局开展 2018 年度区本级财政预算执行和其他财政收支情况审计，对重大政策措施贯彻落实情况跟踪审计，加大对经济社会运行中各类风险隐患揭示力度，加大对重点民生资金和项目审计力度。是年，湖里区开展国有企业审计、跨区交叉审计和党费使用情况审计等其他审计。查出管理不规范金额 3.12 亿元，违规金额 29.54 万元。

【政策跟踪审计】 2019 年，湖里区每季度组织开展减税降费政策、清理拖欠民营企业中小企业账款等政策落实情况跟踪审计。将拖欠民营企业账款 57.62 万元清偿完毕。

【经济责任审计】 2019 年，湖里区审计局联合区纪委探索“1+X”工作模式，将经济责任审计工作与区委巡察工作相结合，查出管理不规范金额 407.3 万元，违规金额 27.46 万元，移送区纪检监察机关 2 件。

【党政主要领导干部自然资源资产离任审计】 2019 年，湖里区突出对生态环境保护重点目标完成情况的审计，加强生态环保。重点审计土地、水、森林、海洋等自然资源和相关生态环境保护事项，延伸审计调查相关单位。经审计，发现辖区范围内存在禽畜养殖未完全禁养，仍拉网养殖鸡鸭，个别地段环境卫生情况较差，古树名木养护不到位等问题。

【审计整改落实】 2019 年，湖里区完成 18 个审计项目，发现 96 个问题，88 个问题完成整改，8 个问题部分整改，整改率 91.67%。区审计局加强跟踪督促检查，督促部分整改的单位加大工作力度，有序推进整改，严格落实整改销号，确保真整改、改到位。

【创新审计进小区模式】 2019 年，湖里区率先在全市开展审计进小区试点工作，推动审计监督重心向基层下移，破解当前小区治理存在的突出问题。8 月，区审计局党支部联合徐厝社区率先在小区创建审计监督服务点，小区业主、小区业委会、物业公司、社会审计和高等院校专家学者共同参与小区治理。

【“两统筹”工作要求贯彻落实】 2019 年，湖里区审计监督与纪检监察监督、巡察监督联动协作，区审计局派出 7 人次参与区委巡察工作。联合区税务局召开减税降费政策专题调研座谈会，定期组织开展全区减税降费政策落实跟踪审计。区审计局联合区财政局、区人社局、区总工会，对部分单位在中秋、国庆节期间的“三公”经费和事业单位实施绩效工资以及工会经费进行专项检查。经审计，查出个别单位财务报销手续不完整、经费支出不符合规定、未按规定公示夜餐费用、工会经费报销手续不规范等问题。

（李　舫）

统　计

【概况】 2019 年，湖里区统计局坚持统计服务靠前，全力服务经济运行，开展与 GDP 核算相关的各专业统计，加强统计分析研判、数据核查力度，开展调查工作。完成全国第四次经济普查任务，加强统计法治建设及宣传。

【全国第四次经济普查】 2019 年，湖里区开展全国第四次经济普查工作。此次普查单位有 43671 家，9 个普查小区 1867 户个体户被抽中进行登记。截至 2019 年 4 月 19 日，全区非一套表法人单位登记率约 88.8%；个体经营户上报率 100%；另外，1355 家一套表单位于 3 月 10 日完成上报。

【专项检查】 2019 年 4 月 22—23 日，湖里区统计局联合厦门市统计局开展第四次全国经济普查专项执法检查，同时，监督检查殿前街道及辖内企业依法普查情况。市统计局相关处室领导分别听取湖里区统计局、殿前街道办的四经普工作汇报，并在湖里辖区内规模较大的非一套表企业中，抽查 6 家商贸业、服务业企业，专项执法检查其经济普查相关财务指标和人员工资等数据。接受检查的企业填报数据真实、完整，对个别因普查业务理解不到位产生的数据误差，核实并改正。

【“双随机”执法监督检查】 2019年，湖里区统计局开展“双随机”执法监督检查，全区3名国家统计执法证持证人员及相关专业负责人参与此次检查。检查人员通过平台随机抽取9家“一套表”单位，涉及工业、商贸业、建筑业、服务业4个专业。检查人员逐一查阅企业的统计台账、会计凭证等相关资料，并对照联网直报平台数据核查，对个别单位存在指标理解不透、误差在合理范围内的问题进行现场反馈，无发现统计违法行为。本次检查结果通过湖里区政府网站公开，确保“双随机一公开”工作的开展扎实有效。

【统计法治】 2019年年初，湖里区召开年度统计法治工作会议，确定分管领导和法治负责人，制定年度法治工作计划，并要求全体工作人员知法守法，严格依法办事；落实统计法治工作经费，配备必要的执法办案工具和普法设备。配合福建省统计局、厦门市统计局做好地方性法规、规章的起草修改工作；协助省、市局开展立法意见、建议征求，报送立法意见、建议。湖里区统计局把《中华人民共和国统计法》《中华人民共和国统计法实施条例》等的宣传教育列入普法计划。区统计局全员学习统计法律法规知识、依法行政知识。

（杨　菲）

【企业一套表工作】 截至2019年年底，湖里区有121家区属规上工业企业、550家限上商贸及餐饮住宿业企业、271家资质以上建安企业和63家房地产开发企业、273家重点服务业企业通过“一套表”联网直报系统报送统计数据，另有各类企业1401家通过“一套表”联网直报劳动工资情况。

（陈豪伟）

【统计服务】 2019年，湖里区统计局各专业人员融入湖里区主要经济指标工作小组，招商引资、项目前期、企业服务全方位提前介入。会同省市级统计部门，加强一线统计指导，深入项目和企业一线，研究行业属性、数据协调和匹配关系，破解东部旧村改造、西部提升固定资产投资入统难题，指导相关单位依法纳统、及时纳统，提高数据质量，确保统计数据真实客观反映湖里区经济社会发展趋势。

【统计监测】 2019年，湖里区统计局对主要行业、重点企业的波动和消长变化进行监测，为精准施策提供优质统计服务保障。做好行业跟踪监测，服务保障经济运行。跟踪监测经济运行趋势，对经济总体运行情况、GDP运行趋势、行业动态、新经济合理纳统等方面加强分析研判，对经济发展的短板问题提出分析建议，为湖里区相关产业扶持政策的出台当好参谋，为精准施策提供数据支撑。

【统计质量】 2019年，湖里区统计局做好各专业一套表企业统计，加强与厦门市统计局各业务处室的互动沟通，做好数据核查、数据质量、数据异动的调查、处理、沟通、协调、解释说明，为各项工作提供数据服务。应对GDP核算改革，加强对行业部门的统计业务培训，指导相关行业部门和各部门做好核实改革应对准备。

（张明琳）

市场监督管理

【概况】 2019年，湖里区新增设立登记各类商事主体39135户，其中企业15713户，个体工商户23422户。截至年底，辖区内各类商事主体46242户（包含自贸区6282户，火炬园255户）。其中，各类食品经营户9128户，药品经营户35户。全年立案查处食药、医疗器械，商标等各类违法案件316件，案值155万元，罚没257.9万元。全年受理各类消费投诉举报16818件。其中，投诉12667件，举报4151件，涉案总金额8095.02万元，挽回经济损失2976.29万元，加倍赔偿21.09万元。办理信访3268件。

【窗口建设】 2019年，湖里区市场监督管理局精简、整合和重构登记窗口内部办事流程，新增设1个综合窗口，2个联络人备案专窗，在原来每日362个受理号（含预约号及现场号）的基础上，再加120个受理号。修改完善线上、线下预约渠道及预约规则，实现预约号与企业名称相捆绑，并在受理窗口显示公开，实现线上随时预约有号，线下随时现场可办。

【旅游市场乱象整治】 2019年，湖里区市场监督管理局组织业务骨干开展旅游市场集中整治，检查75家旅游团餐接待单位，开具70份《监督检查意见书》，立案12起；集中打击27家舆情多发的旅游购物场所，封存珠宝首饰72箱，查处旅游市场违法案件24起，有效遏制旅游市场乱象。在鼓浪屿导游威胁游客事件发生后，11月25日中午，区市场监督管理局检查厦门青山时雨商贸有限公司东渡经营场所，现场查扣687片三无茶叶，并保存有关商业贿赂的单据和相关物品。是年，辖区接到旅游投诉举报296件，比上年下降50%。

【冒用身份证专项整治】 2019年，

2019 年 5 月，湖里区市场监督管理局工作人员检查农贸市场猪肉进货票据

（湖里区市场监督管理局　供图）

湖里区受理冒用他人身份证登记注册公司举报 220 件，辖区开展冒用身份证专项整治。下发《关于简化撤销冒用他人身份证骗取登记工作流程的会议纪要》，明确对经调查事实清楚的，有公安机关报案记录和承认书，不需要笔迹鉴定，可实行简化程序撤销。全年办结冒用他人身份信息撤销登记 167 起，消除了对被冒用人产生的不良影响，实现零败诉。

【错时监管严防“漏洞”】 2019 年，湖里区市场监督管理局针对中埔蔬菜批发市场、水果批发市场、水产批发市场等不同批发市场的交易特点，落实分时段“错时监管”工作制度，着重把握凌晨 0:00—4:00 时段。通过错时监管，对进场查验、索证索票、快速检测、“一品一码”以及可追溯专用电子秤的使用情况、不合格食品后续处理等环节进行突击检查，监督批发市场开办单位落实法定义务。全年开展 21 次错时监管，召开源头市场禁止非法添加、杜绝螃蟹过度捆绑和使用不合格计量器具等普法培训会 5 次，约谈市场开办单位 6 次，指导场内经营户签订食用农产品安全承诺书 300 余份。针对源头市场办结 57 起不合格农副产品限时核查，立案查处源头市场食用农产品案件 13 起。

【校园及周边食品安全监督管理】 2019 年，湖里区市场监督管理局针对校园及周边食品安全工作存在的薄弱环节和风险隐患，梳理问题清单，多措并举采取闭环式监管；多次召开校园部署会，压实责任、强化整治、常态监管。学校建立以校（园）长为第一责任人的食品安全责任制，层层签订责任书；落实学校食品安全工作责任与机关干部挂钩责任制，形成区教育局、区市场监管局、区城市管理局、街道 4 个部门共同负责、齐抓共管的网格化管理体系。区市场监督管理局联合区教育局实施校园食材供应统一招标，实现食材从出产地到学校食堂的全程可控模式；推动为民办实事“雪亮厨房”建设落实，全市率先在湖里辖区 59 家公办学校及 12 家集体办学校食堂推行雪亮厨房建设；开展食品安全教育进校园，拍摄校园食品安全应急宣传片等。是年，在市对区 2019 年春季、秋季校园食品安全督查工作中，湖里区 2 次获得全市第一。

【集体配送单位和中央厨房监管】 2019 年，湖里区针对部分集体配送单位和中央厨房存在食品安全制度和人员管理落实不到位、加工操作

2019 年 11 月，湖里区市场监督管理局在金鸡百花电影节定点酒店检查

（湖里区市场监督管理局　供图）

不规范等问题，着力规范企业经营行为，降低食品安全风险。在示范性标杆企业召开全区集体配送单位及中央厨房企业开展“4D”食品安全管理体系建设现场观摩研讨会，以典型推动行业进步，提升餐饮食品安全管理水平，防控食品安全事件发生。

【大中型餐饮企业监督管理】 2019年，湖里区日常监督检查和专项抽检并举，开展酒店专项督查，对大型保障活动的鱼类、贝类等海鲜，蔬菜水果高风险食材开展食品安全专项抽检。全年完成建发厦门马拉松、厦门国际海洋周、28届金鸡百花电影节等22场重大活动餐饮服务环节食品安全保障任务。

【机关企事业单位食堂专项整治】 2019年5月至12月，湖里区在全区范围内开展为期7个月的机关、企事业单位食堂专项整治行动。从摸底排查、规范整治、总结提升三个阶段，对场所环境、设施设备、加工制作等方面进行排查整治。截至年底，规范110家食堂，达到“布局合理、设施齐全、制度完善、食安保障”的总体目标。

【药械日常监管】 2019年，湖里区市场监督管理局现场检查药品经营企业410家次，医疗器械经营企业218家次，化妆品经营使用单位339家次，医疗机构266家次。完成“两品一械”抽样任务286批次，组织药品零售飞行检查30家次，撤销GSP证书6家次。根据2019年福建省对厦门市药品满意率“两品一械”监管考核评价指标，区市场监督管理局应立一般程序案件60件，已立案67件，办结71件，超额完成考核指标。

【特种设备安全检查】 2019年，湖里区对辖区16家特种设备重点使用单位开展现场检查，发现各类隐患29项，已全部整改完成。开展特种设备安全检查和隐患排查治理，在“清网行动”平台数据清理工作中涉及湖里辖区277家使用单位683台特种设备，除上报市局拟公告停用、注销和正在检验过程的设备外，其余567台设备均已完成平台状态变更，达到“清网行动”既定目标。

【被投诉企业约谈】 2019年，湖里区市场监督管理局开展对戴尔公司、厦门航空有限公司等投诉异常企业的约谈。对空港航星、海翼泰成等汽车4S店进行集体约谈。通报投诉情况，指出具体问题，指导改善措施，提出整改措施和时间进度。

【各类违法行为查办】 2019年1月5日起，湖里区开展整治保健市场乱象百日行动，查处各类保健市场违法案件8起。其中，虚假宣传6起、虚标生产日期1起、无证生产经营1起，涉案金额3.88万元，办结7起，罚没款约48.07万元。3月，查办厦门淘沙时代网络科技有限公司刷单扣点、刷单提现手续费等组织虚假交易案，对当事人罚款25万元。7月，查办厦门大能贸易有限公司销售的食品涉嫌篡改生产日期案，下架新华都、永辉、山姆等300余家大中小型商超门店的涉案产品，没收百吉福食品1027箱，进口食品1852盒，并处罚款247.22万元。

（陈琼英）

【企业质量诚信承诺书签订】 2019年9—10月，湖里区组织亨国（厦门）精机工业有限公司、艾美森新材料科技股份有限公司等41家企业签订《企业质量诚信承诺书》。承诺书规定，落实企业质量主体责任，严格遵守《中华人民共和国产品质量法》《中华人民共和国标准化法》《中华人民共和国计量法》等法律法规，加强全员、全过程、全方位的质量管理，推行先进质量管理方法，完善计量保证体系、标准化体系和质量保证体系，严格原材料、生产过程、产品出厂和储运销售全过程的质量控制。建立质量安全事故主动报告制度，严格落实质量安全责任追究制度，完善产品质量追溯体系，解决消费者的质量投诉，自觉履行产品质量召回、“三包”等产品质量责任和义务。

（戴静静）

安全生产监督管理

【概况】 2019年，湖里区以守护城区安全为主线，以防范遏制重特大事故为主攻方向，开展重点行业领域隐患排查治理，构建安全监管责任体系、隐患排查治理体系、应急救援体系和宣传培训体系，强化责任，狠抓工作落实。聘请厦门九安检测评价有限公司等4家中介服务机构开展较大危险因素辨识，累计完成500家企业检测评价。全年发生生产安全事故38起，死亡11人，比上年分别下降42.4%、26.7%，未发生较大及以上生产安全事故。

【安全生产责任落实】 2019年1月23日，湖里区印发《湖里区党政领导干部安全生产责任制实施细则》，加强全区各级党委（党组、党工委）、政府和部门对安全生产工作的领导。区领导分别带队对辖区企业进行多次安全生产检查，全年组织节日等重点时段检查组28

2019 年 9 月，湖里区领导带队检查中秋、国庆双节期间安全生产工作

（湖里区应急局　供图）

个，对 80 多家重点企业的重要部位、环节进行检查，督促整改隐患 30 处。

【专业委员会】 2019 年，湖里区累计成立工商贸易、交通运输、消防、建筑工程施工、危险化学品、燃气、市政地下管网、特种设备、文化和旅游、校园、油气输送管道、养老护理和救助、民用爆破 13 个专业委员会。各安全生产专业委员会通过开展全方位、地毯式安全专项整治和隐患排查治理，查漏洞，补短板，加强重大危险源的监控，严惩各类非法违法行为，确保本行业领域安全生产形势持续稳定好转。区长林重阳带队对 8 个专委会领域的安全生产工作进行调研检查，督促 14 家企业整改 20 处隐患；7—12 月，各专委会开展执法检查和隐患排查，全区发生各类生产安全事故 7 起，死亡 4 人，比上年事故起数下降 82.5%，死亡人数下降 60%。

【工商贸企业隐患排查与事故防控】 2019 年，湖里区排查辖区危险化学品、有限空间、粉尘涉爆、人员密集场所等企业的工艺技术、事故防控及安全隐患治理。从 7 月起，以政府购买服务方式邀请专家会同大队执法队员检查辖区 106 家高危重点企业，提出书面整改意见报告，由执法队负责跟踪落实整改闭环。截至年底，106 家重点企业完成第一次排查，排查出隐患 210 条，发出整改指令 51 份，行政处罚 30 起。

【隐患排查治理专项行动】 2019 年，湖里区安委会制定《湖里区安全生产隐患排查治理专项行动实施方案》《关于进一步深化做好安全生产隐患排查治理专项行动的通知》，部署全区安全生产隐患排查治理工作。湖里区督促企业签订《企业安全生产大检查自查自改承诺书》，全年有 36018 家生产经营单位开展自查自纠，检查单位和场所 31588 家，排查整改隐患 24996 项，停产、停业整改 64 家，取缔关闭 12 家，行政处罚 184 家，罚款 305.8 万元。安全网格员加强辖区隐患摸排，发现安全隐患点，采取措施加以化解。湖里区对生产经营建设单位进行抽查，督促企业隐患整改落实闭环管理。

【防风险保平安迎大庆活动】 2019 年，湖里区各部门分别制定“防风险保平安迎大庆”行动方案，督促辖区 5655 家单位开展自查自纠，发现整改隐患 2347 处，自改隐患问题 1627 项。国庆前再次召开专题会议，部署 70 周年大庆消防安保工作。湖里区主要领导多次带队调研、视察辖区消防安全工作，对辖区“不放心”场所整改情况进行督导检查，加大对“不放心单位”和“不放心区域”巡查，突出“三合一”场所、大型城市综合体、公共娱乐场所、宾馆饭店、养老福利机构、劳动密集型企业等场所的整治。

【“除隐患、遏事故、保安全”百日行动】 2019 年 7 月 26 日，湖里区印发《湖里区人民政府安全生产委员会关于开展“除隐患、遏事故、保安全”百日行动的通知》，进行相关工作部署。至 10 月 31 日，出动 1870 人次，排查生产经营单位 7528 家，整改隐患 4528 处。对生产安全事故多发的行业和区域，开展警示、约谈、挂牌督办。“百日行动”期间持续高温，重点部署防溺水工作，通过设立“安全小板报”等栏目，在全社会开展安全知识普及。

【全区炭烤店安全隐患排查整治】 2019 年 6 月 3 日，湖里区下发《关于开展全区炭烤店安全隐患排查整治工作的通知》，安排部署辖区开展炭烤店安全隐患摸底排查工作，督促相关店铺落实安全生产主体责任，严防一氧化碳中毒事故发生。成立 5 个检查组，联合各街道等单位检查辖区烧烤店，并建立炭烤店的基本台账。经排查，辖区有各类烧烤店 477 家，其中烧烤加热源主要包括炭烤、电烤、液化气、固体酒精四类，炭烤占 70% 以上。针对存在通风条件不良、灭火器配备不足或过期、电源线路布设不规范、个别烧烤店使用双火源等安全隐患，督促商户整改隐患问题，做到立查立改。在排查的过程中，采取以案说法、发放宣传材料、组织安全常识测试、签订安全告知书、组织安全培训等方式，向烧烤店营业者及职工开展安全宣传教育，发放相关宣传材料 2600 余份。

【“金鸡百花”电影节期间生产安全】 2019 年 11 月 19—23 日“金鸡百花奖”活动开展期间，湖里区组织对 3125 家生产经营单位进行安全生产专项检查，排查整改隐患 979 处。活动期间，全区没有发生生产安全事故，安全形势稳定。

【危险化学品安全检查】 2019 年，湖里区开展危险化学品安全检查，检查危化及工商贸生产经营单位 725 家次，排查并整改隐患 426 处，发出整改指令 56 份，完成 59 起安全生产违法行为行政处罚，其中事前处罚 50 起，事后处罚 9 起。

【安全生产宣传】 2019 年，湖里区印制 1000 本《新形势下安全生产改革发展文件汇编》发放给全区干部学习，推动党政领导干部安全生产责任的落实。发放“致广大居民群众一封信”21 万份、“小手拉大手”21 万份，提高居民的安全意识，特别是中小学生的安全意识。印发有限空间安全宣传海报 1.4 万份，加强一氧化碳中毒等事故案例的宣传，提高生产经营单位工作人员的应急处置能力。在蔡塘广场举办“安全生产月”启动仪式和现场咨询日活动。制作安全生产公益宣传动漫和 VR 体验软件，介绍危险化学品的品类和注意事项、公共突发事件疏散逃生方式方法、燃气泄漏的正确操作等安全常识。开展安全生产宣传教育“七进”活动，印发宣传品 340 种 92.34 万份。组织专题培训 320 场次，28529 人参加培训。组织知识竞赛 15 场，参赛 1161 人。分别组织全区 397 家二级消防安全重点单位微型消防站、55 支社区微型消防比武竞赛及 101 支物业服务企业消防技能比武竞赛。

【应急救援处置】 2019 年，湖里区值班人员 24 小时在岗，重要时期落实备勤组值班，为湖里消防大队采购 4 台消防车及相关消防器材，应急处置能力得到提升。制定《湖里区突发公共事件总体应急预案》，组织对全区重点行业领域的应急救援队伍进行普查。按计划接收自然灾害灾情上报及避灾点建设等工作，对接落实全国减灾综合示范社区创建工作。建立和完善安全事故和灾害应急处置预案，组织开展有针对性的演练。开展自查自纠及提升工作，及时完善和更新物资器材，确保满足应急需要。部署全面完成地震预警终端系统的建设，安装至区政府大楼及每个街道、社区，增强防御地震灾害能力。

（许溪圳）

财政　税务

财　政

【概况】 2019年，湖里区实现财政总收入216.63亿元，比上年增收15.26亿元，增长7.58%，完成调整后预算104.99%。其中，区级财政收入49.6亿元，比上年增收2.12亿元，增长4.47%，完成调整后预算103.36%。全年公共财政预算支出58.49亿元，完成调整后预算109.75%。

【财政收入增加】 2019年，湖里区财政局与税务部门凝聚共识，完善财税联席会议制度，发挥企业大数据平台和财税金融平台作用，对主体税种、重点税源、纳税大户实行信息化重点监控，形成征管合力。做好证券公司上市企业个人限售股减持所得税、房地产企业项目税收等重点税源跟踪入库工作。全年清缴东区开发、新景地、恒禾置地、歌福斯特、兆裕等房地产开发企业土地增值税30.94亿元。全年兑现各类财政扶持资金22.89亿元，比上年增长142.95%。

【集中财力保民生】 2019年，湖里区除刚性支出和重点项目支出外，年初，按照不低于10%的目标压减各街道办、部门的一般性支出6245万元。全年“三公”经费和会议费支出618.21万元，比上年下降13%。集中有限财力保障民生事业，全年全区民生事业支出37.71亿元，占财政总支出的64.47%。其中，教育支出13.68亿元，推进高林学校、天地幼儿园等5所校（园）建设，鼓励社会力量举办优质学校，增加学位供给，推进教育质量提升和教育强区建设；城乡社区支出10.25亿元，打造“大城管”深化版，完善市政领域“国企管养+行政监管”机制，启用“数字湖里”公共管理平台，实现城区管理常态化、长效化和精细化；社会保障和就业支出8.29亿元，推进社会福利中心、人力资源和法律服务中心建设，落实低保救助、临时救助、医疗救助、残疾人居家护理救助等各类救助政策，兑现各种促进就业优惠政策，提高财政兜底能力。

【财政预算管理】 2019年，湖里区政府按照人大批复的预算安排财政支出，严格控制预算追加，原则上不在预算执行中出台新增长期性及刚性支出政策；对于确实需要增支的事项，在部门预算内调剂解决；对预计当年无法实际支出的项目要及时调减当年预算或调剂用于其他亟须资金的支出，防止形成资金沉淀。实现年初预算绩效目标全覆盖，试点编制实行部门整体绩效目标；加强年中预算执行绩效监控，结合预算调整，及时对未达到绩效目标的项目进行调整；扩大项目支出绩效自评范围，对100万元以上的项目支出开展100%的绩效自评，低于100万元的按不低于项目总数75%的比例开展自评。

【落实减税降费政策】 2019年，湖里区成立减税降费工作领导小组，建立跨部门协调机制，与区税务局建立协同共治工作机制，定期召开联席会议，协调推进有关工作；联合区税务局、税友公司对全区122户行政机关和事业单位组织个税新政操作辅导培训，组织开展小微企业、小规模纳税人政策培训，做好政策解读工作；以政府收入“减法”换企业效益“加法”和市场活力“乘法”，支持实体经济在减税降费中做大做强，全年减免落实小微企业普惠性政策，深化增值税改革政策、个人所得税基本费用减除标准提高等各类税收21.2亿元。

【盘活财政存量资金】 2019年，湖里区盘活单位实体账户结余两年以上以及2018年度国库集中支付结转结余支出进度较慢的资金，统筹使用，全年清理盘活存量资金17.78亿元。全年安排盘活资金支出 163972 万元。其中：党校建设经费 7858 万元，教育经费 7267 万元，福利中心建设经费 2000 万元，民兵训练中心、人力资源大厦和检察院综合楼基建经费 1255 万元，老旧小区改造及地质灾害整治 1328 万元，市政基础设施提升整治经费 826 万元，企业扶持和个人限售股减持奖励金安排 139686 万元，其他经费 3752 万元。

【国库集中支付】 2019 年，湖里区通过国库集中支付系统支出 89209 笔约 75.76 亿元。其中：直接支付 20886 笔约 24.34 亿元，授权支付 68323 笔约 51.42 亿元。公务卡结算制度覆盖全区 135 家行政事业单位，全区预算单位公务卡消费报销 8157 笔 965.57 万元。全年国库中心代发工资 56032 人次 7.45 亿元。全年发放住房货币化补贴 167 人 1499 万元。

【工程项目审核】 2019 年，湖里区财政审核中心完成区财政性投资建设工程预决算审核项目 256 项，送审值 379989 万元，审核值 287308 万元，核减值 92681 万元，核减率 24.39%。其中：审核工程决算项目 165 项，送审值 273748 万元，审核值 203394 万元，核减值 70354 万元，核减率 25.7%；审核工程控制价项目 91 项，送审值 106241 万元，审核值 83914 万元，核减值 22327 万元，核减率 21.02%。

【金融招商】 2019 年，湖里区促成 23 家类金融企业注册落户，注册资本总计 67.8 亿元。其中包括厦门中金顺商股权投资基金合伙企业（有限合伙）、厦门中金海盈股权投资合伙企业（有限合伙）等 21 家中国国际金融股份有限公司资本系列企业，以及厦门信达投资管理有限公司等重点类金融项目。

【湖里财税金融综合服务平台发挥作用】 2019 年，湖里财税金融综合服务平台注册企业 8762 家，为 322 家企业解决 39.39 亿元融资难题。该平台和“i 厦门”平台联合运营。微信公众号“湖里金融”正式投入使用，并成立“平台产品周周晒”栏目，服务效应凸显。

【辖区金融风险防范化解】 2019 年，湖里区加大风险排查力度，建立区街联动排查工作机制，聘用第三方事务所增强专业力量，排查自贸区类金融企业 235 家，处理违规金融广告 8 条。排查融资租赁企业 142 家，清查商业保理公司 161 家。出台《湖里区非法集资举报奖励暂行办法》，通过自媒体、公告栏张贴等多种方式宣传，鼓励辖区居民提供有奖举报线索，全年累计发放 16 起举报奖励 800 元。

【防范非法集资宣传】 2019 年 5 月 29 日，湖里区金融办联合市金融监管局、江头街道、厦门信息学校等单位举办 2019 年湖里区防范非法集资宣传月进校园活动。通过丰富多彩的文艺表演、知识互动、政策宣讲等形式，引导广大干部群众增强风险防范意识。全年累计组织大型集中宣传活动 9 场，参与群众 6000 余人次。

【政府采购代理机构监督检查】 2019 年 11 月下旬，湖里区财政局随机抽取福建建龙工程咨询有限公司和福建省闽建工程造价咨询有限公司 2 家代理机构作为监督检查对象。检查 2 家代理机构 2018 年开展政府采购活动的执业情况，采用查阅卷宗、现场检查方式，检查 18 个项目，涉及总金额为 7023.24 万元。

【政府采购法律法规培训】 2019 年 6 月 21 日下午，湖里区举办政府采购法律法规培训暨地方政府采购数据填报专题培训。邀请建信发展（厦门）采购招标有限公司采购业务部的 2 位专家授课，近 200 名来自全区各预算单位从事政府采购工作的负责人、业务经办人员、区财政局、区国有资产中心工作人员参加培训。

【政府采购】 2019 年，湖里区累计实现政府采购预算 50879.92 万元，实际采购 46090.59 万元，节约 9.41%。其中，货物类采购预算 22681.73 万元，实际采购 20186.96 万元，节约 11%；服务类采购预算 12219.94 万元，实际采购 10041.84 万元，节约 17.8%。

2019 年 6 月 21 日下午，湖里区举办政府采购法律法规培训暨地方政府采购数据填报专题培训班
（湖里区财政局　供图）

2019 年 4 月 1 日，湖里区税务局组织涉税机构志愿者走进办税厅，为纳税人提供政策宣讲、自助辅导、申报指导等服务　　（陈海敏　摄）

【小学和幼儿园课后延时服务经费保障及监管】 2019 年，湖里区市级学校开展课后延时服务财政补助经费由市财政承担，区级学校由市、区财政按 5∶5 比例分担。是年，区财政安排课后延时专项经费 500 万元，由区教育部门根据学校试点范围和生源人数进行合理分配。

（苏丽缎）

税　务

【概况】 2019 年年底，国家税务总局厦门市湖里区税务局（以下简称湖里区税务局）有 24 个部门，其中内设机构 15 个、另设机构 3 个、派出机构 4 个、事业单位 2 个。有工作人员 445 人，其中：在职干部 268 人、合同工 177 人；在职干部平均年龄 39.68 岁，本科及以上学历 246 人、中共党员 159 人，分别占在职干部总人数的 91.79% 和 59.33%。有管户 15.64 万户，其中，正常开业户 11.71 万户、一般纳税人 5.76 万户，分别占全市总户数的 24.42% 和 30.77%。是年，湖里区税务局组织收入 202.1 亿元，比上年增长 6.53%。其中，税收直接收入 143.43 亿元，完成全年预期目标的 100.72%；非税收入 58.67 亿元，比上年增长 22.49%。

【减税降费】 2019 年，湖里区制定《减税降费工作方案》《减税降费纳税服务工作实施方案》《2019 年新增减税政策统计核算工作方案》《减税降费政策落实情况监督方案》。成立 28 人“减税降费·党员先行”突击队和 40 人涉税志愿服务队，组织专题宣讲、巡回讲堂等活动 300 余场，覆盖纳税人 2 万余人次。建立政策执行情况反馈和跟踪问效机制，组建政策回访工作组，对减税降费政策落实情况开展回访 23 次。加强第三方涉税服务收费监管，重点关注纳入实名制管理的 486 户涉税专业中介公司和 799 名从业涉税服务人员。开展减税降费“区长税课”5 场，与区纪委监委、财政、审计等部门沟通协调，走访区委、区政府以及财政局等部门开展减税降费专题调研。年内，新增减税 20.94 亿元、降费 13.79 亿元。

【减免税及出口退（免）税】 2019 年，湖里区税务局落实各项税收优惠，累计减免税 47.81 亿元。其中，改善民生减免税 2.17 亿元，鼓励高新技术减免税 5.2 亿元，促进小微企业发展减免税 3.81 亿元，税收协定待遇减免税 1.48 亿元。全年办理出口退税 7.8 亿元。在全市税务系统率先推行简易办退，提高电子退库效率，办理退税 6 万余条，税额 3.67 亿元，平均退还天数从 13 天减到 4 天。

【纳税信用管理】 2019 年，湖里区税务局推进税收信用体系建设，完成 2018 年度纳税信用评价，评定纳税人 83936 户，其中 A 级纳税人 3976 户；首次对涉税专业机构进行信用评价，并采用信用积分持续跟踪管理，助推行业规范健康发展。落实出口企业分类管理办法，截至

2019 年 5 月 31 日，湖里区税务局纳税服务中心在军梦双拥双创园开展减税降费宣传培训　　（苏佳莹　摄）

年底，辖区有一类企业 24 户、二类企业 169 户、三类企业 191 户、四类企业 10 户。

【依法治税】 2019 年，湖里区税务局制定全面依法行政领导小组议事规则及办公室工作规则等文件。推进行政执法 3 项制度，对外公示信息 2.42 万条，配备执法记录仪 58 台，进行全过程记录 686 条，开展重大执法决定法制审核 217 件。深化行政审批制度改革，仅保留 6 项行政许可类审批事项，实现税务行政审批"零超时"。规范并减少税务检查，实现全年入户检查"零重复"，减轻纳税人和基层税务机关负担。

【税收征管】 2019 年，湖里区税务局推行税收征管规范 2.0 版，推进纳税人联络信息维护，辖区 8.9 万户纳税人自行核对更正，占全部纳税人的 98.78%；推进发票换版，清理结存冠名发票 5147 万份。加强税收风险管理，完成 106 批次 1633 户次风险任务，中高风险命中率 100%，查补入库税款 6.5 亿元，入库滞纳金 0.91 亿元，税收总收入贡献率 4.5%，比上年增长 1.5 倍。其中，千户集团风险管理工作在市税务局千户集团风险分析任务阶段性工作会议上作经验分享。

【税制改革】 2019 年，湖里区税务局落实增值税小微企业优惠 3.23 亿元，享受面达 100%；落实增值税加计抵减政策，覆盖企业 2653 户；落实增值税增量留抵退税 1.38 亿元；推行增值税发票系统 2.0 版，核实清理数据 11 批 2932 条；完成增值税发票风险任务 80 户。开展房地产企业土增税清算项目 28 个，入库税款 31.95 亿元，位居全市税务系统首位；447 户次纳税人申报缴纳环保税 321.17 万元，准期率 100%；加强成品油消费税税收风险管理，开展外贸业务购销合同印花税核定征收，利用车船税联网征收系统做好征收及优惠管理。推进个税改革，享受 2018 年减除费用和税率适用减税 403 万人次 5.81 亿元；享受 2019 年专项附加扣除减税 8.9 万人，税额 0.75 亿元，累计预扣法减税 1.47 亿元；年内，成立 2020 年个税汇算清缴专项工作组、工作专班和专家团队，分解工作任务及风险应对。完成 7.86 万户企业 2018 年企业所得税汇算清缴申报，申报率 98.5%；企业享受 2018 年度研发费用加计扣除 8.55 亿元；开展 2019 年高新技术企业认定核查 35 户。提升国际税收管理质效，帮助 15 户次居民企业享受税收协定待遇减免税额 226 万元。

【办税服务】 2019 年，湖里区税务局落实纳税服务规范 3.0 版，优化办税厅窗口设置，高峰办税提速 32%。简化办税流程，完成前移事项 3 万户次，集中办理事项 4 万户次，上收事项 0.6 万户次。推进文书电子送达，签约近 9 万户，签约率 86%。优化税务注销，办理即办注销 6527 户次。设立"快办快处中心"，由纪检组牵头，职能科室配合现场协调突发应急事项。在全市税务系统率先推行，对符合条件且未造成危害后果的逾期未申报行为，采取简易处罚。

【营商环境优化】 2019 年，湖里区税务局提升涉税辅导，开设个税改革、小微政策等纳税人学堂 200 余场，联合 8 个创新创业园区、5 个街道办开展社区宣传 50 余场，发放税宣产品 4 万份，推送政策邮件覆盖 30 万户次。组建 40 人涉税服务志愿服务队，以涉税中介微信群、座谈会、专题辅导等方式开展税收宣传。加强千户集团服务，编写"一户一策"个性化服务手册，与 5 户企业签订税收遵从协议。发挥涉税中介在纳税服务的"杠杆作用"，首次对涉税中介进行信用评价，采用信用积分持续跟踪管理。在市税务局年度纳税人满意度调查中，在 8 个基层局中排名第四。

【金三系统整合优化】 2019 年，湖里区税务局开展金三系统并库，组织 300 余名干部参与人海压力测试，确定业务域分组，重组运维团队，集中骨干力量，组织长达 15 天的双轨演练，演练业务 20 项 17 万笔，位居全市税务系统第一。1 月 31 日，金三并库工作完成，2 月 1 日正式上线运行。

（施恭林）

2019 年 4 月 28 日，湖里区税务局走访辖区内千户企业——厦门信达股份有限公司，签订税收遵从协议

（陈海敏　摄）

教育　科技

教　育

【概况】 2019年，湖里区拥有各级学校212所，学年初招生37461人，在校学生119079人。其中，普通高中2所，学年初招生544人，在校学生2076人；普通初中11所，学年初招生6875人，在校学生19392人；小学39所，学年初招生10419人，在校学生60552人；幼儿园160所，学年初招生19623人，在园37059人；特殊教育辅读班1个，在校学生40人。在各级各类学校中任职的专任教师7373人，其中研究生287人，本科学历3981人，专科学历2771人，高中阶段及以下334人；正高级职称4人，副高级职称352人，中级职称1457人，助理级1744人，员级230人，未定职级3586人。在市招考中心组织的中招量化评估中实现零扣分，全年完成普通高考、高职招考、高职扩招、中招体育、中招实验、中招文化、高中学考、中职学考、外语口语、高三省质检等10场综合性考试，配合完成成人高考、自学考试、义务教育质量监测、公安文职招考等4场考试，全年累计完成各类考试报名33495人次，组织5个高考考点和10个中考考点、496个考场各项考试，实现“组考零失误、考场零作弊、考生零违纪”的平安考试目标。在市食安办开展的春、秋季学校校园及周边食品安全专项检查中，湖里区均排名全市第一；在厦门市第二十届运动会上，湖里区青少年组金牌数和奖牌总数均获全市第二名。湖里区加快推进高林学校、湖里特教学校、湖边小学、湖里实验小学东校区、上湖洪塘幼儿园、天地幼儿园等6所公办校（园）建设。

【中小学生足球锦标赛在进修附小闭幕】 2019年12月18日，由湖里区教育局主办，湖里区足球协会承办，湖里区少年儿童业余体育学校、厦门市健雄青少年体育俱乐部、联创世纪足球俱乐部、厦门华百体育文化协办的湖里区中小学生足球锦标赛闭幕式在湖里区教师进修学校附属小学落下帷幕。本届赛事区内37所中小学的72支队伍，200多名教练员、管理人员，1100多名男女运动员参赛，5个组别的运动员进行170场比赛。最终高林中心小学、康乐二小、进修附小、湖里中学、蔡塘中学分获儿童组、小学女子组、小学男子组、初中女子组、初中男子组的冠军。

【全国交通安全宣传】 2019年，湖里区组织区属235所校园以“守规则除隐患、安全文明出行”为主题，通过国旗下讲话、邀请交警进校园、交通安全知识讲座等形式，宣传横幅、LED显示屏、手抄报等载体开展交通安全宣传，提高师生的交通安全意识和避险能力。学校组织学生开展交通事故疏散演练，学习乘车遇险逃生知识、方法，掌握逃生避险、自救互救技能。开展“校园小交警”活动，通过体验交警的日常工作内容，了解遵守交通规则的重要性。各校园组织学生到金安小学参观交通安全宣教基地，学习基本交通标志、安全出行常识等知识，增强师生交通安全意识。学校联合义务交警湖里分队，组织学生及家长到五通码头开展以“交通安全、你我同行”为主题的交通安全体验活动。

【市政协委员考察湖里区课后延时服务工作】 2019年11月27日下午，厦门市政协委员一行20余人到湖里第二实验小学考察学校开展课后延时服务工作。委员们实地调研二实小课后延时服务的开展情况。在学校召开课后延时服务座谈会，厦门市教育局副局长吴亿年介绍厦门课后延时服务开展的整体情况及目前面临的问题；湖里区教育局副局长李可可作题为“公益惠民，优质温暖”的湖里区课后延时

2019 年 11 月 30 日，湖里区教职工趣味运动会在蔡塘学校举行

（湖里区教育局　供图）

服务开展情况汇报。委员们就如何规范和丰富课后延时服务内容，引入有资质的校外公益机构助力课后延时服务，提升服务质量，减轻教师工作负担等问题进行探讨，建言献策。

【教职工趣味运动会】 2019 年 11 月 30 日，湖里区教职工趣味运动会在蔡塘学校举行。本届趣味运动会有来自湖里区各公民办中小学、幼儿园、教育机关等 66 个单位近 2300 名运动员参加，设立毛毛虫竞速、车轮滚滚、呼吸的力量、趣味背夹球、八字绕绳、抢种抢收 6 个趣味比赛项目。

【第十六届中学生暨第 31 届小学生田径运动会】 2019 年 11 月 14 日，湖里区第十六届中学生暨第 31 届小学生田径运动会举行。本次运动会由湖里区教育局、文化和旅游局联合主办，湖里区少年儿童业余体育学校承办，厦门三中、湖里实验小学等 41 所中小学校约 1000 人参加比赛。参赛运动员分为中学甲组、中学乙组、小学儿童丙组、小学儿童丁组 4 个组别，设广播体操、跑步、跳远、跳高、铅球等 12 个竞赛项目。中学组团体总分前三名学校为蔡塘学校、厦门三中、实验中学，小学组团体总分前三名为湖里第二实验小学、天安小学、湖里区教师进修学校第二附属小学。4 人分别在小学女子丁组 400 米、女子丁组跳高、中学女子乙组三级跳远、中学女子乙组三级跳远及中学女子乙组跳远等 5 个项目破赛事记录。

【全民终身学习活动周启动】 2019 年 10 月 25 日上午，湖里区“9·28”终身教育活动日暨全民终身学习活动周启动仪式在厦门佰翔会展中心举行。本次启动仪式以“推动全民终身学习，加快建设学习大国”为主题，由湖里区终身教育促进委员会、区教育局主办，金山街道承办。思明区和集美区的终身教育工作负责人，湖里区终身教育促进委员会 20 个成员单位领导和各街道社区嘉宾以及辖区居民代表约 300 人参加启动仪式。

【中小学红色经典诵读比赛】 2019 年 10 月 24 日，由湖里区教育局、语委、少工委和团区委联合举办的“我和我的祖国”——庆祝中华人民共和国成立 70 周年红色经典诵读比赛在安兜小学拉开帷幕。有 50 个公民办中小学代表队参加比赛。经评委评选，评出小学组一等奖 4 队、二等奖 10 队、三等奖 19 队、优秀奖 7 队；中学组评出一等奖 2 队、二等奖 3 队、三等奖 3 队、优秀奖 2 队；中小学组优秀组织奖 7 队。

【少先队员举行庆祝中华人民共和国成立 70 周年主题活动】 2019 年 10 月 10 日上午，由共青团厦门市委员会、厦门市教育局和厦门市少工委主办，湖里区教育局、湖里

2019 年 10 月 10 日上午，在厦门市康乐第二小学举行少先队员庆祝中华人民共和国成立 70 周年暨厦门市康乐第二小学纪念少先队建队 70 周年大队主题活动

（湖里区教育局　供图）

2019 年，湖里区领导带队到无证园检查工作　　（湖里区教育局　供图）

团区委、湖里区少工委承办，湖里区洪艺玲少先队名师工作室、厦门市康乐第二小学联合策划的“礼赞新中国奋进新时代”厦门市少先队员庆祝中华人民共和国成立 70 周年暨厦门市康乐第二小学纪念少先队建队 70 周年大队主题活动在厦门市康乐第二小学举行。厦门市少先队、教育局德育处、少工委，湖里区委教育工委、团区委、区少先队、区中小学分管少先队副校长及大队辅导员等嘉宾 107 人出席本次活动。

【2019 年初中教育教学工作会议召开】 2019 年 11 月 1 日下午，湖里区 2019 年初中教育教学工作会议在湖里区教师进修学校召开。会议由湖里区教师进修学校校长张清高主持，区教育局，公民办中学校长、分管教学副校长、教务主任、初三年段长、中考学科备课组长以及中教室全体中学教研员等近 100 人参加会议。会议首先由金尚中学、蔡塘学校分享毕业班教学和年段管理工作经验。其次，进修学校中教室主任林雪玲以“在高处立，向阔处行”为题，从湖里区 2019 年及近六年中考成绩入手，在理性分析取得优异成绩原因的同时，总结了各校、各学科抓毕业班工作的经验。最后，为 2017—2019 年教学研训先进校颁奖，蔡塘学校、湖里实验中学、金尚中学获奖。

【幼儿园工作】 2019 年 6 月底，湖里区完成无证幼儿园整治工作。原有 150 所无证园中，关闭 88 所、审批 62 所，增加幼儿学位 12140 个。通过部门联动、多措并举，全区需治理的 15 所小区配套幼儿园中，整治完成 10 所，剩余 5 所通过移交、回购、补建以及转型普惠园等形式，完成治理。年内，新增省级示范园 3 所、市级示范园 3 所、区级示范园 5 所，12 月，完成对 22 所小区配套民办园的区级示范园评估。截至年底，全区有省级示范园 11 所、市级示范园 11 所、区级示范园 38 所。

【校园保安业务培训】 2019 年 8 月 22—23 日，湖里区教育局联合湖里公安分局、湖里保安公司开展为期 2 天的校园保安业务培训。区属学校、幼儿园全体保安员以及学校专职保卫干事约 500 人参加培训。湖里保安公司对暑期校园安全巡查中发现的问题及安全隐患进行通报，要求各校园针对存在的问题及时整改到位，完善修正校园保安日常工作。湖里保安公司总经理就校园保安工作提出要求。区教育局安保科结合暑期安全巡查的情况，就如何做好校园安保工作提出具体要求。

【2019 年湖里区中小学幼儿园校（园）长书记培训班】 2019 年 7 月 9—10 日，湖里区委教育工委、教育局在区政府信访大楼举办为期 2 天的中小学、幼儿园校（园）长书记培训。参加培训的有公办中小学幼儿园校（园）长、书记、分管后勤副校（园）长、总务主任、报账员，区教师进修学校校长、报账员，民办中小学校长、书记，集体办园园长，民办学校、培训机构联

2019 年 7 月 9—10 日，湖里区委教育工委、教育局在信访大楼举办中小学、幼儿园校（园）长书记培训班　　（湖里区教育局　供图）

合党支部书记，民办幼儿园园长，公办中学党支部书记，公民办中小学幼儿园、进修校党支部组织委员或党务干部，中小学、幼儿园挂牌督导责任督学以及局机关全体工作人员400余人参加此次培训。

【“湖里区学校食品安全多元共治机制”获厦门市食品安全社会共治十佳优秀案例】 2019年5月上旬，厦门市食品安全委员会办公室开展厦门市食品安全社会共治优秀案例征集评选活动。“湖里区学校食品安全多元共治机制”入围厦门市食品安全社会共治优秀候选案例，并从厦门市32个优秀候选案例中崭露头角，获评“厦门市食品安全社会共治十佳优秀案例”。

【新增优质普惠幼儿园】 2019年4月30日，湖里区出台《湖里区鼓励社会力量举办优质普惠幼儿园暂行办法》。该办法强调优质、倡导普惠、突出鼓励扶持优待政策。截至年底，有厦门市湖里区华府锦绣幼儿园、厦门市湖里区幼美幼儿园、厦门市湖里区立莘幼儿园7所优质普惠幼儿园通过审批。

【鼓励社会力量办学】 2019年5月15日，湖里区举行新闻发布会，解读最新出台的《湖里区鼓励社会力量举办优质普惠幼儿园的暂行办法》《湖里区鼓励社会力量举办优质普惠义务教育学校暂行办法》。该暂行办法对利用闲置厂房、办公用房等建筑改造办学提出建设管理意见，为社会力量举办优质普惠幼儿园及其收费定价提供政策依据，为举办者申办幼儿园及其办理面积测绘、房屋安全鉴定、消防安全评估等前置工作提供明确的操作流程、单位信息和查询网址。截至年底，有30家社会机构提出申办，其中，批办19家，新增学位7390个。

2019年4月2日，厦门市中小学生少先队活动课教研系列活动在厦门市东渡小学举行

（湖里区教育局　供图）

【湖里区少先队献礼中华人民共和国成立七十周年】 2019年4月2日，“我是小小追梦人——少先队员献礼中华人民共和国成立七十周年”厦门市中小学生少先队活动课教研系列活动在厦门市东渡小学举行。湖里区首个少先队名师工作室在东渡小学举行授牌仪式。厦门市少先队总辅导员、湖里区教育局人员、厦门市东渡小学校长，以及来自各区的辅导员出席授牌仪式。

（卢欣欣）

【福建省厦门双十中学】 福建省厦门双十中学（以下简称双十中学）高中校区位于枋湖新区，东接厦门东部新区五缘湾区域，紧邻五缘湾温泉度假高尚居住区，西邻湖里区行政中心。2019年，高中招生996人，毕业936人。学校编制内教职工有404人，其中专任教师364人，包括正高级教师3人，特级教师5人，高级教师116人。教师在参加中央电教馆举办的“一师一优课、一课一名师”活动中，有10余名老师获部级、省级、市级优课。在厦门市第七届基础教育课堂教学改革创新大赛中，有10余人获市级奖项。立项2个教育部重点课题，3个省级课题，1个市级课题，10个区级课题，各级课题结题27个，CN期刊发表论文44篇，出版著作11部。多名教师先后在《人民教育》等核心刊物发表文章或撰写专著。是年高考，双十中学有29人录取北京大学和清华大学，位列全省第一。被“985”工程大学和“211”工程大学录取分别超过400人和550人。在高中学科竞赛中，2人获国家级二等奖，45人获福建省一等奖、57人获福建省二等奖、72人获福建省三等奖。年内，双十中学接待海内外教育代表团、来访团、考察团到校参观、学习、交流20余次；接待教育同行到校参观、交流40多次。与思明区教育局再度合作，在华侨中学加挂福建省厦门双十中学合作校校牌。截至年底，双十中学有3所分校、1所附属学校和3所合作校。10月10日，双十中学在枋湖校区举行百年校庆，厦门市领导及5000余名校友出席。此次校庆活动持续2个小时，收到校友捐款2600余万元。

（李名济）

【中央音乐学院鼓浪屿钢琴学校】中央音乐学院鼓浪屿钢琴学校（以下简称钢琴学校）是厦门市政府与中央音乐学院合作创办的公立艺术类中职学校。学校以钢琴教育为主，同时开设音乐教育专业、录音专业、电子制作专业、电子作曲专业、乐器制作专业、弦乐专业（2019 年新增）、声乐（2019 年新增）专业、提琴制作（2019 年新增）专业。占地面积 45308 平方米，总建筑面积 18953 平方米，学校有 84 间琴房、1 间计算机教室、1 间图书室。琴房内配备进口三角琴 118 台、国产立式琴 22 台、国产组装三角琴 5 台，27 台进口电子钢琴。计算机教室配备 30 台学生机和 1 台教师机，满足计算机教学需求；图书室配备图书 11124 册。截至年底，学校固定资产原值 6189.81 万元，其中年内新增资产 68.2 万元。2019 年，有教师 87 人，生师比为 4.2：1，专业课教师占专任教师的 65.5%，专业课教师中 71.9% 以上为研究生学历，专业课与公共课教师比为 1.9：1，文化课教师中级职称占 36.7%，高级职称占 26.7%，双师型教师 1 人，兼职教师占 5.7%，专任教师本科以上学历占 99%、硕士以上学历占 52.9%。是年招生 82 人，在校学生 367 人，毕业 47 人。有 17 人被“双一流”高校录取，占被录取学生的 37%。其中，1 人以第一名的成绩通过中央音乐学院音乐教育专业的考核。毕业生文化课考试平均分 370.23 分，超省控制线近 70 分。年内完成 63 人次大师班讲座教研活动、20 场专家音乐会、45 场在校学生及师生音乐会等活动。11 月，学校师生 200 人参加 2019 年金鸡百花电影节开幕式沙滩钢琴音乐会的演出。12 月，学生 30 人参加 2020 年福建春晚鼓浪屿分会场节目录制。2019 年高考，钢琴学校毕业生有多人考入中央音乐学院、上海音乐学院、中国传媒大学、中国音乐学院、星海音乐学院、南京艺术学院以及美国欧柏林音乐学院、法国巴黎高等师范音乐学院、奥地利海顿音乐学院、德国魏玛音乐学院等国内外知名音乐学府。年内，仅钢琴专业学生在 12 个国内国际重大比赛中，摘取 28 个奖项，教师 2 人国际比赛取得 2 个奖项；在福建省的职业院校技能大赛（键盘乐器）比赛中，学校选手连续 6 年包揽第一名和第二名；校合唱团在 2019 年全省第六届中小学艺术节展演中获声乐（合唱）中学甲组一等奖。在 2019 年第三届上音附中国际青少年钢琴展演（比赛）决赛阶段比赛，高二年级学生 1 人获专业青年组第一名；初三年级学生 1 人在 2019 年“海南国际钢琴音乐周暨第一届全国青少年钢琴专业邀请赛”中获初中组第一名。2019 年第二届丹尼奖（Denny Awards）国际电子音乐比赛决赛，高一年级 1 人在 A4（EDM 创作）组获得第一名。

（赵飞燕）

2019 年 11 月，鼓浪屿钢琴学校师生 200 人参加 2019 年金鸡百花电影节开幕式沙滩钢琴音乐会的演出
（鼓浪屿钢琴学校　供图）

科　技

【概况】2019 年，湖里区成立区促进科创型企业发展领导小组，建立推进科创型企业发展工作机制。有高新企业 714 家，科技资金支出 6024 万元。完成 34 项科技项目立项，下达经费 1885 万元，完成科技项目验收 44 项。辖区有各级众创空间 50 家，国家级科技企业孵化器 2 个，市级科技企业孵化器 5 个。

【人工智能产业培育】2019 年，湖里区与厦门市工信局、人民网联合主办中国人工智能峰会人工智能产业发展平行论坛。加快厦门火炬人工智能产业园先行启动区改造建设，完成厦华老工业厂房改造，更名为厦门火炬荟智空间并正式对外招商，北京智联友道项目、新加坡创士锋（厦门）科技园落户湖里区。

【集成电路产业发展】2019 年，湖里区联合市自贸委出台《促进集成电路双创平台发展的若干办法》。是年，集成电路保税交易公共服务平台新增入驻企业 55 家，撮合达成交易 712 笔，金额约 9525 万元。集成电路产品测试服务认证平台对外提供测试服务 940 家次，服务时长约 6440 小时。与厦门大学海西通信工程技术中心、厦门理工学院光电与通信工程学院等高校机构签订框架合作协议，打造集成电路产业人才实训中心项目。拓展两岸集成电路产业园，建立专业企业孵化器，对接国内外半导体元件产品生产企业（IC企业）和人才合作项目，累计接洽企业2502余家次，实际入驻企业138家。厦门市集成电路研发设计试验中心实验室取得包括中国合格评定国家认可委员会实验室认可证书（CNAS）在内的12个第三方电子产品检测认证资质，初步形成为企业提供产品出口认证一站式服务的能力。

【科技资金投入】 2019年，湖里区完成34项科技项目立项，下达经费1885万元，完成科技项目验收44项。完成国家高新技术企业、厦门市高新技术企业区级配套奖1555万元，其中，扶持59家市高新技术企业2018年度配套奖励590万元，扶持43家新认定国家高新技术企业2018年度配套奖励860万元，扶持重新认定9家国家高新技术企业2018年度配套奖励105万元。

【科创型企业发展】 2019年，湖里区成立促进科创型企业发展领导小组，建立推进科创型企业发展工作机制。湖里区已建设众创空间95家，其中，国家级众创空间4家，省级8家，市级40家，区级43家；国家级科技企业孵化器2个，市级科技企业孵化器5个，区创业中心在孵企业24家，累计孵化226家。

【《中国（福建）自由贸易试验区厦门片区管委会、厦门市科学技术局、湖里区人民政府关于促进集成电路双创平台发展的若干办法》】 2019年1月28日，湖里区出台《中国（福建）自由贸易试验区厦门片区管委会、厦门市科学技术局、湖里区人民政府关于促进集成电路双创平台发展的若干办法》。该办法规定，对首次入驻平台的IC企业给予场地租金减免扶持；对获得市级流片补贴的入驻平台的IC设计企业，按照当年度获得市级关于“用于研发的集成电路企业多项目晶圆（MPW）、工程片试流片”流片补贴金额的20%给予一次性区级配套补助；对入驻平台的IC设计企业给予芯片测试费用补助自企业入驻起三年内，每年按照“先交后补”的形式，给予芯片测试费35%补助，每家企业每年不超过50万元；对入驻平台的IC设计企业给予芯片封装费用补助，自企业入驻起三年内，每年按照“先交后补”的形式，对到封装企业或通过第三方公共服务平台进行样品、小批量封装（每批次晶圆片数不多于15片）的给予封装费用90%补助；院士团队、重大集成电路及关联项目（企业），采取“一事一议”政策，集中财税、产业、金融、土地、市场、科技等资源给予重点支持。

【高新技术企业】 2019年，湖里区新认定科技小巨人企业17家、科技小巨人领军企业13家、省科技小巨人领军企业18家，辖区有市高新技术企业428家、国家高新技术企业286家。辖区有联想移动技术中心、科华恒盛技术中心等4家国家级企业技术中心；亿联网络技术中心等8家省级企业技术中心；欣贺股份技术中心、玉晶光电技术中心、星际电器等9家市级企业技术中心。落地中励信、智联友道、伞亮科技、梦新科技、浪潮项目、人民内容科技等8个项目。完成改造人工智能产业园先行启动区（厦门火炬荟智空间），促进“芯火”双创基地两岸集成电路产业园扩容。

【《湖里区领导挂钩服务“三高”企业工作方案》】 2019年10月12日，湖里区出台《湖里区领导挂钩服务“三高”（高技术、高成长、高附加值）企业工作方案》。该方案规定，针对区属210家“三高”企业（含自贸区），明确挂钩服务领导。各街道工作人员与企业保持实时沟通，掌握基本诉求，在区企业大数据管理服务平台上建立“一企一档”。挂钩领导围绕所挂钩联系企业的不同阶段的需求，开展走访调研。企业提出的困难、问题、诉求，以及协调解决进展情况，由各街道负责实时在区企业大数据管理服务平台录入、更新。区工信局每月梳理汇总后，编印《湖里区重点企业发展工作简报》，报相关区领导，并转发各相关部门和街道。建立“问题收集、分流转办、催办督办、考评考核”的闭环机制，分层分级解决企业诉求。深化与自贸区、火炬高新区的互联互动关系，对于自贸区（湖里片区）的“三高”企业，统一纳入区属“三高”企业库中开展走访服务；对于火炬湖里片区的“三高”企业，由各相关街道、部门配合火炬协助解决困难问题。

【“三高”政策进园区进企业】 2019年，湖里区整理厦门市出台的“三高”政策，梳理区级已有的产业、总部、人才等相关政策，汇总编印《湖里区“三高”企业适用政策汇编》400余册，把政策送到“三高”企业。召开区2019年国家级高企认定政策专题培训会，辅导企业申报国家高新技术企业、技术先进性服务企业。在湖里创新园举办“三高专场”政策宣讲会，解读鼓励企业增产增效、提升企业研发创新能力等六个方面21条“三高”扶持政策，现场解答企业提出的问题。落实《厦门市“三高”企业增资扩产项目奖补资金办事指南》，鼓励企业申报奖励。

【湖里区全国科普日启动仪式暨街道科协全民科学素质知识竞赛】 2019年9月12日下午，湖里区在建发湾悦城广场举办2019年湖里区“全国科普日”启动仪式暨街道科协全民科学素质知识竞赛，此次全国科普日活动主题是“礼赞新时代，智慧新生活”。现场开展湖里区街道科协全民科学素质知识竞赛、五缘湾北杯“船递梦想”南湖红船邀请赛和科普“超市”进五缘湾北社区。区工信局、区科协、区疾控中心、区妇幼保健院、环保分局、科宏眼科医院、惠和石文化园、厦门市青少年天文气象馆、天空农场、弘爱医院20多家单位现场进行科普宣传。

（戴静静）

【福建省水产研究所】 福建省水产研究所成立于1957年，隶属福建省海洋与渔业厅，是一个公益型、多学科、综合性的省级海洋与渔业研究机构。2019年，福建省水产研究所新增各级各类项目27项，其中，省属公益类科研院所基本专项12项，省海洋渔业经济发展补助专项3项，省海洋与渔业结构调整项目12项，另有多项资源、环境、病害、水产品检测等专项任务，实现新增科研经费5345.56万元。承接科技服务项目23项，累计到位经费1214.85万元。全年全所发表科技论文60篇，其中SCI（科学引文索引）收入9篇，EI（工程索引）收录2篇。申请专利11项，其中发明专利6项；授权专利9项，其中发明专利3项。在第十七届中国·海峡项目成果交易会上，推荐12项对接项目参会，现场签约2项。组织参与第十三届中国（福州）国际渔业博览会，展示研究所近年来的主要科研成果。组织科技人员深入全省渔业乡镇和渔村开展水产技术培训和咨询。利用福建海洋渔业科学馆科普教育示范基地，开展科普宣传活动。5月，福建省水产研究所开展赤潮水产品质量安全应急检测；9月，完成“海带品种创新与种苗繁育产业化工程”“凡纳滨对虾品种创新与健康种苗繁育产业化工程”“东方鲀种业创新与产业化工程”年度任务目标；举办“海洋生物活性物质，让生活更美好”主题学术沙龙；福建省水产研究所承担的海洋公益性行业科研专项“福建特色海洋生物资源高值化利用研究和示范”在天津通过验收；福建省水产研究所作为主要研发团队和主要培育单位培育的石斑鱼新品种“云龙石斑鱼”通过国家审定，获得水产新品种证书。推进重点项目的建设工作，构建现代渔业产业技术支撑体系。福建省水产研究所获得省科技厅“2019年省级产学研合作示范基地”称号。

（郭书悦）

【福建省亚热带植物研究所】 福建省亚热带植物研究所（以下简称省亚植所）成立于1959年，原为中国科学院华东亚热带植物研究所，后隶属厦门市科技局，是福建省专门从事热带亚热带植物生理、生化、生态研究及植物资源开发利用的研究机构，属公益型事业单位。2019年，福建省亚热带植物研究所承担运行各类研发项目91项。其中，国家自然科学基金项目4项，国家财政部条件基础建设项目2项，厦门市科技计划项目57项，国家林业种质资源平台项目1项，科研结余经费资助项目21个，对外横向合作项目2个，共享服务平台项目1个。全年新增研发项目34项，取得科研经费868.1万元。申请发明专利21个；获发明专利授权4个，实用新型专利授权1个；完成结题验收项目15个，发表研究论文17篇。“附生蕨类——修蕨属（水龙骨科）的系统发育及多样性分化研究”项目获国家自然科学基金资助，累计获资助的基础理论研究项目13个。3月1日，厦门市科技计划项目“台湾红肉系火龙果引种及产期调控技术研究”项目通过厦门市科学技术局组织的验收。9月6日，首批厦门市东西部协作科技扶贫项目“一种基于临夏牡丹籽油的防晒霜研制”通过厦门市科学技术局组织的验收。是年，省亚植所持续开展研发平台的建设，加强省、市重点实验室，工程技术中心的建设与运行管理力度，通过实验室年度绩效评估考核，其中，厦门市亚热带植物生理生化重点实验室因成绩优异免评估。海西植物天然产物提取纯化中试基地建设完成，并通过厦门市科学技术局组织的验收，平台投入使用。年内，省亚植所继续与福建农林大学及华侨大学联合运作研究生工作站，进站学习工作的研究生8人；7位科研人员成为福建农林大学、华侨大学的博士生、硕士生导师和校外导师。全年承接厦门大学、华侨大学、集美大学相关技术专业教学实习业务，接待实习生190人次。

科研人员与企业合作，为惠安县双展公司、厦门海沧翠绿公司、泉州市丰泽华大果林有限公司等企业在作物栽培技术、园区提升改造等方面进行技术指导。省亚植所完善实验室计量计证管理体系，建立标准化分析测试实验室。为广州市艺杰园林建设工程有限公司、厦门市政工程有限公司、厦门市润耕生物科技有限公司、厦门市园林植物园等38家公司或单位提供测试服务，完成55批次182个样品的检测，测试总金额11.77余万元。检测样品的种类包括有机肥和土壤等，检测项目、类别增加，包括氮、磷、钾、有机质、pH值、水分等。

（李 影）

文化　体育　旅游

群众文化

【概况】 2019年，湖里区打造以“悦游湖里”为品牌的25项文化旅游活动，围绕庆祝中华人民共和国成立70周年主题，举办第十一届社区文化艺术节、“先锋湖里　祝福祖国”大型文艺会演、“我和我的祖国”爱国歌曲大家唱等精品文艺活动。组织编创广场舞《筼筜渔火》，参加福建省第三届广场舞大赛厦门初赛（湖里赛区）获一等奖，代表福建省参加文旅部主办的全国广场舞展演。全年开展全区性群众文体活动413场，基层文体活动1173场。

【文化下乡活动】 2019年1月17—24日，由湖里区委宣传部联合区文体出版旅游局等10多个部门主办，各街道协办的2019年湖里区文化科技卫生“三下乡”惠民活动依次走进湖里、殿前、禾山、金山、江头等5个街道。17日下午，在湖里街道联发文创口岸像素广场，以“拥抱新时代，送福进万家”为主题，启动2019年文化科技卫生“三下乡”惠民活动。区文化馆从各艺术团队中选拔出歌舞、独唱、萨克斯独奏等文艺节目进行巡回展演。其中，答嘴鼓《扫黑除恶得民心》把喜剧性的闽南传统说唱艺术，与新时期“扫黑除恶”的时代话题相结合，寓教于乐。书法家在活动现场为群义务写春联、送春联。

【“悦游·湖里”系列文化旅游活动】 2019年1月至2020年1月，湖里区举办“悦游·湖里”系列文化旅游活动。以“追梦新时代，幸福在湖里”为主题，联合五缘湾城市新客厅、“特区·1980”湖里创意产业园、仙岳山公园三大片区。全年举办核心价值观宣传、行业发展品牌、区域品牌推广、节庆赛事拉动消费、文化旅游推介群众性文体活动等六大类25场活动。在形式上推进“文化+旅游”的融合，在组织上实现“政府+报社+企业+社会组织”的共同参与，厦门日报社全程参与报道。

【第十一届厦门（湖里）城市诵读节暨第十一届社区文化艺术节】 2019年4月27日上午，湖里区在仙岳山文化广场举办第十一届厦门（湖里）城市诵读节暨湖里区社区文化艺术节启动仪式。启动仪式以“礼赞新中国，阅享新时代”为主题，区社区文化艺术协会、区诵读协会、草根朗诵艺术团在“五四”青年节即将到来之际，以诗文诵读会形式，用“青春万岁”“岁月如歌”“梦想照亮中国”3个篇章，表演诗与舞《青春中国》、音乐诗短剧《青春万岁》、女声独唱与时装秀《湖里，我最爱的地方》、配乐诗《春风里的少年中国梦》等节目。艺术节为期9个月，以“我心中的祖国”为活动主题，通过活力广场舞展演、街道专项文艺展演、优秀书画摄影作品展、优秀艺术团综合专场文艺展演等活动，实现基层文体活动全面覆盖。

【第二十六届少儿现场绘画比赛】 2019年5月25日上午，由湖里区文化和旅游局、教育局主办，湖里区文化馆、教师进修学校承办的湖里区第二十六届少儿现场绘画比赛在区二实小开赛，有252名辖区学生参赛。比赛以“我心中的祖国”为主题，分小学低年级组、小学中年级组、小学高年级组、中学组、民办校组五大组别。设一、二、三等奖，低年级组21人获奖，中年级组30人获奖，高年级组21人获奖，中学生组21人获奖，民办学校组20人获奖，评选出优秀辅导教师15人。

【第八届外来员工子女艺术夏令营】 2019年7月12—16日，第八届外来员工子女艺术夏令营在惠和石文化园举办。60 多名湖里区外来员工子女体验非遗手作、创意手工、互动、讲座等活动。本期夏令营由开营仪式暨红色主题教育讲座、“开国新篇章”—非遗影雕制作、“改革新风采”—非遗漆线雕制作、“礼赞新时代”—创意石艺拼画、学员优秀作品展暨闭营仪式等环节构成。夏令营由区文化和旅游局、区教育局主办，区文化馆、厦门惠和影雕技艺传习中心承办。

【《贠笪渔火》获全国广场舞展播网络人气前十作品及百部推荐作品】 2019 年 8 月，由文化和旅游部全国公共文化发展中心和中国文化馆协会主办的“我和我的祖国”——文化新生活全国广场舞展演活动启动。9 月下旬，湖里区文化馆的原创广场舞作品《贠笪渔火》参与国家文化云平台“我和我的祖国”——文化新生活全国广场舞作品展播，进入“我和我的祖国”——文化新生活全国广场舞作品展播网络人气前十名及百部推荐作品。

【“先锋湖里　祝福祖国”大型主题文艺会演】 2019 年 10 月 30 日晚，在蔡塘学校体育馆举行“先锋湖里　祝福祖国”湖里区贯彻落实习近平在庆祝中华人民共和国成立 70 周年系列活动上的重要讲话精神暨“不忘初心、牢记使命”主题教育汇报演出。本场演出用“湖里文化地图”呈现一座座文化地标，串起湖里 70 年的奋斗岁月，由序章“永远的旗帜”及“先锋湖里”“美丽湖里”“奋进湖里”“腾飞中国”4 个篇章组成。会演由湖里区委、区人民政府、市文化和旅游局、市文学艺术界联合会主办，区委宣传部、区委文明办、区文化和旅游局、区教育局、江头街道党工委、江头街道办事处承办。

2019 年 11 月 23 日，湖里区在教师进修学校附属小学举办第十八届少儿现场书法比赛　（陈冰　摄）

【第十八届少儿现场书法比赛】 2019 年 11 月 23 日上午，第十八届湖里区少儿现场书法比赛在湖里区教师进修学校附属小学举行，全区 43 所公、民办中小学 200 余人参赛。本次比赛设一、二、三等奖，小学有 53 人获奖，其中低年级组 6 人，中年级组 16 人，高年级组 31 人；中学生组 12 人获奖；民办学校组 9 人获奖；8 人被评为优秀辅导教师。

（翁　珏）

文化产业

【概况】 2019 年，湖里区出台《支持影视产业发展的实施意见》《落实进一步促进文化产业发展补充规定实施细则》，举办系列影视产业论坛，营造良好的影视产业营商氛围。引进中国故事短视频产业基地、先力（厦门）国际电影基地、未来电影世界等大型影视文化项目，落地影视企业 50 余家。新增漆画小镇、凤头小镇等特色项目，累计有创意设计类、古玩艺术类、文化旅游类、影视和数字类等四大品类 22 个文创产业聚集区。组织辖区文创企业参加第十二届海峡两岸文博会，开办 11 个文博会分会场，累计签约（含意向）文化产业项目超 30 亿元。举办厦门国际影视论坛、城市更新周等活动，促进园区招商和企业宣传。全区 52 家规模以上文化企业营业收入 255.9 亿元，比上年增长 37%。

【厦门国际影视产业论坛】 2019 年 4 月 12 日，作为第二十八届金鸡电影节全年配套活动的启幕活动，湖里区在东南天地影视文创园举办 2019 年厦门国际影视产业论坛，吸引全国各地 200 多名影视行业人士参与。浙江卫视大型音乐综艺节目《中国好诗歌》栏目、爱尚两岸文创影视基地项目、亚洲领先的电影器材及技术服务商先力电影集团设立的先力厦门国际影视基地项目正式落地。邀请东方昆仑、北京良田、山东影视制作、登嘉资本、爱尚传媒等国内知名影视企业代表共聚一堂，探讨新时代主旋律 IP、文化和资本助推影视产业发展。湖里区联动自贸片区、火炬高新区，依托东南天地影视文创园、中国短视频产业孵化基地平台，吸引优质企业入驻。

【民族影展】 2019年11月21日下午，第二十八届中国金鸡百花电影节系列活动——民族影展在厦门市湖里区蔡塘广场五楼中影梦工坊影城开幕，以湖南汝城县沙洲瑶族村群众与红军鱼水之情为原型创作的《半条被子》作为影展首映影片上映。本届影展作为第二十八届金鸡百花电影节重要单元持续至23日，以“我和我的祖国，中华民族一家亲”为主题，展映17部精选的少数民族电影外加1部特别展映影片，体现蒙古族、彝族、羌族、维吾尔族等少数民族电影特色和风土人情，其中《昆仑兄弟》《红色土司》《呼伦贝尔城》等9部电影的主创团队在现场与影迷交流互动。本届影展由湖里区人民政府、中国电影家协会民族电影工作委员会、中国少数民族文化艺术促进会主办，厦门文广电影控股有限公司、梦工坊（厦门）影城投资管理有限公司承办，爱奇艺协办。

【影视原创音乐全球高峰论坛】 2019年11月28日下午，作为第二十八届金鸡百花电影节配套活动之一，由湖里区人民政府、厦门市影视发展改革工作小组办公室主办的“2019影视原创音乐全球高峰论坛”在厦门佰翔五通酒店举办。此次论坛邀请了近300名国内影视、音乐、文旅等行业嘉宾。论坛分为主题演讲、大师论道和圆桌对话三个环节。主题演讲环节，4位主讲人通过演讲聚焦影视音乐，为与会嘉宾作影视音乐及细分产业发展解析；在大师论道环节，中国著名音乐家捞仔、马上又，著名影评人周黎明分享影视音乐经典案例及创作秘籍；在圆桌对话环节，几位嘉宾就“新时代影视音乐产业探究及价值挖掘”进行对话，关注如何将厦门内涵、音乐IP结合文旅给城市赋能。论坛期间，主办方还组织影视音乐产业招商座谈会。区政府领导解读厦门以及湖里区影视文化产业政策，围绕影视音乐及音乐垂直产业公司落地湖里需要的配套及支持、音乐产业落地湖里的价值挖掘及市场规模、影视音乐及音乐IP如何助力湖里文旅产业的发展等议题展开交流，行业大咖为湖里影视音乐及音乐垂直产业发展建言献策。

【湖里首只影视文化科技基金签约】 2019年12月11日，厦门文广春光文创影视科技基金签约仪式和新闻发布会在湖里区举行，这是第二十八届中国金鸡百花电影节闭幕后，湖里区落地的首只影视文化科技基金。该基金是厦门文广大传媒集团有限公司、春光里产业资本集团携手爱尚传媒打造的“文化+资本”产业基金计划。

【“文创产业与城市更新”活动周】 2019年12月22—28日，湖里区在联发华美空间举办联发2019“文创产业与城市更新”活动周。开幕式上，以“设计审美与时代创新”为主题的开幕主论坛邀请日本建筑与工业设计家黑川雅之，中国美术学院副校长、国美美术馆总馆长杭间，国务院特殊津贴专家、厦门日报社社长江曙曜，喜马拉雅总裁特别助理蒋德铭等嘉宾，探讨“设计审美如何为时代提供创新原力”。文创周系列活动由开幕主论坛、主题论坛和展览三大板块组成，邀请国内外近30位设计、艺术与文创大咖参加该论坛。

【影视文化产业区打造】 2019年，湖里区引进《中国好诗歌》《十三将士》《中国兵王》《九号球衣》等多部影视作品，以及10多部在优酷、腾讯、爱奇艺等主流网络平台发行的网剧。“特区·1980”成为影视企业集聚地、工业气息和文化创意的碰撞地，成为年轻人旅游的打卡地。湖里区和中国国际广告节项目、“我们创造”文化项目、海西MCN产业基地项目、诚通—厦门文旅项目完成签约。湖里区以活动提升辖区影视文化氛围，开展“‘行进中的零点’1949—2019中国电影海报精选设计展”“金鸡百花全民影评人计划”“2019影视原创音乐全球高峰论坛”“光影之时——2019国产电影文化周”等系列配套活动。

（翁　珏）

文化场馆

【概况】 2019年，湖里区有文化馆1个，图书馆1个，街道文化站5个，社区综合文化服务中心54个，“24小时街区自助图书机”53台及1个经济特区纪念馆。是年，辖区铺开区、街、社区、小区四级公共文化网络建设，区文体中心改造工程项目完工。推进文化馆、图书馆总分馆制建设，5个街道分馆、首批3个社区分馆建设完成，累计建成小区书屋试点7处。图书馆馆藏文献资料59万册，借阅图书44.4万册次，全年接待读者35.5万人次，开展各类读者活动近200场，参加读者12万人次。

【第二批小区书屋建成】 2019年，第二批3个小区书屋——禾山街道岭下社区墩上小区、江头街道吕岭社区新景七星府邸小区、湖里街道塘边社区豪景阁小区开放。3个小区书屋藏书3128册。

（翁　珏）

2019 年 7 月 4 日，厦门市四套班子领导在特区馆开展主题教育活动

（特区馆　供图）

【厦门经济特区纪念馆】 厦门经济特区纪念馆（以下简称“特区馆”）是为纪念改革开放 30 周年和厦门经济特区建设 27 周年而设立的历史专题纪念馆，总占地面积 5000 平方米，建筑面积 6000 平方米，内设办公室、资料室、宣教部、陈列展览部。特区馆设有基本陈列“辉煌岁月——厦门经济特区建设历史陈列”和“厦门勇立潮头奋进新时代——庆祝改革开放四十周年专题图片展”。特区馆是市重要的爱国主义教育基地，被命名为“厦门市级爱国主义教育基地”“福建省党史教育基地”“厦门市第二批社会科学普及教育基地”“市中小学生社会实践基地”“湖里区爱国主义教育基地”和“中国人民解放军东部战区陆军红色教育基地”，与厦门大学、厦门理工学院和厦门医学高等专科学校共建社会实践基地。2019 年，特区馆免费接待观众 60331 人次，其中，未成年人 11756 人次；接待机关、企事业单位、学校、部队、社会团体 729 场次。开展文化下乡，送流动展览进社区、学校、军营 12 场次。

（谢典均）

文化遗产

【概况】 2019 年，湖里区开展文化保护概念性规划工作，下拨杨氏宗祠、后浦拱庚堂、殿前继周堂等文物保护工作经费，做好文物保护单位日常保护和安全巡查工作。公布第二批区级非遗代表性项目保护名录，完成第五批市级非遗项目和传承人名录、第五批国家级非遗代表性目录及传承专项资金申报。举办闽南非物质文化遗产斗阵行、“古厝非遗”等主题展览，通过非遗 + 文创、非遗展演、非遗进校园等活动宣传推广优秀传统文化。

【闽南非物质文化遗产斗阵行】 2019 年 6 月 22—23 日，“追梦新时代幸福在湖里”悦游·湖里闽南非物质文化遗产斗阵行，在仙岳山公园举办。本次活动由区文化和旅游局主办，区文化馆、厦门报业传媒集团有限公司共同承办，厦门晚报社协办。现场有南音、歌仔戏、答嘴鼓、宋江阵、闽南童谣及五祖鹤阳拳等非遗项目表演。设立“非遗斗阵行”的焦点区域——湖里区非遗馆，馆内有厦门闽南传统建筑营造展示、滕派蝶画展示、福建古船模展示。活动还举办非遗老照片展，由中国摄影家协会会员、福建青年摄影家陈伟凯拍摄的上百幅非遗传承人照片及对应的非遗文化项目知识，漳浦剪纸艺术家卢淑荣的剪纸作品组成。在仙岳书院设置非遗小学堂，非遗手艺人现场传授剪纸、送王船、惠和影雕、闽南童谣等简单的非遗技艺，群众和非遗手艺人面对面学习互动，“零距离”感受非遗的魅力。

【第十二届海峡两岸文博会设置古厝非遗展区】 2019 年 11 月 1 日，

2019 年 11 月 1—4 日，第十二届海峡两岸文博会上，湖里区设立“古厝非遗展区”

（林铭鸿　摄）

第十二届海峡两岸文博会开幕，湖里区在展会设置“古厝非遗展区”。展出传统木造王船、古船模模型、惠和影雕作品、闽南传统彩绘、经典漆画作品及厦门会晤期间置于筼筜书院贵宾厅内的大漆屏风“鹭岛腾飞”、大型漆艺桌子“万象”等非遗作品。答嘴鼓非遗传承人林志萍和他的搭档们在现场表演答嘴鼓，湖里仙岳书院带来闽南童谣“月亮月光光”，厦门市太极文化促进会带来太极拳表演，还有闽南风情布袋戏、闽南乐器演奏等表演。

（翁　珏）

体　育

【概况】 2019年，湖里区成立体育代表团，参加第二十届市厦门运会，参赛运动员有1778人，行业组、青少年组分别位列总分第二，奖牌数全市第二。打造“一区二品”体育赛事，引入社会力量举办各类高端体育赛事，提升现有活动品牌。是年，先后举办U.I.M.F1摩托艇大奖赛、国际帆船赛、国际名校大学生篮球争霸赛、中国汽车飘移锦标赛、世界城市定向挑战赛、城市乐跑赛、官健国际健体大赛7项具有全市影响力的品牌赛事，营造浓厚的高端体育氛围。诺斯蒂文化体育公园入选国家体育产业示范项目，获评2019年省级体育旅游休闲基地，促进产业项目的品牌提升。全民健身活动广泛开展，举办新春健步行、小学生校园足球联赛、少儿轮滑障碍赛、时尚三人篮球挑战赛等活动，打造“一街一品”健身品牌。推进湖里体育中心项目前期工作，完成项目策划，下拨体彩公益金1360.5万元，支持基层体育场地设施，推动竞技体育后备人才基地建设、体育传统项目学校、体育冬夏令营、国民体质监测站点等体育项目实施。

【湖里区组队参加第二十届厦门市运动会】 2019年5月至9月底，由厦门市人民政府主办、厦门市体育局承办、厦门文广体育有限公司执行的厦门市第二十届运动会召开。湖里区成立体育代表团，组织1778名运动员，参加19项行业组、30项青少年组的比赛。足球项目获3金1银1铜5块奖牌；篮球项目获4金1银1铜6块奖牌；散打获14块金牌、11块银牌、6块铜牌，金牌数超过其他5区之和；乒乓球获行业组2金、青少年组8金；中国象棋、围棋均获女子行业组冠军；本届市运会，湖里区获得金牌164.5块、银牌182.5块、铜牌136块，行业组、青少年组分别位列全市第二，奖牌数全市排名第二。

【第十五届中国俱乐部杯帆船挑战赛】 2019年9月18日，第十五届中国俱乐部杯帆船挑战赛在五缘湾海域开赛。来自全国各地的38支队伍参赛。赛事分为竞技组、社会组、女子组三个组别，此次赛事分两个阶段，第一阶段于9月18—22日举行，通过11轮群发赛决出11强队伍；第二阶段于10月30日至11月3日举行，第一阶段的11强队进行循环对抗赛，最终获胜的深圳海狼队向上届冠军北京航海中心男子队发起挑战，深圳海狼队夺得本届赛事冠军，时隔10年再度捧起“大贝壳”奖杯。本次赛事首次开设青少年组暨广州南沙青少年帆船挑战赛。来自万科航海俱乐部、梅沙远航学院、厦门顽石俱乐部、南沙帆船协会的5支青少年队伍在广州南沙进行为期2日的角逐，最终梅沙远航队获得首个冠军。

【中国汽车飘移锦标赛厦门站暨国际飘移超级杯】 2019年5月28日到6月2日，2018—2019年中国汽车飘移锦标赛厦门站在厦金湾汽车文化中心连赛6天。本次赛事将2018年中国汽车飘移锦标赛总决赛和2019年中国汽车飘移锦标赛揭幕战结合举办，特命名为“2018—2019年中国汽车飘移锦标赛厦门站暨国际飘移超级杯”，包含中国汽车飘移锦标赛、国际飘移超级杯、首届海峡两岸邀请赛3场赛事。本赛事由中国汽车摩托车运动联合会、厦门市体育局和湖里区人民政府主办，北京豪斯创展文化传媒有

2019年9月19日至11月3日，在五缘湾外海域举办第十五届中国“俱乐部杯”帆船挑战赛

（田野　摄）

2019年5月28日至6月2日，在厦门市湖里区厦金湾片区举办2018—2019年中国汽车飘移锦标赛·厦门站暨国际飘移超级杯

（北京豪斯创展文化传媒有限公司　供图）

限公司承办。来自日本、新西兰、摩洛哥、广东、重庆、四川、河南、中国香港、中国台湾等国家和地区的近70名知名顶尖飘移车手，代表22支职业飘移车队参赛。厦门本土的代表车队——厦门豪狮鹭车队、厦门风动飘移车队，以及来自福州的PDK飘移车队，参与角逐。中华组、精英组和超级杯的冠军奖杯分别由陈文谦、罗其辉、李文峰获得。

【厦门城市乐跑赛】 2019年11月3日下午，厦门城市乐跑赛在湖里五缘湾音乐岛开赛，4000名参赛者踏上长约5公里的环湾赛道。本届厦门城市乐跑赛由国家体育总局群体司、厦门市体育局作为指导单位，湖里区政府、VANKE联合主办，厦门日报社协办，共青团厦门市委、厦门市台港澳办、湖里区文化和旅游局全程支持。以“厦门提速，跑起来”为主题。

【2019U.I.M.F1摩托艇世界锦标赛中国厦门大奖赛】 2019年10月18—20日，2019U.I.M.F1摩托艇世界锦标赛中国厦门大奖赛在湖里区五缘湾水域开赛。本届赛事由国际摩托艇联合会主办，国家体育总局水上运动管理中心、中国滑水潜水摩托艇运动联合会、厦门市体育局、湖里区政府承办。U.I.M.F1摩托艇世界锦标赛是国际摩托艇联盟旗下最高级别动力艇赛事，本届F1摩托艇世界锦标赛是时隔22年再次到厦门比赛。有9支国际赛队的18艘F1摩托艇参赛，参赛的18名持有超级驾照的国际顶级选手来自9个国家和地区；参与本次大赛的各国选手、机械师、国际摩联官员等人员则来自30多个国家和地区。赛事赛况通过卫星向全球100多个国家和地区转播。大赛设“F1摩托艇世锦赛青年精英赛”和“F1摩托艇世界锦标赛”两大组别。其中，青年精英赛设计时赛和积分赛，世界锦标赛设排位赛和决赛。在激烈角逐中，第一场马弗里克队、瑞典队、阿联酋队选手分别获得冠亚季军；第二场的冠亚季军分别由阿布扎比队、深圳天荣中国队、瑞典队选手获得。

【第十二届中国（厦门）国际游艇展览会】 2019年11月1—4日，第十二届中国（厦门）国际游艇展览会在五缘湾举办。本届游艇展由厦门市人民政府、中国船舶工业行业协会主办，福建省游艇产业发展协会、湖里区人民政府、厦门路桥游艇旅游集团有限公司承办。是集“展览、论坛、赛事、活动”于一体的复合型国际游艇盛事，被誉为中国水上最具影响力的展会，是国

2019年11月3日，厦门城市乐跑赛在湖里区五缘湾音乐岛举行

（万科集团　供图）

2019 年 8 月 8 日，湖里区“8·8”全民健身日启动仪式暨“幸福湖里·全民健身”趣味体育健身游园活动在湖里中学举行　　（蔡艺君　摄）

内第二个、亚洲第六个跻身 IFBSO（国际游艇展组织者联盟）的专业展会，并成为最高级别——铂金会员。本届展会围绕“滨海新生活”的品牌宗旨，构建以五缘湾为中心的游艇产业生态圈，展会总面积 5 万平方米，以水陆联展的形式呈现，汇聚世界各大知名游艇品牌商，来自中国大陆及港台地区，还有美国、比利时、韩国等国家的游艇业界代表，云集境内外阿兹慕、法拉帝、汉斯等逾 200 个知名品牌。展览会通过展览展销、交流座谈、合作接洽等多种形式搭建国内外产业对接交流桥梁，打造滨海生活嘉年华。

【湖里区“8·8”全民健身日启动仪式】 2019 年 8 月 8 日下午，由湖里区文旅局主办、湖里街道承办的“幸福湖里·全民健身”趣味体育健身游园活动暨 2019 年湖里区全民健身启动仪式在湖里中学举行。湖里街道表演辖区特色项目大鼓表演，区体育舞蹈协会也带来啦啦操表演。本次游园活动设置跳绳、托乒乓球障碍接力、袋鼠跳、手足并用、飞镖、定点投篮等 6 个项目，吸引 5 个街道的近百人参赛。

【第五届国际名校大学生篮球争霸赛】 2019 年 8 月 1—12 日，“体彩杯”2019 年厦门第五届国际名校大学生篮球争霸赛在厦门湖里蔡塘学校举行，男篮、女篮队伍分别开赛。其中，女篮竞赛时间 8 月 1—5 日，男篮竞赛时间 8 月 8—12 日。来自中国、菲律宾、韩国、日本等 16 个国家和地区的球队参赛。经过 10 天的角逐，最终，日本大阪体育大学获女子组冠军，男子组冠军被北京化工大学夺得。本届赛事由福建省篮球协会、福建省大学生体育协会、厦门市体育局、湖里区人民政府主办，由区文化和旅游局、区教育局、江头街道办事处、湖里建发城建集团有限公司、区篮球协会承办。

（翁　珏）

旅　游

【概况】 2019 年，湖里区累计接待国内外游客 2470.07 万人次，比上年增长 21.21%；旅游总收入 373.59 亿元，比上年增长 22.63%。推动会展业和酒店住宿业双发展，促进纳统入库，实现限上住宿业比上年增长 12% 以上，高于全省平均水平。承办“厦门市 2019 年中秋旅游嘉年华”活动，吸引境内外旅游业界和游客的广泛关注与参与，开展“大厦之门·悦游湖里”系列旅游推介活动。成立湖里区旅游协会，加强酒店、景区、涉旅企业、文化项目的交流沟通，进行资源共享、产品互推、联合营销，拉动湖里区的文化旅游消费。完成 5 座旅游厕所的改建，加强五缘湾片区景区建设，绮丽珊瑚、凌云玉石创建 AA 级景区。开展旅游购物市场专项整治，成立湖里区旅游市场联合执法办公室，结合“扫黑除恶”，开展联合执法行动，严打湖里区旅游购物场所违法违规行为，投诉问题处理率 100%，投诉率大幅下降，经过整治，旅游购物市场秩序明显好转，其经验在全市推广。

【“悦游湖里”中秋文化旅游系列活动】 2019 年 8 月 30 日至 9 月 28 日，厦门市文化和旅游局、湖里区人民政府联合举办 2019 中国厦门中秋旅游嘉年华活动。本届嘉年华以中秋博饼为主线，以中秋民俗文化为魂，融入中秋佳节人民对美好生活的向往，延续“欢乐中秋　好运厦门”的活动主题，组织八大主题活动和四项配套活动。湖里区推出“悦游湖里”中秋文化旅游系列活动。吸引境内外超过 300 家媒体报道，影响受众超过 4.4 亿人次，仅中秋博饼狂欢月活动线上线下就吸引 4000 万人次参与，旅游产品特卖月发放价值上亿元的旅游抵用券，成交额 4500 万元。

【旅游购物市场整治】 2019 年 4

月 11 日，湖里区成立旅游市场联合执法办公室，制定旅游购物市场专项整治方案，明确整治重点和责任分工，利用各种行政手段、法律手段，查处旅游购物市场不法行为。辖区内摸排出 28 家不规范旅游购物场所，约谈场所房东和商家租户，将房东和商家捆绑执法，责令房东履行出租者职责，督促商家做好合法经营、诚信经营，禁止任何“欺客宰客、强买强卖、回扣拉客”等违法违规行为。区文化和旅游局牵头区行政执法局、湖里公安分局、湖里消防大队、区市场监督管理局、区物价所和相关街道等单位开展多部门联合执法行动。问题严重的场所勒令其停业整顿。引导旅游购物场所规范化经营，劝导其按照消防、城管、市场监督和物价等部门意见和相关法律规范进行整改，做好“旅游购物场所星级评定”。年内，湖里辖区内不规范旅游购物场所全部停业，引导规范化经营 13 家，游客投诉直线下降，旅游市场秩序明显好转。

2019 年 9 月 17 日，湖里区旅游协会会员大会暨成立大会在厦门五缘湾凯悦酒店召开
（湖里区旅游协会　供图）

【“大厦之门·乐游湖里”旅游推介会】 2019 年 3 月 18—22 日，由厦门市文化和旅游局，湖里区人民政府主办，区文化和旅游局承办的“大厦之门·乐游湖里”旅游推介活动在贵州遵义、毕节以及六盘水先后召开 2 场旅游推介会和 1 场旅游推介座谈会，展示湖里全域旅游新形象，推广湖里精品旅游线路，特别是重点推介辖区 A 级景区和五缘湾滨海特色旅游项目，针对旅游客源市场的不同需求，围绕闽台文化、美食探寻、滨海度假等旅游核心要素，设计各类自由行、半自助旅游产品。知名旅行商、各大旅游产业机构、媒体记者等 120 多名嘉宾参加推介会。推介会上两地旅游企业还就景区管理、营销经验进行交流，并达成游客互送、产品融合的初步意向。10 月 17 日至 11 月 1 日，在江苏常州、苏州，浙江绍兴三地举办推介活动。此次活动设置湖里风光展、文创互动区、美食品茗区等互动展区；设置湖里文旅资源及产品推介环节，穿插舞蹈《乘风破浪》、歌伴舞《厦门渔歌》表演；媒体宣传上发起“大厦之门·悦游湖里”话题互动，送出免费畅游大奖。活动吸引三地超 300 名旅行商、媒体代表参与，累计发放厦门湖里文旅宣传资料 1000 余份，送出“大厦之门·悦游湖里”文旅好礼上百份。活动期间，厦门厦旅国际旅行社有限公司与江苏绿色国际旅行社有限公司、绍兴神州国际旅行社现场签订《引客入厦战略合作协议》。

【湖里区旅游协会成立】 2019 年 9 月 17 日下午，在厦门五缘湾凯悦酒店召开区旅游协会会员大会暨成立大会。厦门市文化和旅游局、湖里区人民政府、区文化和旅游局、区民政局、市旅游协会及各分会会长、区旅游协会会员单位代表、新闻媒体等 100 人参会。会员单位包括旅行社、酒店、景区等在内的文旅企业 39 家。成立大会首次发布“悦游湖里”文旅宣传片，宣传片“以闺蜜游、家庭游”为主线，以旅行中的情感体验为内容，介绍湖里文化旅游、艺术展览、文体赛事、节庆文化等主题资源。

【节日旅游】 2019 年元旦小长假期间，湖里区接待游客 23.08 万人次，同比增长 13.74%，旅游总收入 2.66 亿元，同比增长 19.15%，实现“开门红”。春节期间，湖里区接待国内外游客 82.76 万人次，同比增长 14.61%；旅游总收入 8.87 亿元，同比增长 18.27%。清明节，湖里区接待国内外游客 32.82 万人次，同比增长 21.02%；旅游收入 2.62 亿元，同比增长 27.20%。“五一”劳动节期间，湖里区接待国内外游客 56.37 万人次，同比增长 20.07%；旅游总收入 6.91 亿元，同比增长 26.86%。端午节期间，湖里区接待国内外游客 30.13 万人次，同比增长 40.07%；旅游总收入 3.52 亿元，同比增长 44.86%。中秋节期间，湖里区接待国内外游客 26.67 万人次，同比增长 20.08%；旅游总收入 3.01 亿元，同比增长 22.36%。国庆期间，湖里区接待国内外游客 74.20 万人次，同比增长 20.34%；旅游总收入 8.87 亿元，同比增长 23.54%。

（翁　珏）

卫生计生

综　　述

2019 年，湖里辖区内有医疗卫生机构 419 家，市管医疗卫生机构 26 家，其中市（属）管医院 12 家，社区卫生服务中心 5 家、分中心 2 家、服务站 7 家；区属医疗卫生机构 1 家；区管医疗卫生机构 392 家，其中民营一级综合医院 6 家，门诊部 107 家，诊所 195 家，医务室卫生所 80 家，护理站 4 家；有病床 5020 张（千人床位 4.89 张）、医师 3615 人（千人医师 3.52 人），护士 4798 人（千人护士 4.67 人）。是年，湖里区获得“国家级健康促进区”称号，入选国家级健康促进县（区）工作经验典型名单。

截至 2019 年 9 月 30 日（计生统计年度），全区总人口 102.3 万人，其中，常住 35.7 万人，流动 66.6 万人；出生人口 16054 人，其中，常住人口出生 5391 人，流动人口出生 10663 人；常住出生人口政策符合率 96.42%，出生性别比 113.84；人口信息统计准确率 95% 以上；计划生育奖励兑现率 100%。

【小区医生健康服务】 2019 年，湖里区通过多形式载体创新试点小区医生健康服务，将医疗健康服务端口向小区延伸。以小区卫生服务站为基本医疗单元，小区医生工作室为补充，小区护理站为配套，在全区 49 个社区设立 61 个服务网点。小区医生健康服务网点入选全市 15 个创新项目之一，并在健康促进区创建工作上，作为典型经验在全国作交流发言。

【医疗项目进展】 2019 年 6 月 10 日，厦门大学附属心血管病医院正式开业；12 月 18 日，厦门如心妇婴医院试营业；弘爱妇产医院完成主体结构封顶；原湖里医院地块经市政府规划，划拨给市儿童医院申报建设国家儿童区域医疗中心（儿科）。

【分级诊疗模式】 2019 年，湖里区妇幼保健院与第一医院和辖区内各设有妇产科的一级医院建立上下转诊的协作关系；组织厦门市心血管病医院为辖区内的所有医疗机构开展冠心病分级诊疗培训 3 期 250 人次；厦门市中医院和复旦中山厦门医院与小区医生建立协作，交流需求，辖区医院将病患向厦门市中医院和复旦中山厦门医院转诊。

【行业自治自管】 2019 年底，湖

2019 年 12 月 9 日，金安社区小区医生徐宗武为居民提供免费医疗服务

（黄文选　摄）

2019 年 4 月 21 日，湖里区中医同业联合会举行心肺复苏专场培训开班仪式

（黄文选　摄）

里辖区内成立口腔、中医同业联合会。口腔同业联合会在 9 家会长和理事单位带领下先后组织学术研讨、外出学习、行业规范研讨会、行业年会等 16 次。中医同业联合会开展心肺复苏 BLS 培训，培训人员 200 余人。举办多场学术交流和义诊活动，参与忠仑公园中药百草园建设、五缘湾 1 号禾缘社区中药园种植计划等。

【互联网医疗龙头企业落户湖里区】2019 年，微医集团与湖里区签订战略合作框架协议，落地区域总部、创建健康示范小区、建设海峡互联网医院、筹备健康银行和跨境医药电商平台。医联康护公司在湖里设立区域总部，重点打造健康湖里、发展健康小区项目，并拓展医疗转运业务。

【爱国卫生运动】2019 年，湖里区持续做好环境卫生整治和病媒生物防制工作。根据季节特点和病媒生物习性组织开展不同主题的 10 轮全区性除“四害”统一行动。开展爱国卫生工作督导 10 余次，督促问题整改，确保防制工作成效。自 8 月 27 日起，辖区陆续发现登革热本地感染病例。湖里区成立以区长为组长的区级登革热疫情防控领导小组，召开防控工作部署会，全面加强防控工作，开展疫区病媒生物消杀、病例搜索、蚊密度监测、健康宣教等连续 25 天的疫情处置和监测工作。卫计、文旅、教育、市场监管、建设等部门联动排查，督促各类公共场所规范禁烟标识张贴，月均检查公共场所 200 余家；5 月 31 日，在厦门港务集团举办以“烟草和肺部健康”为主题的宣传活动，邀请专家提供义诊、戒烟咨询、测量血压、保健咨询等服务；9 月，启动福建省青少年烟草素养监测，开展学校信息收集及班级抽样、入校调查、质控及调查结果上报等各项工作，完成 844 份调查问卷；开展无烟单位申报及现场初评，经市级复核，厦门市金安小学、厦门市禾山中学等 11 家学校均达到无烟学校创建标准，湖里区实现区属公立中小学无烟学校全覆盖。

【国家慢性病综合防控示范区建设】2019 年，湖里区投入约 55 万元专项经费，用于健康基础设施建设、健康环境建设、健康养老、健康活动开展、健康知识宣传等。全年建设健康社区 22 个，健康单位 10 个、健康学校 10 个、健康食堂 12 个、健康餐厅 / 酒店 11 个、健康家庭 220 个；健康小屋 45 个，“健康小屋”在社区覆盖率 84.9%。区级户外公园、步道等公共体育场地全部免费开放；社区卫生服务中心自助式健康检测服务覆盖率 100%。促进学校体育场地向社区开放，实行免费开放或有偿租赁等方式，为市民提供更多活动空间。成立患者自我管理小组 28 个，把慢性病防控主体交给患者，实现慢性病患者“病人—达人—能人”的转变。结合健康日开展健康宣教活动 233 场，受众 5 万人。

【干部保健】2019 年，湖里区有 47 位保健对象完成年度健康体检，体检率 67%。组织开展医疗巡诊工作活动 20 场，为机关干部提供医疗卫生保健服务。全年为近 300 名处级干部征订保健刊物，制作区机关及各街道食堂宣传展板 72 期，餐桌立牌 72 张。区行政中心健康小屋全年为 600 多名干部提供健康检测及应急药品领用服务。

【家庭医生签约】截至 2019 年 12 月 31 日，湖里区家庭医生签约 111351 人，签约覆盖率 32.83%。其中，65 岁以上老年人签约 17292 人，签约覆盖率 65.72%；高血压患者签约 19140 人，签约覆盖率 61.94%；糖尿病患者签约 9143 人，签约覆盖率 76.19%。

【百名专家进社区活动】2019 年，湖里区从全市各大医院邀请医疗专家轮流到社区义诊，为包括流动人口在内的群众提供家门口的健康服务。全年邀请 214 名专家，举办活

2019 年 7 月 13 日，中医专家到神山社区开展义诊活动　（黄文选　摄）

动 27 场，服务群众 4900 人次。

【卫生健康领域“放管服”改革】2019 年，湖里区卫健局办事指南有 22 个大项 60 个小项，删减二次供水、“母婴保健技术服务机构资质许可延续”等 7 个事项，删除母婴保健技术服务人员执业许可“到期验证”“注销”等 4 个子项。绑定国家目录事项 58 项，绑定率 96.6%，另有 2 项在国家目录、省级目录均找不到相似目录，已做缺失登记。事项审批再提速，区卫健局 60 个行政审批服务事项中“一趟不用跑”事项 30 项，占 50%，即办事项 43 项，占 71.6%。全年受理许可 3479 件，其中即办件 2787 件，即办率 80.11%。

【医疗卫生专项监督执法检查】2019 年，湖里区出动执法人员 200 余人次，排查涉嫌非法行医窝点 33 处，立案查处 19 件，没收违法所得 3.05 余万元，罚款 20.2 万元，没收牙椅 4 张，并将 2 名涉嫌刑事责任的非法行医人员移送公安机关处理。12 月 16 日至 19 日，区卫健局牵头，市医保局、区市场监管局、湖里公安分局等部门对民营医疗机构开展联合执法检查。出动执法人员 96 人次，检查民营医疗机构 11 家，发现问题 60 个，出具执法监督文书 32 份，立案 6 起。开展医疗机构检查 1684 家次，查处医疗机构各类违法案件 24 件，罚款 7.9 万元，没收违法所得 3 万元，吊销医疗机构执业许可证 2 家。361 家医疗机构提交自查表与自查报告，其中 120 家医疗机构在自查自纠中发现问题。出动检查人员 162 人次，抽查医疗机构 17 家，发现问题 93 个，出具卫生监督意见书 17 份。开展医疗废物处置专项执法，全面摸排辖区近 300 家医疗机构医疗废物处置工作，核实医疗废物处置情况，立案 2 起。

【职业健康监管】2019 年，湖里区完成 52 家用人单位的工作场所职业病危害因素监测任务；完成辖区尘肺病患者随访与回顾性调查工作，截至年底，辖区累计报告职业性尘肺病病例 52 例，其中存活 14 例，死亡 30 例，失访 8 例；全区从事有放射工作人员 52 名，对放射工作人员的基本情况调查及信息汇总工作已全部完成并上报；全区有非医疗机构放射工作单位 15 家，单位情况调查工作全部完成并上报；全区有开展放射诊疗的区属区管医疗机构 48 家，情况调查及数据录入工作全部完成。将涉及混凝土搅拌的 6 家企业纳入尘毒危害专项执法检查范围，10—12 月，专项执法检查 7 家次，出动监督员 14 人次，出具卫生监督意见书 5 份，尘毒监督覆盖率 100%，6 家企业申报率、体检率、检测率、培训率、“三同时”实施率均达 100%。查处新发职业病企业，对涉嫌安排未经职业健康检查的员工从事接触职业危害作业的 3 家企业予以立案查处。

（胡　琼）

妇幼保健

【概况】2019 年，湖里区妇幼保健院完成孕产妇系统管理率、早孕建卡率、高危管理率、低出生体重儿发生率、孕产妇剖宫产率、孕产妇死亡率、婴儿死亡率等“两纲”重难点指标。年内，出生婴儿 3526 人，其中，顺产 2767 人，剖宫产 749 人，难产 10 人；死胎引产 5 人。入出院诊断符合率 100%，手术前后诊断符合率 99.5%，无菌手术切口甲级愈合率 100%，无菌手术切口感染率 0，医院感染漏报率 0，医院感染率 3.16%。病床周转 78.34 次 / 年，药品收入占总收入比例 8.8%，法定传染病报告率 100%。全年提供门（急）诊服务 93.78 万人次（含集体保健），比上年增长 4.6%，住院 5320 人次，病床平均使用率 83.35%，业务收入 15779.89 万元，比上年增长 7.12%。

2019年1月22日，湖里区计生工作人员到江头街道失独家庭慰问

（湖里区卫健局　供图）

【公共卫生和惠民项目】 2019年，湖里区住院分娩孕产妇孕期艾滋病病毒检测率98.97%，阳性率0，孕产妇孕期梅毒检测率98.94%，感染率0.23%，孕产妇孕期乙肝表面抗原检测率98.99%，阳性率10.02%，感染艾滋病和梅毒的孕产妇及所生儿童采取预防母婴传播干预措施比例均达到100%。实施免费孕产妇艾滋病检测5046人（阳性2人）、梅毒检测5043人（阳性10人）、乙肝筛查5037人（阳性513人）；与辖区各街道社区卫生服务中心及健民、天伦医院签订免费艾滋病筛查协议，承担辖区5个中心及2所助产机构的艾滋病免费检测。3月起，对辖区育龄妇女进行妇科病普查，截至年底，检查育龄妇女12150人，发现乳腺癌6人，宫颈癌0人。开展女职工“两癌”筛查5596人。

（朱春雷）

【免费婚前保健和孕前优生健康检查】 截至2019年12月31日，湖里区完成免费婚前医学检查4644人，检出传染病11人，暂缓结婚27人，婚检率97.76%；完成免费孕前优生健康检查4011人，孕检覆盖率83.56%，检出高危风险884人，占22.04%，接受优生教育4011人，宣教覆盖率83.56%；完成免费产前筛查1835例，免费叶酸检测464例。

【妇科病普查和“两癌”筛查】 2019年，湖里区为全区17746名已婚育龄妇女进行妇女常见病筛查，筛查率97.34%，妇科病患病率29.5%。是年，开展免费乳腺癌和宫颈癌筛查，累计筛查6188人，其中，检出宫颈癌阳性774人、乳腺肿块（除小叶增生）1192人。

【儿童保健】 2019年，湖里区完成儿童保健服务7万余人次，户籍儿童系统管理率98%以上，流动儿童系统管理率85%以上。高危儿检出率5.20%，5岁以下儿童低体重率1.45%，5岁以下儿童生长迟缓率1.58%，5岁以下儿童中重度贫血患病率0.15%。6个月母乳喂养率92.82%，婴幼儿家长科学喂养知识普及率100%，新生儿窒息复苏技术应用率100%。

（胡　琼）

【健康宣教】 2019年，区妇幼开展院内健康课堂494场，院外讲堂152场，社区卫生服务中心开展讲座44场，妇幼大讲堂12场，义诊咨询83场。其中，院内开展非药物性阵痛分娩（音乐阵痛分娩）、无痛分娩、产褥期保健、母乳喂养、产前检查主要内容、孕期常见

2019年9月12日，湖里区妇幼开展“出生缺陷早预防，健康中国我行动”出生缺陷宣传周系列义诊活动

（湖里区妇幼　供图）

问题的处理方法、孕期营养、孕产期心理保健、新生儿护理等必修课程382堂；孕期贫血预防与治疗、眼保健、听力保健、糖尿病饮食管理、月子里的营养、产后中医调理、中医育儿经等合计120堂选修基础课程；营养实操课程，准爸妈、准奶奶、准姥姥训练营，产房开放日，科学胎教，艺术手工胎教，婴儿被动操6种精品课程，合计72堂。是年，孕妇建卡7819人，听课9540人，听课率122%。

（朱春雷）

卫生监督

【概况】 截至2019年12月底，湖里区卫生和计划生育监督所监管公共场所1308家（其中，住宿场所125家、游泳场所51家）、二次供水单位380家、学校50家、医疗机构393家、传染病防治394家、放射诊疗47家、计划生育（母婴保健）9家、消毒产品单位1家（暂停营业）、餐饮具集中消毒单位1家。全年受理卫生许可3801件，查处各类违法案件71件，受理群众投诉292件。

【行政许可】 2019年，湖里区卫监所受理行政许可3801件。其中，医疗724件，公共场所621件，二次供水40件，医师注册1144件，护士注册1186件，工作场所职业病危害申报备案86件；即办件3071件，即办率80.79%。现场审查1608家次，其中，医疗审查810家次，公共场所审查730家次，二次供水审查68家次；维护电子证照6415条。移交许可档案2300件；邮政免费代领代送寄出50件。办事指南22个大项60个小项，即办事项40项，即办事项占所有事项的66.6%，已绑定国家目录事项58项，绑定率96.6%。

【行政处罚】 2019年，湖里区卫监所查处各类违法案件71件（一般程序58件，简易程序13件），其中医疗监督类42件（无证行医20件），传染病防治监督类9件，公共场所类12件，职业健康监督类3件，放射卫生监督类4件，学校卫生监督类1件。没收违法所得约6.53万元，罚款65.96万元，没收牙椅4台，没收一批零散药品、器械，吊销医疗机构执业许可证2家。对8件逾期不履行行政处罚决定的案件申请法院强制执行。向翔安生态环境局和湖里生态环境局各移送违法案件4起，向市场和药品监管等部门移送违法案件6起，向公安机关移送2名非法行医涉嫌犯罪人员。1个行政处罚案件获评国家卫生行政执法优秀典型案例，2个行政处罚案件入选福建省卫生行政处罚典型案例汇编，1个微课作品经国家卫生健康委卫生健康监督中心评审获得二等奖。

【投诉处理】 2019年，湖里区卫监所受理群众举报、政务热线、交办件、信访件等各类投诉件292件。其中，涉及公共场所53件，医疗机

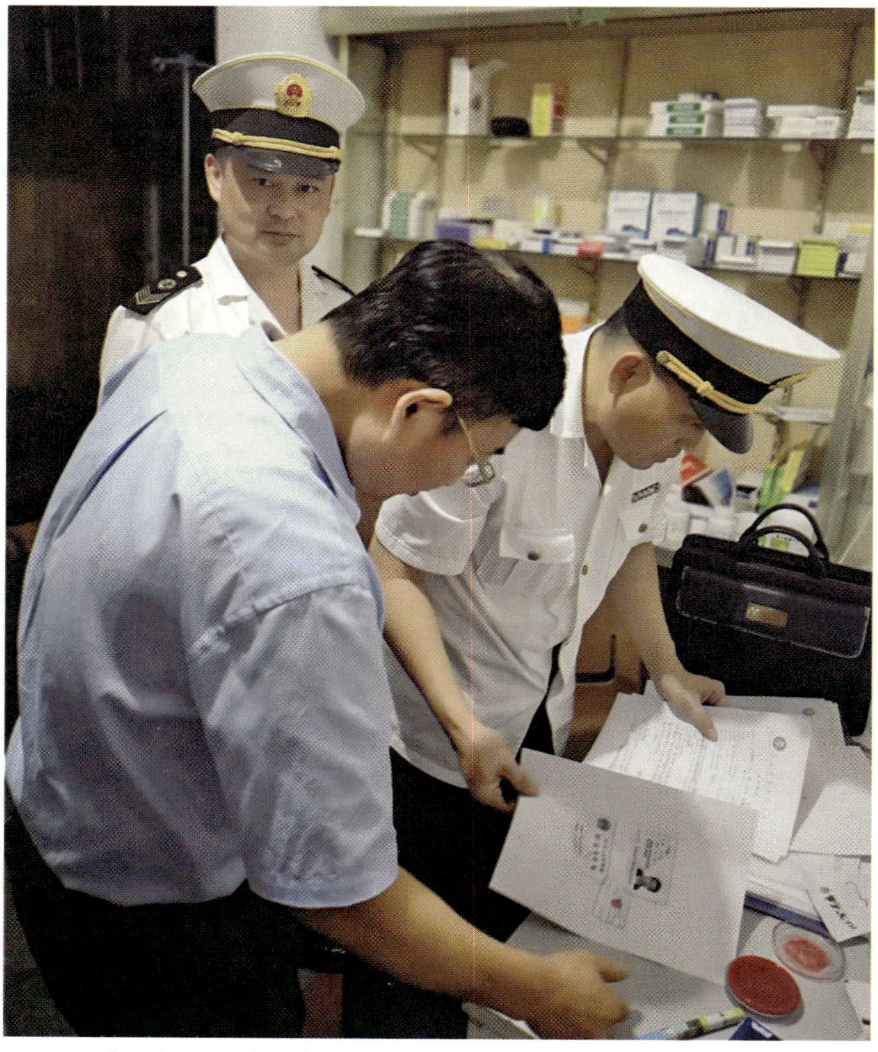

2019年，湖里区卫监所查处非法行医窝点，现场制作法律文书

（湖里区卫监所　供图）

构 167 件，无证行医 56 件，二次供水 1 件，职业卫生 2 件，咨询及其他 13 件。投诉受理率、调查处理率、反馈率均达到 100%，同时根据投诉线索，做出行政处罚 20 件。

（谢玉霞）

疾病防控

【概况】 2019 年，湖里区各级医疗机构上报法定传染病病例 7590 例，其中，乙类传染病 14 种 2046 例，丙类传染病 6 种 5544 例。卫生应急相关技术方案或应急预案 33 个，全年调查处理传染病自动预警信息事件 716 起，及时率 100%；全年处置疑似食物中毒事件 10 起，事件查明率及调查处置完整率均达 100%。儿童基础免疫及加强免疫本地户口和流动儿童疫苗接种率均在 99% 以上。开展食品类、公共场所类、生活饮用水、病原微生物等检测，出具检测报告 498 份。

【健康教育】 2019 年，湖里区疾控中心坚持健康教育与疾病预防控制并举，动员社会参与疾病预防控制工作，在“结核病日”“世界卫生日”“世界无烟日”“世界艾滋病日”等组织各种大型宣传活动，参与多部门组织的活动 55 场，发放宣传折页万余份，宣传品 19262 份，覆盖人数万余人，为 4000 人提供咨询义诊。利用社区宣传栏、公交站台、海报、横幅等传统媒体宣传疾病防控知识，全年宣传 109 版次。利用移动短信平台、微信公众号等发送健康资讯，加强与新闻媒体合作，加大宣传报道力度。

【居民健康素养监测】 2019 年，湖里区完成居民健康素养入户问卷 615 份，健康素养水平 39.51%；完成全国居民健康素养调查问卷 252 份、青少年烟草流行调查问卷 844 份；完成中国中医药健康文化素养监测调查问卷 252 份。

【卫生应急】 2019 年，湖里区制定卫生应急相关技术方案或应急预案 33 个。全年规范处置辖区中小学、托幼机构发生的手足口、流感、水痘、腮腺炎等传染病疫情和聚集性事件 168 起，调查处理传染病自动预警信息事件 716 起，及时率 100%；处置疑似食物中毒事件 10 起，事件查明率及调查处置完整率均达 100%。

【传染病防控】 2019 年，湖里区各级医疗机构上报 7590 例法定传染病病例，发病率 736.17/10 万，其中乙类传染病 14 种 2046 例，发病前三位的是淋病、梅毒、肺结核；丙类传染病 6 种 5544 例，发病前三位的是流行性感冒、手足口病、其他感染性腹泻；无甲类传染病、SARS、炭疽等病例或疑似病例报告。

艾滋病防治 湖里区新增艾滋病病例 113 例，是年有艾滋病病例及感染者 645 例，全部进行随访管理。开展 HIV 自愿咨询检测 1463 人次，发现初筛阳性 55 例。开展国家流动人口哨点监测，问卷调查及抽血采样 407 人，发现 2 例阳性。开展男男同性恋人群哨点监测，问卷调查和采血 173 人。开展各人群干预检测工作，暗娼干预 4759 人次，检测 368 人次，未发现阳性病例；开展妇女面对面宣传教育 1718 人次，社区宣传教育 2400 多人次，干部宣讲 20 多人次。

结核病防治 湖里区发现疑似肺结核患者 914 人，转诊率 100%，总体到位率 95.8%。发现活动性肺结核患者 364 例，均进行督导管理，患者管理率 100%，成功治疗率 95.8%。对各街道社区卫生服务中心和第一医院结核门诊开展季度督导和常规督导 87 次，随访结核病患者 733 人次。处置 15 起学校结核病疫情，追踪管理 60 例学生、教师肺结核患者，开展学校结核病患者密切接触的师生筛查 887 人，未发现疑似患者。

麻风病防治 湖里区疾控中心

2019 年 5 月 7 日，湖里区进行登革热布雷图指数监测，评价防控措施效果

（湖里区疾控中心 供图）

联同各街道社区卫生服务中心在世界防治麻风病日开展6次现场宣传活动，发放宣传折页800份，宣传品500份，义诊咨询120余人次，回收麻风病预防知识调查问卷30份，信息知晓率70%。

霍乱、禽流感监测　在霍乱流行季节，区疾控中心安排人员到辖区超市、菜市场采集水产品和外环境标本开展检测。

病媒传染病防治和病媒生物防制　湖里区报告疟疾3例，流行性出血热1例，布鲁氏菌病3例，登革热65例，对以上病例及时开展流行病学调查，其中13例登革热为本地病例，其余均为输入性病例。开展日常病媒监测，全年布放240个诱蚊灯、2400个捕鼠笼，将监测数据每月按时上报给上级有关部门。湖里区启动登革热疫情处置应急响应，规范病人隔离治疗，确定核心区和警戒区范围，组织专业消毒人员开展140次杀蚴灭蚊行动，搜索可疑病例，开展核心区健康人群血清学调查，加强健康宣传。通过连续25天的监测，核心区和警戒区布雷图指数均降到5以下，确保每个疫点均无发现第二代病例。

【免疫规划】 2019年，湖里区儿童基础免疫及加强免疫本地户口和流动儿童疫苗接种率均在99%以上。接种率现场调查结果显示，所有免疫规划疫苗接种率均达到国家要求标准。是年，湖里区报告麻疹监测病例119例，经流行病学调查，实验室检测麻疹阳性病例6例，风疹阳性病例56例，排除病例57例，发病率分别为0.46/10万、4.98/10万，全部符合疑似麻疹病例监测指标。全区报告15岁以下儿童疑似乙肝病例10例，确诊病例6例，排除病例4例，及时调查率100%。无新生儿破伤风病例。全区报告百日咳病例27例，15岁以下儿童急性弛缓性麻痹（AFP）12例（其中6例为外地病例），经调查和实验室检测排除脊灰病例，采集率、及时率均达到监测指标要求；每旬搜寻辖区医院急性迟缓性麻痹（AFP）、乙脑、新生儿破伤风、麻疹，未发现漏报病例。全区报告预防接种疑似异常反应203例，其中异常反应59例，偶合症2例，一般反应142例。4月25日下午，疾控中心与殿前街道社区卫生服务中心及高殿社区居委会，在殿前街道高殿文化中心广场开展主题为“预防传染病　接种疫苗最有效”的宣传活动。6月25日，举办预防接种工作人员上岗培训班，79人参加培训，考核合格后颁发培训合格证。10月21日，举办医疗机构狂犬病暴露预防处置培训班，培训61人，考核合格后颁发培训合格证。

【地方病防治】 2019年，湖里区开展碘缺乏病监测工作。监测5所小学8—10岁学生210名，对其采用B超进行甲状腺肿大情况检查，并采集学生家中盐样和尿样各210份；监测孕妇100名，采集盐样和尿样各100份。8—10岁儿童尿碘中位数为166.55微克/升，其中尿碘小于50微克/升尿样21份，占检测总数的10%，尿碘水平达到消除碘缺乏病技术标准；合格碘盐食用率90%，达到消除碘缺乏病技术标准；甲状腺肿大率为0，达到消除碘缺乏病技术标准；孕妇合格碘盐食用率99%，尿碘中位数141.6微克/升，略低于世界卫生组织、联合国儿童基金会及国际控制碘缺乏病理事会推荐标准150微克/升，湖里区连续2年以上合格碘盐食用率达到90%以上，可以认为膳食中的碘满足孕妇的需求。湖里区重点人群碘营养处于适宜水平。开展肿瘤防治知识宣传、全民健康生活方式行动月“三减三健助力健康中国行动”主题宣传活动以及减盐专项宣传、全国高血压日宣传、联合国糖尿病日等宣传活动。邀请专家为各街道办、社区卫生服务中心、31个社区居委会以及62个患者自我管理小组组长开展培训，提高患者自我管理效果，提升患者自我管理能力。

2019年5月7日，湖里区疾控中心到高崎小学监测碘缺乏病

（湖里区疾控中心　供图）

【居民死亡信息报告及死因统计分析】 2019年，湖里区死亡病例1331例，报告湖里区户籍死亡病例1043例。户籍居民死亡率为3‰，校正死亡率为3.06‰，标化死亡率（以全省人口为标准人口）为4.45‰。前五位死因依次为恶性肿瘤、心脏病、脑血管病、呼吸系统疾病、损伤与中毒（伤害），占总死因的76.03%，是威胁人群生命和健康，造成重大经济负担的主要疾病。是年，全区居民校正后期望寿命为82.94岁，比上年（校正后期望寿命82.96岁）降低0.02岁。其中，男性为80.88岁，女性为85.1岁，女性比男性高4.22岁。

【心脑血管事件报告登记和肿瘤病例登记随访】 2019年，湖里区累计报告急性心脑血管事件926例次，均完成报告信息审核。户籍居民累计发生急性心脑血管事件1194例次，湖里区现住址居民累计发生急性心脑血管事件1302例次。全区5家监测医院累计报告肿瘤新发病例2655例。开展恶性肿瘤病例被动随访372例，其中通过死亡信息更新255例病例，通过死亡补充发病117例。主动随访2018年之前确诊的肿瘤病例3074人，其中存活2201人，死亡89人，随访不到246人，移居69人，经核实为非湖里区户籍449例，失访20人。

【产品伤害监测】 2019年，湖里区累计报告产品伤害病例65554例，其中，中医院报告51784例，儿童医院报告13770例，报告典型案例64例。开展世界卫生组织项目儿童道路交通伤害监测数据采集工作，累计调查门急诊病例288例，调查住院病例66例。

【精神卫生工作】 2019年，湖里区开展9次精神疾病入户复核诊断，筛查患者28人，诊断后新发现13人，及时建档并按规范管理。开展应急处置57起，其中协助送精神障碍患者至仙岳医院治疗33次。落实“一历五单”工作机制，全年收到“一历五单”20份，按要求落实日常管理衔接职责，防止严重精神障碍患者失管脱管现象发生。邀请仙岳医院3名专家，对各街道及社区居委会的综治、卫计、残联、社区精防医生以及协助排查的片警、辅警约350人次开展培训。每季度对各街道社区卫生服务中心开展督导考核，每月编写湖里区严重精神障碍信息质量分析报告，有针对性落实整改，提高湖里区精神卫生管理工作水平。是年，全区报告患者率2.54‰，登记在册严重精神障碍患者2624例，在管患者规范管理率85.56%，年在管患者面访率85.44%，年在管患者居家稳定率99.53%，在册患者服药率88.19%，在册患者规律服药率70.58%。

【卫生监测与检验检测】 2019年，湖里区开展食品类、公共场所类、生活饮用水、病原微生物等检测，出具检测报告498份。开展“双随机”抽检工作，抽检8批次126家；公共场所6家13个监测点；学校教学监测7家；学校“采光照明双随机”专项监测30家；开展传染病实验室检测工作，霍乱监测外环境水样240份、海产品180份，从牛蛙中检出2例稻叶型霍乱弧菌；艾滋病检测1860人份，梅毒检测1860人份，丙肝检测1676人份；对HIV携带者的CD4水平监测抽血采样373人次；麻疹/风疹检测115例；登革热检测127份。开展食品风险监测，完成食品污染物买样，14批次132份，协助省级食品风险监测（第三方购买服务）买样6批次38份。完成哨点医院食源性疾患病例监测273例，对食源性病例开展电话回访149例；完成生活饮用水监测135份水样，每份水样检测35个常规指标，对水质监测中的异常指标进行复核，复核无误后向区卫健局报送水质监测结果，由区卫健局在网上公布。开展职业病信息管理工作，审核“有毒有害作业工人健康监护卡”63张，退回修改5张；是年，湖里区新发职业病3例，其中，电焊工尘肺1例，矽肺2例，均为男性。全年随访尘肺病人52例，其中，存活14例，死亡30例，失访8例，完成率100%。上报非医疗机构放射工作单位概况调查表11份；收集放射诊疗机构基本情况调查表21家/份，录入放射卫生信息系统。推进职业危害因素现场监测工作，协助省职控中心开展4家涉苯企业现场监测及验证；完成52家企业的职业病危害因素监测及数据录入。开展中国居民食物消费量调查，年内完成典型人群初中学生176名的二次调查和数据录入。

（罗尚芬、柯素容）

小资料

一历五单：“一历”指患者病历，“五单”指《监护人告知单》《社区（村）卫生服务中心告知单》《公安分局（派出所）告知单》《社区（村）委会告知单》《街（镇）卫计办告知单》。厦门市仙岳医院在严重精神障碍患者入院和出院时，均要对患者作出危险等级评估，对危险等级为3—5级患者，填写《3—5级严重精神障碍患者收治告知单》，并由仙岳医院分别发送或寄发至患者监护人、公安部门、社区卫生服务中心（卫生院）、街（镇）、社区（村）。患者无主外地患者或在厦无固定居所的，医院将告知单发送或寄发至送诊患者的公安派出所和民政部门。

医疗服务机构

北京中医药大学厦门医院（厦门市中医院）

【概况】北京中医药大学厦门医院（厦门市中医院、厦门华侨医院）为三级甲等中医院、北京中医药大学第八临床医学院、北京中医药大学厦门医院、福建中医药大学附属医院、福建中医药大学第三临床医学院、厦门大学医学院临床教学医院。是国家药物临床试验机构、全国远程病理会诊试点医院、全国伤害检测中医院。厦门市中医院还是国家中医住院医师规范化培训基地、中医类别全科医师规范化培训基地、中华中医药学会中药临床药师培训基地。编制床位 1200 张，开放床位 1200 张。由北区总院、南区分院、禾祥东门诊部（国医堂）组成，下辖禾山、江头、殿前和金山 4 个社区卫生服务中心。占地面积 7.3 万平方米，建筑面积 9.6 万平方米，每床建筑面积 81.37 平方米；平均每床病室净使用面积 27.07 平方米，每门诊人次门诊建筑面积 6.26 平方米。2019 年，厦门市中医院门（急）诊 215.9 万人次，比上年增长 5.9%；出院 4.48 万人次，比上年增长 7%。固定资产总值 8.57 亿元。其中，医疗设备总值 4.83 亿元，配置了 DSA、64 排螺旋 CT、1.5T 核磁共振、DR、三维彩超、日本 OLYMPUS 内窥镜系统、贝克曼自动生化分析仪、实验室流水线信息系统等大型精密设备。截至年底，有职工 1796 人。其中，享受国务院特殊津贴专家 3 人，全国名老中医药专家学术继承指导老师 5 人，省级名老中医药专家学术继承指导老师 8 人，博士生导师 3 人，硕士生导师 41 人，博士 27 人，硕士 344 人，高级专业技术人员 292 人。有 2 个国家临床重点专科建设单位；4 个“十一五”国家中医药管理局重点中医专科；2 个国家中医药管理局“十二五”重点专科建设单位；7 个福建省中医重点专科（病）；5 个福建省医疗“创双高”建设省级临床重点专科（中医类）建设项目；1 个省级第七批中医重点专科建设项目；2 个省级中医重点专科培育项目；3 个厦门市领先学科；9 个厦门市中医重点专科；1 个厦门市社区全科医学规划专科建设项目；2 个厦门市优势亚专科；3 个国家级名老中医工作室、2 个省名中医工作室建设项目，1 个省中医学术流派传承工作室建设项目；1 个达到部颁二级标准的重点实验室、17 个 GCP 专业。

【“彭承宏名医工作室”成立】2019 年 1 月 26 日上午，厦门市中医院与上海交通大学瑞金医院大外科主任彭承宏签约，成立“彭承宏名医工作室”。签约和揭牌仪式上，彭承宏及其团队，瑞金医院副院长陈尔真，厦门市卫生计生委主任姚冠华，厦门市卫生计生委副主任王挹青，北京中医药大学厦门医院院长耿学斯、院党委书记周文等共同为“彭承宏名医工作室”揭牌。

【国家卫健委中医药管理局一行到医院调研】2019 年 6 月 15 日上午，国家卫生健康委中医药管理局一行到市中医院调研。一行人员参观中医特色疗法体验区、中西医结合心脏康复中心、儿科、综合服务中心、内分泌科共享门诊和灸疗中心并听取情况介绍。

【中医专家团队赴甘肃宁夏开展对口帮扶】2019 年 8 月 19—21 日，厦门市中医院专家团队一行 8 人到甘肃省临夏县中医院、和政县中医院开展帮扶工作，并同受援医院召开帮扶联席会议，签订对口帮扶协议。专家组一行实地了解临夏县中医院业务科室，与临夏县政府、县卫健局领导、医院班子及业务骨干召开帮扶联席会，双方拟在人才培养、学科建设、医院管理等方面开展结对帮扶。

【厦门市中医院中医药临床研究再创新绩】2019 年 10 月 26 日，厦门市中医院中西医结合内分泌、中医风湿免疫、普通外科等 5 个专业

2019 年 8 月 19—21 日，厦门市中医院同临夏中医院签订对口帮扶协议

（厦门市中医院　供图）

2019 年 11 月 2 日，厦门市中医院参赛队获全省中医药实践技能大赛团体一等奖

（厦门市中医院　供图）

再次通过国家食品药品监督管理总局关于药物临床试验资格认定。截至年底，厦门市中医院有 17 个临床专业获得药物临床试验资质。

【厦门市中医院代表队获全省中医药实践技能大赛团体一等奖】 2019 年 11 月 2 日上午，由福建省卫生健康委员会、省总工会主办，福建中医药大学附属第三人民医院承办，福建省中医药研究院协办的“2019 年福建省中医药实践技能大赛”决赛在福建中医药大学旗山校区举办。经过必答题、抢答题、选答题三轮角逐后，厦门市中医院代表队获胜。中医特色诊疗部 1 人获笔试第一名、个人一等奖、团体一等奖 3 项大奖。2 人获得个人总成绩二等奖。

【厦门中医药国际学术会议召开】 2019 年 11 月 2 日，由北京中医药大学主办，厦门市中医院、市中医药学会承办的厦门中医药国际学术会议在厦门宾馆召开。来自北京中医药大学各附属医院代表和厦门市第一医院、中山医院等各三甲医院代表，北京中医药大学厦门医院医务人员 160 余人参加本次学术会议。本次会议邀请加拿大、法国和澳大利亚等国从事中医药研究的 10 余名国内外知名学者，就研究中医药的思路和方法进行专题交流。

【国家名老中医康良石百年诞辰学术活动暨厦门康氏肝病学术流派传承工作室揭牌仪式】 2019 年 12 月 21 日，福建省厦门康氏肝病学术流派传承工作室揭牌仪式暨国家名老中医康良石百年学术活动在市中医院多功能厅举行。此次纪念活动还举行了福建省厦门康氏肝病学术流派传承工作室揭牌仪式。相关单位的领导及中医专家、学者，康良石亲属、友人、学生 400 余人参加纪念活动。

【福建省中西医结合学会心脏康复分会成立】 2019 年 12 月 28 日，由福建省中西医结合学会和厦门市中医院共同主办的福建省中西医结合学会心脏康复分会成立大会暨第四届厦门心脏康复论坛在厦门举行。心脏康复分会由厦门市中医院牵头成立，该院副院长、心血管内科专家陈联发当选心脏康复分会主委。福建中医药大学校长、教授李灿东，福建省中西医结合学会会长、教授朱琪，中国医学科学院阜外医院冠心病中心暨结构性心脏病中心副主任、教授吴永健出席会议并致词。

（李　沫）

湖里街道社区卫生服务中心

【概况】 2019 年，湖里街道社区卫生服务中心设有海天路 53 号海天中心、东渡路 93 号东渡分中心、仙洞路 9 号康乐社区卫生服务站、悦华路 4 号兴华社区卫生服

2019 年 11 月 2 日，厦门中医药国际学术会议在厦门宾馆召开

（厦门市中医院　供图）

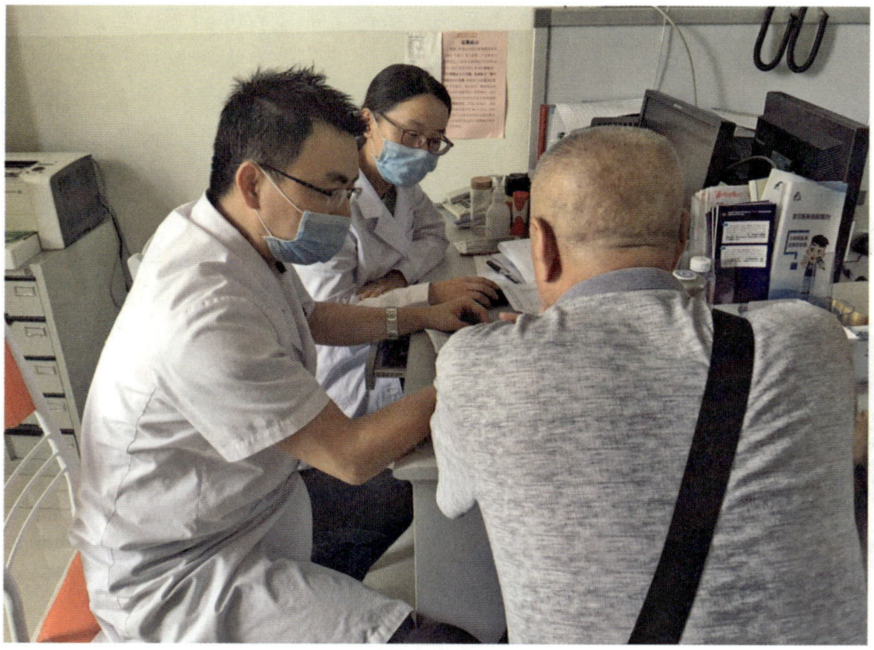

2019年6月20日，中山医院医生下社区为居民提供诊疗服务

（湖里街道社区卫生服务中心　供图）

务站4个服务点，业务用房总面积5399.08平方米。其中，海天点2671.14平方米，东渡点1885平方米，康乐点518.94平方米，兴华点324平方米。中心服务范围为湖里街道，服务辖区16万余名居民。年内补充编内工作人员2名，截至12月31日，湖里社区卫生服务中心在岗编制内人员104人，设有行政主任1人，副主任2人，副书记1人；编制外人员4名（其中2名退休返聘人员）。研究生学历6人，本科学历86人，大专及以下学历16人；注册医师47人，注册护士37人，医技5人，药学9人，财务8人，其他专业2人。有高级职称13人，中级职称74人，初级职称21人。设有15个科室。

【基本医疗服务】 2019年，湖里街道社区卫生服务中心完成门诊34.53余万人次，较上年增长1.7%。该中心新开展多项服务项目，其中C13呼气试验1535人次，肺功能筛查661人次，骨密度测试3459人次，开展社区居民大肠癌筛查1116例，冠心病、脑卒中、肾病筛查各589例。年内，医技科室总工作量达109602项次，且与湖里妇幼检验科达成协议，新开展艾滋病毒检测送检项目，为孕妇建卡构建绿色通道。

【家庭医生签约服务】 2019年，湖里街道社区卫生服务中心以团队方式开展家庭签约服务，优先与辖区内的慢性病人、老年人、残疾人、妇幼保健对象、T-VIP居民等愿意接受家庭医生签约服务的重点人群签订家庭医生服务协议书，并根据协议书内容提供建立健康档案、电话咨询、入户访视、健康教育、免费体检等针对性服务。全年签约31613人，签约率31.58%；其中，普通居民26190人，签约率82.85%；65岁以上老年人签约5443人，签约率60.9%；高血压4824人，签约率80.09%；糖尿病2289人，签约率97.86%。上门服务702人次。为80岁以上老人提供上门服务体检664人次。

【分级诊疗及双向转诊】 2019年，厦门大学附属中山医院及厦门市中医院派驻专家及高年资主治医师下社区坐门诊，全年派驻专家及肾内专科6人，累计出诊262次，门诊累计3412人次，举办讲座22次。截至年底，统计双向转诊及诊间预约及通过厦门i健康进行预约转诊2836人次，心电远程诊断3775人次，眼底照相远程诊断14人次。

【健康教育】 2019年，湖里街道社区卫生服务中心以健康知识、中医

2019年12月4日，湖里街道社区卫生服务中心开展防艾滋病宣传活动

（湖里街道社区卫生服务中心　供图）

保健、疾病预防为主题，更新教育宣传板报 130 版；制作 47 种健康宣传材料 58420 册（张）；健康教育音像视频 16 种，累计播放 750 小时。结合卫生宣传日，与社区居委会及辖区单位配合开展 24 场健康教育宣传和健康咨询活动，受教育 1211 人次。设立健康管理师门诊，对辖区内糖尿病、高血压患者进行精细化管理，从饮食、运动、监测、不良反应及生活干预方面进行个体化的指导，教会患者学会自我管理。

【居民健康素养调查】 2019 年 8 月至 9 月，湖里街道社区卫生服务中心根据厦门市疾控中心产生的抽样结果，开展健康素养监测，按要求完成居民健康素养调查 124 份。完成国家居民健康素养调查 84 份，中医药文化健康素养问卷调查 84 份。经统计，是年，湖里街道居民健康素养水平为 41.1%。

【控烟行动】 2019 年，湖里街道社区卫生服务中心在该中心设置戒烟门诊，张贴禁烟标志、禁烟条例及宣传单。对社区医护人员进行禁烟知识培训，要求医护人员对就诊患者进行禁烟知识宣传，深入辖区及校园举办多种形式的控烟宣传活动，创造无烟的环境。

【计划免疫】 2019 年，湖里街道社区卫生服务中心辖区内有 18 个社区居委会、9 所小学、2 所中学及 33 所幼儿园。全年常规接种 64363 人次，内容详见 2019 年湖里街道社区卫生服务中心辖区接种情况一览表。查证查卡 15172 人，其中，幼儿园 7487 人，小学 7325 人。本年度建证 4274 本，建卡 4274 张，其中外来儿童建卡 2339 本，建证 2339 张，接种证卡符合率 100%，周岁儿童建卡率 100%，建证率 100%，七苗全程接种率 99.7%，新生儿乙肝第一针及时接种率 99.6%。

2019 年湖里街道社区卫生服务中心辖区接种情况一览表

单位：人次

一类苗	接种	二类苗	接种
卡介苗	1796	乙肝	2923
乙肝	3955	A+C 结合	561
脊髓灰质炎	8395	甲肝灭活	122
百白破	8847	水痘	2903
麻风（8 月龄）	2219	轮状病毒	849
麻腮风（1 岁 6 月龄）	2515	流感	1295
乙脑	4999	23 价肺炎	222
流脑	9276	13 价肺炎	1077
白破二联	2318	IPV	2039
甲肝	2462	五联	1507
—	—	AC-HIB	194
—	—	HIB	137
—	—	EV71 疫苗	2461
—	—	二价 HPV	144
—	—	四价 HPV	693
—	—	九价 HPV	420

【妇幼保健】 2019 年，湖里街道有孕产妇 1179 人，分娩活产 1189 人，孕妇建卡 1151 人。孕产妇系统管理率 96.38%，早孕检查率 97.39%，建卡率 97.63%，产前检查率 99.16%，产后访视率 98.23%，住院分娩率 100%，高危孕妇筛查率 89.40%，高危管理率 100%，低出生体重儿发生率 4.71%，孕产期中重度贫血发生率 1.02%，孕产妇死亡率为 0，围产儿死亡率 1.68‰。年内，湖里街道开展预防艾滋病、梅毒和乙肝母婴传播工作。辖区内孕妇建卡 2018 人，其中接受艾滋病、梅毒和乙肝检测 1937 人，艾滋病、梅毒和乙肝的检测率 95.99%，未发现感染艾滋病、梅毒的孕产妇及新生儿。乙肝检出阳性 201 人。有 7 岁以下儿童 8148 人，5 岁以下儿童 5960 人，3 岁以下儿童 4318 人。3 岁以下儿童系统管理率 96.02%，体弱儿筛查率 5.04%，体弱儿管理率 100%，5 岁以下儿童中重度贫血发生率 0.23%，6 个月母乳喂养率 94.3%，6 个月纯母乳喂养率 62.18%，新生儿访视率 97.98%，5 岁以下儿童死亡率 0.84‰，婴儿死亡率 0.84‰，新生儿死亡率 0，新生儿破伤风发生率 0。

【传染病防治】 2019 年，湖里街道辖区内新增肺结核病例 41 例，新增耐多药病例 1 例，完成首次入户随访 38 例，入户随访率 92.5%。新发病例密切接触者筛查 59 人，筛查率 100%。其中，厦门六中 3 个班筛查 186 人，筛查出 3 例病例。累计督导管理肺结核病例 89 例，其中督导完成 47 例，仍在管理 42 例。网络报告湖里街道肺结核疑似病例 215 例，其中结防机构报告以及重卡 49 例，需追踪 166 例，实际追踪 166 例，追踪率 100%。追踪到位 158 例，追踪到位率 95.2%。新登记艾滋病病毒感染者 / 病人 164 例，累计管理艾滋病 138 例，转出 16 例，死亡 3 例。艾滋病病毒感染者 / 病人随访检测率 95.4%，结核筛查率 95.4%，配偶 / 固定性伴 HIV 抗体检测率 100%，抗病毒治疗 93.1%。年度报告其他传染病病例 9 例，其中手足口病 4 例，乙型肝炎 2 例，肺结核 1 例，麻疹 1 例，水痘 1 例。每月自查，无漏报、迟报现象，报告率 100%，及时报告率 100%。

【慢性非传染性疾病管理】 截至 2019 年 12 月 31 日，湖里街道社区卫生服务中心累计建档 122849 份，其中冻结 3289 份失管、拒管档案，新建档案 3932 份，建档管理率 73.58%。年内，高血压规范管理 5743 人，完成随访 78990 人次；糖尿病规范管理 2655 人，完成随访 42872 人次。结合家庭医生签约登记，对原纳入管理“两病”人群进行真实性甄别，并筛查纳入新的“两病”病人，“两病”管理的真实性、完善性和年度体检率有明显提高。

【老年人健康管理】 2019 年，湖里街道辖区有 65 岁以上老年人 8251 人。年内，开展老年人免费体检工作，增加“肝胆胰脾超声”免费检查，中心全年完成老年人体检 2965 人，老年人体检率 35.94%。完善电子档案跟纸质档案，并加强管理。

【重症精神病管理】 2019 年，湖里街道辖区严重精神障碍疾病线索调查 51 人，进入国家严重精神障碍疾病管理网络录入 646 人，检出率 3.03‰。年内，中心联合公安、居委会等部门上门排查 156 名失访拒管患者，面访严重精神障碍患者 456 人。与仙岳医院建立双向转诊制度，由社区精卫人员进行后续随访及管理。全年下转出院患者信息 35 人，落实率 100%。加强节日和重大活动期间对精神病患者的监护和管理，严防精神病人肇事、肇祸的发生，确保社区治安稳定。与儿童接种门诊合作发放精神卫生宣传纸册 400 余本。在居委会的帮助下，组织 1 次严重精神障碍患者家属的社区健康宣教及康复指导，普及严重精神障碍知识，加强法制观念，反对歧视严重精神障碍患者，为严重精神障碍患者回归社会提供良好的氛围。

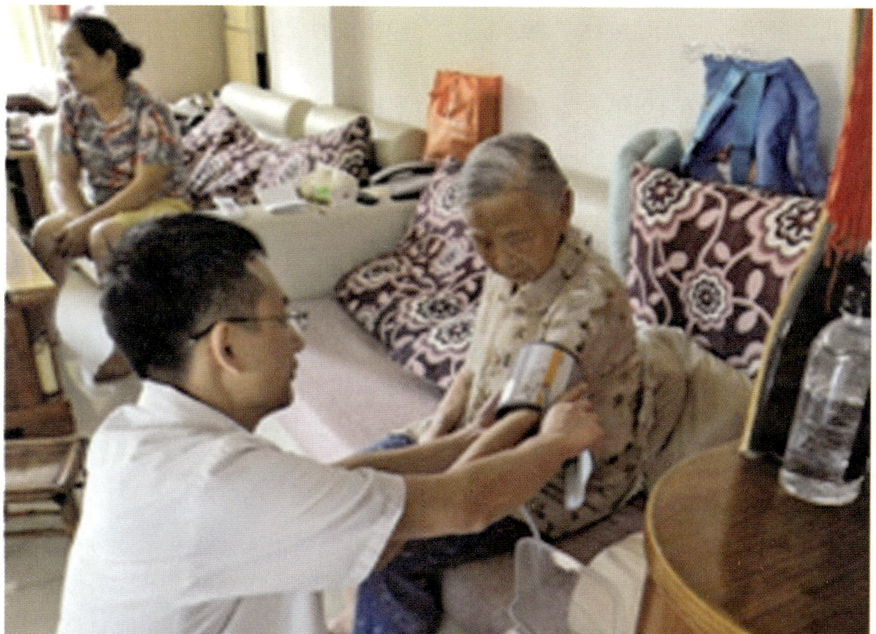

2019 年 9 月 25 日，湖里街道社区卫服务中心医务人员上门为家庭签约的 80 岁以上老年人提供医疗服务（湖里街道社区卫服务中心　供图）

【人员培训】 2019 年，湖里街道社区卫生服务中心有 2 名中医类别医师参加福建省全科专业住院医师规范化培训，2 名临床类别医师参加福建省临床专业全科医师转岗培训。参与院外培训 92 场 201 人次；组织业务知识培训 2 次，“三基”理论知识及技能培训考核医护人员各 4 次。社区培训全科规范化培训学员 3 人、全科转岗学员 24 人。截至年底，社区拥有 17 名全科师资，参与国家级师资培训 1 人次，参加省级师资证书培训 5 人次。完成护理专业实习生的带教工作 56 人。

（张少阳）

殿前街道社区卫生服务中心

【概况】 2019 年，殿前街道社区卫生服务中心服务殿前街道辖区 26 平方公里，8 个居委会，总服务人口 22.3 万人，户籍人口 3.9 万人，外来人口 18.4 万人。该中心有编制 101 个，在编在岗职工 99 人，劳务派遣 2 人，到编率 90.2%。其中，研究生 7 人，本科生 84 人，其中高级职称 4 人，中级职称 71 人，初级职称26人。医生47人（含公卫医生10人），护士38人，其中，全科医生22人（含中医全科医生6人），检验师4人，药师5人（含中药师2人）。财务收费6人，信息工程师1人。

【基本医疗服务】 2019年，殿前街道社区卫生服务中心门诊234431人次，比上年增长5.68%，门诊收入3152.72万元，比上年增长17.3%。中心配备西药312种，中成药156种，中药302种；开出总处方196107张，其中中药处方8787张，中医非药物处方32917张，中医处方量占66.84%。

【家庭医生签约服务】 2019年，殿前街道社区卫生服务中心组建家庭签约团队14支，实现责任医生分片网格化管理，完成年度签约12923人，覆盖率31.05%，65岁以上老年人签约2082人，覆盖率72.17%，续签率93.37%；高血压签约2929人，签约率89.63%，续签2627人，续签率89.63%；糖尿病签约1374人，签约率59.33%，续签1264人，续签率91.93%；微信绑定5244人，绑定率40.3%。完成肺功能筛查431人次，大肠癌筛查1043人次。

【基本公共卫生服务】 2019年，殿前街道社区卫生服务中心累计建立辖区居民健康档案160880份，电子建档率100%，居民建档率76.68%。建立预防接种证5535人，建证率100%，免疫接种免疫规划苗43457针次，非免疫规划苗21243针次。开展0—6岁儿童体检13767人次；0—36个月儿童中医药健康管理4690人次，访视新生儿2311人次；孕产妇早孕建卡2183人，早孕建册率91.11%，产后访视2311人次，访视率96.45%；为65岁以上老年人免费体检2466人次，体检率61.1%，老年人中医药健康管理2196人；管理高血压患者5432人，规范管理率93.67%，血压控制率86.66%；管理2型糖尿病患者2980人，规范管理率99.1%，血糖控制率81.59%。举办健康教育活动及讲座53次，更新健康教育宣传栏26期，参加健康宣传活动及接受健康教育咨询5633人次。严重精神障碍患者在册446人，规范管理396人，规范管理率88.79%。管理肺结核患者123人，同期完成治疗肺结核患者75人，患者规则服药率97.3%。填报传染病报告卡43例，报告及时率100%。

（朱萍萍）

江头街道社区卫生服务中心

【概况】 厦门市湖里区江头街道社区卫生服务中心是厦门市预防接种规范化门诊，服务范围为江头街道辖区。中心设有全科、中医内科、针灸科、口腔科等17个临床和医技科室，承担辖区人口的居民健康档案建立、预防接种、0—6岁儿童健康管理、孕产妇健康管理、健康教育、老年人以及慢性病患者健康管理、严重精神障碍患者管理、传染病和突发公共卫生事件报告和处理、中医药健康管理、卫生监督协助。2019年，中心有职工106人，其中，卫生技术人员98人，研究生16人，副主任以上职称4人。中心总建筑面积4997平方米，配备基本药物707种，中草药307种，中成药144种，西药256种，糖尿病药品41种，高血压药品62种。开展血常规、尿常规、粪便常规、白带常规、尿HCG检测、尿微量蛋白检查、生化全套、乙肝两对半、糖化血红蛋白、血流变、肿瘤标志物检查、风湿三项、X光DR、彩超、常规心电图、动态血压、动态心电图等系列常规项目检测服务。

【医疗卫生】 2019年，根据国家基本公共卫生服务免费项目，江头街道社区卫生服务中心的社区基本用药目录的药品一律零差价，免收挂号费（包括专家挂号费），医保统筹自付比例比大医院低6—13个百分点，拥有康复理疗科、针灸推拿科等特色科室。全年医疗门诊233340人次，比上年减少18.85%。其中，江头点223854人次，园山点6611人次，蔡塘点2875人次。

【家庭医生签约】 2019年，江头街道社区卫生服务中心完成签约25565人，签约覆盖率37.57%，续签率48.11%；65岁以上老年人签约4174人，签约率67.28%，续签率81.6%，高血压签约4701人，签约率77.69%，续签率80.29%；糖尿病签约2286人，签约率97.28%，续签率80.81%。将签约居民纳入“厦门i”健康App管理，截至年底，“厦门i”健康绑定率35.65%。家庭医生可通过“厦门i”健康为签约居民提供咨询、预约、线上续方等服务，全年咨询2306次，代预约1448人次，完成线上长处方订单80笔。

【中医药服务】 2019年，江头街道社区卫生服务中心有中医医师13人，其中中医全科医师11人。建立中医药服务区，设立独立的诊室，运用中药、针灸、推拿、火罐、敷帖、中药熏洗等中医药方法辨证治疗社区常见病、多发病。推广多种中医药方法和手段综合使用的基层中医药综合服务模式，发挥中医药在常见病、多发病和慢性病防治以及疾病康复中的作用；开展雷火灸、督灸等特色中医服务等。

中医师带徒专家有万文蓉、黄腾蛟等2人，参加中医师带徒的其他人员有5人。65岁以上老年人中医药健康管理服务2847人，0—36个月儿童中医药健康管理服务4082人，中医非药物处方9417个，中医药处方107956个，占总处方的39.98%。

【分级诊疗】 2019年，江头街道社区卫生服务中心通过协同平台的双向转诊及诊间预约功能进行双向转诊3621人次，比上年增长35.63%，其中上转1180人次，下转253人次，通过“厦门i”健康App代预约1448人次，产科向上转诊740人次。开展专家下社区活动，全年有10名专家下社区，门诊3128人次。对接上级医院做好慢阻肺防治工作，年内完成筛查1375人，符合质控标准1322人，达到家签服务人数的5.17%。对接上级医院做好慢性胃肠病防治工作，开展大肠癌免费筛查，筛查2065例，达到家签服务人数的8.08%，ob阳性26例，评估阳性240例，双阳性4例，阳性总例数262例，阴性1772例，ob阳性患者进行肠镜检查的13例。对接上级医院开展冠心病筛查，筛查4677人，其中家签3680人，占家签重点人群（老高糖）的51.9%，筛查的家签重点人群中高危及极高危1764人，转诊及拒绝转诊930人，转诊率52.7%。与冠心病防治中心签署远程心电签约联网协议，参加冠心病防治中心举办的全部规范化培训，提高中心冠心病防治能力。对接上级医院，组建慢性病“三师”（专科医师、全科医师、健康管理师）共管团队，“三师”共管团队由厦门市中医院肾内科专家许正锦、主治医师周燕妮及社区分管医生组成，对慢性肾脏病高危人群进行尿常规和肾功能筛查，截至年底，筛查3687人，达到家签服务高血压、糖尿病总人数的68%。

【计划免疫】 2019年，江头街道社区卫生服务中心一类疫苗应种51833人次，实种50797人次，接种率98%。二类疫苗19种24002人次。新增、完善档案8788份，累计在管档案150321份，档案管理率75.05%，档案使用率58%。

【妇幼保健】 2019年，江头街道社区卫生服务中心按照4—2—1体检程序（1岁内4次，1—3岁每半年一次）免费为0—3岁儿童提供健康体检。是年，江头辖区3岁以下儿童系统管理3274人，系统管理率97.09%，6个月内母乳喂养率94.6%，体重<-2SD122人，筛查出体弱儿238人。辖区产妇在社区建卡2280人，建卡率99.98%，早孕建卡率95.18%；系统管理率95.96%，筛查出高危孕妇1183人，其中橙色高危176人、红色高危0人。全年辖区孕产妇住院分娩率100%。督促产妇在产后42天携婴儿到中心、区妇幼保健院或者出生医院进行健康检查。全年辖区孕产妇产后访视2506人2728次，新生儿2800人4006次，回收孕产妇保健手册925本，回收率95.26%。孕产妇保健覆盖率100%。结合初次产检建卡、孕期保健、孕妇班等医疗保健服务，开展预防艾滋病、梅毒、乙肝母婴传播的目标人群提供面对面的个体化宣传教育，孕妇接受HIV咨询2210人，HIV检测2209人，HIV检测阳性0人；接受梅毒检测2207人，梅毒检测阳性3人，并按照有关要求及时追踪随访；接受乙肝检测2197人，乙肝检测表抗阳性196人。开展预防艾滋病、梅毒和乙肝母婴传播健康教育活动，全年发放相关宣传材料4182份。

【慢性病管理】 2019年，江头街道社区卫生服务中心对已管理的高血压患者定期随访并进行饮食、运动等健康指导及生活方式干预，提高高血压患者的规范管理率、控制率，落实35岁以上首诊病人测血压制度，首诊测血压执行率100%。年内，筛查新发现并纳入管理高血压患者764人。截至年底，累计管理高血压患者5888人，其中65岁以上老年人有2700人，未管151人，失管0人，拒管1人，健康管理率97.3%；规范管理5482人，规范管理率93.1%；体检5167人，体检率87.75%；年底，血压达标5463人，管理人群血压控制率92.78%，高血压随访71568人次。年内，该中心筛查新发现并纳入管理糖尿病患者336人。累计管理糖尿病患者2809人，其中65岁以上老年人有1208人，未管115人，失管0人，拒管0人，健康管理率119.53%；规范管理2642人，规范管理率94.05%；体检2627人，体检率93.52%；年底，随访空腹血糖达标1970人，管理人群血糖控制率70.13%，糖尿病随访41323人次。

【老年人健康管理】 2019年，江头街道辖区内65岁及以上老年人有6877人，参与健康管理3294人，完整体检2803人，中医体质辨识3514人次，健康管理率47.90%，体检完整率85.09%，中医体质辨识率51.09%。

【健康教育】 2019年，江头街道社区卫生服务中心在候诊区、诊室、咨询台等处放置健康教育折页、健康教育处方等，更新16期健康教育宣传栏，制作10种11份宣传海报，制作宣传材料12种3.6万份，发放宣传材料50208份。举办健康知识讲座34场，利用各种宣传日开展公众健康咨询活动23场次，覆盖辖区10个居委会及10个学校，受益13355人次。配合市疾控中心、区疾控中心完成2019年居民健康素养调查问卷124份，居民健康素养水平38.7%。利用视频、宣传栏、宣传折页、讲座、活动等多种形式进行控烟教育宣传，做好无烟医院控烟工作，维护中心无烟环境。

【传染病管理】 2019年，江头街道社区卫生服务中心未发现甲类传染病，报告乙类、丙类及其他传染病15例，其中，梅毒7例，乙肝3例，肺结核疑似病例3例，水痘2例，报告率100%，漏报率0。年内，纳入本辖区的艾滋病患者174人，转出17人，实际管理157人，转介到厦门第一医院服药145人。已接受CD4检测151人，未接受CD4检测6人。

【肺结核患者健康管理】 2019年，江头街道社区卫生服务中心电话追踪疑似结核病病人，并督促其去厦门市第一医院查痰，每月初向区疾控中心报告上月病人追踪情况，全年追踪182人，到位170人，到位率93.4%。年内，在管肺结核患者57人。新增涂阳患者29人。涂阳患者治疗满一年33人，治愈26人，非结核死亡1人，在治疗3人，失管3人。新登记患者83人，登记管理患者83人，肺结核患者管理率100%。

【社会心理服务体系示范点建设】 2019年，厦门市湖里区心理健康驿站（以下简称心理健康驿站）实施个体咨询、团体咨询、心理健康主题宣传、健康讲座、沙盘疗法、音乐疗法、催眠疗法等心理健康促进项目，为社区居民以及特殊重点人群提供便捷心理服务。对需要心理疏导的单亲母亲、空巢老人、失独父母、留守儿童、残疾人等特殊群体进行干预，开展心理健康筛查、心理评价、心理干预服务。心理健康驿站开展45个半天专家值班门诊，专家咨询确诊180人次。开展1场心理健康知识讲座，心理技能团体培训，到社区开展心理健康建设宣传。全年辅导医务人员18人，为求助者提供咨询服务194人次。

【蔡塘分中心开业】 2019年1月2日，江头街道社区卫生服务中心蔡塘分中心开业。分中心位于蔡塘社518号，建筑面积1879.9平方米。开设全科门诊、康复科、针灸科等科室，采用医养结合模式与蔡塘金厝边养老院合作。

（周　凌）

金山街道社区卫生服务中心

【概况】 金山街道社区卫生服务中心主要承担金山街道辖区内的医疗和公共卫生服务项目。该中心坐落于湖里区后坑后社389号，总建筑面积2602平方米。内设全科、妇科、中医理疗科、计免科、妇幼保健科、健康教育科、精神卫生科、放射科、检验科、口腔科、B超室、心电图等科室。下设金湖社区卫生服务站，该服务站位于龙湫二里24—28号，其业务用房面积274.34平方米，配备有工作人员5名，设置有全科、中医理疗科等科室。2019年，该中心有职工86人，其中正高职称1人，副高职称3人，中级职称33人，初级职称49人；研究生学历9人，本科学历76人，大专学历1人。中心配备数字化DR机、B超机、全自动五分类血液分析仪、碳13呼气试验测试仪、冲击波治疗仪、免散瞳眼底相机等现代检测及治疗设备。

【医疗业务】 2019年，金山街道社区卫生服务中心全年门诊量219132人。有13名专家下社区坐诊，专家门诊5157人次。社区开出中医

2019年，金山社区卫生服务中心工作人员在社区为居民提供家庭医生签约服务

（蔡阿娇　摄）

药处方 109128 个，双向转诊 2463 人次。完成专病冠心病 3530 余例、大肠癌 1683 余例、慢性阻塞性肺疾病 1110 余例的筛查，为辖区居民的健康保驾护航。

【家庭医生签约】 2019 年，金山街道社区卫生服务中心将家庭签约工作做实、做细。全年完成签约 17618 例，签约率 32.58%。手机 I 健康绑定率接近 45%，接受线上咨询 1223 次，代预约 600 例，健康教育 49722 人次，随访 32104 人次。

【老年人体检】 2019 年，金山街道社区卫生服务中心免费为辖区内 65 岁及以上老年人提供免费体检。辖区 9 个居委会，有 65 岁以上老年人 4613 人，体检 2651 人，体检率 57.47%。

【居民电子健康档案管理】 2019 年，金山街道社区卫生服务中心辖区内常住人口为 170606 人，其中户籍人口约 54077 人。管理电子健康档案 116092 人，占 68.05%。

【慢性病管理】 2019 年，金山街道社区卫生服务中心糖尿病管理 2349 人，规范管理 1418 人，规范管理率 60.37%，达标 1203 人，达标率 51.2%。高血压病已管理 4934 人，规范管理 4010 人，规范管理率 81.27%，达标 3300 人，控制率 66.9%。

【预防接种】 2019 年，金山街道社区卫生服务中心 12 种一类疫苗应种 45852 人次，实种 44935 人次，接种率 98%；本着“谁接种，谁受益”和“自主、自愿、自费”的原则，接种二类疫苗 19 种 21954 人次，以扩大计划免疫的相应传染病的疫苗接种。

【健康教育】 2019 年，金山街道社区卫生服务中心编印健康教育宣传折页、传单、小册子等健康资料 16 种 30500 份。定期更新健康教育宣传栏 6 期。针对老年人、妇女、儿童、慢性病患者等重点人群，根据主要健康需求，开展各类健康知识讲座 37 场，受益 3000 人次。结合卫生日开展公众健康咨询活动 20 次，受益 2290 人次。

【妇女保健】 2019 年，金山街道社区卫生服务中心为孕产妇建卡 1741 人。其中，早孕建卡 1599 人，本市户籍孕产妇系统管理 793 人，产后访视 2581 人次，社区产后 42 天检查 1137 人。电话通知孕妇孕期早孕建卡，早孕建卡率 95.02%。辖区本市户籍住院分娩率 100%，有产妇 811 人，出生活产 826 人。孕产妇保健覆盖率 100%，孕产妇系统管理率 96%。

2019 年，金山社区卫生服务中心举办健康教育讲座　（蔡阿娇　摄）

【儿童保健】 2019 年，金山街道社区卫生服务中心辖区有 3 岁以下儿童 2931 人，系统管理 2811 人，系统管理率 95.91%。加强高危儿童管理，做到早发现、早治疗，并进行专案管理，定期复查，及时结案，转为健康儿童管理。全年筛查出高危儿 325 人，5 岁以下儿童低体重 66 人，低体重患病率 1.54%；5 岁以下儿童生长迟缓 79 人，生长迟缓患病率 1.84%；5 岁以下儿童超重 715 人，超重患病率 16.69%，5 岁以下儿童肥胖 173 人，肥胖患病率 4.04%。

【严重精神疾病患者管理】 2019 年，金山街道社区卫生服务辖区有在册严重精神病障碍患者 500 人，发现率 2.93‰。做好定期随访工作，将病情评估信息报送公安部门，全年处理 10 例应急医疗处置。开展患者入户面访，逐人访查定级。

【艾滋病管理】 2019 年，金山街道社区卫生服务中心管理艾滋病（HIV）患者 113 人。其中，已完成首次 CD 检测 111 人，完成率 98.23%；符合抗病毒治疗病人 113 人，其中，已进行抗病毒治疗 107 人，完成率 94.69%；有配偶 16 人，其中，16 人已完成配偶 HIV 检测，完成率 100%。

【结核病管理】 2019 年，金山街道社区卫生服务中心管理肺结核病人 119 人。其中，本地初治涂阳 10 人，本地初治涂阴 28 人，本地复治 2 人（本地复治涂阳病人 1 人，本地复治涂阴病人 1 人）。外来初治涂阳20人，外来初治涂阴55人，外来复治4人（外来复治涂阳病人2个，外来复治涂阴病人2个）。

（吴艺凌）

计划生育

【流动人口示范点建设】 2019年，湖里区开展流动人口卫生计生基本公共服务均等化示范点、流动人口社会融合试点示范社区的申报和创建工作。禾山街道禾盛社区、湖里街道金鼎社区、金山街道金山社区被评为2019年度厦门市流动人口卫生计生基本公共服务均等化示范点；禾山街道禾山社区、禾缘社区以及岭下社区被评为“提高流动人口家庭发展能力促进流动人口社会融合试点”示范社区。

【独生子女家庭奖励扶助政策】 截至2019年12月31日，湖里区有计划生育特殊家庭353户746人，其中，失独家庭117户174人，伤残家庭236户370人，伤残独生子女202人。全年帮扶计划生育对象实际发放计划生育家庭奖励、特殊家庭扶助、困难女孩家庭帮扶等各类帮扶项目资金3508.31万元。其中，独生子女家庭父母年满60周岁城镇部分计划生育家庭奖励扶助项目资金2455.74万元；计划生育特殊家庭扶助金887.66万元；发放独生子女家庭奖励扶持金92.81万元；元旦春节期间慰问计生困难家庭，发放慰问金28.7万元；办理独生子女证奖励金19.68万元；计划生育低保户增加低保金15.92万元；困难女孩家庭帮扶资金7.8万元。

（胡　琼）

2019年9月27日，湖里区计生协会人员慰问计生困难家庭

（湖里区计生协会　供图）

【湖里区计划生育协会】 2019年，湖里区有各级各类计生协会353个，计生协会小组958个，会员32321人。有3个街道被市计生协会确认为“四联创”市级先进街道计生协会，占60%，45个社区被区计生协会确认为“一流社区计生协会”，占85%。全年下拨工作经费和专项经费540万元，小组活动经费500元/年。区计生协会围绕宣传教育、生殖健康咨询服务、优生优育指导、计划生育家庭帮扶、权益维护和流动人口服务等6项重点任务，开展生育关怀、早期发展教育、青春健康和群众自治等工作。

【计划生育困难家庭帮扶】 2019年元旦春节期间，湖里区投入71.82万元慰问232户计生特殊家庭和562户计生困难家庭、计生工作者；开展母亲节慰问活动，安排专项经费12.25万元，慰问252名计生困难母亲；开展幸福工程帮扶贫困母亲行动，下达经费80万元，帮扶31户困难母亲劳动脱贫，其中流动人口3户；开展金秋助学，投入6.5万元资助19名中高考录取生，解决困难家庭就学经费困难；开展紧急救助，对计生困难家庭遭突发事件，造成财产重大损失、家庭成员重大伤害或重大疾病的，给予紧急救助，全年救助53户10.7万元；开展计生特殊家庭暖心帮扶，投入专项经费15万元，购买专业社工服务，进行个案辅导、心理咨询，开展联谊交流等活动。

【计生家庭保险服务】 2018—2019年度，湖里区投入保险经费177.26万元，为0—18岁的独生子女家庭及计生特殊家庭投保，惠及17034户50182人。全年保险理赔333件95.9万元，理赔率54.14%。组织街道、社区对2019—2020年度符合保险对象的计生家庭进行调查、摸底，完成新一轮独生子女家庭意外伤害保险公开招投标工作。

【儿童早期发展教育】 2019年，湖里区制定下发《湖里区计划生育协会儿童早期发展项目实施方案》，加强工作指导和项目推进，以区儿童早期发展中心为依托，全年投入经费2.5万元，借助社区幼儿园、公益早教点、早教实验基地在社区设立早教项目点，引进台湾专业早教园等。先后培育岭下祈乐和塘边启智市级项目点和康晖社区、禾欣社区等10个区级项目点，申报禾山社区小禾苗亲子园为市协项目点。

【青春健康教育】 2019年，湖里区计生协会把青春健康教育纳入常规工作，下拨工作经费2.5万元，新增5个项目点，各项目点相继成立"青春健康俱乐部"，成员3000多人，开展金属模型制作、讲解电磁秋千的原理、酵素手工皂制作等生活技能和防止性骚扰、远离毒品、如何预防艾滋病病毒感染、艾滋病病毒的感染途径、艾滋病病毒传播的潜在危险等"青春健康—沟通之道"培训活动。

【企业计生协会建设】 2019年，湖里区新发展企业协会5家，下拨组建经费1.25万元，截至年底，全区有企业协会299家。确定5家区协会、2家市协会企业流动人口示范项目点，下拨补助经费2万元。区协会结合"5·29"计生协会会员纪念日，与湖里街道联合举办企业计生协会趣味运动会，有12支企业计生协会130多名会员代表参加运动会。

2019年5月26日，湖里区计生协会联合湖里街道开展第21个会员日活动

（湖里区计生协会　供图）

【计生权益维护服务】 2019年，湖里区开展省协会计生家庭法律援助工作示范项目创建工作，根据工作进度和要求，改进工作方式和提升服务质量，下拨法律援助经费1万元，确立禾山、后坑为市协项目点。

【计生宣传】 2019年，湖里区结合"5·29"计生协会会员日、"7·11"世界人口日、"12·1"世界艾滋病日和母亲节等，开展生育关怀和健康知识、政策宣传等。各社区每月定期开展生殖健康、优生优育知识讲座，免费孕前优生检测；各社区利用固定场地和版面开辟宣传标语和计生专栏，利用社区LED、宣传栏进行二孩政策、关爱女孩、关爱儿童、防止拐卖等文明婚育文化的宣传。"5·29"计生协会会员日期间，在《厦门日报》刊登《传承希望，为计生家庭撑起爱的天空》——湖里区计生协会深化各项工作，共建"一流社区计生协会"专题文章，宣传湖里区计生工作取得的成效。全年各级计生协会在各类媒体刊登报道约170多条，其中省级以上报刊媒体刊用20多条，市级以上刊用150多条。

（姚杨成）

社会民生

劳动和社会保障

劳动就业

【概况】 2019年，湖里区完成失业人员再就业24021人，城镇困难对象再就业2450人；完成职业技能培训1371人，其中，本地失业人员培训779人、农村劳动力技能提升培训563人，开展重点企业“一企一策”职工技能培训6307人；开发公益性岗位141个，向市人社局创业资源库报送创业项目17个。

【就业服务】 2019年，湖里区各社区走访服务对象28330人次，推荐就业6352人次，推荐成功就业468人。接收当年未就业高校毕业生341人，针对上年、当年两届高校毕业生开展精准就业服务215人次，促进毕业生尽早就业。

【兑现促进就业优惠政策】 2019年，湖里区全年兑现各项促进就业优惠政策4479.91万元。其中，审核办理惠企政策补贴7160家次、38466人次、3691.32万元；支付东乡县扶贫优惠政策254.74万元；兑现职业技能培训补贴6.02万元，发放高技能人才政府津贴162人次17.3万元，兑现技能等级提升奖励30人次5.6万元；发放居民创业奖励政策597人次388.44万元；兑现1338人次就业困难对象就业工资性补贴116.49万元。年内，新增认定灵活就业人员1305人，发放灵活就业人员社保补贴32107人次6746.78万元（由市失业保险基金支付）。

【企业用工服务】 2019年，湖里区从摸底调研、招聘培训、政策扶持等三方面入手，推动企业用工服务升级。对辖区500人以上重点用工企业每月一报，全方位掌握人力资源市场动态。全年举办54场招聘活动，服务企业1391家次，促成对接3465人。湖里区各人力资源市场按需、灵活举办小型招聘活动20场，服务企业1189家次，促成对接2608人。组织26家企业携727个岗位参加华侨大学校企对接活动。

【劳动力技能培训】 2019年，湖里区依据市场需求开发保健刮痧师、美甲师等结业培训工种，并整理可供开展的鉴定、结业培训工种清单发放给基层，供学员选择。贴近学员实际和市场需求，开设电子商务、化妆师、烘焙等的培训班35期，培训学员1371人。其中，本区失业人员779人，外来农村劳动力563人。加大宣传发动力度，促成开设重点

2019年6月，在湖里禾山街道湾北社区组织调酒师技能培训

（湖里区人社局　供图）

企业“一企一策”职工技能培训班114期，培训学员6307人。

【对口扶贫】 2019年，湖里区分6批组织华联电子、睿和电子、立达信集团等126家次企业赴东乡县开展招聘活动，输转引进东乡籍务工人员580人。联合东乡人社局开展汽车驾驶技能培训2期，培训学员650人，其中建档立卡贫困户650人；开展创业致富带头人培训91人，创业成功37人，带动贫困人口175人。全年兑现到湖里区务工东乡籍员工的食宿补贴、生活补助等各类补贴254.74万元。协调东乡籍员工在湖里区企业务工期间遇到的餐饮、住宿保障和开工红包纠纷等问题，协助稳定用工。

2019年12月，湖里区人社局联合辖区民警深入重点隐患企业一线走访

（湖里区人社局　供图）

劳动关系

【概况】 2019年，湖里区加强用工巡查，严格查处用工违法案件，全年主动监察用人单位573家次，其中双随机抽查341家、书面审查232家。接待来电、来信、来访咨询8781起，办结行政调解件962起，其中协调工资类纠纷936起，涉及员工2023人，金额1229.37万元。办结劳动保障违法行为案件6起，行政处罚5.44万元，案件办结率100%。在办结的各类劳动纠纷中，“12345”转办件236起，比上年增加67.38%。排查化解劳资纠纷隐患3起，处置“110”联动警情137起，其中，建筑工地103起，约占75.18%，比上年下降14.88%，创新建立简易劳资纠纷立接即处机制，接待申请快速处理纠纷499起，当场调处成功272起，调处成功率54.5%。开展劳动保障守法诚信和工资支付信用等级评价，评出2018年度守信红名单企业19家。立案受理劳动争议案件871件，其中，10人以上集体案件64件，已结案828件，其中调解及撤回仲裁申请结案532件，调撤率64.25%。认定工伤875件。

【用工联合专项整治】 2019年，湖里区加强部门联动，开展保障农民工工资支付专项执法检查、根治欠薪夏季行动和根治欠薪冬季攻坚行动，出动检查人员214人次。检查用人单位256家，在建工地201家次，涉及农民工0.74余万人，区管工地未发生群体性欠薪事件；在符合条件的17个项目全面开展“无欠薪项目部”创建活动，并将创建情况纳入政府工作责任目标考核。开展联合清理整顿人力资源市场秩序专项行动，出动人员78人次，检查用人单位（含劳务派遣机构）129户次，现场清理马路招工摊点7个。开展整治非法用工打击违法犯罪专项检查，依法查处违法使用童工案件5起，罚款4万元。

【基层宣传平台建设】 2019年，湖里区开展每季一个主题的劳动保障法律法规专场宣传活动，联合区直有关部门、工会及各街道、各社区举办劳动保障法律法规专题宣传25场，发放《保障农民工工资政策法规汇篇》《禁止使用童工规定》等劳动保障法律法规等宣传材料4.87万份，宣传品5万多个，接受4万多人劳动法律法规咨询；在全区17个在建工地开展“无欠薪项目部”创建培训1场，开展专兼职监察员岗位培训1场，开展建筑装饰和餐饮行业中小微企业根治欠薪政策法规培训2场。

【基层劳资纠纷调处机制建设】 2019年，湖里区加强多元劳资纠纷基层快速化解机制建设，激发预防化解新活力。通过持续完善立体调解体系、一线工作模式，开展基层调解员培训等，实现集体涉薪案件仲裁阶段零信访，基层组织调解成功率由上年的73.37%上升到74.51%。建立调解员培训线上平台，实行线上线下培训相结合的培训机制，实现调解员培训平台升级。推动集装箱运输行业劳动争议调解委员会挂牌，设立行业调解室，实现调解组织建设升级。

社会保障

【概况】 2019年年底，湖里区经办的“五险”人数均突破40万人。

其中，养老保险 46.27 万人、失业保险 46.27 万人、工伤保险 46.64 万人，被征地人员基本养老保险累计参保 18389 人，比上年增长 29.73%；城乡居民养老保险累计参保 12383 人。社保待遇审核支付办结率 100%。全区社会化管理退休人员 40232 人，比上年增长 8.87%，社会化管理率 100%。

【社保待遇支付】 2019 年，湖里区简化社保待遇办事流程，提升待遇兑现效率，全年审核支付养老、工伤、失业保险待遇约 13158.71 万元，各项待遇的审核支付办结率 100%。其中，办结各类养老退休、退养 2980 人，继承、退保 283 人次；办理社保关系转入转出 12034 人次；审核企业申报稳岗补贴 17626 家，补贴金额 1726.13 万元，审核企业参保职工申领提升职业技能补贴 6337 人次，补贴金额 702.28 万元；全年办结工伤、失业保险待遇支付业务 9565 件，受理社会保障卡制作 69340 张。

【简化社保待遇办理手续】 2019 年，湖里区拓展自助服务终端功能，更新 2 台自助服务终端；社保卡补办、新办业务除未成年人新办卡之外，全部实现“全程网办”，福建省网办事大厅和厦门市权责清单社保卡办理事项全部达到 5 星级别，实现“一趟不用跑”，为办事群众提供便利；抓好福建省网上办事大厅、厦门市权责清单系统信息维护更新，及人社官网、微信公众号、自助服务终端等多渠道业务办理的材料审核回复，便捷高效、方便群众，全年网上办理 45242 件。

【企业离退休人员服务】 2019 年，湖里区坚持“两节有慰问、每月有讲座、每季有活动、住院有探望、困难有帮扶”等退休人员管理服务举措，建立健康讲堂“可点播”制度，先后在 10 个社区举办健康讲堂 6 场、文体活动 4 场，让退休人员在家门口学到保健养生知识，和专家面对面沟通交流。发动街道、社区举办健步行、健身舞等小型多样的活动 201 场次，参加人员 1.14 万人次。投入慰问费、活动费等约 1248.73 万元，慰问退休人员约 8.38 万人次。接收退休人员档案 1915 卷，受理查档 86 人次，入户走访退休人员 1278 人次，慰问住院退休人员 6571 人次、死亡退休人员家庭 658 户。开展人脸识别养老金资格认证工作，认证退休人员 36658 人、遗属抚恤人员 284 人，认证率 100%。推进简政便民工作，通过与社保中心数据整合、信息共享，2 月起实现参保人员申办退休与移交社会化管理服务事项“一窗通办”。推动退休人员参与小区治理工作，建立“银龄互助”“平安守护”等队伍近 60 个，成员近 900 人，举办各类活动 120 场。

（高颖玲）

2019 年 10 月 15 日，湖里区退休人员在厦门市华林体育场开展门球展示交流活动

（湖里区人社局　供图）

【居民生活】 2019 年，湖里区城镇居民人均可支配收入 57995 元，比上年增长 8.1%。城镇居民人均消费性支出 36382 元，比上年增长 9.6%。

（张明琳）

社会救助

【概况】 2019 年，湖里区落实国务院《社会救助暂行办法》，健全完善社会救助体系，提高低保对象和特困人员救助供养标准，城市低保实现应保尽保。发放残疾人“两项”补贴，开展慈善活动，实现低保、临时救助、慈善救助等的互补衔接，保障困难群众基本生活。全年开展低保救助、特困人员供养、临时救助、关爱救助等多项专门救助，发放各类社会救助金 1294.83 万元，帮扶困难群众 10009 人次。

【救助工作】 2019 年，湖里区形成区政府领导、区民政部门牵头、有关部门配合、社会力量参与的社会救助工作协调机制。开展困难群众排查工作，围绕低保、特困供养、重残等七类重点对象开展走访入户精准帮扶困难群众活动，为符合低保条件的贫困户办理低保手续，纳入低保范围，确保应保尽保、应救尽救。落实动态管理，认定低收入家庭192户491人，通过100%入户调查、信息核对、邻里访问、民主评议和公示等方式精准识别救助对象，是年新增低保户141人，清退101人。

【精准救助】 2019年，湖里区实现帮扶对象“两不愁、三保障”（不愁吃、不愁穿，义务教育、基本医疗和住房安全有保障）的目标。加强社会救助兜底保障工作，采取“家庭收入豁免、刚性支出扣除、重病重残单人保、延保渐退”等举措，强化对老弱病残等特殊困难群体的兜底保障。对家庭经济状况难以认定且有特殊困难的边缘群体，适当从宽把握，扩大低保覆盖面。是年，湖里区基本生活保障标准由每月720元调整为800元，全年低保救助5365户次8084人次，发放低保金687.82万元，实现应保尽保；实施特困人员救助供养1055人次，发放供养金186.94万元；实施困难人员临时救助357人次，发放救助金143.77万元；实施关爱救助513户276.3万元。全年救助10009人次，发放救助金1294.83万元。

【慈善救助】 2019年，湖里区开展“雨露育青苗”等慈善帮扶活动，做好济困、救病、助学、帮残、安老、扶孤工作，全年发放慈善款物近1179万元，帮扶各类困难群众逾20万人次。

（陈　琴）

社区治理与服务

【概况】 2019年，湖里区社区服务中心用房平均面积超1000平方米，有19个社区服务中心用房面积超1500平方米，55个社区全部建成社区“一站式”服务大厅。培育打造铁路家园42个典范小区。制定出台6个推动社区管理体制改革文件，社区工作回归到小区治理和服务居民的主责主业上。全年购买社工服务项目65个1656.75万元，引进一大批国家、省优秀社工领军人才，全区有社工师722人，其中中级社工师257人。承接“第六届海峡两岸社区治理论坛”接待任务。

【小区治理】 2019年，湖里区推进社区管理体制改革，完善社区工作考评指标体系，出台《湖里区进一步改进和规范社区考评工作的通知》《湖里区关于推动落实社区工作清单化管理的通知》《关于进一步转变作风、切实为社区减负的若干规定》等文件，明确社区主办事项26项，社区协办事项40项，规范社区工作事务、理顺社区权责关系。实施小额“以奖代补”，出台《湖里区小区治理小额“以奖代补”项目实施办法（试行）》，开展项目摸排、实施、验收。按照“实、小、快”的原则，筛选出小区最急需、改造意愿强烈的项目，项目完成后获得不超过10万元的小额奖励金，推动小区环境、基础设施、活动场所改造提升。

【社区拆分调整】 2019年，湖里区对长乐、吕厝等规模较大的社区进行拆分。对钟宅、五通、高林、金林、后坑、湖边、金湖等社区进行调整，新成立禾美、江华、凤浦、五缘湾南、湖边东、体育公园等筹备组。新成立嘉福、翔鹭社区，湖里区有55个社区7个筹备组。选齐配强社区“两委”班子，对康晖、徐厝、濠头、兴隆、长乐、金尚、祥店、禾欣、禾山等9个社区主官“一肩挑”的社区进行调整，分设社区主官，完成社区主任补选工作，加强基层班子建设。

【第六届海峡两岸社区治理论坛嘉宾到湖里区参观交流】 2019年6月，在第六届海峡两岸社区治理论坛暨两岸社区“家”年华活动中，湖里区邀请16名台湾结对社区嘉宾到湖里区开展社区交流活动，加强两岸基层组织交流。论坛期间，百余名来自海峡两岸的与会嘉宾，实地参观湖里街道（金鼎）老年人照料中心、东荣东兴小区，并与社区居民互动联欢，共吃百家宴，共叙同胞情谊。

2019年6月，第六届海峡两岸社区治理论坛嘉宾参观东荣社区

（社区工作者　供图）

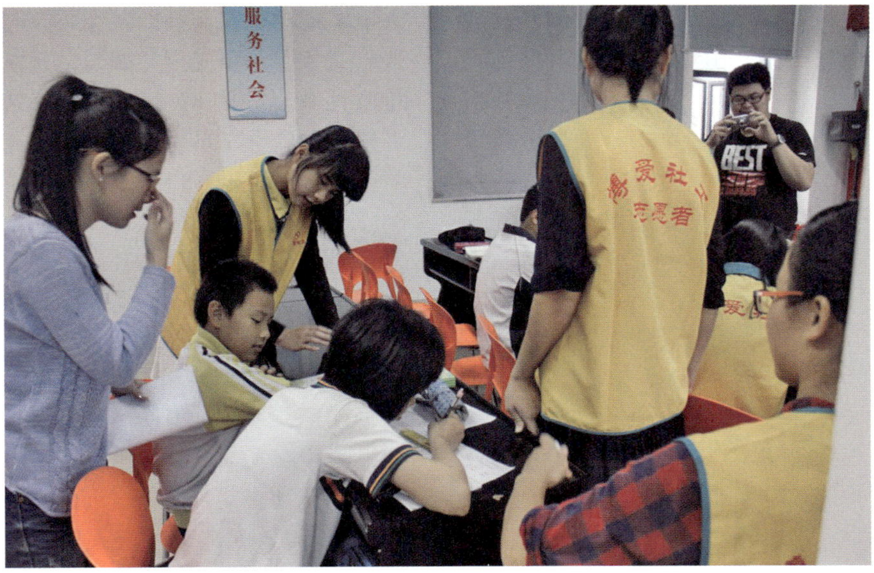

2019年10月15日，博爱社工走进后埔社区开展社工服务（社区工作者　供图）

【社工服务】 2019年，湖里区完成政府购买社工服务项目65个，投入财政资金1656.75万元，服务人群覆盖老年人、妇女、残疾人、企业职工、流动儿童及其家庭以及台胞台属等特殊群体；完成64个社区社工服务项目的中末期评估，开展政府购买社会工作服务项目评价机制专题调研。制定出台《湖里区社会工作人才专项奖励措施》，重点针对资深型社会工作人才、领军型社会工作人才、高层次社会工作人才等四类社会工作人才进行奖励扶持，姚天妹、林军链、林玉瑞等4人被评为首批厦门市专业社会工作领军人才。启动首批资深社会工作者一次性专项职称补贴申领工作，开展首批湖里区社会工作领军人才评选。

（陈　琴）

【集体资产改革】 2019年，湖里区制定《“村改居”社区资金资源资产管理办法》，建立“村改居”社区集体经济管理机制。引入专业律师团队，成立区级农村集体经济指导文件起草工作小组，梳理“村改居”集体经济情况；成立验收小组，完成5个街道和22个“村改居”社区清产核资和产权制度改革工作的验收工作。5月，在福建省率先以党内规范性文件的形式制定出台《湖里区“村改居”社区集体资金资产资源管理暂行办法》。22个“村改居”社区均成立股份经济合作社（股份经济联合社）。

（李玉玲）

社会事务管理

【概况】 2019年，湖里区新增登记成立社会组织52家，截至年底，全区有社会组织379家。完成2018年度社会组织年检及等级评估，开展75家区级社会组织财务审计抽查，责令整改21家；完成10家社会组织开展双随机抽查，责令整改2家。成立社会组织党建服务中心，坚持“三步走”基层党建工作法，确保社会组织党组织“建得起，立得住，融得进”。截至年底，全区成立社会组织党支部113家，覆盖社会组织177家，党建工作100%全覆盖。全年配合区民宗局打击非法宗教私设点10个。为居民提供婚姻登记，收养、殡葬、保障性住房服务，加强地名管理工作。

【社会组织建设管理】 2019年，湖里区新增登记成立社会组织52家，全区现有社会组织379家。其中，社会团体69家，民办非企业310家。备案社区社会组织303家。完成219家社会组织年检，49家社会组织等级评估，75家区级社会组织财务审计抽查，10家社会组织双随机抽查。强化社会组织党建工作，规范社会组织党建服务中心工作，

2019年11月7日，湖里区领导检查枋湖社区集体产权制度改革工作

（赖菊云　摄）

成立社会组织党支部 113 家，覆盖社会组织 177 家，党建工作 100% 覆盖。

【发挥社会组织作用】 2019 年，社会组织参与无证幼儿园整治和非法宗教组织整治工作，筹集社会资金 120 万元，参与东乡扶贫，体现社会组织的责任担当。

【婚姻登记】 2019 年，湖里区规范开展婚姻登记服务，全年办理婚姻登记 3874 对，登记合格率 100%。其中，国内公民结婚登记 3525 对、离婚登记 1428 对；295 对补领结婚证书，96 人补领离婚证书，登记合格率 100%。

【收养、殡葬及流浪救助】 2019 年，湖里区依法开展收养登记工作，做好收养政策宣传解读；倡导绿色文明殡葬，开展违法违规私建“住宅式”墓地、硬化大墓、活人墓等摸排，强化对辖区内骨灰楼堂检查监管。为 1 名困难群众办理火化费减免 0.22 万元；劝导流浪人员 10 人次，护送 1 名流浪人员到厦门市救助站。

【地名管理】 2019，湖里区率先全市制作完成湖里区小区电子地图，并推广使用。制作完成湖里区社区区划图，完成“二普一名一档”、小区导向牌移交和拆除工作，新命名道路 23 条，设置单杆式路名牌 180 根。截至年底，全区有二维码门牌 103768 块，室牌 842939 块。

【保障性住房服务】 2019 年，湖里区加强保障性住房政策宣传、咨询、申请、受理与审核等各项工作，全年受理保障性住房变更申请 47 户，发放保障性租赁房租金 2674 户 1082.56 万元。各街道做好保障性住房的日常监管，做好保障性租赁房、商品房审核、协查，完成三年一审 113 户。

（陈　琴）

小资料

二普一名一档： 依据民政部和国家档案局联合印发了《第二次全国地名普查档案管理办法》，福建省民政厅办公室下发的《福建省第二次全国地名普查档案验收规范》文件要求，一名一档。湖里区地名档案于 2019 年 5 月开展，共 3351 条地名等待市局验收。

残疾人事业

【概况】 2019 年，湖里区落实“两项”补助工作，审核 747 名残疾人困难生活补贴和 1596 名残疾人护理补贴；为全区 4457 名残疾人购买最高赔付金额为 2 万元的意外伤害保险；在春节、全国助残日、“六一”儿童节期间，各级政府走访慰问残疾人 4820 余人次，发放慰问金 60 万元；全年有 324 人得到助学补助，发放助学补助金 52.23 万元；帮助 650 名精神残疾人申请精神病服药补助，有 139 名残疾儿童少年享受市“四残”儿童抢救性康复补助 89.1 万元，有 77 名残疾儿童少年享受区“四残”儿童康复护理补助 28.84 万元；扶持 88 名残疾人，发放一次性创业补贴 7.5 万元，发放经营性补贴 8.5 万元，发放社医保补贴 56.72 万元。

【残疾人基本服务状况和需求信息数据动态更新】 2019 年 9 月底，湖里区残疾人基本服务状况和需求信息数据动态更新工作全面展开。对全区 4416 名持证残疾人展开专项调查，入户调查率 98.60%，APP 采集率 100%，摸清湖里区持证残疾人在生活救助、社会保障、康复服务、教育服务、就业扶持、托养服务、扶贫开发、住房保障、无障碍改造、法律服务等方面的基本服务现状与服务需求，为加快推进残疾人小康进程提供重要的决策依据。

【助残模式多样化】 2019 年，湖里区采用由政府向社会组织购买社工服务的方式，为辖区残疾人及其家庭提供心理辅导，康复服务，基础数据的调查、建档，志愿者发展等服务。区街两级财政投入购买助

2019 年 11 月 14 日，湖里区残联组织 5 个专门协会残友们参观英雄三岛

（湖里区残联　供图）

残社工服务经费近130万元。向全社会开展扶残助残宣传，调动全社会力量扶残助残，变服务主体历来由政府唱独角戏为社会面参与。民革厦门组委、民进湖里支部、农工党湖里支部、万利达电子有限公司、福源达科技公司以及湖里爱心车队等爱心社团、爱心企业和爱心人士，与禾山、江头等残疾人职业援助中心联系，建立帮扶对子，为残疾人捐款捐物，扶贫救急，营造出全社会关爱帮扶残疾人的良好氛围。

【为残疾人开展文体活动】 2019年，湖里区举办以“自强脱贫，助残共享”为主题的活动，让残疾人接触大自然，融入社会，开阔视野，丰富其精神文化生活。区聋人协会、盲人协会、肢残协会、智残亲友协会、精神残疾亲友协会5个专门协会根据各自特点开展活动，并探索活动新形式。与厦门中途之家合作开展的“残健共融·互助友爱”活动，通过“社工＋协会＋志愿者”模式，有针对性为残疾人提供形式多样的贴心服务；鼓励残疾人提升自信与能力，走出家门，丰富生活。组织残疾人参观2019两岸残障人士交流嘉年华举办的两岸康复辅具展览和残障人士技能展示活动；发动湖里区残疾人参与省残联举办的2019年“闽台残疾人书画联展”活动。

【政府购买残疾人服务】 截至12月底，湖里区为全区残障人士购买6个社工服务项目，为辖区残疾人及其家庭提供心理辅导、康复服务、就业就学服务、社交训练、家属互助支持、康复员支持、志愿者发展等服务。以政府购买服务的方式，由5个街道分别与服务机构签订服务协议，为200名重度残疾人提供每月200元的居家安养服务。

【提升残疾人就业能力】 2019年，湖里区本着项目实用、自主创业有效、就业安置有利的培训原则，为残疾人开展职业培训，组织256人次残疾人参加由市、区两级残联举办的有关培训，学习纸风铃制作、二十四节气挂饰制作、刺绣装饰图等培训。全年通过日常推荐和举办“全国助残日”“国际残疾人日”残疾人专场招聘会等方式，推荐40余名残疾人前往企业应聘，34名有劳动能力的残疾人就业。

（曾景评）

慈善事业

【概况】 2019年，湖里区、街道、居委会三级慈善组织募集款物1428.36万元，开展助困、助学、助老、扶孤等多个慈善公益项目，累计救助954.5万元，惠及各类群体约2万人次，解决部分群众的实际困难。

【募集慈善款物】 2019年，湖里区、街道、居委会三级慈善组织持续发力，探索多元化帮扶模式，全年募集慈善款物1428余万元。与厦门市慈善总会、社工服务机构等单位先后签订鲁班源慈善基金100万元、湖里区社会事务爱心基金、湖里区青少年发展基金、东方楚帅基金战略合作协议、中恒益慈善基金、小蜗牛爱心基金、湖里妇幼儿童发展基金等，新增基金总额近200万元。启动“情暖湖里迎新春——爱心年夜饭”“雨露育青苗——结对帮扶孤困儿童”“携手扶贫，爱助东乡”“小花伞公益保障”“流动儿童融入计划”等线上募捐项目，推进“互联网＋”慈善平台，为社会各界参与慈善活动打通方便快捷的渠道。

【开展扶贫济困】 2019年，湖里区开展10余场次“情暖湖里迎新春”系列募集慰问活动，投入143万元，开展重阳节助老系列慰问活动，支出善款23万元。启动“爱心托举未来”——湖里区2019“雨露育青苗”结对帮扶公益活动，为157名孤困儿童发放扶助金及爱心大礼包近40万元。开展“2019金秋助学”活动，为37名应届及往届的贫困学子发放每人5000—6000元不等的助学金。携手中恒益集团，定向捐赠55万元，帮扶安溪县崇德中学校舍建设、教学硬件、设施设备维护及湖里区部分困难学子。启动“湖里区教育慈善基金”，奖教助学114万元。支援贫困中小学生，救助浦城贫困学子15万元。

（陈　琴）

【宗教界投身慈善公益】 2019年1月23日，湖里区同心文化节之“觉性翰墨香·同心慈善行”新春活动在觉性院举办，由南普陀寺慈善会现场为湖里区181户贫困家庭，发放价值20多万元的新春慰问金和慰问品。2019年，辖区宗教及民间信仰活动场所累计开展慈善迎新春、端午、重阳等活动20多场，捐资捐物合计价值166.1万元。

（陈旖旎）

养老事业

【概况】 截至2019年年底，全区有60周岁以上户籍老年人4万人，老龄化率10.9%。全区有专业养老机构8家，街道老人日间照料中心3家，各类养老床位3340张，每千名老年人有养老床位83.5张。湖里区成为全国养老服务业综合改革试点城市、第一批国家级医养结合试点单位、全国第四批居家和社区养老服务改革试点单位。

【养老基础设施建设】 2019年11月28日，厦门市重点民生项目象屿爱鹭养老中心举行落成仪式。中心位于湖里金山社区，总建筑面积4.2万平方米，规划护理型及自理型2栋老年公寓，约850张床位，可满足自理、半自理、失能、失智长者的持续照料需求。同日上午，禾山社区居家养老综合服务中心（护理站）揭牌，中心位于湖里区五缘西二里68号，毗连禾缘社区居委会，总建筑面积约2650平方米，分为地上4层和地下1层停车场。其中，1层为多功能厅，为老年人提供按摩修脚、餐饮、健身、棋牌、观影等服务；2、3层则主要为住养区和护理站，可提供约60个床位；4层为社区图书馆，有2万多册藏书。12月31日，湖里区社会福利服务中心正式开业，中心总建筑面积55372.1平方米、总用地面积约1.24万平方米、总投资4.5亿元，提供700个养老床位。

【居家社区养老服务】 2019年，湖里区全年投入1272万元，购买居家社区养老社工服务、助老员服务；加强社区居家养老服务站规范化建设，配套53个社区，每个社区居家养老工作经费各10万元。评估53个社区购买的服务项目。先后组织2批50人赴福州市、上海市、杭州市参观学习居家养老服务经验。

【社会办养老服务机构】 2019年，湖里区支持鼓励社会力量兴办养老机构，辖区内有养老机构8家，提供床位3170张，平均每千名老人80张。是年核减5家养老服务机构

2019年9月11日，湖里区举办“礼赞70年，铸牢中华民族共同体意识”第十二个民族团结进步宣传月活动
（区委统战部　供图）

床位运营补贴2.03万元，全区养老机构合计申请补贴732.49万元。

（陈　琴）

民族与宗教事务管理

【民族宗教法律法规宣传】 2019年，湖里区累计制作民族宗教法律法规宣传实物宣传品4400份，喷绘告知书450张，印制折页1.5万册，发送手机短信10万条。通过社区法制宣传栏、宣传手册、知识竞答、手机短信等形式开展民族宗教法律法规“六进”（进机关、进街道、进社区、进小区、进学校、进场所）活动，提高民族宗教法律政策的社会知晓率，增强群众依法、依规开展宗教活动的自觉性和主动性。

【城市少数民族流动人口服务管理】 2019年，湖里区创新社区少数民族流动人口服务管理新思路，率先在全市推出“六有”（有一个管理机构、有一名管理联络员、有一本管理台账、有一本服务手册、有一个服务窗口、有一张便民联系卡）模式，按照“成立一个管理机构、明确一名管理联络员、建立一本管理台账、编印一本服务手册、设立一个服务窗口、制作一张便民联系卡”标准，建立5个社区少数民族流动人口服务站，完善社区服务管理机制；建立“少数民族流动人口基本情况调查统计表”和“清真餐饮业基本情况统计表”台账，构建少数民族人口服务管理体系，提高少数民族流动人口服务管理水平。

【宗教（民间信仰）场所管理】 湖里区全年组织5个联合检查组41人次，排查宗教（民间信仰）活动场所隐患，督促整改隐患问题，预防和控制火灾隐患；开展湖里区宗教（民间信仰）活动场所消防安全培训及演练，提高民宗干部及宗教场所相关人员安全意识和防火知识技能。联合区市政园林局、区建设局、区城市管理局、湖里消防大队、公园管理中心等单位推动仙岳山宗教（民间信仰）场所“文明寺庙”建设。

（陈裿旎）

湖里街道

【概况】 湖里区湖里街道辖区面积12平方公里，下辖18个社区。辖区人口19.8万人，其中，户籍人口10.6万人，外来人口9.2万人。2019年，街道13项经济指标中有9项达到全省增速目标。其中，财政总收入35.72亿元，完成全年任务35.48亿元的100.6%，比上年增长2.5%；街道本级财政收入2.22亿元，完成全年任务2.45亿元的90.6%；规上工业产值76.36亿元，比上年增长11.9%；限上批零销售额1321.4亿元，比上年增长23.2%；限上社会消费品零售总额30.63亿元，比上年增长10.1%；限上住宿业营业收入4.02亿元，比上年增长16.2%；规上软件信息服务业营收2亿元，比上年增长124.9%；招商引进内资101.43亿元，完成年度任务的101.43%，合同利用外资10657.5万美元，完成年度任务的101.5%，实际利用外资3616.6万美元，完成年度任务的103.33%。

【行政为民】 2019年，湖里街道完成线上线下60项服务事项清单的更新。完成街道、康乐社区、湖里社区24小时自助服务区建设。在湖里村建成“风湖小站”，在金龙大厦、港航大厦设立行政自助柜员机，为周边居民、外来人员和企业员工等不同群体提供便利高效的服务。落实关于“基层减负年”各项规定要求，制订街道2019年督查考核年度计划，精简文件会议，精减考核检查，力戒形式主义。

【“2018厦门文化产业年度风云榜”颁奖仪式】 2019年3月29日下午，“2018厦门文化产业年度风云榜”颁奖仪式暨“跨界创新”文创沙龙，在湖里区联发东南天地举行。同期颁发的还有2018—2019年度厦门市文化企业30强、创新成长型文化企业两大项，200多位文化产业相关人士汇聚一堂，共同回顾和梳理厦门文化产业在过去的一年里取得的成绩。该仪式由厦门市文化改革发展工作领导小组办公室、厦门市湖里区人民政府、厦门日报社联合主办，厦门报业传媒集团、湖里街道办事处承办。

【招商引资】 2019年，湖里街道引进注册资本亿元以上企业8家。邮轮母港片区打造总部集聚区，与腾讯云计算、壹家仓供应链合作的厦门海上世界WeCity产业生态平台项目，与中信资产、中国移动合作的5G智慧园区等合作项目先后签约。星旅远洋国际邮轮（厦门）有限公司落户邮轮母港，国内首艘豪华邮轮“鼓浪屿号”举行首航。福建丝路海运运营有限公司投入运营，福建闽西南城市协作开发集团有限公司正式设立。鹭燕人工智能、招商创库平台等6个项目在投洽会湖里区会场签约，杭州阿优文化旗下菲纳克斯幼儿园项目落户开工。联合自贸区引入金财腾云、个体在线等平台企业。

【园区品牌】 2019年，厦门报业传媒集团与杭州西泠印社联合打造的“特区·1980”西泠印象项目举行开工仪式；一品创客海峡文创（湖里）基地项目正式运营；联发东南天地影视产业园正式开园，闵一鸣工作室、锴泉影视、元琮文化、自娱自乐先后进驻园区。年内，园区新注册56家影视企业。影视园协助区委宣传部举办2019年厦门国际影视产业论坛。举办斗鱼D-one手游嘉年华、中国互联网优化大会、厦门网络文化节、时尚周、厦门文化产业年度风云榜等。

【土地房屋征迁】 2019年，湖里街道完成征地1.92万平方米，完成征收任务的106%；房屋征收684平方米，完成任务的114%；房屋拆除 61916 平方米；提交施工用地约 1947 平方米。

【平安街道创建】 2019 年，湖里街道开展对“扫黑除恶”专项斗争的宣传，辖区内立“九类”案件（非法拘禁、聚众斗殴、寻衅滋事、强迫交易、开设财场、组织卖淫、敲诈勒索、强迫卖淫）16 起，破 16 起，打击“九类”案件涉恶团伙 2 个。加大平安创建宣传和“七五”普法宣传力度，组建反诈骗流动电影服务队。在 7 个社区开展“雪亮工程”建设，整治校园及周边道路交通安全问题。5 月 10 日，《中国商报》、中国青年网、央广网、环球网分别刊登《福建厦门湖里街道：筑牢社会安全网，提升群众幸福感》，宣传街道为建设高颜值、高素质平安街道营造安全稳定的社会氛围，开展创建平安工作。

【安全生产及应急管理】 2019 年，湖里街道完成经营性企业“一店一档”的基础性建档工作 3176 家；生产性企业“一企一档”的基础性建档工作 448 家。围绕“创建国家食品安全示范城市”，开展食品安全专题培训 13 场。专项检查整治危险化学品、涉有毒气体企业、电梯安全和燃气安全。落实防汛、防台风、防暴雨各项准备和应急预案。组织处置明园花园挡土墙坍塌点。加强森林防火宣传和巡查，坚持 24 小时值班备勤。

【社会事业发展】 2019 年，湖里街道取缔无证幼儿园，建成普惠性华荣梅沙幼儿园。推进街道级综合文化站建设，举办“特区·1980”杯全民运动赛，承办“第六届海峡两岸社区治理论坛暨两岸‘家’年华”交流活动。做好计生奖扶兑现、办证、出生申报、微机管理、免费孕前优生健康检测等基础性卫健服务。开展“百名专家进社区”义诊活动，推进妈妈小屋建设。协助 10 户家庭申请第 14 批“幸福工程”救助贫困母亲项目，10 户家庭获得救助金 26 万元。建成金鼎、村里、徐厝、湖里、康晖 5 个小区医生工作室和怡景小区医生工作站。

【“第六届海峡两岸社区治理论坛暨两岸‘家’年华”交流活动】 2019 年 6 月 15 日，第六届海峡两岸社区治理论坛暨两岸社区“家”年华在福建省厦门市举办。湖里街道作为全市 2 个交流点之一，推出（金鼎）老年人照料中心、东兴小区作为参观点，举办“两岸一家亲”社区大联欢文艺演出以及百家宴活动。

【社会保障及退役军人优抚】 2019 年，湖里街道做好社会救助和关爱服务工作，定期核发各类救助补贴、优抚金和关爱资金及慰问金。举办企业招聘会 2 场，开展失业人员技能培训和定向再就业培训。规范街道（金鼎）老年人照料中心市场化运作。受理 2 批保障性住房预登记申请 43 件，摇上号并受理的有 41 户。采集退役军人和其他优抚对象信息 3405 人，悬挂光荣牌 2748 块，做好退役军人的优抚工作。

【小区治理】 2019 年，湖里街道凭借“小区”+“城中村”综合提升治理推动西部旧村和城市居民小区融合发展。在海山路老旧片区，以东辉、东兴小区“1+3+N”（“1”党支部，“3”党员、业委会、自管小组，“N”N 项服务）小区治理模式为试点，打造无物业小区治理的“样板”，推动小区精准治理。以东渡水产研究所为试点，探索出机关党建和小区党建同频共振的新的老旧小区无物业自管型治理模式。

【小区改造】 2019 年，湖里街道完成南山新村、和通新村半山林海小区和牛头山小区的改造。继续组织东辉小区二期、上苑小区、双狮山小区三期、港务金鼎小区老旧小区改造项目。推动和通新村半山林海小区、金龙大厦等老旧小区的二次供水改造。完成湖里社强弱电入地改造。与万科和城建集团共同建设环卫公寓、企业宿舍、家庭公寓。在湖里村建成“风湖小站”，为周

2019 年 6 月 15 日，湖里街道在东荣社区举办“第六届海峡两岸社区治理论坛暨两岸‘家’年华”百家宴活动

（湖里街道 供图）

2019 年 2 月 14 日上午，湖里区领导到东渡三航小区调研

（湖里街道　供图）

边居民和外来人员等不同群体提供服务。

【综合整治】 2019 年，湖里街道通过网格化管理，各社区发现疑似“两违”300 多处，街道拆除并上报省系统 29 处 50662.94 平方米，完成年度任务的 253.31%。18 个社区排查危房 2720 栋，发现疑似存在问题 197 栋，并完成鉴定。完成湖里农贸市场改造提升，推动塘边、濠头农贸市场改造。

【为住建部城市管理执法处级以上干部现场教学】 2019 年 5 月 23 日，住建部城市管理执法处级以上干部培训班 200 名学员在南山路现场观摩。湖里街道作《以绣花之功雕琢城区之美》为主题的现场教学，介绍湖里区及湖里街道城市精细化管理，观摩会得到住建部与会领导及学员的一致好评。

【门前三包】 2019 年，湖里街道推进“门前三包”标准街建设，建立落实“区＋街道＋社区＋路巡员”的“四级路长”网格，建立大城管志愿者巡查制度，组织大城管志愿者巡查队伍分时段、全覆盖、全方位、全包含的巡查。店家自发的成立海天路、古龙公寓等 6 家商家联盟，实现商家自治。在 4 月、9 月的全市“门前三包”现场考评中，湖里街道获全市第一名。

【湖里街道 1 号“路巡驿站”建成】 2019 年 7 月，湖里街道联合建发城容公司共同打造集休息、交流、关爱和志愿服务为一体的湖里街道 1 号“路巡驿站”。驿站位于宜宾路 20—30 号，环卫工人、路巡员、交警、城管人员可以在路巡驿站饮水、享受空调、给手机充电，并使用微波炉加热饭菜，解决环卫工人、路巡员饮水、就餐、如厕和休息等实际问题。社区和爱心企业向驿站捐赠饮品、药品，厦门弘爱医院的志愿者定期组织医护人员义诊。该站覆盖周边 6 条道路的户外工作人员 150 多名，全年为 3000 多人次提供免费服务。

【环保督查】 2019 年，湖里街道落实环保网格化监管机制，推行餐饮项目环保备案，落实事中事后监管工作。强化环境空气质量监测工作，控制工地扬尘污染。督促施工单位落实防尘降尘措施，巡查重点区域大气污染工地拆迁项目。

【基层党建】 2019 年，湖里街道 4170 名党员全部通过网络党建 e 家平台管理，通过平台接转党员 298 人。全年成立党组织 16 个，升格党组织 1 个，撤销党支部 6 个。确

2019 年 5 月 23 日，住建部城市管理执法处级以上干部在湖里街道南山路观摩城市精细化管理工作

（湖里街道　供图）

定入党积极分子40名，参加入党积极分子培训54人，吸收预备党员42名，49名预备党员按期转正。“七一”建党日前，湖里区表彰街道优秀共产党员22名、优秀党务工作者11名、先进基层党组织12个，街道本级表彰29名优秀共产党员、23名优秀党务工作者、17个先进基层党组织典型。

【楼宇党建】 2019年，湖里街道加强楼宇党组织建设，投入经费170万元，打造港航大厦和银龙大厦2个楼宇示范点。挖掘楼宇党建工作的丰富内涵，做好楼宇党建典型经验、先进事迹、生动故事的征集选报和宣传推广。

【精神文明建设】 2019年，湖里街道与厦门网、东南网等网络媒体合作，围绕庆祝中华人民共和国成立70周年主题，街道和各社区微信公众号推出微信报道2800余篇。推进“小区书屋”试点建设，拓展服务居民的辐射范围，报备小区书屋22个。完成徐厝、兴华2个社区的书院与新时代文明实践中心相融合试点。与壹壹生活美学、樊登书店等企业共同举办“全民阅读家 · 湖里文化季”系列活动，两岸文旅产业高峰论坛暨两岸文旅研学基地揭牌。

【从严治党】 2019年，湖里街道制定落实全面从严治党主体责任清单，落实主体责任清单向社区党委（党总支）延伸。市对区全面从严治党检查分解给街道的五大类14个问题和区委第三巡察组对街道2018年度全面从严治党巡察指出的四大类16个问题和1条问责建议，均在规定时限内整改完毕。排查帮扶领域腐败和作风问题，落实街道帮扶资金使用管理措施。加强问责和警示教育，谈话函询30人，诫勉谈话13人，批评教育15人，提醒谈话2人。

【工会工作】 2019年，湖里街道推进“会、站、家”一体化建设，在徐厝、后浦社区创建共享职工之家。指导企业建会并成立劳动法律监督委员会，单独成立工会20家，60多家企业工会完成换届选举。开展企业工资集体协商工作，街道百人以上企业有36家，其中有31家企业签订工资集体合同。有12家基层工会获得市级“工人先锋号”，同致电子获得省级“工人先锋号”，康乐社区曾清华劳模工作室获得省级示范性劳模工作室。

【共青团工作】 2019年，湖里街道团工委组织团员参加“青年阳光跑”及“2019悦动湖里青春活力挑战赛”。各团支部开展以“五四”运动100周年为主题的团日活动。打造青年之家平台，成立2家楼宇联合团组织。完成智慧团建系统报到团员358人，并新增1家非公团组织。

【妇女工作】 2019年，湖里街道结合第109个国际劳动妇女节开展活动。为6名妇女申请创业贷款，为92户困难母亲发放慰问金4.85万元。开展寻找“最美家庭”活动，街道有2户家庭被评为市级“最美家庭”。塘边社区被评为福建省巾帼文明岗。

（陆 优 刘爱军）

殿前街道

【概况】 殿前街道辖区面积29.82平方公里，下辖高殿、马垅、兴隆、兴园、长乐、北站、神山、嘉福、翔鹭9个社区，总人口21.79万人，其中户籍人口约4.41万人。辖区内有厦门大桥，杏林大桥，集美大桥，高崎国际机场，象屿码头，闽台船舶避风坞，轨道交通1号线、3号线，第二西通道等厦门主要交通设施，是厦门岛陆、海、空立体交通网络枢纽，素有“鹭岛门户”之称。中共（闽中）厦门工委高崎地下交通站遗址、后莲萍解放战争遗址、马垅军民团结大榕树等红色文化。是总书记习近平提出的厦门六种精神之一——“海堤精神”的诞生地。辖区涵盖厦门航空港、象屿保税区（自贸区）、火炬高新区、两岸集成电路产业园及航空工业等市级重点园区，产业涵盖太古飞机维修等高端制造业，影恩兰服饰、紫金黄金珠宝、亚马逊等商贸服务业，佰翔空厨、多喜乐等食品加工制造业，顺丰、中邮等物流业，红点博物馆、海丝艺术品中心等文创产业，是湖里区产业发展的重要区域。2019年，殿前街道财政总收入60.68亿元，比上年增长13.62%；规模以上工业总产值392.61亿元，比上年下降3.6%；限上批零快速增长，全年批零销售2502.65亿元，比上年增长14.3%；建筑业产值迅速提升，中建旷博在第四季度完成移库；限上住宿、限上餐饮表现平衡。

【招商引资】 2019年，殿前街道累计引进2731家内资项目（含自贸区范围企业1550家）。其中，500万（含）以上内资项目855家，注册资本151.35亿元，比上年增长27%。引进外资项目57家，合同利用外资12950万美元，实际利用外资4688万美元，比上年增长574%，超额完成招商任务。

【第四次全国经济普查完成】 2019年8月19日，殿前街道完成第四

2019 年 12 月 24 日，殿前街道老年人照料中心举行开工仪式　（林静　摄）

次全国经济普查。此次普查街道选配培训普查员 119 名、普查指导员 14 名，按照规定时间节点，深入各社区开展“地毯式”排查。经入户核查，辖区内核实登记单位企业 7588 家，登记个体户 1176 家。

【重点工程】 2019 年，殿前街道拨付项目征收资金 4481.8 万元，交地施工 1.24 万平方米，推进福厦公铁、环岛路项目返迁安置，完成轨道 1 号线、3 号线，第二西通道等项目扫尾，开展嘉福花园南侧道路、第二东通道、高崎再生水厂、轨道收储平衡用地等项目前期工作。象屿总部大厦等重点项目按序时进度开工。以马垅社区的小东山、古塘垅自然村为试点，对接万科、碧桂园、象屿商发、广州富力等上市公司，引入市场力量，打造村民、企业、政府三方共赢的特色小镇，截至年底，街道签约 13 栋，完工 8 栋，面积 4026 平方米，提供出租房 146 间。

【城区提升改造整治】 2019 年，殿前街道推动厦门象屿保税区二期对外道路交通改善工程等 33 个项目完工，梳理 85 项民生补短板重点工作任务，责任到人，每月督查督办，推进街道日间照料中心等 52 个项目建设。街道推进高殿红顶特色小镇、寨上公园、西部旧村提升等项目建设进度，古塘垅社改造出租 1241 平方米。完成殿前一、四、五、六路及嘉禾路段第二轮立面综合整治提升及铁路沿线综合整治工作。开展海域养殖清理整治 17.61 万平方米，海域整治清理总量为全区第二。对寨上中街、中埔路、高殿夜市等开展集中整治，劝导占道经营 4733 摊，取缔流动摊贩 982 摊、露天烧烤摊点 161 摊，设立马垅美食一条街，引摊入市，规范流动摊贩管理。

【门前三包】 2019 年，殿前街道落实新一轮门前三包，开展夜间集中整治 78 场；执法中队、路巡员常态化做好夜间占道巡查，开具罚单 80 起，罚款 6950 元；新建 9 条标准街，承诺书、责任书签订率 100%，责任牌悬挂率 100%，完成责任主体信息采集 2011 家。路长及时发现和解决城区管理中存在的突出问题，辖区 45 条参评路段有 42 条在市背街小巷保洁精细化作业考评中获得满分。制定《殿前街道关于落实〈路巡员绩效量化考评实施细则〉的实施办法（试行）》，开展 6 场路巡员培训会，落实路巡员“门前三包”App 使用率，提高路巡员工作质量。

【垃圾分类】 2019 年，殿前街道纵

2019 年 10 月 8 日，殿前街道公共法律服务站成立，公共法律服务在全区各街道率先进入实体化运作阶段　（林静　摄）

深推进垃圾分类。新增铁路家园等10个垃圾分类示范小区，首创“零厨余”垃圾减量法、定时定点回收垃圾等特色做法，垃圾分类全年综合排名全市第二。

【平安街道建设】2019年，殿前街道整治机场北区旅游市场乱象，取缔殿前基督教私设聚会点，处置长乐二期“小区恶霸”。成立小区调委会30个，覆盖率96.8%。处理各类信访案件，处置第二轮中央生态环保督察中福建省信访转办件13件，化解省信访督办积案3件，排查化解矛盾纠纷293件，调处成功率99.32%，调解金额近10亿元。截至年底，辖区无人员进京、进省上访。成立街道公共法律服务站，并在全区率先进行实体化运作。2019年平安“三率”(安全感满意率、扫黑除恶工作满意率、执法工作满意率)调查排名全区第一，反诈骗工作排名全市第三。街道全年完成5107栋老旧房屋排查整治，完成率100%。专项整治燃气安全、“三合一”场所、电动车违规充电点、危险化学品、碳烤店等，集中整治机场北侧废品集中堆放点，消除安全隐患。1807家“三合一”场所及96家碳烤店整改率100%。完成高殿、马垅社区消防安全示范社区创建，雪亮工程累计完成80%。推进校园食品监管、防汛抗台应急等工作。

【帮困救助】2019年，殿前街道处级以上领导结对帮扶18户低保特困户，制定下发《殿前街道加强困难群众精准帮扶工作方案》。全年为407户次605人次低保对象发放低保金46.92万元，为72人次特困对象发放特困补助金和护理费13.1万元，发放临时价格补贴3.08万元，为26户困难家庭发放临时救助金23.75万元。募集慈善资金177万元，发放慈善救助款87万元。为13名儿童发放“雨露育春苗”孤困儿童结对帮扶慰问金3.25万元。发放高龄津贴5929人次76.13万元。协助4200名60岁及以上的老人参加免费体检。为70位困难残疾人、169位重度残疾人发放补助金113.26万元，发放春节、“六一”儿童节慰问，市、区级“四残”儿童康复补助27.77万元，受益103人次。

【社区建设管理】2019年，殿前街道完成3个社区办公服务用房提升。完成嘉福花园体育运动公园和小区健身房、翔鹭花城阳光步道和羽毛球场建设。建成北站、嘉福2个社区党群活动中心。实施雪梨星光等15个党群服务站建设，完成高殿社区文化活动中心基建，居民活动阵地得到保障。6月，完成嘉福、翔鹭2个社区选举工作，补选兴隆和长乐社区居委会主任。完成2个“村改居”社区集体资产改制，规范“三资”管理。

【劳动就业和社会保障】2019年，殿前街道对口兑现台青创业各类补贴120万元。举办2场招聘会和6期技能培训。吸引133家企业设置岗位8000余个，帮助560人就业。办理灵活就业社保补贴建账1170人，补贴265.75万元。建成全市首个远程劳动争议调解视频系统，建成自贸区夏商水产交易中心、厦门两岸集成电路自贸区产业基地2个园区劳动争议调解委员会，街道劳动争议调解委员会全年处置249起劳动争议案件，调解成功185起，调解成功率74.3%，调解金额459.8万余元。是年，16—60周岁城乡养老保险新参保163人，其中46—60周岁城乡居民养老保险参保103人，参保率100%。

【社会事业】2019年，殿前街道“三师”(家庭医师、健康管理师和中医院专科医师)共管团队为居民提供签约服务，家庭医生签约总覆盖率31.19%。其中，高血压续签率90.24%，糖尿病续签率90.76%，老年人签约覆盖率96%。街道社区卫生服务中心建设进入扫尾阶段，嘉福花园小区卫生服务站日均服务20余人次。建成北站、嘉福、兴园3个社区养老服务站，完成北站、马垅、兴园3个社区智慧健康养老项目。康乐家园创建率100%，其中，兴园、兴隆社区被评为省级“康乐家园”示范单位。年内，街道关闭22所无证幼儿园，分流2500名幼儿，新增11所有证园，增加学位2680个。“知心姐姐”谈心室项目全年投入工作经费9.88万元，为209个家庭849人次提供正面管教理论指导。组建“知心姐姐”进校园讲师团，定期举办进校园活动，全年走进火炬学校、超强学校、嘉福花园幼儿园等9所中小学幼儿园，举办家庭教育讲座15场。完成“圆梦殿前 以文化人”街道级文化品牌活动方案，开展文艺会演13场。结合“殿前梦工场”街道级文化品牌开设葫芦丝、瑜伽、民族舞、合唱4类课程。依托厦门市图书馆殿前分馆开展读者活动和12场次少儿活动。打造“一居一品”社区文化品牌，结合各社区实际开展各类活动、培训268场次。举办“殿前杯”小学生足球赛100场。

【小区治理】2019年，殿前街道新增9个小区治理典型点。推动小区党支部和业委会深度融合，16个小区实现党支部书记和业委会主任“一肩挑”，占全部小区的53.33%，18名业委会负责人是党员，占全部业委会的58.06%，红色业委会有12个，占38.71%。“五小”(小区秘书、小区医生、小区调解员、

2019 年 5 月 24 日，殿前街道举办首届楼宇党建邻里节，并为厦门市航空商务广场联合党委、青年之家、共享职工之家举行揭牌仪式　（林静　摄）

小区警察、小区律师）人员覆盖率 100%，每个小区至少有 1 支志愿服务队、1 位小区秘书、1 本“七小”日志，1 个“双报到”服务点，与 1 个驻区单位结对共建。全年召开 131 场小区事务听评会，解决小区疑难问题 250 多个，整治樱花山庄等 5 个矛盾突出问题小区。

【基层党建】 2019 年，殿前街道提升“腾飞殿前”党群服务中心。落实大党工委轮值制度，新吸纳 3 家党组织为成员单位。推进楼宇党建工作，完成航空商务广场和两岸集成电路产业园 2 个典型点打造，举办首届“党建邻里节”，该做法被人民网、《厦门日报》等多家媒体报道。

【意识形态工作】 2019 年，殿前街道开展“大宣讲”“大学习”理论宣讲进基层 108 场。妥善处置殿前“5028”基督教私设聚会点等网络舆情，实现网络舆情处置率和网评任务完成率“双百”目标。建成“隆心向党”基层理论宣讲示范点，推动神山顶红色文化阵地前期建设。推广“学习强国”应用，注册党员学员总数超过 96%。以庆祝新中国成立 70 周年为主线，结合街道中心工作，在东南网推出“殿前身边榜样”等系列报道，市级以上纸媒报道涉及街道工作 75 篇，省级纸媒报道 3 篇，人民网专题报道 5 篇，学习强国平台刊载 4 篇，其中对台工作被《人民日报（海外版）》刊载。

【文明创建】 2019 年 3 月，殿前街道开展“一步一文明　洁岛我先行”主题志愿服务活动，街道、社区干部职工，党员，业委会人员，居民群众及各类志愿者 5 万多人次，利用夜间、周末和业余时间到“路长制”挂点社区巡查道路及小区周边，捡拾垃圾、劝导不文明行为、参与社区洁净家园活动。开展洁净家园志愿服务 50 多场，1 万多人次参与，劝导纠正占道经营、跨店经营等违章行为 3000 余起，清运机场片区共享单车 1000 多辆，自查整改各类问题 300 多个。普及文明行车、文明乘车、文明就餐、文明观赏、爱护公物、保护环境等礼仪知识。开展移风易俗宣传活动 10 多场，分发“移风易俗倡议书”约 4 万份，分发“文明餐桌倡议书”1000 多份，组织志愿者 300 多人次开展对沿街店面“文明餐桌”小贴士的巡查。利用新时代文明实践站推动文明礼仪宣传，重点向小区居民宣传“社会主义核心价值观”“培育良好社会风尚”“推进诚信建设”等内容，向居民讲解个人信用“白鹭分”评价模式和诚信“红黑名单”制度。高殿社区义务消防队 1 人被评为第七届厦门市助人为乐道德模范。

【志愿服务】 截至 2019 年年底，殿前街道机关有注册志愿者 41 人，占党团员人数的 1/3；9 个社区志愿服务工作站有党员志愿服务队、文体志愿服务队、“五老”志愿服务队、环保志愿服务队等 40 多支志愿者队伍，有注册志愿者 2500 多人。其中，高殿义务消防志愿服务队、翔鹭绿翔妈妈志愿服务队、兴隆台胞志愿服务队等队伍为社区特色志愿服务队。开展关心关爱困难老人、儿童，帮助困难家庭和残疾人志愿服务活动 100 多场。张贴“文明旅游”“八不行为规范”“假期安全出行”等公益广告 100 多幅，开展文明旅游系列宣传 20 多场。配合市城管办集中清运 ofo、赳赳、美团等共享单车 3000 多辆，规整背街小巷中共享单车 5000 多辆。金鸡百花电影节期间，组织志愿者 300 多人次在枋钟路高崎南十二路口、长乐路长浩路口开展文明交通宣传劝导。

【新时代文明实践建设】 2019 年，殿前街道在街道建立新时代文明实践所，指导 9 个社区成立新时代文明实践站，在条件成熟的 7 个小区建设新时代文明实践点。推进社区书院与新时代文明实践站硬件设施升级，按照“十个有”（有组织机构、有固定场所、有整体规划、有组建平台、有课程体系、有志愿队伍、有常态活动、有共治共享、有文明环境、有精神底蕴）建设标准完善新时代文明实践站组织架构、课程设置、志愿队伍等建设。组织开展“我们的节日”“讲文明　树新风”“庆祝中华人民共和国成立70周年”主题活动100多场，惠及居民2万多人次。各社区规范小区文明公约，31个小区和7个村改居自然社全部完成小区文明公约修改、制定。

（毛语漩）

江头街道

【概况】 2019年，江头街道辖区面积10.41平方公里，下辖10个社区，有人口20.24万人，其中：户籍人口7.29万人，非户籍人口12.95万人。街道财政总收入25.81亿元，比上年增长22.8%；本级财政收入1.99亿元，比上年增长18.56%；全年引进内资103.78亿元，实际利用外资4842.4万美元，比上年增长517.6%；固定资产投资完成67.73亿元，比上年增长740.25%；规上工业产值完成11.46亿元，比上年下降3.7%；限上批零销售额130.48亿元，比上年增长24.57%；限上社会销售品零售额49.84亿元，比上年增长20.3%；房地产销售面积6.58万平方米，比上年增长43.2%；建筑业产值完成54.5亿元，比上年增长73.9%。

【征地拆迁】 2019年，江头街道推进忠仑社旧村改造，累计拆除建筑面积17.37万平方米，忠仑社旧村改造征拆工作基本完成。启动古地石社旧村改造项目，完成古地石社旧村改造实施方案、组织架构设置和人员配置等前期准备工作。

【小区治理】 2019年，江头街道推广16个“一肩挑”小区融合模式，完成38个小区党支部、22个业委会换届，新成立3个业委会，对小区治理相关人员培训30余场。细化并督办12张小区治理清单，推动吕厝新景天湖等9个老旧小区的改造。处置“两违”建筑面积7.18万平方米，完成年度任务的143.66%。全年垃圾分类工作7次获得全市第一。全年排查民间纠纷552起，成功调处552起，调处成功率100%。

【平安江头建设】 2019年，江头街道受理群众反映信访问题1497件，办结率100%；受理劳资纠纷189件，调解166件、引导维权23件，结案率100%。累计完成8个“雪亮社区”建设，注册“平安湖里E家”App平台41841人。街道劳动争议调解中心获评“全国乡镇街道劳动争议调解综合示范单位”。

【安全生产】 2019年，江头街道签订安全生产主体责任告知书6500余份、承诺书6000余份。检查企业3.36万家次、发出整改通知书5100余份，整治率99.94%，整改率100%。举办户外宣传、校园宣传、企业安全培训、消防演练等活动300余场，安全生产各项指标控制在区下达的指标范围内。

【社区建设】 2019年，江头街道下拨218.69万元购买园山社区服务中心车位，275万元租赁吕厝、祥店、江华、蔡塘、后埔、江村社区办公用房。投入298.49万元，推动13个社工服务项目落地。3个“村改居”社区集体资产清产核资工作通过市、区验收，集体产权改制工作完成。

【公共事业发展】 2019年，江头卫生服务中心蔡塘分中心投用，启动江头小区卫生服务站建设。建立健全三级基本公共卫生服务网络，畅通服务群众“最后一公里”。投入250万元用于社区居家养老服务，完善辖区60岁以上老人信息数据库，实现建档率100%。依托专业服务团队，采取“基本+点单”的服务模式，为辖区9702位老人提供多种专业、人性和特色服务。天地公司推进火炬学校项目建设，在

2019年，湖里区领导到金尚小区调研地下停车库建设情况　（江头街道　供图）

2019 年 6 月 21 日，江头街道党工委到厦门海堤纪念馆参观学习

（江头街道 供图）

乌石埔安置房配套建设天地幼儿园，装修提升江头幼儿园，缓解辖区入园和就学难的问题。投入 120 余万元完善辖区文化体育设施，打造居民群众 10 分钟文体活动圈。

【创新举措】 2019 年，江头街道采取“五 N”（汇聚 N 股力量，盘活 N 类资源，创新 N 个举措，打造 N 个品牌，解决 N 个问题）创新机制举措发展街道经济。街道报送的“江头街道构建小区治理‘五 N’格局见成效”“园山社区‘五个暖心园’构筑小区服务全龄覆盖”2 个项目均获评区改革创新二等奖，“江头街道构建垃圾分类‘党支部 + 12345’模式”项目获评区改革创新三等奖。在小区安装人脸识别系统，完成 8 个“雪亮社区”建设。创新居家养老基础、专业、人性和特色服务“四个服务”，创新分级诊疗模式，建立健全三级基本公共卫生服务网络，推动教育强街项目创新。街道报送的“江头街道扎实打造居家养老‘四个服务’体系”项目获评区改革创新二等奖。创新小区党建和非公党建模式，街道报送的台商会馆“创新‘三味’党建 建设台商台企登‘鹭’第一家园”案例入选全国党刊基层党建十佳创新案例，《江头街道“三味”党建助推楼宇发展》项目获评区改革创新三等奖，小区党建和治理经验《“三点”支撑小区大党建》被人民网推广。推动文明实践中心与社区书院的深度融合，街道报送的《江头街道打造“4567+N”模式新时代文明实践站》项目获评区改革创新二等奖。

【意识形态工作】 2019 年，江头街道中心组集中学习 18 场次，其中，专题研讨 2 次，集中调研 2 次。街道理论宣讲团深入一线宣讲 113 场。组织党员干部观看《大会师》等 3 部电影，开展各类学习实践活动。街道“学习强国”上 1 万分的学员有 641 人。

【基层党组织建设】 2019 年，江头街道健全街道大党工委、社区大党委等组织，完善议事决策机制，落实党政班子成员联系社区、小区制度。非公有制企业党组织覆盖率 93.1%，社会组织党组织覆盖率 100%。整改提升软弱涣散党支部 2 个，打造东方财富广场和台商会馆 2 个楼宇党建示范点。

【文明宣传】 2019 年，江头街道累计在《福建日报》等重点党报党刊刊登报道 38 篇，人民网 2 篇，被“学习强国”采用 2 篇；推动社会主义核心价值观宣传教育阵地建设，成立“江头好人公益团”，团长游文晃获评全国“春蕾计划”三十年先进个人，副团长谢启明获得“全国自强模范”称号。

【从严治党】 2019 年，江头街道在社区开展廉政教育 223 场次 1991 人次；开展谈话函询 50 件次。深化“不忘初心、牢记使命”主题教育，查摆 10 个方面 19 个问题，制定 42 条整改措施，完成整改 17 个问题。

（廖建淳）

禾山街道

【概况】 2019 年，禾山街道辖区总面积 16.04 平方公里（含五缘湾水域），有人口约 33 万人，其中，户籍人口 8 万人，常住人口 25 万人。下辖 9 个社区，其中，枋湖、坂尚、岭下、围里 4 个“村改居”社区，禾欣、禾盛、禾山、禾缘、五缘湾北 5 个城市社区及钟宅（新）、禾美 2 个社区筹备组。街道党工委下属党组织 178 个。其中：党委 9 个，党总支 7 个，党支部 162 个，有党员 2447 名。全年街道引进内资 251.66 亿元，完成年度任务的 179.8%；引进合同外资 1.43 亿美元，完成年度任务的 136.19%；实际利用外资 8152.8 万美元，完成年度计划的 135.88%；实现财政总收入33.29亿元，比上年增长23.52%；固定资产投资完成60亿元，比上年增长298%。

【基层减负】 2019年，禾山街道撤销半年计生工作检查，将达标创星活动及意识形态责任制考核并入社区千分制考核。街道全年发文168份，比上年下降40%；召开会议130场，比上年下降45%。停办工作简报1种，解散微信工作群8个，减少“责任状”3项，基层减负工作取得初步成效。

【党风廉政建设】 2019年，禾山街道依法查处违法犯罪行为，探索运用“一案一总结”“一案一整改”，一体推进不敢腐、不能腐、不想腐。制定年度全面从严治党主体责任清单，办结信访件5件、问题线索20条，谈话函询28人次，党纪立案1件1人次。开展明察暗访6次，逐一分解、跟踪督办区委巡察移交的30条问题清单。全年“一站两员”(“一站”指社区党风廉政建设工作站，“两员”指社区纪检委员和社区廉情信息员)接待党员群众来访91人次，介入社区重大事项监督18次，开展谈话提醒53人。

【专项整治】 2019年，禾山街道成立专项整治督查组，责任分解13个整治内容，制定整改措施48条，排查出问题18个，完成整改13个。结合“我为小区办实事，聚力民生谋幸福”活动，协调湖里环保分局和区市政园林局，投资300万元，解决中骏天誉小区下水道发臭、无证园整治及营商环境不理想等民生问题。

【乐群广场楼宇发展新模式】 2019年，禾山街道根据不同业态分别成立枋湖乐群党支部、汇盈大厦联合党支部、天虹商场党支部、如心妇婴医院党支部等，实现党组织全覆盖。整合专业人才资源组建楼宇律师、楼宇金融顾问、楼宇秘书等红领达人队伍，并在每栋楼群设立达人服务点。围绕“党建”和“服务”两大主题，开展“双向认领”服务。组建“楼宇匠心红盟”，汇聚各方面人才资源，为楼宇企业排忧解难。推出楼宇职工在天虹商场吃午餐8.8折的优惠，解决职工“吃饭难”。打造“楼宇社区”，搭建企业合作平台，举办楼宇企业研讨沙龙3场，构建抱团融合发展的“商圈生态”。通过“洗楼”式逐企摸底，建立党员基本信息台账，开展党员“亮身份、亮服务、亮承诺”活动，让楼宇党建成为优化营商环境的“新引擎”。

【新时代文明实践站成立】 2019年，禾山街道在所有社区书院挂牌成立新时代文明实践站。点亮红色课堂，办活政治讲堂，建好征拆讲堂，使其成为党的创新理论和社会主义核心价值观的传播新阵地。结合钟宅旧村改造，开辟“钟宅拆迁大讲堂”，以“普通话＋闽南语”双语解读征地拆迁相关法律法规，广受居民欢迎。全年组织开展宣传宣讲活动近100场，其中闽南话宣讲34场。

【文明创建“三项清单”】 2019年，禾山街道聚焦背街小巷、集贸市场、城中村、老旧小区等重难点区域，制定“城中村”环卫长效保洁方案，打响城区管理提升攻坚战。落实文明单位创建要求，形成10个大项56个小项文明单位创建责任清单。从主体责任、创城责任和社会责任三方面入手，形成15项问题清单。街道、社区牵头，消防大队、执法中队、派出所等单位联合执法，限期整改、动态监管，形成14项整改清单，并及时反馈，提升街区市容环境。

【第十五届厦门元宵民俗文化节】 2019年，禾山街道通过政府搭建戏台、企业冠名花灯、商城倾情回馈、社区资产支持，形成“政府＋企业＋商圈＋社区＋居民”共办共筹共谋的机制，举办第十五届厦门元宵民俗文化节。引入专业服务机构——天地文化产业有限公司策划、执行。活动吸引各类主体投资、赞助300余万元。元宵灯会期间，吸引超过80万市民群众到禾山街道闹元宵。湾悦城、乐都汇及五缘湾天虹三大商场日客流总量超15万人次，灯会期间为商圈带来3300万元的营业收入。

【小区治理】 2019年，禾山街道优先选任11名处级以上党员领导干部担任小区党支部书记，10名小区党支部书记与业委会主任“一肩挑”，其中业委会主任是党员的有20名。吸纳114名党员进入小区业委会，巩固推广“龙郡学堂”“党员议事厅”等小区治理品牌。8个小区申请以奖代补项目，解决水晶森林停车难、金枋世家党支部成立难、碧湖嘉园外墙脱落等问题。打造7个典型点，实施8个小区“抓后进促典型”计划，发挥党支部在小区治理中的领导核心作用。全年新成立3个小区业委会，4个小区业委会换届、变更。下派小区秘书37名、小区警察26名、小区城管15名、小区律师9名、小区教师33名、小区调解员103名、小区医生39名，开展各类志愿服务1800余场次。

【干部双向挂职】 2019年，禾山街道确定一整套规范流程，制定《人员信息采集表》《双向选择意向表》，在各办、各社区间建立部门到部门、社区到街道、街道到社区、社区到社区的“双向四通道”交流渠道。根据挂职干部的工作及个人特长，确定14名干部进行第一批双向挂职。建立工作纪实制度，实时了解掌握挂职干部工作生活情况；建立“传帮带”制度，分管领导与挂职干部建立传帮带关系，实行“一对一”帮带。对挂职干部进行考核，并将所有考核情况录入电子文档。提拔3人任社区书记助理或主任助理。

【招商引资】 2019年，禾山街道创新建立“街道+金融机构（校友会）+企业”的招商机制，梳理盘活写字楼、工业用地、可供招拍挂地块等招商空间载体70万平方米，用好钟宅发展用地、枋湖旧村地块、湖里创新园等存量招商平台。全年新增注册企业5173家，引进国融佳业、中农江平、人力宝等重点项目，推进凯悦温泉酒店、五缘湾地下商业街、中建四局总部大楼等项目建设，禹州温德姆至尊豪廷大酒店开业，五缘湾东部商圈雏形初现。申报企业扶持奖励金4000万元。

【“两违”零增长】 2019年，禾山街道建立完善查违网格责任制，将14名执法人员、107名协查员纳入54个三级网格，聚焦影响钟宅、墩上、下忠旧村改造、山水步道建设、轨道交通3号线征拆等重点项目的“两违”问题，组织开展联合执法，对新发生的违法建设，采用昼夜巡查、轮班交叉等形式，“露头就打、出土就拆”，立体联动、快速查违。全年拆除“两违”11.4万平方米，完成年度任务的114.06%，实现新增违法建设“零形成”。

【路长制】 2019年，禾山街道形成“社区+路长+路巡员+楼（梯）长”定路、定人、定责的综合管理责任制，将区直部门、街道、城建集团、中队、社区806人统筹安排到11个社区、81个物业小区和写字楼宇、114条主次干道和58条背街小巷。巡查发现问题6270条，问题处置率98%。

【住宅小区物业服务监督检查】 2019年，禾山街道组织湖里消防大队、街道环卫所、安监站等部门，监督检查53个住宅小区物业服务项目日常管理服务情况。对琥珀湾、珊瑚海等19个成绩为“优”的项目，给予通报表扬；对鑫湖花园等7个成绩为“差”和双鲤新城、新景翡翠苑、阳光公寓一期等7家未及时整改反馈的小区物业，给予通报批评。

【夜间市容集中整治】 2019年，禾山街道出动3896人次，针对重点时段、重点点位专人盯守，不定时反复巡查人流量较大地点。劝导占道经营4945摊次，取缔流动摊贩1471摊次，整治辖区内占用人行道违停乱停车辆442部。整治湾悦城、天虹商场等重点区域摊点占道经营及环境污染乱象。全年整治市容类案件37起，罚款3200元；垃圾分类案件39起，罚款1950元。

【垃圾分类】 2019年，禾山街道发动小羽佳、山水天地、绿禾缘快乐环保社等社会组织，通过家校社联动、常态化执法、全闭环管理，探索出国贸润园垃圾分类新模式。在辖区内推广“79投放”（居民、商家每天早晚7点到9点督导员在位在岗期间两次定时定点投放垃圾，其余时间不投）及“三定五巡”“不分类，全拒运”等机制，提高垃圾分类投放的准确率。

【门前三包】 2019年，禾山街道收集“门前三包”责任人基础数据2270家，签订“门前三包”承诺书、责任书并悬挂责任牌。建设标准街23条，标准街承诺书签订率100%。每月对商家履行承诺情况进行考评，评出优秀商家557家，严重失信商家4家。

【征地拆迁】 2019年，禾山街道发挥“街道+社区+国有企业”的体制优势，下派街道领导班子成员、年轻干部等53人到重点项目拆迁一线，推动征迁。完成下忠住宅签约100%。征收钟宅发展用地，南片区安置房奠基，旧村改造签约1292户48.65万平方米。全年街道征收土地23.87万平方米、房屋67.59万平方米。

【下忠旧村改造完成】 2019年，禾山街道创新“项目+党建”工作模式，成立下忠旧村改造项目组临时党支部。组织执法中队、市场监督管理所和安监站对已征地块内的承租户开展联合执法。做好片区规划、用房选址及户型设计。坚持“阳光征迁”，坚守政策标准，引进“天眼云平台系统”，开启“数字征迁”新模式。下忠整村改造奋战47天，签约率100%。

【钟宅旧村改造】 2019年，禾山街道启动钟宅旧村改造工作，全年丈量房屋1245栋78.2万平方米，丈量进度63.57%。签约1340份房屋补偿安置协议，签约面积50.59万平方米，签约率41.13%。钟宅两大安置房项目钟宅南苑安置房奠基，钟宅新家园项目进行提升改造。

【“五安”工程创建】 2019年，禾山街道发挥“家安”支点作用，投入198万元扩大“雪亮社区”覆盖面，建设围里、联发五缘湾1号

2019 年 10 月 30 日，司法部副部长刘振宇（前排右三）一行到禾山街道多元化纠纷解决服务中心调研
（王丰　摄）

及穆厝示范点，完成建设任务的 80%；整治梅花光电、凯悦新城等物业乱象。守护“路安”每一公里，强化驾驶人素质教育，拓宽义务服务、交通安全宣传；排查交通安全隐患 56 处，查处交通违法行为 5.86 万起，全年道路交通事故死亡 5 人，与上年相比下降 28%。回应“食安”民生关切问题，完善覆盖 11 个社区、66 个小区的三级监管网格，实现监管全流程在线可操作、可记录、可追查；检查猪牛羊肉经营主体 578 家，摸排出非法猪肉经营 7 家，查扣问题肉品 916 公斤，实现监管全闭环。实现“业安”，部署开展“除隐患、遏事故、保安全”百日行动，检查各类生产经营企业 9625 家次，签订安全生产责任书 9600 份。构筑“心安”心理防线，盗窃抢劫诈骗类案件立案 302 起，破案 183 起，破案率 60.6%，抓获犯罪嫌疑人 94 人；依托五缘湾北社区“湾北心苑”等心理辅导机构，完善辖区社会心理健康服务体系。

【矛盾纠纷化解】 2019 年，禾山街道搬迁改造多元化纠纷调解中心，推动公共法律服务下沉小区，建成“街道—社区—小区”全链条的矛盾纠纷化解体系，实现纠纷不出小区。截至年底，建成小区调委会 41 家，全年调处纠纷 161 件，调处成功率 100%。街道落实全区“最多投一次”阳光信访试点，推行信访评理机制，整合社会各界力量组建一支 53 人的信访评理员队伍。化解信访问题 20 余件。建成多元化矛盾纠纷解决服务中心，妥善化解矛盾纠纷和信访事项 573 件，化解成功率 100%。滚动排查涉访涉稳的 8 类重点人员，对存在进京上访风险的重点人员，逐一制定稳控预案、成立稳控专班、落实稳控责任，实现重大节假日期间零进京上访。街道全年受理各类信访事项 703 件，办结率 98.8%，群体访次数和人数比上年分别下降 57% 和 44%。

【平安街道创建】 2019 年，禾山街道针对城中村、商业中心、车站等人流密集场所开展集中宣传，盯住举报线索，调查核实卢厝、下忠、禾山等 3 处政府已征地块被侵占情况，依法收回 3 处地块 2.17 万平方米，打掉 1 起强逼拆迁并打砸幼儿园恶势力团伙，抓获县后湖里阳光医院 1 起医疗诈骗犯罪团伙。全年收到各类黑恶线索 20 条，查结 15 条，查结率 75%。开展禁毒宣传

2019 年 8 月 29 日上午，区领导带队至北斗星幼儿园调研校园安全
（王丰　摄）

展演，举办反诈骗宣传讲座20场，召开房东会60余场，投入12万元建设街道禁毒教育基地和湾北禁毒品牌社区。组织反邪教文艺会演，发放各类宣传册6000多份。针对警情多发的区域加强重点整治，打击违法犯罪，抓好各项安全保障，全年抓获刑事犯罪嫌疑人103人、吸毒人员79人，打掉诈骗窝点2个。查处涉黄涉赌案件157起，依法处置252人。

【房屋安全隐患排查】 2019年，禾山街道排查房屋7702栋，录入无隐患房屋7080栋、C、D级危房188栋，录入完成率100%。处置D级危房94栋，完成率100%。

【安全生产“六进”活动】 2019年，禾山街道开展安全知识进企业、进学校、进机关、进社区、进家庭、进公共场所等“六进”活动。集中宣传安全生产、消防安全等法律法规与方针政策。在“城中村”持续抓好消防技改工作，配齐配强微型消防站人员。全年开展安全宣传活动152场，发放安全宣传折页5.18万份。组织检查各类生产经营企业9625家次，制作检查记录9625份，签订安全生产责任书9600份，为辖区居民筑起一面安全防护墙。

【教育强街】 2019年，禾山街道整治55所无证幼儿园，批准办园28所，取缔27所，基本实现学前教育结构性转型。梳理宝墅湾旁、枋湖车管所等6处地块，用于建设外籍人员子女学校、车管所幼儿园、穆厝幼儿园、特殊教育学校等校园。扩建钟宅民族小学，与天地公司合作举办天地禾缘幼儿园，缓解辖区学位不足问题。

【医养结合】 2019年，禾山街道以

2019年11月29日，2019禾山欢乐季闭幕　（王丰　摄）

公建民营方式建设枋湖、禾山社区居家养老综合服务中心，为社区居民提供上门护理、老年护理、母婴护理等7种服务。2家综合服务中心全年累计服务居民1200多人次。投用街道居家社区养老服务照料中心，建设全区首家小区卫生服务站——龙湖花园小区卫生服务站，站点提供健康咨询公益服务和24小时紧急救援服务。建设7个小区医生工作室，邀请退休医生在工作室固定时间内轮流义诊。向霞辉养老服务等机构购买助老养老服务，组织有利于老年人身心健康的户外活动，提供老年人心理健康咨询和家政服务。

【禾山欢乐季】 2019年5月8日至12月20日，禾山街道以“不忘初心跟党走，牢记使命谱新篇”为主题，42个文艺团体、近300名文化骨干，举办5场“禾山欢乐季”文艺会演，不同群体自导自演，推出四大主题专场，展现禾山人积极向上、敢闯敢试的拼搏精神。“欢乐课堂”全年开展100多个场次的公益培训，2000多人受益。

【社会救助】 2019年，禾山街道在册低保户58户86人，全年救助困难对象119人次，2项指标均完成区下达任务。累计发放各类救助款186.44万元，惠及困难群众2529人次，发放残疾人慰问金14.15万元、“残疾人‘两项’补贴”约181.11万元，受益4516人次。探索“多方助力，精准帮扶”模式，为枋湖社区居民薛宝珠一家多人解决残疾无人照顾的难题。

【劳动就业及保障】 2019年，禾山街道完成失业人员再就业3541人，就业困难人员再就业312人。开展10期技能提升培训，完成失业人员再就业培训139人，农民工技能提升培训182人。城乡居民养老保险46周岁以上人员参保407人，参保率100%。全年创建“无欠薪项目”10个，组建企业劳动争议调委会4家，成功化解11起群体性劳资纠纷。参与劳动争议个案调解215起，成功调解154起，成功率72%。

【社区管理体制改革及社区集体资产改制】 2019年，禾山街道所有社区全部完成管理体制改革。截至年底，街道有社区前台事务受理员

43人、后台人员87人、外勤人员（小区秘书）107人。钟宅、枋湖、坂尚、岭下、围里5个“村改居”全面完成清产核资验收和股份经济合作社注册及刻章工作。

（吴茵婷）

小资料

三定五巡：安排保洁人员、物业其他工作人员、志愿者、轮岗督导员、专职人员（五巡）于非督导时间开展每30分钟投放点垃圾分类自检自查，做好非督导时间巡查台账和垃圾分类投放点“三定”(定岗、定责、定时）巡查情况表的填写，确保非督导时间垃圾分类的准确率。

金山街道

【概况】 金山街道辖区总面积14.8平方公里，总人口19.1万人。其中，户籍人口5.6万人，协管人口2万人，流动人口11.5万人。街道党工委下属党组织166个，其中，党委10个，党总支3个，党支部153个，党员2260人。街道下辖金山、后坑、湖边、金湖、高林、金林、金安、五通、金海9个社区，其中，3个纯城市社区、3个混合型社区和3个“村改居”社区。全年固定资产投资62.8亿元，规上工业完成11.52亿元，限上批零销售额完成1270.87亿元。财政总收入38.57亿元，其中街道本级财政收入2.1亿元。

【招商引资】 2019年，金山街道持续跟踪中金资本、京东国贸合资、凯泰易联合资、沙特阿美、悦隆庄等企业，为其投资落户及后续运营提供“全程跟踪，专人代办”的服务。其中，中金项目完成75家项目公司的设立，合计注册资本609.44亿元，累计到资374.76亿元，其中包括励顶股权投资3.63亿美元和中金海盈股权投资2亿美元2个外资项目。

【“9·8”厦洽会签约】 2019年，金山街道上报“9·8”厦洽会7个签约项目和3个开工开业项目，涉及总部、金融、医疗、商业、酒店等东部片区重点发展产业，其中，微医集团、通策口腔、泰和康复、心脏中心等四个医疗项目在辖区集聚发展。砂之船奥莱、航空古地石、欢朋酒店等4大商业酒店项目提升东部新城的城市配套。

【第四次经济普查】 2019年，金山街道通过“地毯式”入户现场普查登记。根据区平台数据情况及社区确认，全街道有法人单位5168家。其中，正常经营4264家，非正常经营904家，产业活动单位514家，个体户260家，完成全国第四次经济普查任务。

【征迁安置】 2019年，金山街道采取“指挥部+街道+社区+国企”四位一体工作机制，建立五大片区指挥部工作联席会制度，实行“先商谈、预签约、再公告、后选房”模式，严把市、区两级征迁政策标准关，累计完成拆迁205.47万平方米，超额完成全年任务，5个片区中有4个片区超额完成全年征收任务。

【“两违”整治】 2019年，金山街道增强查处违法建设执行力、影响力、威慑力、知晓力，全年累计摸底“两违”164宗，拆除164宗23.97万平方米，完成年度工作任务的184%。

【城区管理】 2019年，金山街道构建“示范点+示范路线+示范小区+示范社区”垃圾分类工作模式“门前三包”实现工作日、夜间和节假日全覆盖，洁净家园有关活动深入开展，年内整治市容违规问题2.3万个。

【平安金山建设】 2019年，金山街道辖区刑事类发案率比上年下降约17.8%，受理各类信访事项1215件，信访办结率100%。推动雪亮社区建设，完成新建高清探头729个，人像卡口监控64个，车辆微卡口13个，根治万达商圈治安乱点，解决存留治安顽疾，实现该片纠纷类警情由原来月均20起下降至1—2起，同步完成辖区36所幼儿园、小学“护校安园平安眼”一体化智能人员防控体系建设。后坑后社小组调委会试点建设经验作为湖里区“枫桥经验”之一被总结推广，福建省司法厅《简报》登载。

【劳动保障】 2019年，金山街道财政支出365.4万元，用于购买15个社工服务项目。组织2场企业用工专场招聘会和7场各社区组织的企业现场招聘会，提供3406个岗位，现场应聘者2792人，达成就业意向419人。组织164名本地失业人员和104名外来农村务工人员参加烘焙师、电子商务、调酒师、育婴师和化妆师等培训，走访辖区失业未就业人员3836人次。受理132起案件，涉及农民工421人1088万元，其中，调解成功123起，涉及农民工401人893万元。调解辖区内发生突发性群体案件5起，走访辖区企业900家，排查存在隐患的企业50家，对辖区内所有在建工地摸底式排查，建立无欠薪工地项目部8个。

【助老服务】 2019年，金山街道

做好退管老人大病（住院）探望服务、困难补助、丧葬服务，丰富退管老人生活。全年慰问795人，其中，住院慰问713人，死亡慰问82人，送出慰问金18.36万元。

【幼儿园管理】 2019年，金山街道关停20家不符合办园标准的无证幼儿园，完成9家整改提升园所的审批工作，拨付集体幼儿园财政专项补助经费约251.82万元、无证幼儿园督导劳务费4.05万元、未批办幼儿园管理人员心理健康培养工程尾款6.93万元、终身教育工作经费约19.11万元。9月，金林湾安置房配套幼儿园招生。

【社会保障及救助】 2019年，金山街道办理全民医保新增参保1659人，办理城乡医疗新增参保2466人，办理被征地人员养老保险新增参保670人，城乡养老保险到龄享受待遇1050人，城乡养老保险46—59周岁参保690人，参保率100%。累计实现救助低保对象2138户3346人次，发放低保金221.22万元。发放5人次孤儿生活补贴9600元。救助特困对象353户353人次，发放特困生活补助和特困生活护理费55.59万元。审核救助低收入家庭501户1195人次。给辖区内低保、特困、低收入家庭发放元旦、春节、中秋、国庆节慰问金50.96万元。为因突发情况导致家庭生活出现严重困难的家庭发放临时救助13户22人次，发放临时救助金13.87万元。

【宣传及思想建设】 2019年，金山街道在人民网、中国文明网及《厦门日报》《海西晨报》《海峡导报》等市级以上媒体刊登新闻129篇，其中，“金安社区探索社区书院建设新标准，形成‘金安范本’的先进机制”被中国文明网报道。微信公众号“湖里金山”微信平台发布信息143期304条，3000余人关注，浏览阅读量89440人次。开展各类理论宣讲121次，组织干部职工能力培训18场。组织“闽南区域说唱新思想斗阵行”活动，走进5个旧村整村改造指挥部。利用海堤纪念馆爱国主义教育基地，组织干部、群众开展红色文化巡礼活动，开展红色教育。

【精神文明建设】 2019年，金山街道打造金海社区市级社会主义核心价值观文明园二期工程，接待参观30场365人次。6月上旬，在金安社区召开湖里区社区书院与新时代文明实践中心相融合现场推进会。

【“晒项目比进度”现场检查】 2019年2月，中共湖里区委、湖里区政府、区人大常委会、区政协领导以及区发改局、各街道主要领导到金山街道，开展“晒项目比进度”现场检查。实地检查厦门国贸中心商业综合体、华夏医疗园、厦门英蓝国际金融中心项目、轨道交通2号线高林站停车场上盖项目、海峡旅游服务中心、金林湾花园A区安置房返迁项目、厦门弘爱医院、弘爱妇产医院、厦门大学附属心血管病医院等7个项目。

【洁净家园活动】 2019年3月23日，金山街道协调各社区、建发城建，执法中队参加“一步一文明，洁岛我先行”洁净家园整治活动。集中整治辖区背街小巷，老旧小区及道路两侧脏乱差区域，出动1000多人次，转运大件、土头垃圾18车，清理卫生死角186处，清理牛皮癣800多处，劝导物品乱摆放、占道经营430多起。

【特区版“枫桥经验”】 2019年，金山街道率先全省探索“一中心两所”的多元纠纷化解机制，整合市法律援助中心、金山司法所和金山派出所3家资源，通过搭建共建服务窗口、建立共建制度、履行共建职责，联合打造“升级版”警民联调中心，共同向群众提供专业调解服务。金山街道警民联调中心全年调处纠纷案件300余件，调解成功率近100%。实现矛盾纠纷重复报警，民转刑案件，基层民警调解工作量3个下降。

【王爱文调研金安社区社区治理工作】 2019年6月15日，民政部副部长王爱文一行，到金安社区调研社区治理工作。调研组一行听取金安社区“关于社区治理工作落实情况和党建工作等特色做法”的汇报，并实地考察社区活动阵地。

【“七一”百人快闪】 2019年6月18日，金山街道在五通灯塔公园开展“我心向党　建功新时代”快闪活动暨“迎七一”主题党日活动。以歌舞形式演绎《我们都是追梦人》和《我和我的祖国》2首歌曲，对党深情告白。此次快闪由金山街道党工委主办，五通社区党委、金海社区党委、金安社区党委、厦门市音乐学校、五通金融商务区片区旧村改造指挥部临时党支部、恒安国际中心联合党委、万科云玺楼宇联合党委、湖里国投集团党总支、路桥游艇旅游集团党支部等多个单位协办，280余人参加此活动。

【湖里体育公园片区旧村整村改造项目商谈流水号抽取】 2019年10月29日，湖里体育公园片区旧村整村改造项目（西潘社）商谈流水号抽取活动在西潘社福元宫完成。截至当日18:00，有244户居民抽取商谈流水号，西潘社再启湖里东部旧村改造新篇章。

2019年10月25日，金山街道为环卫工人举行趣味运动会　（金山街道　供图）

【内蒙古考察团赴金安社区调研】 2019年12月12日下午，内蒙古自治区人大常委会一行到金安社区调研。考察团实地参观社区活动阵地，听取金安社区关于社区打造“五治”（政治、自治、法治、德治、智治）社区治理等特色做法的介绍。

【“环卫工人节”趣味运动会】 2019年10月25日，为庆祝厦门市第28个环卫工人节，金山街道为环卫工作者筹备趣味运动会，向城市美容师致敬。来自金山街道环卫所、执法中队、建发城建、金林社区、五通社区等12支环卫工作者代表队，近200人参加此次运动会。

【社区微型消防站比武竞赛获多个奖项】 2019年8月30日，湖里区在厦门信息学校举办社区微型消防站比武竞赛活动，全区5个街道55支社区微型消防站代表队参赛。金山街道派出9支代表队、54名队员参赛。通过激烈角逐，街道社区微型消防站获得22项奖项。金湖、后坑社区分别获团体总分全区第二、第三名。金湖社区获射水打靶全区第一名。金林社区1人获单兵综合操全区第二名。金湖社区获着装答题全区第三名。五通社区获消防接力赛全区第四名。

【哈萨克斯坦考察团到金山社区考察】 2019年9月10日，哈萨克斯坦“祖国之光”党青年组织“青年祖国”执行书记丘克耶夫率领的青年干部考察团一行参观金山社区达嘉馨园小区，调研社区党建及小区治理工作。考察团一行听取小区党支部基本情况介绍，参观社区活动阵地，欣赏小区志愿者表演。

（纪长川）

人物与荣誉

组织机构及其领导人

中共湖里区委员会

书　记：林　建
副书记：林重阳
　　　　卢秀萍（至3月）
　　　　钟伟东（3月任）
常　委：林充贺（至12月）
　　　　胡鹏程　吴旗荣（12月任）
　　　　刘仁宇　丁红斌
　　　　黄绿青　林天德（8月任）
　　　　陈晓东（8月任）
　　　　陈　岚（至8月）
　　　　张家伟（至12月）

区委办公室
主　任：张家伟（至12月）
副主任：曾军勇（至4月）
　　　　吴丽英（兼任至1月）
　　　　杨　晖（至5月）
　　　　林剑锋　卢景锋（4月任）

区委组织部
部　长：胡鹏程
副部长：彭芳兰　曹荣宝
　　　　林秀瑜（5月任）

区委宣传部
部　长：丁红斌
副部长：文国清（至4月）
　　　　周福民（4月任）

区委统战部
部　长：陈　岚（至8月）
　　　　陈晓东（10月任）
副部长：王华安（至5月）
　　　　蔡碧月（至5月）
　　　　吴丽英（4月任）
　　　　叶毓青（1月任）

区委政法委
书　记：钟伟东（至10月）
　　　　林天德（10月任）
副书记：肖德良　陈健成

区委机构编制委员会办公室
主　任：许艺艺（至5月）
　　　　陈志勇（5月任）

区委区直机关工作委员会
书　记：张家伟（至12月）
副书记：雷爱和

区委精神文明建设办公室
主　任：傅芳槐（1月任）
副主任：刘梓良（主持工作至1月）

区委老干局
局　长：林秀瑜（1月任）

区委党校
校　长：胡鹏程
副校长：曹荣宝（至11月）
　　　　谢笑英（11月任）

湖里区人民代表大会

主　任：黄　炜
副主任：林充贺（12月任）
　　　　戴宗垒　曾国建
　　　　梁国富　吴进华（至3月）
　　　　曾文生

办公室
主　任：向延琼（至12月）
　　　　唐　娟（12月任）

法制内司工作委员会
主　任：林　颖

财经工作委员会
主　任：吴智明

城建环资工作委员会
主　任：曾秋皓（至8月）
　　　　林志荣（9月任）

科教文卫侨工作委员会
主　任：李　东

建设委员会
主　任：林志荣（4月任，至9月）

向延琼（12月任）

湖里区人民政府

区　长：林重阳
副区长：林充贺（至12月）
　　　　吴旗荣（12月任）
　　　　刘云标
　　　　黄平南（至8月）　洪耀同
　　　　陈颢颖　黄锦城（至5月）
　　　　陈仲谋　戚乐健（9月任）
　　　　陈　滨（9月任）

区人民政府办公室

主　任：洪志伟
副主任：洪奕文　左勇涛（至4月）
　　　　章兆民（至4月）
　　　　魏　炜（至5月）
　　　　张慧勤（至1月）
　　　　胡振强（4月任）

区发展和改革局

局　长：黄　涛
副局长：许铭松　高　翔（4月任）
　　　　曾以勤（至4月）

区教育局

局　长：吴雪慧
副局长：李可可　王　玮（5月任）
　　　　贾新辉（至4月）

区工业和信息化局

局　长：林筱丽
副局长：马竞生（1月任）
　　　　蔡卫国（至10月）

区民政局

局　长：章再耕
副局长：林德才

区司法局

局　长：郑高良（1月任）
　　　　傅芳槐（至1月）
副局长：郑高良（至1月）　余孙升
　　　　林俊芳（4月任）

区财政局

局　长：张金坪
副局长：陈永定（至4月）
　　　　林　进（5月任）
　　　　曾晓雯（4月任）

区人力资源和社会保障局

局　长：李建军（3月任）
副局长：蔡筱双（至4月）
　　　　翁国华（4月任）

区建设局

局　长：郭晓平
副局长：姜海军　孙　琦（4月任）

区商务局

局　长：林　文
副局长：陈开发

区文化和出版旅游局

局　长：林秀瑜（至1月）
　　　　朱　觉（1月任）
副局长：陈志勇（至5月）
　　　　赵　斌（9月任）

区卫生健康局

局　长：王　萍
副局长：向常海　王建平（4月任）
　　　　邱舒艺（至4月）

区退役军人事务局

局　长：郑朝东（2月任）

区应急管理局

局　长：黄木清（1月任）
副局长：许剑南（4月任）
　　　　张志远（4月任）

区审计局

局　长：辜琦皇
副局长：陈正清

区统计局

局　长：柯友升

区市政园林局

副局长：刘新生（主持工作4月任）
　　　　孙　琦（主持工作至4月）
　　　　王军情　邱凌蓝（9月任）

区城市管理局

局　长：周泽勇
副局长：陈玉艺　商建坤（4月任）

区行政审批管理局

局　长：张慧勤（1月任）

区信访局

局　长：刘梓良（1月任）

政协湖里区委员会

主　席：林　凡
副主席：黄向阳　林世裕
　　　　陈雄辉　谢国勇
　　　　张金坪（12月任）
秘书长：阙占彪

办公室

主　任：阙占彪（4月任）
　　　　黄伟清（至4月）

提案委员会办公室

主　任：吴周新

专门委员会办公室

主　任：王萍萍

研究室

主任：阙占彪（至4月）
　　　魏　炜（4月任）

法检机关

区人民法院

院长、党组书记：高碧青
副院长：蔡守业
　　　　郑金雄（至9月）
　　　　陈朝阳（12月任）
纪检组组长：蔡志红

政治部主任：刘凯娟
执行局局长：宋晋勇

区人民检察院
检察长、党组书记：吴华峰
副检察长：侯春盛　叶　斌
　　　　　林雪峰
纪检组组长：郑　沁
政治部主任：苏水明

人民团体

总工会
主　席：卢秀萍（至3月）
　　　　钟伟东（3月任）
常务副主席：黄双凤

团区委
书　记：林　佳（1月任）
副书记：林　佳（至1月）

妇女联合会
主　席：洪珠琴

归国华侨联合会
主　席：严志和

工商联（商会）
常务副会长：王华安（至5月）
　　　　　　胡金藤（5月任）

海外联谊会
荣誉会长：卢秀萍（至3月）
　　　　　钟伟东（3月任）
会　长：陈　岚（至8月）
　　　　陈晓东（8月任）

科学技术协会
主　席：吴淑真

残疾人联合会
理事长：陈文其

计划生育协会
会　长：卢秀萍（至3月）
　　　　钟伟东（3月任）
常务副会长：王　斌（至5月）
　　　　　　陈春吉（5月任）

红十字会
会　长：丁红斌
常务副会长：傅伯伟

文学艺术界联合会
主　席：郭漳楚

社会科学界联合会
主　席：周福民（至4月）
　　　　文国清（4月任）

街　道

湖里街道
党工委书记：陈　枫
党工委副书记：朱碧蓉
　　　　　　　曾朝军（至4月）
　　　　　　　林　虹（4月任）
党工委委员：黄年生
　　　　　　王小帅（4月任）
　　　　　　邓美雄（4月任）
　　　　　　宋　伟（4月任）
　　　　　　陈永东
人大工委主任：黄年生
办事处主任：朱碧蓉
办事处副主任：王小帅（至4月）
　　　　　　　高　翔（至4月）
　　　　　　　邓美雄（4月任）
　　　　　　　宋　伟（4月任）

殿前街道
党工委书记：颜莉莉
党工委副书记：洪志彬
　　　　　　　徐山泉（至4月）
　　　　　　　方均纪（2月任）
　　　　　　　秦　璐（7月任）
党工委委员：苏春生
　　　　　　胡建荣（至2月）
　　　　　　商建坤（至4月）
　　　　　　欧阳平（4月任）
　　　　　　刘　兆（4月任）
　　　　　　施芗萍（4月任）
　　　　　　张　易　陈仁忠
　　　　　　陈则勇（至8月）
　　　　　　黄保洲（8月任）
人大工委主任：苏春生
办事处主任：洪志彬
办事处副主任：商建坤（至4月）
　　　　　　　施芗萍（至9月）
　　　　　　　刘　兆（至4月）

江头街道
党工委书记：蒋晓民
党工委副书记：郑朝东（至2月）
　　　　　　　杨　盛（至4月）
　　　　　　　曾以勤（4月任）
　　　　　　　周天明（4月任）
党工委委员：陈天友
　　　　　　杨　盛（4月任）
　　　　　　蔡文龙（5月任）
　　　　　　徐保之（5月任）
　　　　　　辛向东（4月任）
　　　　　　桂德智（4月任）
　　　　　　汪益华　蔡继东
人大工委主任：陈天友
办事处主任：郑朝东（至2月）
　　　　　　曾以勤（4月任）
办事处副主任：周天明（至4月）
　　　　　　　辛向东（4月任）
　　　　　　　汪益华

禾山街道
党工委书记：朱绍峰
党工委副书记：魏　峰
　　　　　　　邱舒艺（4月任）
党工委委员：张国平（5月任）
　　　　　　吴志杰（5月任）
　　　　　　涂进杉
　　　　　　文晓鸣（10月任）
　　　　　　吴首钢（4月任）
　　　　　　王　瑛（4月任）
　　　　　　刘毅鹏（4月任）
　　　　　　陈梅兰（4月任）
　　　　　　陈慈明（至10月）
　　　　　　林志荣（至4月）
　　　　　　纪燕华（至8月）

陈则勇（8 月任）
人大工委主任：林志荣（至 4 月）
张国平（9 月任）
办事处主任：魏　峰
办事处副主任：吴首钢（至 4 月）
刘毅鹏
陈梅兰（4 月任）

金山街道

党工委书记：陈　滨
党工委副书记：林长发
庄　伟（至 4 月）
李　斌（4 月任）
党工委委员：聂保太　张聪敏
周富强（4 月任）
顾关贤（5 月任）
施育德（4 月任）
庄　伟
吴圣彬（4 月任）
陈秀忠（4 月任）
林　军（5月任至9月）
梁秀芳
人大工委主任：聂保太
办事处主任：林长发
办事处副主任：蔡耀明　吴圣彬
陈秀忠（4 月任）

工业园区管委会

主　任：黄　伟
副主任：杨东捷　辛向东（至 4 月）

区属国有企业

厦门天地开发建设有限公司

董事长：蔡寿飞
副董事长：陈佳庆（3 月任）
杨队赴
监事会主席：陈新生
总经理：陈佳庆（3 月任）
副总经理：高水明（至 10 月）
王占忠（3 月任）
陈安冬
林智鹍（11 月任）
工会主席：叶根德

湖里区国有资产投资集团有限公司

董事长：张卫兵
监事会主席：封光裕
监事会副主席：张福全（至 12 月）
总经理：王韶锋
副总经理：许毅军　廖德康
李淑敏（11 月任）

荣　誉

【概况】 2019 年，湖里区获市级以上表彰的先进个人有 151 人，其中，获国家级表彰 1 人，省级表彰 19 人。受到市级以上表彰的先进单位有 71 个，其中，受到国家表彰 7 个单位，省级表彰 27 个单位。

2019 年湖里区先进人物一览表

姓名	荣誉称号	工作单位	表彰单位	表彰时间
张光旭	厦门市优秀共青团员	湖里区人民检察院	共青团厦门市委员会	2019.5.4
颜　晨	厦门市检察机关宣传能手	湖里区人民检察院	厦门市人民检察院	2019.8.13
陈明明	关于在厦门台胞台企权益保护法治宣传基地建设工作积极作为	湖里区人民检察院	厦门市人民检察院	2019.8.30
沈文俐	第十届求实杯党建和思政工作理论调研活动优秀奖	湖里区人民检察院	厦门市人民检察院	2019.9.18
周运才	福建省机关事务管理系统宣传信息工作先进个人	湖里区机关事务管理局	福建省机关事务管理局、福建省机关事务工作协会	2019.5.27
杨茂林	厦门市科技经济卫生工作先进个人	湖里区工业和信息化局	中共厦门市委、厦门市人民政府	2019.12.30
陈惠旋	厦门市科技经济卫生工作先进个人	湖里区工业和信息化局	中共厦门市委、厦门市人民政府	2019.12.30
苏辉明	优秀共产党员	禾山街道枋湖社区居委会	厦门市委组织部	2019.7.1
林军链	优秀党务工作者	禾山街道禾盛社区居委会	厦门市委组织部	2019.7.1
孙　锦	优秀党务工作者	禾山街道五缘湾北社区居委会	厦门市委组织部	2019.7.1
庄楚剑	环卫管理先进工作者	湖里区环境卫生中心	厦门市市政园林局	2019.10
刘琼玲	环卫管理先进工作者	湖里区环境卫生中心	厦门市市政园林局	2019.10

续表

姓名	荣誉称号	工作单位	表彰单位	表彰时间
纪珂珂	优秀环卫职工	湖里区环境卫生中心	厦门市市政园林局	2019.10
张卫冬	优秀环卫职工	湖里区环境卫生中心	厦门市市政园林局	2019.10
林　姗	电子相册作品获得全省法院“司法人的温情力量”制作技能展示活动一等奖、最佳创意奖	湖里法院政治处	福建省高级人民法院	2019.1
胡晓华	厦门市法院优秀法官	湖里法院民一庭	厦门市中级人民法院	2019.2
刘惠斌	厦门市法院优秀法官	湖里法院民二庭	厦门市中级人民法院	2019.2
张占甫	厦门市法院优秀法官	湖里法院自贸庭	厦门市中级人民法院	2019.2
肖安定	厦门市法院优秀干警	湖里法院殿前法庭	厦门市中级人民法院	2019.2
庄剑斌	厦门市法院优秀干警	湖里法院刑庭	厦门市中级人民法院	2019.2
陈盛鑫	厦门市法院优秀干警	湖里法院民二庭	厦门市中级人民法院	2019.2
许扬洋	厦门市法院优秀干警	湖里法院禾山法庭	厦门市中级人民法院	2019.2
徐兴东	厦门市法院优秀干警	湖里法院法警大队	厦门市中级人民法院	2019.2
陈万颖	厦门市法院优秀干警	湖里法院政治处	厦门市中级人民法院	2019.2
林　翔	厦门市法院优秀干警	湖里法院办公室	厦门市中级人民法院	2019.2
郭祉希	厦门市法院优秀辅助人员	湖里法院立案庭	厦门市中级人民法院	2019.2
陈毓霖	厦门市法院优秀辅助人员	湖里法院刑庭	厦门市中级人民法院	2019.2
马承威	厦门市法院优秀辅助人员	湖里法院民一庭	厦门市中级人民法院	2019.2
郑　杰	厦门市法院优秀辅助人员	湖里法院立案庭	厦门市中级人民法院	2019.2
王厦龙	厦门市法院优秀辅助人员	湖里法院法警大队	厦门市中级人民法院	2019.2
郭雪芳	厦门市法院优秀辅助人员	湖里法院政治处	厦门市中级人民法院	2019.2
周建豹	厦门市法院优秀辅助人员	湖里法院办公室	厦门市中级人民法院	2019.2
王迎春	福建省“三八”红旗手	湖里法院禾山法庭	福建省妇女联合会	2019.3
龚晓星	福建省优秀共青团干部	湖里法院执行局	共青团福建省委	2019.5.4
刘建强	全国“两会”期间驻京接访工作表现突出通报表扬	湖里法院立案庭	福建省高级人民法院	2019.6
高碧青	全省法院系统第三十一届学术讨论会二等奖	湖里法院	福建省高级人民法院	2019.10
郭顺强	全省法院系统第三十一届学术讨论会二等奖	湖里法院	福建省高级人民法院	2019.10
肖安定	全省法院系统第三十一届学术讨论会三等奖	湖里法院简案庭	福建省高级人民法院	2019.10
王迎春	新中国成立 70 周年厦门 70 位优秀女性	湖里法院禾山法庭	厦门市妇女联合会、厦门日报社	2019.11
黄　瑛	新中国成立 70 周年庆祝活动全省法院涉诉信访安保维稳工作成绩突出个人	湖里法院立案庭	福建省人民高级法院	2019.12
曾清华	曾清华劳模工作室——福建省（示范性）劳模工作室	康乐社区	福建省总工会	2019.12.10

续表

姓名	荣誉称号	工作单位	表彰单位	表彰时间
陈怡谋	全省计生协会系统“最美协会人”	湖里街道计生协会	福建省计划生育协会	2019.12
陈水德	厦门市十佳城市美容师	湖里街道城管办	厦门市市政园林局	2019.10.26
郑九林	2018 年度全市征兵工作先进个人	湖里街道党政办	厦门市人民政府征兵办公室	2019.7
黄宪章	从事关工委工作十年以上工作者	湖里街道南山社区	厦门市关心下一代工作委员会	2019.3
黄宪章	全市优秀共产党员	湖里街道南山社区	中共厦门市委员会	2019.7.1
陈桂兰	全市优秀党务工作者	塘边社区	中共厦门市委员会	2019.7.1
邵火营	福建省人民调解先进个人	殿前街道司法所	福建省司法厅	2019.6
张丽华	全国巾帼建功标兵	兴隆社区	中华全国妇女联合会	2019.3
庄丽梅	厦门市优秀党务工作者	嘉福社区	中共厦门市委	2019.7.1
曾宝珠	福建省关心下一代工作先进工作者	殿前街道	福建省关工委	2019.1
洪　松	厦门市关心下一代工作先进工作者	殿前街道	厦门市关工委	2019.3
张俊强	2019 年度厦门市岗位学雷锋标兵	高殿社区	中共厦门市委宣传部	2019.3
张俊强	第七届厦门市助人为乐道德模范	高殿社区	厦门市精神文明建设指导委员会	2019.1
张俊强	2019 年厦门市“最美安全生产代言人”	高殿社区	厦门市人民政府安全生产委员会办公室	2019.6
谢剑灵	厦门市直机关优秀党务工作者	厦门市中医院	中共厦门市委市直机关工作委员会	2019.7.1
陈锦红	2018 年度厦门市科技经济卫生工作先进个人	厦门市中医院	中共厦门市委、厦门市人民政府	2019.12.30
吴毓彬	2018 年度“福建省优秀共青团员”	厦门市中医院	共青团福建省委	2019.5.4
李焕章	2018 年度“厦门市优秀共青团员”	厦门市中医院	共青团厦门市委员会	2019.5.4
陈　智	2019 年百万职工“五小”创新大赛优秀成果三等奖	厦门市中医院	福建省总工会	2019.7
李剑军	福建省机要系统先进工作者	中共湖里区委办（机要保密局）	福建省人社厅、福建省委机要局	2019.1
阙全安	厦门市第十批拔尖人才	湖里区文化馆	中共厦门市委、厦门市人民政府	2019.10
林满治	2018 年度科技经济卫生先进个人	湖里区疾控中心	中共厦门市委、厦门市人民政府	2019.12.30
张卓平	2018 年度厦门市区肿瘤随访登记工作先进个人	湖里区疾控中心	厦门市疾控中心	2019.1
刘开松	2016—2019 年度厦门市优秀教师	厦门市第三中学	厦门市教育局	2019.9.10
郑秀蓉	2016—2019 年度厦门市优秀教师	厦门市第三中学	厦门市教育局	2019.9.10
谢伟艺	2016—2019 年度厦门市优秀教师	厦门市禾山中学	厦门市教育局	2019.9.10
施科桦	2016—2019 年度厦门市优秀教师	厦门市禾山中学	厦门市教育局	2019.9.10
方毅芬	2016—2019 年度厦门市优秀教师	厦门市禾山中学	厦门市教育局	2019.9.10
张也好	2016—2019 年度厦门市优秀教师	厦门市湖里实验中学	厦门市教育局	2019.9.10

续表

姓名	荣誉称号	工作单位	表彰单位	表彰时间
吴　书	2016—2019 年度厦门市优秀教师	厦门外国语学校湖里分校	厦门市教育局	2019.9.10
廖丽青	2016—2019 年度厦门市优秀教师	厦门市湖里中学	厦门市教育局	2019.9.10
章书琴	2016—2019 年度厦门市优秀教师	厦门市金尚中学	厦门市教育局	2019.9.10
姚秋芳	2016—2019 年度厦门市优秀教师	厦门市蔡塘学校	厦门市教育局	2019.9.10
陈雅妍	2016—2019 年度厦门市优秀教师	厦门市蔡塘学校	厦门市教育局	2019.9.10
林荣芊	2016—2019 年度厦门市优秀教师	厦门市康乐第二小学	厦门市教育局	2019.9.10
吴明玲	2016—2019 年度厦门市优秀教师	厦门市康乐小学	厦门市教育局	2019.9.10
原　诗	2016—2019 年度厦门市优秀教师	厦门市华昌小学	厦门市教育局	2019.9.10
毛雪鹏	2016—2019 年度厦门市优秀教师	厦门市东渡第二小学	厦门市教育局	2019.9.10
赵莉丹	2016—2019 年度厦门市优秀教师	厦门市东渡小学	厦门市教育局	2019.9.10
柯晓珊	2016—2019 年度厦门市优秀教师	厦门市天安小学	厦门市教育局	2019.9.10
陈小阳	2016—2019 年度厦门市优秀教师	厦门市翔鹭小学	厦门市教育局	2019.9.10
梁丹萍	2016—2019 年度厦门市优秀教师	湖里育青学校	厦门市教育局	2019.9.10
谢文跃	2016—2019 年度厦门市优秀教师	厦门市寨上小学	厦门市教育局	2019.9.10
黄艳艳	2016—2019 年度厦门市优秀教师	厦门市乌石浦小学	厦门市教育局	2019.9.10
何桂鸿	2016—2019 年度厦门市优秀教师	厦门市江头第三小学	厦门市教育局	2019.9.10
王晓娟	2016—2019 年度厦门市优秀教师	厦门市江头中心小学	厦门市教育局	2019.9.10
苏　茜	2016—2019 年度厦门市优秀教师	厦门市安兜小学	厦门市教育局	2019.9.10
杨钟志	2016—2019 年度厦门市优秀教师	厦门市湖里二实小	厦门市教育局	2019.9.10
汤凌玲	2016—2019 年度厦门市优秀教师	厦门市湖里实验小学	厦门市教育局	2019.9.10
陈禹旭	2016—2019 年度厦门市优秀教师	厦门市金山小学	厦门市教育局	2019.9.10
陈冰萍	2016—2019 年度厦门市优秀教师	厦门市金尚小学	厦门市教育局	2019.9.10
汤美霞	2016—2019 年度厦门市优秀教师	厦门市金安小学	厦门市教育局	2019.9.10
孙跃银	2016—2019 年度厦门市优秀教师	厦门市乐安小学	厦门市教育局	2019.9.10
陈莲英	2016—2019 年度厦门市优秀教师	厦门市高林中心小学	厦门市教育局	2019.9.10
林　萍	2016—2019 年度厦门市优秀教师	湖里区教师进修学校附属小学	厦门市教育局	2019.9.10
黄丽莎	2016—2019 年度厦门市优秀教师	厦门市高林南区幼儿园	厦门市教育局	2019.9.10
章小华	2016—2019 年度厦门市优秀教师	厦门市湖里实验幼儿园	厦门市教育局	2019.9.10
张小恋	2016—2019 年度厦门市优秀教师	厦门康乐新村幼儿园	厦门市教育局	2019.9.10

续表

姓名	荣誉称号	工作单位	表彰单位	表彰时间
彭颖琳	2016—2019年度厦门市优秀教师	厦门市湖里幼儿园	厦门市教育局	2019.9.10
谢艳艳	2016—2019年度厦门市优秀教师	厦门市五缘实验幼儿园	厦门市教育局	2019.9.10
熊静雯	2016—2019年度厦门市优秀教师	厦门市江浦南里幼儿园	厦门市教育局	2019.9.10
谢秀珠	2016—2019年度厦门市优秀教育工作者	湖里实验中学	厦门市教育局	2019.9.10
许昱钒	2016—2019年度厦门市优秀教育工作者	厦门市天安小学	厦门市教育局	2019.9.10
叶海云	2016—2019年度厦门市优秀教育工作者	厦门市金尚小学	厦门市教育局	2019.9.10
陈鸿芬	2016—2019年度厦门市优秀教育工作者	厦门市江头中心小学	厦门市教育局	2019.9.10
郑碧莲	2016—2019年度厦门市优秀教育工作者	厦门市高林中心小学	厦门市教育局	2019.9.10
陈冉冉	2016—2019年度厦门市优秀教育工作者	厦门市五缘第二实验幼儿园	厦门市教育局	2019.9.10
周安源	2016—2019年度厦门市优秀教育工作者	厦门市湖里区教育评估研究中心	厦门市教育局	2019.9.10
陈美璎	2016—2019年度厦门市优秀教育工作者	厦门市湖里区教师进修学校	厦门市教育局	2019.9.10
林振其	2016—2019年度厦门市优秀教育工作者	厦门市湖里区退（离）休教育工作者协会	厦门市教育局	2019.9.10
胡剑豪	2016—2019年度厦门市优秀教育工作者	厦门市外国语分校	厦门市教育局	2019.9.10
张朝麟	厦门市优秀共产党员	金山社区	中共厦门市委员会	2019.7.1
杨坤扬	厦门市优秀共产党员	湖边社区	中共厦门市委员会	2019.7.1
李榕梅	厦门市优秀党务工作者	金山街道党政办	中共厦门市委员会	2019.7.1
沈志刚	福建省五一劳动奖章	五通社区	福建省总工会	2019.4
林艳雯	厦门青年五四奖章个人	高林社区	共青团厦门市委员会	2019.5.4
龙　吟	厦门市级优秀共青团干	金山街道党政办	共青团厦门市委员会	2019.5.4
潘　舒	2018年学校综治安全目标管理先进个人	湖里区教育事务受理中心	厦门市教育局	2019.3.21
郝延峰	2018年学校综治安全目标管理先进个人	湖里区教育事务受理中心	厦门市教育局	2019.3.21
胡慧玲	2018年学校综治安全目标管理先进个人	厦门市康乐小学	厦门市教育局	2019.3.21
胡剑豪	2018年学校综治安全目标管理先进个人	厦门外国语学校湖里分校	厦门市教育局	2019.3.21
颜华娜	2018年学校综治安全目标管理先进个人	厦门市吕岭小学	厦门市教育局	2019.3.21
庄晓莉	2018年学校综治安全目标管理先进个人	厦门市湖里区天地学校	厦门市教育局	2019.3.21
唐建生	2018年学校综治安全目标管理先进个人	厦门市金尚中学	厦门市教育局	2019.3.21
沈　玲	2018年学校综治安全目标管理先进个人	厦门市康乐新村幼儿园	厦门市教育局	2019.3.21
汪怡红	2018年学校综治安全目标管理先进个人	厦门市湖里区蔡塘幼儿园	厦门市教育局	2019.3.21
李　刚	2018年学校综治安全目标管理先进个人	厦门市高殿中心小学	厦门市教育局	2019.3.21

续表

姓名	荣誉称号	工作单位	表彰单位	表彰时间
柯曦萍	2018 年学校综治安全目标管理先进个人	厦门市火炬幼儿园	厦门市教育局	2019.3.21
吴丽凤	2018 年学校综治安全目标管理先进个人	厦门市湖里第二实验小学	厦门市教育局	2019.3.21
刘敏玲	福建省十大法治人物	湖里公安分局法制队	福建省委宣传部、政法委，福建省司法厅等	2019.12.3
刘敏玲	二等功	湖里公安分局法制队	福建省公安厅	2019.5.13
辜密翔	二等功	金山派出所	福建省公安厅	2019.8.16
连卫平	公务员序列个人三等功	江头派出所	厦门市委组织部	2019.5.20
邓天林	公务员序列个人三等功	湖里公安分局刑侦大队	厦门市委组织部	2019.5.20
陈亚根	公务员序列个人三等功	湖里公安分局国保大队	厦门市委组织部	2019.5.20
陈亚根	个人三等功	湖里公安分局国保大队	厦门市公安局	2019.4.15
林恒伟	厦门市“我最喜爱的人民警察”	江头派出所	厦门市公安局	2019.4.15
林恒伟	个人三等功	江头派出所	厦门市公安局	2019.4.15
章启明	个人三等功	湖里公安分局政治处	厦门市公安局	2019.4.15
任柏源	个人三等功	湖里公安分局刑侦大队	厦门市公安局	2019.4.15
林小娜	个人三等功	金山派出所	厦门市公安局	2019.4.15
吴　靖	个人三等功	禾山派出所	厦门市公安局	2019.4.15
陈超瑜	个人三等功	湖里派出所	厦门市公安局	2019.4.15
周少雄	个人三等功	殿前派出所	厦门市公安局	2019.4.15
王高雄	个人三等功	江头派出所	厦门市公安局	2019.4.15
陈　斌	个人三等功	湖里公安分局法制队	厦门市公安局	2019.4.15
蒋国庆	个人三等功	湖里公安分局办公室	厦门市公安局	2019.4.15
赵庆波	个人三等功	湖里公安分局刑侦大队	厦门市公安局	2019.4.15
章　韬	个人三等功	禾山派出所	厦门市公安局	2019.4.15
刘　川	个人三等功	湖里公安分局刑侦大队	厦门市公安局	2019.4.15
杨　光	个人三等功	湖里公安分局刑侦大队	厦门市公安局	2019.4.15
黄作新	个人三等功	湖里公安分局刑侦大队	厦门市公安局	2019.4.15
林章平	个人三等功	湖里公安分局巡特警反恐大队	厦门市公安局	2019.4.15
邹　超	个人三等功	禾山派出所	厦门市公安局	2019.4.15
黄世诚	个人三等功	湖里派出所	厦门市公安局	2019.4.15
甘江龙	个人三等功	殿前派出所	厦门市公安局	2019.4.15

2019年湖里区先进集体一览表

单位名称	荣誉称号	授予单位	授予时间
湖里区人民检察院	全国“青少年维权岗”	全国创建“青少年维权岗”活动领导小组办公室	2019.3.26
湖里区人民检察院政治处	厦门市级“工人先锋号”	厦门市总工会	2019.10.12
湖里区人民检察院	2019年厦门市食品安全社会共治优秀案例	厦门市食品安全管理委员会办公室	2019.6
湖里区机关事务管理局	福建省机关事务管理系统宣传工作先进单位	福建省机关事务管理局、福建省机关事务工作协会	2019.5.27
林菁、曾鑫家庭	2019年度厦门市“最美家庭”	厦门市妇女联合会、中共厦门市委文明办	2019.9
湖里法院执行局	厦门市法院系统2017—2018年度先进集体	厦门市中级人民法院	2019.2
湖里法院自贸区法庭	福建省法院先进集体、集体二等功	福建省高级人民法院	2019.2
邓剑斌、林姗家庭	2019年度厦门市“最美家庭”	厦门市妇女联合会、中共厦门市委文明办	2019.9
湖里区工业和信息化局（湖里区科技局）	2018年度厦门市科技经济卫生工作先进集体	中共厦门市委员会、厦门市人民政府	2019.12.30
禾山街道机关总支部	先进党组织	中共厦门市委员会	2019.7.1
湖里区垃圾分类管理中心	2019年“厦门青年五四奖章”集体	共青团厦门市委员会、厦门市青年联合会	2019.5.4
湖里区市政园林中心	厦门市“工人先锋号”	厦门市总工会	2019.10.12
厦门市湖里区工商业联合会	2018—2019年度全国“五好”县级工商联	中华全国工商业联合会办公厅	2019.12.18
厦门市湖里区工商业联合会	2019年民营调查点工作示范单位	中华全国工商业联合会	2019.11.15
湖里街道计生协会	福建省计划生育协会先进单位	福建省人口和计划生育领导小组	2019.8
村里社区红十字会	2018年度基层组织示范点	福建省红十字会	2019.5
康乐社区	2018年度福建省“老年人健身康乐家园”	福建省体育局、文明委、民政厅、老龄办、老体协	2019.1.8
康乐社区	福建省“侨胞之家”示范点	福建省归国华侨联合会	2019.12
康乐社区	厦门市先进党组织	中共厦门市委员会	2019.7.1
怡景社区	2019年度全国综合减灾示范社区	国家减灾委员会、应急管理部、中国气象局、中国地震局	2019.12
怡景社区	2018年度福建省“老年人健身康乐家园”	福建省体育局、文明办、民政厅、老龄办、老体协	2019.1.8
怡景社区	福建省终身教育示范点	福建省终身教育促进委员会	2019.12
塘边社区	福建省巾帼文明岗	福建省妇女联合会	2019.9
和通社区	2018年度青年、妇女工作先进集体	中共厦门市委员会、厦门市人民政府	2019.12.31

续表

单位名称	荣誉称号	授予单位	授予时间
湖里社区	五星职工之家	厦门市总工会	2019.3
金鼎社区	2019 年度厦门市流动人口卫生计生基本公共服务均等化示范点	厦门市卫生健康委员会	2019.10.11
兴华社区	厦门市人民防空宣传教育基地	厦门市人民防空办公室	2019.12
徐厝社区	工会爱心驿站	厦门市总工会	2019.8
徐厝社区	青少年科学工作室	厦门市科协	2019.7
怡景社区	2018—2020 年度文明社区	厦门市精神文明建设办公室	2019.12
怡景社区	厦门市综合文化服务中心示范社区	厦门市文化广电新闻出版局	2019.12
鹭燕医药股份有限公司	厦门市级工人先锋号	厦门市总工会	2019.10.12
厦门金中华百货有限公司	厦门市级工人先锋号	厦门市总工会	2019.10.12
厦门汉连物流有限公司	厦门市级工人先锋号	厦门市总工会	2019.10.12
厦门海嘉面粉有限公司	厦门市级工人先锋号	厦门市总工会	2019.10.12
东渡社区	厦门市级工人先锋号	厦门市总工会	2019.10.12
金鼎社区	厦门市级工人先锋号	厦门市总工会	2019.10.12
东荣社区	厦门市级工人先锋号	厦门市总工会	2019.10.12
厦门方式装饰设计有限公司	厦门市级工人先锋号	厦门市总工会	2019.10.12
厦门汉航集团有限责任公司	厦门市级工人先锋号	厦门市总工会	2019.10.12
和通社区	厦门市级工人先锋号	厦门市总工会	2019.10.12
徐厝社区	厦门市级工人先锋号	厦门市总工会	2019.10.12
简极科技有限公司	厦门市级工人先锋号	厦门市总工会	2019.10.12
胡永红、戴海蛟家庭	2019 年度厦门市“最美家庭”	厦门市妇女联合会、中共厦门市委文明办	2019.8.30
范丽珍、许倚旻家庭	2019 年度厦门市“最美家庭”	厦门市妇女联合会、中共厦门市委文明办	2019.8.30
兴隆社区	2018 年度福建省“老年人健身康乐家园”	福建省体育局、文明办、老龄办、老体协	2019.1.8
翔鹭三期党支部	厦门市先进党组织	中共厦门市委员会	2019.7.1
殿前街道	2017—2018 国家级节约型公共机构示范单位	国家机关事务管理局、国家发展改革委、财政部	2019.3
翔鹭社区	厦门市先进党组织	中共厦门市委员会	2019.7.1
兴园社区	厦门市五四红旗团支部	共青团厦门市委员会	2019.5.4

续表

单位名称	荣誉称号	授予单位	授予时间
兴园社区	2018 年度福建省“老年人健身康乐家园”	福建省体育局、文明办、老龄办、老体协	2019.1.8
殿前街道便民服务中心	五一先锋号	福建省总工会	2019.1
兴隆社区	幸福隆屋：2019 年省级党建重点培育项目	福建省委党建办	2019.7
殿前街道小区办	工人先锋号	厦门市总工会	2019.10.12
北站社区便民服务站	工人先锋号	厦门市总工会	2019.10.12
高殿社区工作站	巾帼文明岗	福建省妇女联合会	2019.9
中共厦门市中医院放射门诊体检支部委员会	厦门市直机关先进党组织	中共厦门市委市直机关工作委员会	2019.7
厦门市中医院肛肠科（一病区、二病区）	2018 年度厦门市科技经济卫生工作先进集体	中共厦门市委员会、厦门市人民政府	2019.12.30
厦门市中医院急诊科	工人先锋号	厦门市总工会	2019.10.12
厦门市中医院药剂科	厦门市五四红旗团支部	共青团厦门市委员会	2019.5.4
湖里区	全省“七五”普法中期先进区	中共福建省委全面依法治省委员会办公室、福建省司法厅	2019.12.3
湖里区司法局	2016—2018 年度福建省人民调解先进集体	福建省司法厅	2019.6.14
金山司法所	全国先进司法所	中华人民共和国司法部	2019.1.30
湖里区残联	福建省残联系统先进集体	福建省人社厅、福建省残联	2019.5.20
湖里国投集团轨道 2 号线湖里段土地房屋征迁工作组分工会	福建省模范职工小家	福建省总工会	2019.3
厦门湖里国投物业服务有限公司五缘公寓服务处	工人先锋号	厦门市总工会	2019.10.12
厦门市湖里保安服务有限公司	工人先锋号	厦门市总工会	2019.10.12
厦门市湖里保安服务有限公司	2017—2018 年度厦门市人力资源诚信服务示范机构	厦门市人力资源和社会保障局	2019.12
湖里区疾控中心	2018 年度厦门市区肿瘤随访登记工作先进单位	厦门市疾控中心	2019.1
厦门市湖里区税务局机关党委	厦门市先进基层党组织	中共厦门市委员会	2019.7.1
湖里实验小学	厦门市先进党组织	中共厦门市委员会	2019.6
湖里区科协	2019 年全民科学素质网络竞赛优秀组织单位	中国科协	2019.11.23
湖里区科协	2019 年全国科普日优秀活动	中国科协	2019.12.16
湖里区科协	2019 年全国科普日重点活动优秀组织单位	福建省科协	2019.12.17

续表

单位名称	荣誉称号	授予单位	授予时间
金山司法所	2018 年全国先进司法所	中华人民共和国司法部	2019.1
金山街道卫生计生办公室	厦门市全国流动人口动态监测优秀单位	厦门市卫生和计划生育委员会	2019.1
金安社区	厦门市先进党组织	中共厦门市委员会	2019.7.1
湖边社区	厦门城市党建学院实训基地	中共厦门市委组织部、中共厦门市委党校	2019.2
金安社区	福建省“终身学习品牌项目”——金安社区终身学习品牌项目（心理健康加油站）	福建省终身教育服务中心	2019.11.21
金安社区	老年人健身康乐家园	福建省体育局文明办、民政厅、老龄办、老体协	2019.1.8
金安社区	福建省“侨胞之家”	福建省归国华侨联合会	2019.10.12
金安社区	传承红色基因讲好红色故事——八闽离退休干部舞台剧展演金奖	中共福建省委组织部、老干部局、离退休干部工委	2019.7
金山社区	厦门市流动人口卫生计生基本公共服务均等化示范点	厦门市卫生健康委员会	2019.10.11
金山街道党群活动服务中心	厦门城市党建学院实训基地	中共厦门市委组织部、市委党校	2019.2
金山社区	纪录片《老居民的新生活》入选第十五届福建省党员教育电视片	中共福建省委组织部	2019.3
金山社区	厦门市基层立法联系点	厦门市司法局	2019.9
恒安国际中心	厦门市非公企业和社会组织党建工作联席会暨楼宇党建工作推进会观摩点	中共厦门市委组织部	2019.7
民盟湖里区基层委员会	2018 年度民盟福建省先进基层组织	民盟福建省委	2019.6
湖里区民政局	福建省民政系统先进集体	福建省人力资源和社会保障厅、福建省民政厅	2019.4.14
湖里公安分局	集体三等功	厦门市公安局	2019.5.9
湖里公安分局	集体三等功	厦门市公安局	2019.11.7
殿前派出所	集体三等功	厦门市公安局	2019.4.15
湖里公安分局刑侦大队诈骗犯罪侦查中队	集体三等功	厦门市公安局	2019.4.15
湖里公安分局侦破部督李松天等人网络贩卖毒品案专案组	集体三等功	厦门市公安局	2019.4.15
江头派出所	集体三等功	厦门市公安局	2019.9.23
湖里公安分局人口科	集体三等功	厦门市公安局	2019.11.7

文献资料

深入学习贯彻中央十九届四中全会精神 奋力推进特区发祥地治理现代化和岛内大提升（节选）

——2019年12月19日在区委八届十一次全会上的讲话

林 建

一、提高政治站位，切实把思想和行动统一到党的十九届四中全会精神上来

中共十九届四中全会，是在“两个一百年”奋斗目标历史交汇点上召开的一次具有开创性、里程碑意义的重要会议。全会专门研究坚持和完善中国特色社会主义制度、推进国家治理体系和治理能力现代化问题并作出决定，充分体现了以习近平同志为核心的党中央高瞻远瞩的战略眼光和强烈的历史担当。习近平总书记在全会上的重要讲话，围绕坚定制度自信深刻回答了一系列方向性、根本性、全局性的重大问题，为新时代推进国家治理体系和治理能力现代化提供了科学指南和根本遵循。

省委召开十届九次全会，深入学习贯彻四中全会精神，全面部署推进新时代新福建治理现代化工作。市委先后召开常委会会议，认真学习贯彻四中全会和省委十届九次全会精神。我们要深入学习领会、全面贯彻落实。

一要深刻领会坚持和完善中国特色社会主义制度、推进国家治理体系和治理能力现代化的重大意义。中国特色社会主义制度和国家治理体系，是经过革命、建设、改革长期实践形成的，是符合科学规律、符合中国实际的唯一正确道路，是具有显著优势、深得人民拥护的制度和治理体系，具有强大生命力和巨大优越性。中华人民共和国70年取得的历史性成就充分证明，中国特色社会主义制度是当代中国发展进步的根本保证。我们要深刻洞察“中国之治”背后的制度原因和制度优势，深刻理解中国特色社会主义为什么“好”，充分认识坚持和完善中国特色社会主义制度、推进国家治理体系和治理能力现代化，是实现“两个一百年”奋斗目标的重大任务，是把新时代改革开放推向前进的根本要求，是应对风险挑战、赢得主动的有力保证，切实增强责任感使命感紧迫感。

二要准确把握坚持和完善中国特色社会主义制度、推进国家治理体系和治理能力现代化的目标要求。四中全会通过的“决定”，全面回答了在我国国家制度和国家治理体系上应该“坚持和巩固什么、完善和发展什么”这个重大政治问题。我们要自觉对标对表，深刻把握坚持和完善中国特色社会主义制度、推进国家治理体系和治理能力现代化的总体要求，准确把握“三步走”的总体目标，全面把握“13个坚持和完善”的重点任务，牢牢抓住坚持和完善党的领导制度这个关键和根本，毫不动摇坚持和巩固中国特色社会主义制度，与时俱进完善和发展中国特色社会主义制度和国家治理体系，严格遵守和执行制度，保证国家治理体系和治理能力现代化沿着正确方向前进。

三要切实抓好推进治理现代化与推进岛内大提升的有机结合。福建、厦门是习近平新时代中国特色社会主义思想的重要孕育地。习总书记在厦门工作期间，作为厦门特区治理的领导者、开拓者、实践者，带领干部群众先行先试，进行了改革开放、经济建设、环境保护、文化遗产保护、扶贫开发等一系列开创性探索实践，提出了一系列前瞻性创新理念。习总书记对厦门提出的“提升本岛、跨岛发展”重要战略和“建设高素质高颜值现代化国际化城市”重要要求，既是我们推进岛内大提升的根本遵循，也是我们推进治理现代化的重要指南。我们要全面贯彻落实习总书记重要指示，将治理现代化和岛内大提升作为重大使命任务，有机结合、一体推进，推动新思想在湖里落地生根、结出硕果。

二、坚持守正创新，奋力推进特区发祥地治理现代化

要坚定制度自信，统筹做好坚持和巩固、完善和发展、遵守和执行的文章，积极推进制度机制创新，奋力形成新时代特区发祥地治理的美好图景和生动实践。

（一）坚持以政治建设为统领，全面加强党的领导和党的建设。一要完善落实“两个维护”的制度。构建“不忘初心、牢记使命”的长效机制，深化习近平新时代中国特色社会主义思想“大学习”机制，严明政治纪律和政治规矩，认真落实省委“三四八”工作机制，不折不扣、创造性地贯彻落实习近平总书记重要讲话重要指示批示精神和党中央决策部署。二要健全党的全面领导制度。坚持民主集中制，充分发挥区委议事协调机构职能作用，认真落实党委听取同级人大常委会、政府、政协、法院、检察院党组工作汇报制度，完善落实党管武装各项制度，全面推行“党支部建在小区”“社区集体经济组织成立党组织”等制度，不断提高党组织把方向、管大局、保落实的能力和定力。三要全面贯彻新时代党的建设总要求和组织路线。认真落实党组织书记抓基层党建述职评议考核制度，完善基层党建综合效能评估机制，深化常态化机动式干部考察机制，健全选贤任能、关爱激励、基层减负、容错纠错等机制，促进基层组织和干部队伍更加坚强有力、更加充满活力。四要严格落实意识形态工作责任制。抓严抓实中心组学习、基层宣讲、社会宣传、阵地管理、文化发展等制度机制，巩固深化文明创建长效机制，建立健全网络综合治理体系，完善区融媒体中心建设，深入推进社区书院与新时代文明实践中心融合发展，汇聚团结奋进的强大正能量。五要纵深推进全面从严治党。完善常态研究、清单建设、问题专报、述责述廉、主体责任落实情况检查等机制，深化纪检监察体制改革，推进纪律监督、监察监督、派驻监督、巡察监督、审计监督有机贯通、同向发力，加快社区“一站两员”全覆盖，深化落实中央“八项规定”精神督查机制，精准有效运用监督执纪“四种形态”，一体推进不敢腐、不能腐、不想腐，巩固发展反腐败斗争压倒性胜利。

（二）坚持以民主法治为基石，切实保证人民当家做主。一要坚持和完善人民代表大会制度。加强区人大及其常委会建设，支持和保证区人大履行好监督、决定、任免等各项法定职责，健全和落实人大讨论决定重大事项和政府重大决策出台前向人大报告的制度机制，完善预算联网监督室和人大代表联系群众活动室（站）建设。二要加强和改进新时代人民政协工作。加强区政协功能型党支部建设，健全发扬民主和增进团结相互贯通、建言资政和凝聚共识双向发力的程序机制，深化提案办理协商“双向三评二公开”机制，提高政治协商、民主监督、参政议政水平。三要坚持大统战工作格局。健全政党协商、联合议政、政情通报制度，落实各民主党派委员会直接向中共湖里区委提出建议制度，完善政府部门同民主党派、工商联对口联系和街道党工委与民主党派共建机制，深化“1+2+5+N”新阶组织模式，完善民族团结进步创建机制，做好宗教“导”的工作，努力汇集更多同行者。四要深入推进全面依法治区。持续深化司法体制综合配套改革，全面落实司法责任制，深化互联网法庭、旧村改造指挥部法律服务工作站、自贸区公共法律服务协同创新基地等机制，健全行政调解、法律顾问网络体系，全面落实“谁执法谁普法”普法责任制，提高党内法规制度执行力，加快建设更高水平的法治湖里。五要完善政府治理体系。巩固区级机构改革成果，完成街道机构改革，加快推进政府职能转变，建立完善区、街“属地管理”事项主体责任和配合责任清单制度，落实行政协助制度，完善机关效能建设和综合效能考评机制，持续提高行政效能，建设人民满意的服务型政府。

（三）坚持以新发展理念为指引，扎实推动高质量发展。一要加快建设现代化经济体系。发挥经济特区、自贸试验区、自主创新示范区、两岸综合配套改革试验区等多区叠加优势，深入实施“2+4+N”发展战略，强化经济社会发展的规划引领机制，巩固深化“大发改”机制，完善招商引资、项目推进、企业促进、产业培育、产融结合等机制，优化创新驱动发展机制，推动产

业链、创新链、资金链、人才链深度融合、贯通发展。二要着力打造一流营商环境。完善高水平对外开放机制，深入推进“放管服”改革，有序推进政务服务“一窗受理、集成服务”改革，完善构建亲清政商关系的政策体系，健全降本减负长效机制，着力破解制约民营经济发展的“堵点”“痛点”，落实“人到心到服务到”重点企业服务机制，加快实施“智汇湖里”人才强区战略，进一步激发创新创业创造活力。三要全面加强城区环境保护。巩固深化“大城管”机制，深化生态文明试验区改革，严格落实党政领导生态文明建设和环境保护目标责任制，深入推进领导干部自然资源资产离任（任中）审计工作，落实河（湖）长制和“水域警长”机制，打好蓝天、碧水、净土三大保卫战。

（四）坚持以人民为中心，着力提升居民群众获得感幸福感安全感。一要健全民生保障体系。围绕幼有所育、学有所教、劳有所得、病有所医、老有所养、住有所居、弱有所扶的“七有”要求，建立公共服务多元化供给机制，筑牢兜底保障制度防线，推进社会事业社会化改革，完善为民办实事长效机制，着力补齐突出短板、扩大普惠覆盖、增加优质供给，为居民创造可预期的幸福生活。二要推动社会治理重心下移。全面深化党建引领小区治理，充分发挥“党支部建在小区”的作用，落细落实“1+4+N”系列实施文件，提升小区秘书、小区医生、小区调解员、小区律师、小区警察、小区城管等为民服务精度广度，切实解决好基层群众的操心事“烦心事”揪心事，打造共建共治共享的社会治理格局。三要全面推进主动创稳工作。严格落实平安建设责任制，扎实推进“五安工程”，构建扫黑除恶长效机制，健全社会治安防控体系，深化“互联网+”群防群治机制，完善多元化纠纷解决体系，落实“四门四访”常态化工作机制，推进“最多投一次”阳光信访工作试点，加强应急管理体系和能力建设，打造最具安全感城区。四要积极探索两岸融合发展新路。认真落实我区“惠台25条”，持续在“新、实、通、融”上下功夫，构建台胞台企登陆第一家园服务体系，健全两岸双向交流合作机制，完善福德文化节等民间交流机制化平台，推广兴隆社区“对台服务工作法”，促进两岸同胞心灵契合。

三、聚焦重点突破，奋力推进岛内大提升

2019年是中华人民共和国成立70周年的大庆之年，也是湖里区落实习近平总书记“提升本岛、跨岛发展”重要战略、推动岛内大提升的奋进之年。这一年，我们接续奋斗、团结奋斗、顽强奋斗，推动各项事业发展取得了来之不易的成绩。

——我们倾力加快发展，拼出了“湖里速度”。迅速行动、全力落实岛内大提升工作，深入开展对标先进争先进位行动，1–11月全区GDP比增8.8%，规上工业增加值等指标持续位居全市前列；招商引资全面发力提速，中金资本、阳光集团、邦芒集团、傲农集团、中远中旅邮轮运营总部等一大批高能级项目签约落地，以“金鸡奖”落户厦门为契机对接引进先力国际影视基地等60多个影视项目；项目策划抢先抓早，梳理策划厦门之眼、厦门金融大街等一批重大项目；项目建设开足马力，39个省市级、35个区级重点项目均超额完成同期投资计划；土地出让加快步伐，今年挂牌出让7幅地块；湖里东部旧村整村改造大规模快速推进，今年完成11个自然社房屋征收整村签约，签约总量突破350万平方米，超过我区前四年征收总量，占今年全市征收量的60%以上。

——我们用心改善民生，彰显了“湖里温度”。制定促进教育发展的18条重点措施，中考成绩连续四年保持全市第一，华鹏、金鹰、万科梅沙等19个优质普惠学校（园）建成招生、新增学位7390个，高林学校等6所在建公办校（园）预计明年招生；厦门大学附属心血管病医院、如心妇婴医院开诊营业，61家小区卫生服务站、小区医生工作室、小区居家养老护理站投入运营，横贯我区“八山两水”的厦门山海健康步道即将全线开放，我区获评全国健康促进区；群众期盼的区行政服务中心、区文体中心、区社会福利中心等民生项目顺利建成、明年都将开放；在建安置房项目10个、可提供房源约1万套，在建和进入前期阶段的安置房项目总建筑面积近300万平方米；高林–金林、后埔二期社区发展中心开建；启动实施总投资200亿元的停车设施大项目包，群众生活更加暖心舒心安心。

——我们精心雕琢环境，展现了“湖里颜值”。巩固深化“大城管”机制改革，全面运行“数字湖里”公共管理集成平台和“城管指挥中心”，常态化落实“路长制”工作，持续开展洁净家园活动，有序推进湖里西部旧村更新提升，辖区道路、公园、街区、小区更加整洁优美，我区在每月市对区垃圾分类、市容环卫、背街小巷卫生保洁等考评中连续位居第一，在季度全市城市综合管理考评、全市文明城区测评中均名列第一，在住建部举办的全国城市管理执法培训中作经验介绍，4个观摩点入选全省生活垃圾分类工作现场会，在全市生活垃圾分类工作推进大会上作典型发言，全市“门前三包”和流动摊贩整治工作现场推进会在我区召开。

——我们深化治理创新，擦亮了“湖里品牌”。我区党建引领小区治理的经验做法得到中央组织部、中央政法委、民政部、司法部、住建部领导高度肯定，获评全国“十大社区发展治理创新案例”、全国创新社会治

理优秀案例、全国城市基层党建创新优秀案例。我区人大代表联系群众活动站建设、两岸妇女融合工作、巡察工作分别得到全国人大常委会领导和全国妇联、中央巡视办领导充分肯定，“大城管”、小区治理、两岸融合、干部一线考察等改革创新经验被《人民日报》、新华社、中央电视台等权威媒体宣传报道，获评全省商务系统先进集体、全省民政系统先进集体、全省人民调解先进集体、全省工会系统先进集体等荣誉称号。

——我们坚定初心使命，凝聚了“湖里精神”。扎实开展“不忘初心、牢记使命”主题教育，持续兴起习近平新时代中国特色社会主义思想“大学习”热潮，热烈庆祝中华人民共和国成立70周年，深入推进全面从严治党，大力激发干部担当作为，进一步凝聚形成“团结一心、敢于担当、埋头实干、拼搏创新”的湖里精神，在全区各条战线和广大基层，既有一批无私奉献的“老黄牛”，又有一批朝气蓬勃的优秀年轻干部，涌现了全国“人民满意的公务员”方旭明、全国“人社服务标兵”龚晓龙、全国巾帼建功标兵张丽华、全国维护妇女儿童权益先进个人吴秀丹、全国“七五”普法中期先进个人傅芳槐、全国先进司法所金山司法所、全国“青少年维权岗”区检察院、全国道德模范候选人赵亚娟、全国自强模范谢启明、“中国好人”吴达良、“感动福建十大人物”提名奖获得者李利勇、全市道德模范张俊强、庹军等一大批先进典型。

这些成绩的取得，归功于市委市政府的坚强领导和市直部门的关心指导，得益于区四套班子的团结协作和各级各部门的真抓实干，凝结着全区广大干部群众的智慧、心血和汗水。在此，我代表区四套班子向大家表示最诚挚的感谢！

2020年是全面建成小康社会和“十三五”规划收官之年，也是加快推进岛内大提升的关键之年。我们要坚持以习近平新时代中国特色社会主义思想为指导，全面贯彻中共十九大和十九届二中、三中、四中全会精神，认真落实习近平总书记对厦门提出的“提升本岛、跨岛发展”重要战略，紧紧围绕岛内大提升这一主题主线，深入实施“2+4+N”发展战略，以制度创新和治理能力建设为牵引，以重大重点项目为支撑，加力加速产业素质、城区气质、民生品质大提升，全面建设高素质高颜值现代化中心城区。按照这一总体要求，明年我区发展的预期目标是：实现地区生产总值比增8%左右。落实上述目标，要聚焦三个方面：

（一）加力加速产业素质大提升

一要着力拓展产业新空间。强化各类平台载体建设，依托厦门自贸区、火炬高新区、两岸金融中心区、湖里创新园、湖里创意产业园、五缘湾商务营运中心、两岸集成电路产业园、古地石基金小镇等重大片区、重点园区，加速集聚高端项目、高端产业，打造高质量发展的强大引擎。坚持东西部双翼齐飞，高标准建设五通金融商务区，将其打造为金融总部核心区、厦门“金融会客厅”；加速建设西海湾邮轮城，抓紧“海上世界”项目的建设与招商，将其打造为港城融合发展的典范和标杆。

二要全力打造新经济高地。深入实施创新驱动发展战略，落实“三高”企业倍增计划，推动建设人工智能创新产业园、邮电纵横创新研发中心等，力促邦芒人力宝、芯鑫集成电路租赁、首汽约车、辰帆服务等一批平台经济项目落户，培育壮大亿联网络、玉晶光电、浪潮科技等一批生根型龙头企业，形成具有区域竞争力和带动力的新经济产业体系。

三要倾力招引高能级项目。主动出击招大商、招优商、招强商，聚焦高能级目标企业开展招商引资实绩竞赛，力促世界500强法国威立雅、阳光龙净“一带一路”总部、绿地金融总部、兴业证券总部，中国500强新希望金融总部、首农食品集团区域总部，民企500强悦榕庄酒店，台湾百大力丽集团，央企中车交通区域总部，上市企业中金资本南方总部、砂之船奥特莱斯，新锐企业友信金服，以及固投超过10亿元的重大产业项目厦门钨业等落地见效。

四要大力推进规模化投资。按照先做补短板、促增长、提品质、强实力项目的思路，推动厦门之眼、厦门金融大街、凤头渔村小镇、地铁沿线开发等14个重大项目尽快启动实施，推动英蓝国际金融中心、欣贺研发设计中心、厦航总部大厦、金圆新总部大厦、飞鱼科技总部大厦等一批重点项目早见成效，持续形成“五个一批”项目滚动接续的良好态势，以项目带动扩大有效投资、集聚高端产业、培育新增长极。

（二）加力加速城区气质大提升

一要加快推进旧村整村大改造。认真落实市委、市政府《关于进一步推进本岛旧村改造工作的意见》，乘势而上加快湖里东部旧村整村拆迁改造，强化“指挥部+街道+国企+社区”作用，力争明年基本完成湖里东部旧村征收签约工作，为建设东部新城拆出、建出一片新天地。有序开展湖里西部旧村整村更新提升，认真总结试点经验，统筹实施综合性改造，因地制宜培育特色产业，建设一批低租金的创业空间、人才公寓、环卫公寓等，促进西部“城中村”有机更新。

二要全面推进综合承载大升级。加快第二东西通道、轨道交通等重大基础设施建设，实施厦门岛北门户片区整治提升、绿化改造提升、污水设施提升、铁路沿线整治、老旧小区改造等新一轮城区品质提升项目，促进中心城区完善功能、提档升级。加快疏解岛内非核心功能，积极推动二手车市场、大型批发市场、建材市场、混凝土搅拌站等外迁。积极推动低效使用的存量土地清理盘活，加快推动总用地面积超过80万平方米净地出让，抓紧收储总用地面积74万平方米轨道平衡用地，为项目建设提供充足的用地保障。

三要持续推进城区环境大跃升。全力做好配合世遗大会“两提升”工作，巩固深化“大城管委+城建集团”的决策、执行体制，细化完善《湖里区城市管理系列标准》，高效运作“数字湖里”公共管理集成平台和“城管指挥中心”，完善落实“路长制”、“门前三包”、垃圾分类、“两违”治理等精细化管理机制，深入开展“洁净家园”行动，努力实现湖里城市管理硬件、软件“双领先”。

（三）加力加速民生品质大提升

一要高质量办好社会事业。认真落实“湖里教育18条”，把鼓励社会力量举办“优质普惠学校”、努力增加学位供给作为重中之重来抓，推动忠仑高端民办学校、火炬国际学校、南山学校、金尚学校等一批新教育项目加快建设，促进湖里教育事业高质量发展。以获评全国健康促进区为新起点，依托五缘湾高端医疗园区集聚更多优质医疗资源，推动微医国际数字医疗中心、弘爱妇产医院、小区卫生服务站等加快建设，探索小区医养结合模式，让群众享有更加优质便捷的健康服务。

二要高品位打造文化标杆。以“金鸡奖”长期落户厦门为契机，大力开展影视招商，推动爱尚传媒、富士控股、中影南方影视基地等一批影视文化产业项目落地见效。精心打造“特区·1980”湖里创意产业园和漆画、玉石等文化基地。

深入推进文化惠民，加快建成投用区新图书馆、新文化馆，积极推动建设湖里体育中心、湖里市民中心、老禾山印象公园等，全面提升文化遗产保护工作，展现湖里文化魅力。

三要高标准打造爱心之城。深入践行以人民为中心的发展思想，围绕建设“爱心城市”的目标，认真实施爱心献功臣、助残、敬老、济困、扶幼以及关爱环卫工人等系列行动，推进地下停车场、安置房、社区发展用地、社区居家养老服务站、小区适老化改造、爱心超市、爱心屋、爱心主题公园等一批惠民项目，把支部主题实践活动、党员“双报到”和结对帮扶、文明创建、双拥共建等紧密集合起来，充分依靠群众、发动群众参与“爱心厦门”建设，不断提升湖里区的文明程度和人文温度。

四、切实加强领导，确保各项任务落深落细落实

全区各级党组织要加强组织领导，强化责任担当，坚持远近结合，整体有效推进，以高水平治理推进岛内大提升，确保各项工作部署落到实处、见到实效。

一要保持定力、把牢方向。始终坚持党的集中统一领导，坚持正确政治方向，旗帜鲜明地坚持各项根本制度、基本制度、重要制度，加强制度自信宣传教育，持续兴起“大学习”热潮，引导全区广大党员干部群众增强“四个意识”、坚定“四个自信”、做到“两个维护”，将制度成果更好地转化为治理效能，把学习成果转化为推进岛内大提升的实际成效。

二要压实责任、狠抓落实。各级各部门主要负责人要切实负起第一责任，重要改革、重大政策、重大项目要亲自部署、亲自协调、亲自督查，相关部门要密切配合、各司其职，形成一体推动、一体落实的有效机制。要对标中央编制的四中全会重要举措实施规划，结合岛内大提升各项任务，明确时间表、路线图等，层层压实工作责任，一项一项抓好落实。

三要尊崇制度、执行制度。要强化制度意识，带头维护制度权威，带动全社会自觉尊崇制度、严格执行制度、坚决维护制度。要提升制度执行质量，结合实际落实好基层治理工作制度、岛内大提升运行机制，在实践中推动各项制度机制更加成熟更加定型。要发扬斗争精神，构建全覆盖的制度执行监督机制，对有令不行、有禁不止等行为严肃追查问责。

四要提升能力、担当作为。要树立鲜明导向、激励担当作为，把制度执行力和治理能力、推进岛内大提升的工作实绩作为干部选拔任用、考核评价的重要依据，引导各级干部提高运用制度干事创业能力，激发比学赶超、争先创优的奋斗激情，在推进治理现代化和岛内大提升的主战场展现更大作为、实现精彩人生。

湖里区人民代表大会常务委员会工作报告（节选）

——2019年12月27日在湖里区第八届人民代表大会第四次会议上

湖里区人民代表大会常务委员会主任　黄　炜

2019年的主要工作

2019年，区人大常委会在中共湖里区委的坚强领导下，坚持以习近平新时代中国特色社会主义思想为指导，深入学习贯彻习近平总书记关于坚持和完善人民代表大会制度的重要思想，围绕中心、服务大局，依法履职、积极作为，为我区加快建设高素质高颜值现代化中心城区作出贡献，较好地完成区八届人大三次会议确定的各项任务。

一、坚持以新思想为统领，政治定力更加坚定

常委会始终把政治建设放在首位，以新思想引领新实践，做到思想上紧贴区委意图、工作上紧扣区委决策、行动上紧跟区委步伐，确保人大工作始终在党的领导下进行。

始终把学习践行习近平新时代中国特色社会主义思想放在首位。扎实开展“不忘初心、牢记使命”主题教育，紧扣主题主线、突出融合贯通、强化问题导向、狠抓整改见效，达到理论学习有收获、思想政治受洗礼、干事创业敢担当、为民服务解难题、清正廉洁作表率的目标。坚持常委会会议专题学习、常委会履职培训班学习和常委会机关常态化学习，切实增强“四个意识”、坚定“四个自信”、做到“两个维护”。

始终把党的领导贯穿人大工作的各方面和全过程。严格执行重大事项请示报告制度，全年就重大决定、决策向区委请示报告11次，作出决议、决定9项；坚持党管干部原则和依法行使人事任免权的有机统一，依法任免国家机关工作人员83人（次），有力推进“一府一委两院”人事和机构改革工作顺利进行；依法补选区八届人大代表5名，终止代表资格4名。

始终坚持把人大工作融入全区的中心工作大局。积极参与我区岛内大提升，深入项目一线和街道社区了解情况、解决问题，推动基层治理、重点项目建设、征地拆迁、招商引资、脱贫攻坚和信访维稳等重点工作。严格落实领导干部挂钩联系重点企业制度，深入辖区65家重点企业，了解企业经营状况、困难问题和意见建议，推动构建新型政商关系，完善服务企业长效机制，不断优化创新创业创造环境。金山街道人大工委为充分发挥厦门对台区位优势和港航领域在对台工作中的先行先试作用，组织省、市、区三级人大代表视察五通码头和佰翔会展中心发展情况，助推厦金航线提升服务保障能力，深化闽台融合发展。区人大代表围绕东部旧村整村拆迁改造重难点问题，发挥植根群众优势，与征拆人员群策群力，做好政策解读，推动征地拆迁顺利进行。人大机关干部主动融入“大城管”机制，认真落实党员“双报到”“路长制”巡查，身体力行参与居住小区和包干路段的环境整治提升，积极助推文明湖里建设。

二、坚持以新发展理念为导向，监督效能不断提升

按照“依照法定职责、遵守法定程序”的原则，依法开展工作监督和法律监督，全年召开常委会会议9次，主任会会议11次，听取和审议区人民政府及其部门，区人民法院、区人民检察院专项工作报告11项，组织人大代表集中视察检查16场（次），开展专题调研48场（次），努力做到既确保宪法和法律实施，又切实督促“一府一委两院”改进工作。

强化金融风险防控，护航经济健康发展。落实全口径预算监督要求，切实监督政府管好“钱袋子”。将公共预算、政府性基金预算、国有资本经营预算等“三本账”全部纳入法定监督审查程序，实现监督全覆盖。重点加强对部门预算的审计监督，严格督查审计意见落实，促进“同级审”发现的问题得到及时整改。财政预算联网监督稳步推进，建成人大预算联网监督室，实现与区财政资金数据的网络互联，财政资金日常运行监督不断加强。督促政府强化债务管理，有效防范债务风险，确保全区经济平稳运行。启动国有资产管理监督工作，听取和审议了区政府关于我区国有资产管理情况的报告，要求政府及有关部门完善制度、优化管理、提高效益，进一步盘活国有资产，实现国有资产保值增值。发挥统计数据对科学决策和宏观管理的基础性作用，开展《中华人民共和国统计法》执法检查，促进经济决策更加科学。围绕福建自贸试验区厦门片区和工业园区建

设开展视察，督促政府不断加强我区外部环境建设和内部体制创新，助力我区经济高质量发展。

关注城市生态发展，促进高颜值中心城区建设。纵深推进生活垃圾分类和减量工作，让垃圾分类理念在全区生根发芽，不断改善广大人民群众生活环境。把生态文明建设和生态环境保护摆在突出位置，听取区政府2018年度环境状况和环境保护目标完成情况的报告，开展《中华人民共和国水污染防治法》联动执法检查工作，加强对我区水环境质量、河（湖）长制、黑臭水体整治情况进行视察检查，督促加快凤头社、金湖路等17处截污点建设，促进辖区水环境质量有效改善。聚焦岛内大提升，听取和审议区政府关于城市建设和管理工作报告，组织省、市、区人大代表视察我区东部旧村整村拆迁改造、西部旧村整村更新提升、安置房建设和返迁情况，进一步优化城市建设布局，完善公共服务，提升城区品质。

加大民生保障力度，提升群众幸福指数。认真落实健康中国实施战略，听取和审议区政府关于创建健康促进区建设情况报告，倡导健康生活理念，加强医疗网络和健康场所建设，助推我区获评“国家级健康促进区”称号。组织教师法和省实施办法执法检查，听取区政府关于学前教育工作情况报告，督促政府加大财政投入，优化师资结构，加快优质普惠学校建设，切实增加学位供给，缓解教学供需矛盾。高林学校等5所公办校（园）建设不断加快；南山学校等9所校（园）开工列入日程计划。组织代表视察我区食品安全管理、文化创意产业发展情况，集思广益，着力推动解决食品安全问题，推进文化产业发展，增强人民群众的获得感、幸福感、安全感。

紧紧围绕依法治区，推进民主法治进程。听取和审议区政府关于人民调解工作情况报告，提出矛盾调处与风险预警相结合、群众自治与专业职业化相结合、传统调解与新型载体相结合要求，发挥人民调解在维护社会稳定中的独特作用；听取和审议区法院刑事审判工作情况的报告，督促审判工作转变司法理念，强化协调配合，不断提升刑事审判公信力；听取湖里公安分局关于禁毒工作情况的报告，推动打击、管理、宣教、防控等工作多管齐下，形成全社会自觉抵制毒品的良好氛围。加大执法检查“回头看”力度，对消防“一法一规定”贯彻实施情况进行“回头看”视察，推动进一步完善消防站点布局和老旧小区消防设施改造。重视“七五”普法宣传工作，提高全民法治意识和守法意识，开展青少年法治夏令营和“12.4”国家宪法日活动。坚持国家公职人员任前法律考试和宪法宣誓制度，全年组织任前法律考试19人（次）、宪法宣誓29人（次），不断增强国家机关工作人员法律意识和公仆意识。严格备案审查各类规范性文件4件，有效推进政府部门依法行政和依规行政。督促政府完成中央宗教工作督查整改任务，确保我区民族宗教领域和谐稳定。常委会机关规范信访交办、督办程序，全年受理群众信访27件，全部办结，督促解决了一批关系群众切身利益的信访问题，有力促进了社会和谐稳定。

三、坚持以代表主体地位为基础，履职效果不断提高

人大代表是人民代表大会制度的主体，常委会突出发挥代表作用，促进代表工作提质增效。

优化代表履职保障。代表培训学习常态化，代表列席常委会会议、参加执法检查等监督活动制度化。今年以来，共有代表1000多人（次）参与了常委会会议和视察检查等活动，代表的履职积极性进一步提高。组织开展市人大代表湖里小组和翔安小组跨区视察，指导江头街道人大工委跨街视察，不断优化代表视察方式，提升代表履职水平。坚持政情通报会制度，并通过网上履职服务平台推送信息、征订业务报刊等方式，宣传党的政策和通报湖里区政情，扩大代表知情知政渠道。规范代表履职登记和代表述职工作，代表履职管理进一步加强。

畅通民意沟通渠道。常委会组成人员以普通代表身份定期走进人大代表联系群众活动室（站），联系代表和选民；代表依托活动室（站）平台不断帮助推动解决居民用气用水用电、子女入园入学、孤寡老人照料等切身利益问题，“双联”工作走深走实。在各街道、社区实现活动室（站）全覆盖基础上，积极探索建立卫生、教育等系统专业代表活动站和“一街一品牌”打造，充分发挥代表的行业优势，展现各街道特色。禾山街道人大工委依托代表活动站平台，持续发挥全市首家省、市、区三级代表“调解之家”的作用，全年成功调解矛盾纠纷21起，受到社会好评。区人大代表联系群众工作注重规范、注重联动、注重实效的“三个注重”特色，得到省、市人大常委会领导和区委主要领导的批示肯定。4月14日，全国人大常委会秘书长杨振武一行到湖里街道兴华社区人大代表活动站现场考察，对我区活动室（站）建设工作予以充分肯定。10月11日，省人大常委会党组书记、副主任张广敏赴殿前街道兴园社区人大代表活动站调研，充分肯定该活动站建设既规范又接“地气”。12月18日，禾山街道禾盛社区活动站在全市人大代表联系群众工作经验交流会上作了经验介绍。吉林、天津、内蒙古等多省（市、区）人大领导也先后来我区参观交流代表履职平台规范化建设情况。

提升建议办理实效。坚持常委会领导领衔督办、人大工委对口督办、整体面上督办与社会参与督办的“多维督办、多方协作”机制，分时段、分层次听取专项工

作报告，对代表反馈不满意的建议重新交办、限时答复，开展重点建议满意度测评，针对性地加强代表建议“提”“交”“督”三个环节，推动代表建议办理工作由“文来文往”向“人来人往”转变，由“答复满意”向“结果满意”转变。区八届人大三次会议以来，督办代表建议98件，成效良好。其中，满意率89.8%，基本满意率10.2%。切实推动了我区中小企业发展政策性融资担保、金山社区菜市场建设、园山及乌石浦片区幼儿入学、小区居民看病难等事关经济发展、城市建设、教育医疗问题得到有效解决。为提升本次大会期间代表提出建议的质量，组织区委办、区政府办及政府13个相关职能部门，聚焦治理现代化和岛内大提升，向与会代表作政策解读和工作说明，力促代表提出的建议与区委合拍、政府合力、选民合心。

四、坚持以强素质塑形象为抓手，自身建设不断加强

常委会注重自我完善、自我革新、自我提高，努力提高依法履职水平。

作风建设持续加强。坚持把纪律和规矩挺在前面，始终把人大工作置于全面从严治党总体格局中部署推动，强化全面从严治党主体责任和第一责任人职责，充分发挥“头雁效应”，严格落实党风廉政建设和意识形态责任制，持续正风肃纪和反对“四风”，严格执行中央八项规定精神及其实施细则，一以贯之地推进作风建设。坚持常委会会议考勤和公开制度，进一步严肃会风会纪，提升审议质量。坚持以文明单位创建为抓手，大力加强机关精神文明建设，保持人大机关干部风清气正、团结干事的良好形象。

工作效能持续提升。认真贯彻落实人大机构改革决定，积极筹建社会建设委员会和监察司法委员会2个专门委员会。创新工作方式方法，出台常委会组成人员走进“活动室（站）”开展联系代表和群众活动等意见，常委会履职和机关工作更加规范化、制度化。区人大工作法在区委常委会上进行交流，并获评我区“改革创新奖”一等奖。健全升级会议电子表决系统，会议议事效能进一步增强，常委会集体行使权力更加公平公正，更加民主高效。

调研宣传持续深化。坚持常委会领导牵头各部门围绕完善制度、创新履职、加强代表工作等多方面开展调研，形成课题调研文章8篇。其中《进一步强化基层人大代表履职的“四感”-- 关于发挥新时代基层人大代表作用的思考》等3篇调研报告分别在省、市人大系统参评得奖。利用报刊、微信公众号和门户网站平台，进一步提升人大工作宣传质效。全年获各级媒体网站宣传报道22篇，其中《厦门市湖里区：“三个注重”促代表工作走深走实》等17篇文章被《人民代表报》等市级以上重要媒体刊载，履职影响不断扩大。

政府工作报告（节选）

——2019年12月26日在湖里区第八届人民代表大会第四次会议上

湖里区人民政府区长　林重阳

一、2019年工作回顾

2019年，我们坚持以习近平新时代中国特色社会主义思想为指导，全面落实市委、市政府和区委各项工作部署，深入实施“2+4+N”发展战略，着力稳增长、促改革、调结构、惠民生、防风险、保稳定，实现经济社会平稳健康发展。

这一年，是中华人民共和国成立70周年，也是我区接续奋斗、成效显著的一年。我们大力推进高质量发展落实赶超，全年预计实现地区生产总值增长9%（预期目标8.1%）；财政总收入209.63亿元、增长4.11%（预期目标1.53%），区级财政收入47.99亿元、增长1.09%（预期目标1.04%）；批发零售贸易业销售额增长16%（预期目标4%）；固定资产投资增长8%（预期目标10%），城镇居民人均可支配收入增长8.2%，主要经济指标基本完成年初既定目标。我们深入落实“岛内大提升”战略，全力加速东部旧村整村改造，今年来已完成11个自然村房屋征收整村签约，占全市征收总量的60%，创下了湖里新速度。我们坚持改革创新，用心改善民生，精心雕琢环境，获评国家级健康促进区、全省商务系统先进集体、全省民政系统先进集体、全省人民调解先进集体等荣誉称号，小区治理经验被评为全国创

新社会治理典型案例、全国“十大社区发展治理创新案例”，城市管理季度综合考评连续排名全市第一。

一年来的主要工作和成效：

（一）精准施策、稳中求进，发展质量提升

产业升级步伐加快。1—11月平板显示、通信设备制造分别增长28.2%、14.6%，高新技术产业增加值占全区规上工业增加值86.4%，高出全市19.2个百分点。顺利开辟多币种中外合伙股权投资基金设立路径。销售额超百亿元商贸企业增加至8家。以“金鸡奖”落户厦门为契机，引进6个影视产业运营平台，签约14个影视文化项目。旅游总收入336.2亿元，接待国内外游客2338.7万人次、比增21%，首艘国内豪华邮轮“鼓浪屿”号从国际邮轮母港启航。

招商引资能级提升。认真贯彻落实全市招商大会、“三高”企业发展大会、新经济发展大会等重要会议部署，研究出台《关于进一步加强招商引资工作的若干意见》，组建招商公司，建立“六个一”招商工作机制，分类别成立10个招商工作组，形成大招商、招大商的浓厚氛围。累计入库招商项目243个、总投资1447.6亿元，阳光龙净“一带一路”国际总部、微医集团厦门总部等一批大项目、好项目签约落户。全年预计合同利用外资63.5亿元，实际利用外资20亿元，引进内资1000亿元。

服务企业有力有效。认真落实国家减税降费政策，为企业减免各类税费超过20亿元。出台或修订促进新一代信息产业、航空维修产业、集成电路双创平台、科创企业发展等一系列政策措施，引进和培育“双百人才”等市级以上高层次人才111名，柔性引进各类人才1000多名，兑现各项企业扶持和人才奖励资金5.4亿元。落实区领导挂钩联系企业和“六必访”制度，建成企业服务大数据系统，构建服务企业闭环机制。全区“三高”企业达326家，9家民营企业上榜2019年度福建民企百强；区级总部企业增加至96家，对全区税收贡献达25%。

（二）项目带动、产城融合，发展后劲增强

东部旧村改造全面提速。把加快东部旧村整村改造作为“岛内大提升”重中之重的任务，充分保障被拆迁群众利益，举全区之力推进旧村改造。强化“指挥部+国企+街道+社区”工作机制，探索创新“先商谈、预签约、再公告、后选房”新模式，七大片区土地房屋征收工作大规模快速推进，完成房屋征收签约352万平方米，拆除并提交净地68万平方米，支付征拆补偿金44亿元，投入安置房建设资金22亿元。

重点项目有力推进。开工建设两岸金融中心人才租赁房等17个项目，英蓝国际金融中心等56个项目顺利推进，湖边小学等23个项目全面竣工，辖区39个省市级重点项目超额完成年度投资计划。策划生成一批重大项目，“厦门之眼”项目被市规委会确定为岛内大提升的“点睛之笔”。成功出让7幅商住、产业用地，严格开展违建别墅清查整治，加快“批而未供、供而未用”用地处置。

产业园区加快建设。五通金融商务区已建成启用5幢楼宇，厦航总部大厦等5个项目加快建设，厦门银行总部项目顺利落地，湖里基金空间开业运营。“特区·1980”创意产业园规模日益壮大，“联发·东南天地”“湖里大道1号院”相继开园，西泠艺苑开工建设。湖里创新园全年营业收入预计突破500亿元，飞鱼科技总部大楼等5个项目加快建设。两岸集成电路产业园加快专业化、特色化发展，保税交易公共服务平台、产品测试认证服务平台迅速壮大。厦门火炬人工智能产业园完成厦华老工业厂房改造，落户智联友道等优质项目。

（三）发展惠民、成果共享，民生福祉更实

公共服务扩容提质。教育事业量质齐升，创新出台鼓励社会力量举办优质普惠义务教育学校、幼儿园暂行办法，开办19所优质普惠校（园），新增学位7390个；全面完成150所无证园专项整治；中考学业质量位居全市前列。文体事业繁荣发展，开展“悦游湖里”系列文旅活动，支持举办“F1摩托艇世界锦标赛大奖赛”“厦门国际时尚周”等品牌赛事活动，在第20届市运会上我区取得164.5金的历史最好成绩，综合排名全市各区第二。医疗卫生服务体系日益完善，厦门大学附属心血管病医院、如心妇婴医院开业运营，61家小区卫生服务站、工作室、护理站投入使用，家庭医生签约覆盖率达32.8%，人均期望寿命达到82.96岁。

社会保障不断加强。促进失业人员再就业2.2万人，接收高校毕业生1.1万人。提高低保和社会救助标准。扎实做好军人退役接收安置、优抚褒扬、就业创业工作。财政支付8330万元为辖区居民办理全民医保补贴，辖区60周岁以上贫困人口实现全部享受基本养老保险。建成禾山街道老年人日间照料中心，爱鹭老年养护中心、区社会福利服务中心顺利开业，平均每千名老人养老床位达到80张。加大与甘肃省东乡县扶贫协作力度，落实扶贫协作资金7120万元，共建扶贫车间12个，劳务输转444人；对口帮扶省内浦城县实现脱贫摘帽。

努力办好为民办实事。高度重视安置房建设，启动东部旧改片区等9个安置房建设前期工作，加快推进金林湾花园B区等10个在建安置房，改造提升上湖洪塘等3个安置房。顺利完成农村集体产权制度改革，率先全省出台“村改居”社区集体“三资”管理办法，开工建设高林—金林、后埔二期社区发展用地项目。服务保障轨道交通2号线初期运营、3号线基本洞通，推动建成贯穿厦门岛东西向的山海健康步道，建设14个停车项目，完成14条道路改造，实施4个老旧小区改造，新改建20座公厕，建成投用6座人行天桥，改造提升4个农贸市场。

（四）深化治理、精细管理，城区品质优化

城区管理持续提升。打造“大城管”深化版，完善“路长制”，启用“数字湖里”公共管理集成平台，实现城区管理“覆盖到面、精准到点”。严格城市管理行政执法，拆除历史“两违”52.7万平方米，开出全市“门前三包”处罚第一单。实行“网格+路巡员”和“智慧+”环卫保洁新机制，基本实现道路清扫“零死角”。有序推进西部旧村整村更新提升，完成改造并投入使用34栋房屋，总建筑面积2万平方米。不断深化生活垃圾分类工作，实现示范社区全覆盖，直运量率先全市达到70%，生活垃圾分类每月考评连续排名全市第一。

生态环境不断改善。全力配合第二轮中央生态环保督察，率先在全市完成海域退养，专项整治130家“散乱污”企业，严格办理中央督察组交办的48件信访件。完成全国第二次污染源普查工作，省、市危险废物规范化管理考核位居全市各区首位，空气质量优良率达99.4%。全面排查污水管网断头、混接等“病害”问题，启动污水管网建设一期工程。建成寨上公园，开展自贸片区道路绿化提升，基本完成福厦铁路7.8公里沿线环境综合整治任务。

社会治理扎实有效。制定社区职责清单，出台社区减负若干规定，有序推进社区管理体制改革。深入开展小区治理，全区已成立小区党支部355个、小区调委会234家，359个小区纳入物业管理。严格落实食品安全监管责任，积极创建食品安全示范城市。成立13个安全生产专业委员会，分领域开展安全整治行动，事故起数和死亡人数实现“双下降”。扎实开展主动创稳工作，纵深推进扫黑除恶专项斗争，成功打掉全市首例网络空间领域涉恶犯罪团伙，破获全市首起医疗领域恶势力集团案件，1—11月“110”刑事警情同比下降17%。开展“最多投一次”阳光信访工作试点，调处各类矛盾纠纷3885件，化解信访积案28件，维护了社会和谐稳定。民族宗教、外事侨务、国防动员、粮食、人防、双拥、档案、方志等工作取得新进展，妇女、儿童、青年、老龄、残疾人、红十字、慈善事业实现新进步。

（五）从严治政、依法行政，政府自身建设取得新成效

从严治政不断深化。扎实开展“不忘初心、牢记使命”主题教育。顺利完成政府机构改革任务。出台加强编外人员管理意见，统一规范队伍管理。严格落实中央八项规定精神，一般性支出压缩10%，“三公”经费和会议费支出同比减少15%。全面实施预算绩效管理，加强经济责任、财政资金和国资国企审计，对查出的问题及时督促整改。

依法行政扎实推进。坚持政府学法制度，全面推行行政执法三项制度，依法受理行政复议案件57件，主动公开政府信息574件，严格审核规范性文件10件。定期向区人大报告工作、向区政协通报情况，修订区人大代表建议和政协提案办理办法，认真办理建议94件、提案79件，一批代表、委员的“金点子”转化为政府施政“良方”。

行政效能不断提升。启动政务服务“一窗受理、集成服务”改革，“一趟不用跑”事项占比达到75.3%，工程建设项目审批100%网上办理。实行工作“六定”责任落实机制，坚持区政府每月一次专业能力学习讲座、部门两周一次业务学习会制度，坚决反对形式主义、官僚主义，严肃治庸问责28人次，持续提升干部精气神。

各位代表！过去一年成绩的取得，是市委、市政府和区委正确领导，人大、政协有效监督支持，全区人民齐心协力、砥砺奋进的结果。在此，我谨代表区人民政府，向全区人民，向全体人大代表和政协委员，向各民主党派、工商联、人民团体、无党派人士、离退休老同志，向辖区省部属、市属单位和部队、武警官兵、公安干警，向所有关心支持和参与湖里建设发展的社会各界人士，表示衷心的感谢并致以崇高的敬意！

同时，我们也清醒地认识到，湖里经济社会发展还面临不少困难和问题。主要有：一是高质量发展基础还不稳固。经济增长主要来自于工业的支撑，新兴产业规模不大，产业竞争力和创新能力还不强，保持在高基数上高增长难度较大。二是财政收支矛盾比较突出。在政策性减税降费以及房地产税收减收的双重影响下，财政增收压力大；同时，城市建设、民生补短板等刚性支出日益增长，财政收支平衡困难。三是公共服务不够优质均衡。教育学位仍有缺口，大型文体设施不足，优质医疗资源布局不均，民生社会事业的供给在总量、质量、结构、布局尚不能满足人民群众多层次多样化的需求。四是维护安全稳定的压力较大。安全生产、社会治安等领域的风险隐患不容忽视。五是政府自身建设有待加强。一些公职人员担当作为不够，适应新时代新要求的作风和能力有待提高，个别干部违纪违法还时有发生。这些都需要我们高度重视，采取有效措施加以解决。

三、建设人民满意的服务型政府

坚持为人民服务、对人民负责、受人民监督，加快构建职责明确、依法行政的政府治理体系，创新行政方式，提高行政效能，努力建设人民满意的服务型政府。

在从严治政中体现政治担当。坚持把党的政治建设摆在首位，建立不忘初心、牢记使命的制度，增强“四个意识”、坚定“四个自信”、做到“两个维护”，在思想上政治上行动上始终同以习近平同志为核心的党中央保持高度一致。认真落实政府系统全面从严治党主体责任，严明政治纪律和政治规矩，持之以恒落实中央八项规定精神，坚持廉洁从政，加强对行政审批、工程建设、公共资源交易、公共财政支出等重点领域的审计和监管，坚决整治群众身边腐败和作风问题，涵养风清气正良好政治生态。

在加快发展中坚持人民至上。始终坚持以人民为中心的发展思想，既尽力而为，又量力而行，着力保基本、增供给、强机制，把群众最关切最烦心的事一件一件办妥办好。树牢过“紧日子”的思想，坚持花钱必问效，无效必问责，继续压缩一般性支出，把更多的财力用在保障民生上，不断在幼有所育、学有所教、劳有所得、病有所医、老有所养、住有所居、弱有所扶上取得新成效，使改革发展成果更多更公平惠及全体人民。

在依法行政中增强政府公信力。增强坚持和完善中国特色社会主义制度、推进国家治理体系和治理能力现代化的政治自觉，严格执行制度，坚决维护制度。坚持厉行法治，加快完善法治政府制度体系，全面正确履行政府职能，严格按照制度履行职责、行使权力、开展工作，严格规范公正文明执法，将政府活动全面纳入法治轨道。依法接受区人大及其常委会的监督，自觉接受区政协的民主监督，主动接受监察监督、社会监督、舆论监督，高质量办好建议和提案。深化政务公开和权力运行网上公开，让权力在阳光下运行。

在担当作为中提高政府执行力。树立敢于担当、主动作为的精神，以抓铁有痕、踏石留印的力度，不折不扣贯彻落实上级决策部署。坚持政府系统业务能力学习制度，增强专业素养和治理能力。力戒形式主义、官僚主义，规范检查考核，改进文风会风，切实为基层减负、为干部松绑。坚持工作“六定”项目化责任制，强化挂图作战、紧抓快干、治庸问责，以钉钉子精神做细做好各项工作，用干部的“辛苦指数”换取群众的“幸福指数”。

各位代表！新时代是奋斗者的时代。让我们在市委、市政府和区委的坚强领导下，不忘初心、牢记使命，知重负重、实干苦干，奋力推进治理现代化和“岛内大提升”，为全面建设高素质高颜值现代化中心城区而努力奋斗！

中国人民政治协商会议
第八届厦门市湖里区委员会常务委员会工作报告
（节选）

——2019 年 12 月 25 日在政协第八届湖里区委员会第四次会议上

林　凡

2019 年工作回顾

2019 年，在中共湖里区委的坚强领导下，区政协常委会坚持把习近平新时代中国特色社会主义思想作为总揽工作的总纲，牢牢把握团结和民主两大主题，充分发挥人民政协作为社会主义协商民主重要渠道和专门协商机构作用，团结带领全区政协委员，认真履行政治协商、民主监督和参政议政职能，为湖里经济社会发展，全面建设高素质高颜值现代化中心城区作出了积极贡献。

一、增强定力、突出引领，在增进思想共识上实现新提高

常委会坚持把握方向、增进共识，确保政协工作始终沿着正确的道路前进。

强化思想武装。坚持用习近平新时代中国特色社会主义思想武装头脑，切实加强党对人民政协工作的领导，持续兴起“大学习”热潮，进一步增强“四个意识”，坚定“四个自信”，坚决做到“两个维护”。政协党组成员带头上党课，宣讲习近平总书记在中央政协工作会议暨庆祝中国人民政治协商会议成立 70 周年大会上的重要讲话精神，为做好政协工作铸牢思想根基；组织专题研讨活动，围绕党中央关于“人民政协要通过有效工作，成为重要阵地、重要平台、重要渠道”新论断

新部署，结合实际学习交流，进一步推动在履职实践上找准方位；举办政协暑期研习班，在学懂弄通做实上下功夫，不断提高政治把握能力、调查研究能力、联系群众能力和合作共事能力。

坚持同向发力。区委、区政府高度重视并大力支持政协工作，区委常委会专门传达学习中央、省委和市委政协工作会议精神，专题听取政协工作汇报，会同区政府、区政协制定年度重点协商计划；林建书记亲自为政协工作出题目、交任务，林重阳区长多次督办重点提案。区政协主动融入经济社会发展大局，谋划和推进政协工作，开展常委会专题协商项目4个、主席会议协商项目3个、监督性协商项目15个，组织专题视察考察56次、调研课题28个，区本级立案提案83件；区政协领导积极投入重大项目、招商引资、城区管理、信访联系等领域具体工作，凝心聚力推动全区各项事业发展，政协作用更加凸显。

突出党的建设。认真开展“不忘初心、牢记使命”主题教育，引导党员干部找准精神坐标、汲取前行力量，发挥在政协工作中的模范引领作用。严格落实意识形态工作责任制，致力营造在大是大非面前敢于坚持原则、在歪风邪气面前敢于亮剑斗争的政治生态。切实抓好党组织建设，召开政协党建工作推进会，以区政协业务分工为依托，设立4个委员功能型党支部，探索打造“党建＋履职”新模式，实现党的组织对党员委员全覆盖、党的工作对政协委员全覆盖，引导广大政协委员不断增强对中国共产党和中国特色社会主义的政治认同、思想认同、理论认同和情感认同。

二、服务发展、心系民生，在助力中心工作上体现新作为

常委会坚持建言资政促发展、履职尽责为人民，充分发挥自身独特优势努力担当作为。

紧扣创新创业高素质发展积极献计献策。围绕推进我区人工智能产业高质量集约发展，提出“建设全市领先人工智能产业发展空间”“打造我区‘3+6+N’人工智能产业体系”“发展自贸区特色人工智能产业”等意见建议，推动了人工智能创新产业园项目在我区策划进行。围绕加快“三高”企业发展，先后形成“促进湖里区企业科创板上市的对策建议”“借力科创板发展我区‘三高’企业”等课题调研报告，建言抢抓今年科创板初设重要契机，支持我区“三高”企业上市，加速做大做强。林建书记批示要求有关方面认真研究、充分吸纳。围绕高崎机场搬迁后的产业布局，区政协提交的《关于加快发展我市临空产业的建议》被市委内参期刊《厦门特区快讯》采用。围绕服务保障民营经济健康发展，提出“建立服务民营企业保障机制”等系列提案，推动协调解决民营企业发展遇到的用地难、融资难、招工难等问题和兑现财政扶持5000余万，为优化我区创新创业环境增添助力。

致力城区环境高颜值提升广泛协商议政。着眼城区品质提升，先后组织委员大会发言、提出重点提案、常委会议专题协商，持续发力我区西部旧村整村更新提升，提出结合岛内大提升、“全域旅游”和高崎机场搬迁，有序推进更新提升工作的优化建议，助推旧村面貌不断改善。着眼城区精细管理，开展“数字湖里”公共管理集成平台建设运行专题民主监督活动，为进一步推动城区管理常态化、长效化、精细化提出了6个方面的工作建议，得到区城管部门采纳，并列入明年工作重要内容。着眼城区卫生改善，组织专项视察考察，紧密关注垃圾分类工作推进情况，推动落实固废垃圾规范回收、再生利用，防止次生环境污染。着眼城区文化建设，积极建言推进公园建设与文化融合、申报宋江阵文化和王船文化等非物质文化遗产代表性项目，厚植城市文化底蕴。发掘“红砖大厝”民居建筑历史文化价值，整理编辑《湖里文史资料（民居卷）》，助力呈现湖里人文之美。

聚焦民生福祉高标准推进踊跃发声出力。坚持把民生改善作为为民履职“坐标点”，紧扣公共服务供给扩量提质协商议政。今年，有85%的视察考察活动围绕民生主题；调研课题中，有18个关系民生问题，占总数的64%；委员正式提案中，有46件涉及民生议题，占到总数的55%。坚持把社情民意作为为民代言“直通车”，全年共有64件社情民意信息经分类处理后报送市政协，31件直接转送市、区职能部门办理。朱敬恩委员《尽快建立重要地质发现强制上报制度建议》、钟寅翔委员《关于规范用于教学的VR、AR技术的建议》、张跃平委员《关于推进现代化海洋牧场建设的建议》被全国政协刊用，多件信息获得市政府领导的重视和批示。坚持把提案办理作为为民解忧“主抓手”，推动政府修订完善《湖里区人民政府办理人大代表建议和政协提案办法》，在全市率先实行提案内容、办理过程、办理结果向委员和社会公开，接受委员和群众的双重监督，有力推动了小区居家养老护理站试点建设、老旧微型小区联片物业管理等相关民生问题妥善解决，提案办理工作经验在市政协系统专题研讨会上交流推广。

三、凝心聚力、携手共进，在巩固统一战线上迈出新步伐

常委会坚持团结协作、民主协商，最大限度地凝聚各方面的智慧和力量。

在推进合作共事中凝心聚力。持续拓宽“知政”平台，健全政情通报机制，加密联合调研考察频次，帮助

委员知情明政，为深入参政议政奠定良好基础。持续丰富“咨政”形式，常态化邀请各专委、界别委员和特邀研究员参与政协常委会，参加重大活动、重要协商、重点监督，切实保障发表主张的权利，做到提案重点督办、大会发言重点安排、社情民意信息重点报送，进一步密切合作共事。一年来，民主党派、工商联、无党派人士提案立案、大会发言、社情民意信息报送分别占到总数的82%、67%和94%。持续提升“资政”实效，总结巩固提案选题双向协商评定、提案办理双向协商评议、提案质量双向协商评价机制，真诚尊重委员智力成果，很多建言迅速落地转化为党政部门具体工作举措。今年，委员对提案办理满意率达到92.8%，建言资政热情不断激发，在政协舞台上彰显了多党合作事业的生机和活力。

在丰富界别活动中凝心聚力。牢牢把握界别横向联系优势，以界别活动为纽带，带动更多社会力量参与。民革和科技界别针对“两岸集成电路产业园”发展瓶颈问题，从拓展园区空间、做优支撑平台、加大引资引智等不同角度开展调研，积极为我区集成电路产业发展谋思路、寻突破；农工党和民进界别以校园餐食安全、课后延时服务等民生“关键小事”为切入点，组织委员、专家实地调研、共商对策，助力校园管理能力、服务水平提升；区工商联界别围绕“深度开发湖里区旅游资源”集中协商，建言推进“旅游+”产业融合；九三学社与民建界别联合提交“关于建设湖里区智慧审计平台的建议”，受到有关部门重视，运用大数据审计模式管理不规范金额3.16亿元；民盟、致公党界别分别组织委员考察历史风貌建筑、文化遗产保护工作，为传承文化根脉、擦亮城市文化品牌贡献智慧；工青妇界别开展“投身新时代社会建设”主题活动，积极引导青年参与社会治理创新。一年来，各界别密切联系，开展各项履职活动33次，进一步强化了“政协大家庭”凝聚力。

在扩大交流交往中凝心聚力。发挥对台区位优势，组织台籍委员参观考察五通码头，围绕“进一步优化监管模式，挖掘厦金航线资源”建言献策，助力打造台胞登陆第一家园。广泛宣传我市“惠台60条”实施细则和我区“惠台25条”具体措施，助推台商投资兴业、台胞居住生活、台青就业创业各项举措落实落细；发挥政协委员在界别群众中的带动作用，加强与台港澳同胞、海外侨胞，特别是新生代的联谊交流，组织参加庆祝中华人民共和国成立70周年系列活动，增强对祖国家乡的亲近感归属感。加强与“两新组织”、委员企业沟通联系，主席会议成员挂钩联系46家非公企业，“主动上门”和“应邀上门”相结合，既宣传政策，又为企业发展提振信心、提供服务。加强与民族宗教界人士联络交往，通过出席信俗交流和畲族节庆活动，充分听取意见诉求，传播党的民族宗教政策；发挥政协系统联动协作特色，继续举办乒乓球邀请赛，并于今年上升为全市政协系统赛事活动。积极配合市政协组织开展庆祝人民政协成立70周年系列活动，热诚接待上海市、天津市、湖南平江县等地政协来湖里考察调研，交流工作经验，增进共事情感，团结协作氛围日趋浓厚。

四、固本强基、守正创新，在推动提质增效上展示新风貌

常委会坚持内抓素质、外树形象，全面提升政协履职工作水平。

注重完善制度机制。重视发挥制度机制牵引作用，梳理修订全体会议、常委会议、主席会议、专门委员会等4个工作规则和委员履职规则，政协履职体系标准更加明确，进一步推进政协工作规范化；坚持和完善政协班子成员联系委员、专委会对口联系界别委员和党员委员联系党外委员工作机制，建立委员履职记录、推行委员履职反馈做法，加强委员服务管理；创新推广常委会专题协商议政流程，提升协商议政工作实效，获得本年度全区“改革创新奖”一等奖。系统总结提案工作经验做法，继续探索委员街道轮值、委员工作室和委员联络点等经常性工作机制，不断推动履职工作提质增效。

注重强化委员培训。采取“走出去、请进来”方式，加大培训力度，提高委员履职能力。今年，在松溪县、东山县举办了2期政协委员培训班，集中学习新时代政协业务，加强与外地政协经验交流，帮助委员更好地适应新形势、践行新使命。委员们踊跃参与“我为湖里发展出良策——‘金点子’征集”活动，《关于谋划我区集成电路产业园二期的建议》等6条建议分获“金点子”一、二、三等奖。组织政情通报会，邀请区政府主要领导通报湖里区经济社会发展情况与发展思路；召开提案工作、社情民意工作和课题调研工作会议，以会代训，帮助委员提高“懂政协、会协商、善议政”能力，在政协工作中履职尽责。

注重提升机关效能。持续开展廖俊波同志先进事迹学习活动，召开工作务虚会、作风建设专题座谈会，建立月工作督查点评机制，组织党员到居住小区报到服务，激励干部保持一线状态、追求一线作为。深化开发委员履职平台微信2.0版，完善“互联网+”履职系统功能。运用“湖里政协”微信公众号，及时推送政协工作动态，对外展现委员履职风采，提升政协机关工作信息化水平。严格正风肃纪，坚决贯彻落实中央“八项规定”精神，持之以恒反对“四风”，强化纪律意识和底线思维，自觉接受组织和各界监督，牢固树立清正廉洁的机关形象。

统计资料

湖里区
2019年国民经济和社会发展统计公报

厦门市湖里区统计局
2020年4月10日

2019年，是新中国成立70周年，也是我区接续奋斗、成效显著的一年。我们坚持以习近平新时代中国特色社会主义思想为指导，全面落实市委、市政府和区委各项工作部署，大力推进高质量发展落实赶超，深入实施“2+4+N”发展战略，着力稳增长、促改革、调结构、惠民生、防风险、保稳定，实现经济社会平稳健康发展。

一、综合

初步核算，2019年全年地区生产总值（GDP）1297.30亿元，同比增长8.3%。三次产业的比重为0∶42.4∶57.6，其中第二、第三产业增加值为549.52亿元、747.78亿元，分别增长12.4%和5.3%，拉动GDP增长5.2个和3.1个百分点，对经济增长的贡献率依次为62.4%和37.6%。其中增长较快的行业是建筑业、运输仓储邮政业、工业，同比分别增长18.7%、11.3%、10.3%。按常住人口计算，人均GDP达12.61万元，同比增长7.4%，折合1.83万美元/人。

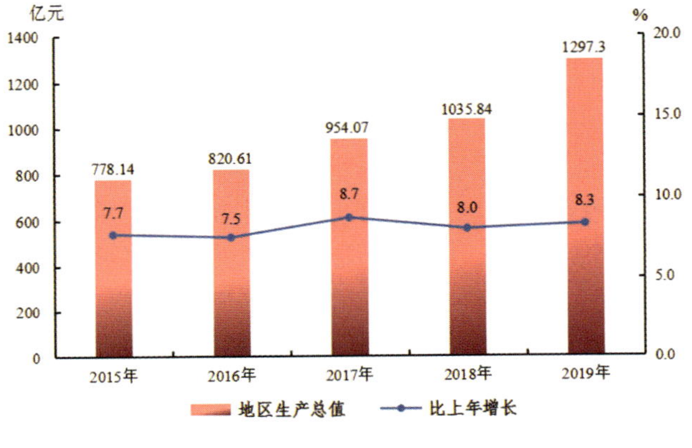

图1 2015—2019年地区生产总值（GDP）及其增长速度

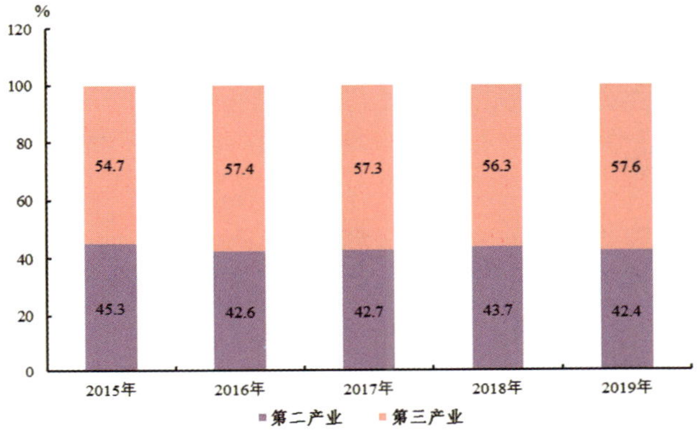

图2 2015—2019年二、三产业增加值占地区生产总值比重

二、工业和建筑业

2019年末，全区规模以上工业企业211家，全年实现增加值409.16亿元，扣除价格因素后同比增长10.5%，完成现价工业总产值1809.88亿元，同比增长6.4%。亿元以上企业82家，实现工业总产值1747.26亿元，同比增长6.4%。其中十亿元以上企业21家，实现产值1577.44亿元，同比增长7.0%，占全区规模以上工业比重达87.2%，支撑作用明显。前三大行业：计算机、通信和其他电子设备制造业实现产值1351.50亿元，同比增长8.1%；电气机械和器材制造业实现产值86.1亿元，同比下降0.6%；航空航天器修理业实现产值132.04亿元，同比下降6.8%。

全区规模以上工业企业实现销售产值1713.11亿元，产销率为94.7%。出口交货值915.82亿元，同比增长12.5%，出口交货值率53.5%。

建筑业增加值159.27亿元，同比增长18.7%。2019年全区具有资质等级的270家建筑业企业完成建筑业总产值703.43亿元，增长32.3%。其中，建筑工程产值651.86亿元，同比增长31.0%；安装工程产值48.76亿元，同比增长 50.9%。全年房屋建筑施工面积 2608.46 万平方米，同比增长 19.5%。建筑企业当年新签合同价款 742.34 亿元，同比增长 27.3%。

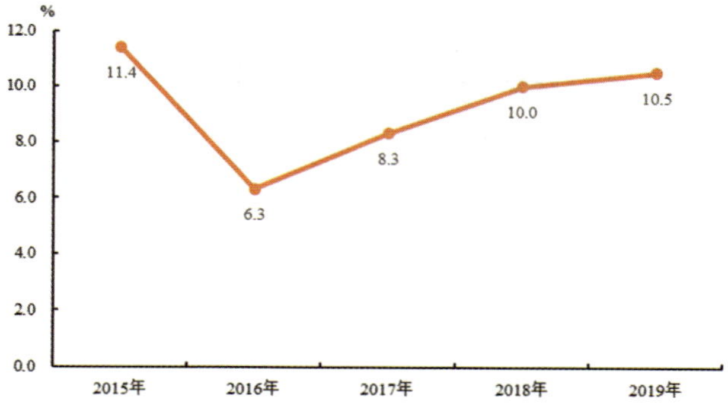

图 3 2015—2019 年规上工业增加值增长速度

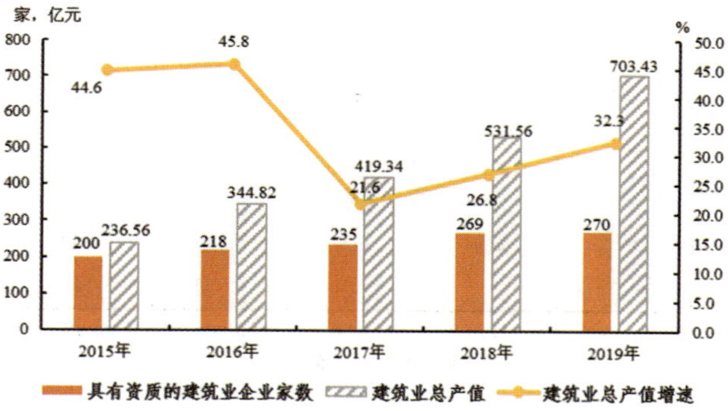

图 4 2015—2019 年建筑发展情况

三、固定资产投资

全区固定资产投资同比增长 9.5%。其中房地产投资比增 225.5%，城镇固定资产投资比降 29.1%。分行业看：制造业投资和交通运输、仓储和邮政业均大幅下滑，分别比降 17.3% 和 56.4%。公共设施投入加大，电力、热力、燃气及水的生产和供应业投资比增 29.2%，水利、环境和公共设施管理业比增 61.4%。

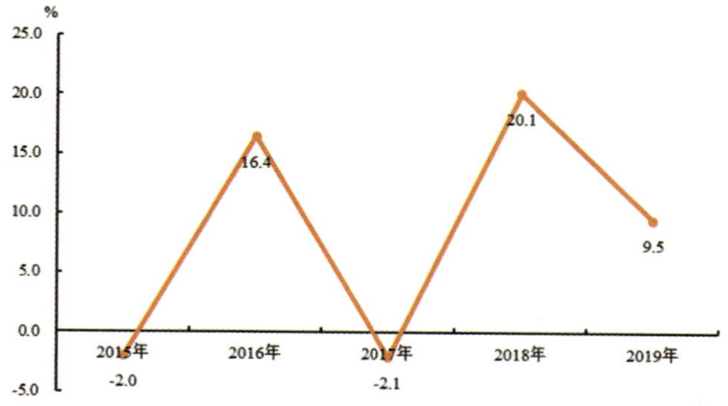

图 5 2015—2019 年固定资产投资增长速度

房地产开发投资 159.72 亿元；全区房屋施工面积 603.76 万平方米，同比下降 11.3%；房屋新开工面积 91.07 万平方米，同比增长 148.4%；商品房销售面积 50.41 万平方米，同比增长 2.5%。

四、国内贸易

2019 年，实现社会消费品零售总额 377.72 亿元，同比增长 13.9%。限额以上企业零售额 262.27 亿元，同比增长 19.1%，占全区社会消费品零售总额的 69.4%；限额以下单位实现零售额 115.45 亿元，同比增长 3.6%。全年零售额超亿元的批发零售贸易企业 53 家，合计零售额 220.52 亿元，增加 43.5 亿元，同比增长 24.6%；零售额超千万元的住宿餐饮企业 27 家，合计零售额 10.06 亿元，同比增长 9.6%。

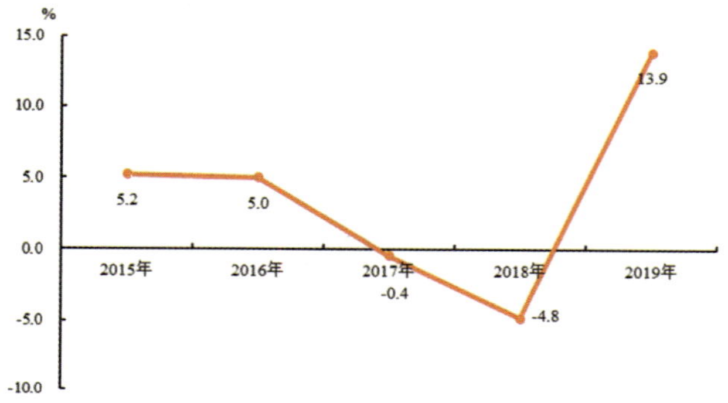

图 6 2015—2019 年社会消费品零售总额增长速度

在限额以上企业商品零售额中，汽车类零售额 96.27 亿元，同比下降 0.1%；服装鞋帽针纺织品类零售额 24.03 亿元，同比下降 1%；粮油食品类零售额 23.82 亿元，同比增长 34.6%；日用品类零售额 21.93 亿元，同比增长 138%；文化办公用品类零售额 17.52 亿元，同比增长 111.4%；家用电器和音像制品类零售额 8.3 亿元，同比增长 9.3%。

五、服务业

2019 年，全区重点服务业企业 269 家共实现营业收入 545.57 亿元，同比增长 3.7%。其中，亿元以上企业 66 家，与上年持平，实现营业收入 469.22 亿元。辖内企业分布在 9 个行业，其中，交通运输、仓储和邮政业企业 160 家，2019 年实现营业收入 463.9 亿元，占服务业总营业收入 85%。其他营利性服务业分布在 4 个行业，共有 70 家，分别是信息传输、软件和信息技术服务业（29 家）、租赁和商务服务业（31 家）、居民服务、修理和其他服务业（6 家）、文化体育和娱乐业（4 家），分别实现营业收入 22.7 亿元、19.34 亿元、2.23 亿元和 3.24 亿元。

六、对外经济

全年外贸进出口总额 3044.96 亿元，同比增长 13.0%，其中，出口 1580.27 亿元，同比增长 15.2%；进口 1464.69 亿元，同比增长 10.8%。

全年新增外资项目 236 个，增资项目 33 个，减资项目 12 个，合同利用外资 67.4 亿元，同比下降 44.2%；实际利用外资 19.51 亿元，同比增长 88.7%。

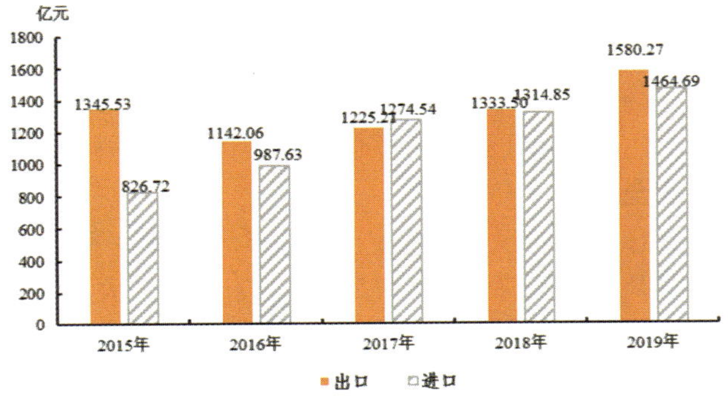

图 7　2015—2019 年货物进出口总额

七、财税和金融

全区实现财政总收入 216.55 亿元，同比增长 7.6%；地方级财政收入 117.39 亿元，同比增长 1.1%；区级收入 49.60 亿元，增长 4.5%。区级收入中，税收收入 45.64 亿元，同比下降 0.2%，其中，个人所得税、企业所得税增幅较高，分别增长 46.7%、16.0%。

全年区级财政支出 58.59 亿元，同比下降 7.5%。其中教育支出 13.74 亿元，同比增长 6.4%；城乡社区事务支出 10.96 亿元，同比下降 57.5%；社会保障和就业支出 7.79 亿元，同比增长 22.2%。

金融保险业实现增加值 103.49 亿元，同比增长 8.0%。

八、教育和科学技术

教育

2019 年，全区拥有各级学校 212 所，学年初招生 37461 人，在校学生 119079 人。其中，普通高中 2 所，学年初招生数 544 人，在校学生 2076 人；普通初中 11 所，学年初招生 6875 人，在校学生 19392 人；小学 39 所，学年初招生 10419 人，在校学生 60552 人；幼儿园 160 所，学年初招生 19623 人，在园 37059 人；特殊教育辅读班 1 个，在校学生 40 人。在各级各类学校中任职的专任教师 7373 人。

科学技术

2019 年，全区累计专利申请 6167 件，专利授权 4278 件，其中发明 423 件、实用新型 2573 件、外观设计 1282 件，有效发明专利拥有 2488 件。2019 年区高新技术企业 286 家（含湖里火炬园 95 家），规上工业高新技术产业实现增加值 353.41 亿元，同比增长 11.7%，占规模以上工业增加值比重为 86.4%。

九、文化、体育和卫生

文化

辖区共有文化馆 1 个，图书馆 1 个，街道文化站 5 个，社区综合文化服务中心 54 个，“24 小时街区自助图书机” 53 台。图书馆每周开放 75.5 小时，全年 365 天无休开放，为群众免费提供图书借阅、资料查询等服务，馆藏文献资源总量达 59 万册，2019 年共借阅图书 44.4 万册次（其中分馆 19.8 万册次），全年共接待读者 35.5 万人次（其中分馆 21 万），开展各类读者活动近 200 场（其中分馆 23 场），参加读者 12 万人次。

2019 年共举办全区性文化活动 413 场，全区基层文体活动 1173 场；第十二届海峡文博会上，辖区共有 75 个文创产业展位申报参展，组织举办 10 场分会场活动。

体育

成功举办第十五届中国俱乐部杯帆船挑战赛，本届赛事吸引了来自全国各地的 38 支赛队，深圳海狼队夺得冠军。本届赛事活动被列入 CCTV-5 年度播出计划，央视体育连续播出比赛的每日新闻及专题，中国网、腾讯网、新华网等媒体相继报道。

卫生

2019 年，全区各类医疗卫生机构 416 家，其中医院 19 家（含市属医院 12 家、区属市管医院 1 家、区属区管医院 6 家）、疾病预防控制中心 1 家、社区卫生服务中心 5 家、分中心 2 家、服务站 7 家、门诊部 107 家、诊所 195 家、村卫生所 19 家、企事业单位内设医疗机构 61 家。专业卫生技术人员 7731 人，其中执业医师（含执业助理医师）3680 人、注册护士 4051 人。医疗机构核定床位 5020 张。

十、人民生活和社会保障

人口

全区户籍人口 36.59 万人，常住人口 102.6 万人。人口出生率 12.8‰，人口死亡率 3.2‰，人口自然增长率 9.6‰，比上年下降 1.6 个千分点。户籍人口中，男性人口和女性人口分别为 182097 人和 183848 人。

民生

城镇居民人均可支配收入 57995 元，同比增长 8.1%。城镇居民人均消费性支出 36382 元，增长 9.6%。

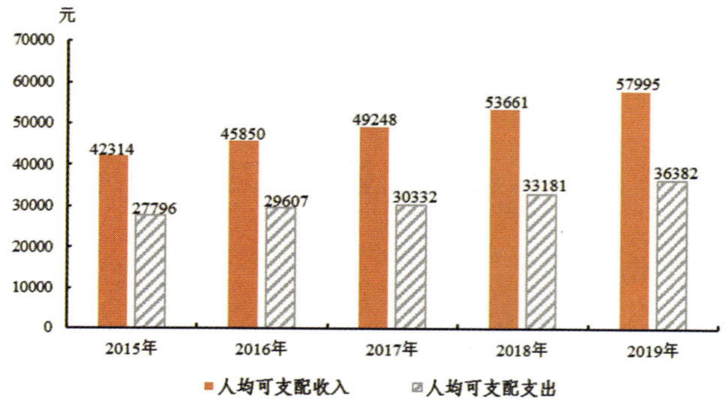

图 8　2015—2019 年城镇居民人均可支配收入支出

就业

全年促进失业人员再就业 24021 人，促进就业困难对象再就业 2450 人；开展劳动力职业技能培训 1371 人，其中本地失业人员培训 779 人、农村劳动力技能提升培训 563 人，开展重点企业“一企一策”职工技能培训 6307 人。区经办基本养老、失业和工伤保险参保人数分别为 46.27 万人、46.27 万人和 46.64 万人。

社会保障

全区累计共有城镇低保家庭 5884 户、8865 人次，领取最低生活保障 762.77 万元。全年累计发放救助补助 22947（户）次，发放各类救助补助 7138.29 万元（含低保金），其中残疾人补贴 3169 万元，护理补贴 786.12 万元。2019 年区慈善、老年福利协会共接收捐赠款 1342 万元，为辖区累计约 2 万人次计各类困难群众发放救助 1037 万元。

工会

2019 年，全区共有 79440 人次参加职工医疗互助保障，参保金额为 469.968 万元，由区总工会经费支出补助参保金额 329.67 万元。全年共有 2226 名患病参保职工申请职工医疗互助保障保助救济，金额共计 499.0094 万元。

十一、环境保护和安全生产

环境保护

2019 年，湖里区环境空气质量优良率 99.5%（以工况计），空气质量综合指数 3.02（以工况计），综合指数同比下降 3.2%（在标况下，与上年同期相比的改善情况），优良率上升 2 个百分点（在标况下，与上年同期相比的改善情况）。六项主要污染物浓度均达到国家二级标准，其中，二氧化硫（SO_2：0.006 毫克 / 立方米）同比下降 25%、二氧化氮（NO_2：0.026 毫克 / 立方米）同比下降 21.2%、细颗粒物（$PM_{2.5}$：0.023 毫克 / 立方米）同比下降 4.2%、颗粒物（PM_{10}：0.042 毫克 / 立方米）同比下降 14.3%、臭氧（O_3：0.13 毫克 / 立方米）同比下降 1.5%。

湖边水库水质达标率 100%，达到Ⅲ类水质标准。

安全生产

2019 年，全区共发生生产安全事故 38 起，死亡 11 人，同比分别下降 42.4%、26.7%，未发生较大及以上生产安全事故。

十二、各街道经济

工业

2019 年，各街道规模以上工业总产值分别为：湖里街道 76.36 亿元，现价同比增长 11.9%；殿前街道 392.61 亿元，同比下降 3.6%；江头街道 11.46 亿元，同比下降 3.7%；禾山街道 1289.26 亿元，增长 9.3%；金山街道 36.20 亿元，增长 22.4%。

社会消费品零售总额

2019 年，各街道社会消费品零售总额分别为：湖里街道 44.11 亿元，同比增长 5.3%；殿前街道 168.3 亿元，下降 0.7%；江头街道 49.84 亿元，增长 20.3%；禾山街道 46.93 亿元，增长 1.2%；金山街道 68.54 亿元，增长 112.1%。

财政总收入

2019 年，各街道实现财政总收入分别为：湖里街道 35.72 亿元，殿前街道 60.68 亿元，江头街道 25.81 亿元，禾山街道 33.29 亿元，金山街道 38.57 亿元。

2019 年湖里区主要经济指标完成情况一览表

单位：亿元

指标名称	2019 年实际	比增 %	指标名称	2019 年实际	比增 %
地区生产总值（GDP）	1297.29	8.3	建筑业总产值	703.43	32.3
# 第二产业	549.52	12.4	合同利用外资	67.4	−44.2
第三产业	747.78	5.3	实际利用外资	19.51	88.7
规模以上增加值	395.79	10	引进内资	—	—
社会消费品零售额	377.72	13.9	财政总收入	216.55	7.6
批发零售商品销售额	5673.39	16.2	区级收入	49.6	4.5
住宿餐饮营业额	47.41	9.5	区级财政支出	58.49	−7.5
固定资产投资额	—	9.5	城镇居民可支配收入	57995 元	8.1
# 房地产开发	159.72	225.5			

2019 年湖里区重点建设项目完成情况一览表

单位：万元

项目名称		2019 年计划		2019 年完成情况		完成率	责任单位
		主要目标	投资额	主要形象	投资额		
合计（35 项）			511900		620015	121.1%	
一、产业类（17 项）			339300		364815	107.5%	
完工项目（3）	万华金融中心 ★市重点建设项目	10 月竣工验收	16800	1# 楼骨架、玻璃安装完成 40%；2# 楼幕墙安装完成；消防、水电、机电、智能化、二装等同步施工	16860	100.4%	两岸金融中心湖里分指挥部
	新景地大厦 ★市重点建设项目	10 月竣工验收	5000	准备竣工验收	11530	230.6%	
	理源物联网科技产业园 ★市重点建设项目	12 月竣工验收	6000	3# 楼电梯安装，室外工程施工	6080	101.3%	殿前街道
续建项目（13）	英蓝国际金融中心 ★省、市重点建设项目	主体结构封顶，幕墙施工	80000	T1、T2 塔楼封顶，砌体至 10 层；T3 南、北塔楼施工至高层，砌体至 9 层；裙楼 P1 封顶，P2 施工至 4 层；地下室砌体、抹灰及腻子施工	81655	102.1%	两岸金融中心湖里分指挥部
	厦航总部大厦 ★市重点建设项目	主体结构封顶，幕墙施工	24000	酒店、办公楼封顶，裙楼屋面层施工完成	26300	109.6%	两岸金融中心湖里分指挥部
	西海湾邮轮城 ★省、市重点建设项目	1#、2#、3#、4# 地块竣工验收，6#、7# 地块土石方施工及内支撑施工完成	100000	1#、2#、3# 楼砌体基本完成，幕墙施工；4# 楼施工至高层；5# 地块交地；6# 地块底板砼浇筑完成，承台、地梁砖胎膜施工；7# 地块冠梁及内支撑施工，土石方开挖 5 万立方米	103126	103.1%	湖里街道

续表

项目名称		2019年计划		2019年完成情况		完成率	责任单位
		主要目标	投资额	主要形象	投资额		
续建项目（13）	SM商业城三、四期 ★市重点建设项目	三期主体结构出正负零地面；四期开工建设	13000	三期：地下室结构整体完成约76% 四期：市资规局准备将方案再次上报市土资委会研究	14255	109.7%	江头街道
	华信明天广场 ★市重点建设项目	消防、暖通、幕墙、装修、室外景观施工完成	12000	主体工程完成，幕墙工程完成60%，内外装修安装工程施工	15002	125.0%	湖里街道
	昌富源公司酒店	地下室完工，主体施工	10000	地下室底板施工完成，地下室负3层顶板施工	6205	62.1%	湖里街道
	五矿大厦	主体结构基本完成	15000	主体4层楼板完成	13600	90.7%	
	住宅集团办公大楼 ★市重点建设项目	主体封顶，装修施工	5000	主体砌体、地下室粉刷完成，幕墙骨架安装工程完成50%，造型洞区域楼板施工至6层	6859	137.2%	
	欣贺研发设计中心 ★市重点建设项目	完成幕墙施工、景观施工、外围小市政施工	5000	工程收尾	6988	139.8%	区工业园区管委会
	飞鱼科技总部大楼 ★市重点建设项目	室外工程、幕墙、水电、消防、通风工程施工	2000	水电、消防施工；中庭幕墙骨架施工；配电房工程施工	4465	223.3%	
	后埔社区发展中心（二期） ★市重点建设项目	基坑工程、桩基工程完毕，1#主体施工至7层，2#、3#主体施工至10层	7000	1#楼A段主体封顶，2#楼施工至12层，3#楼施工至11层	10138	144.8%	江头街道
	厦门泉州（安溪）经济合作区湖里园 ★市重点建设项目	工业设施配套用房（员工宿舍楼）交付使用 企业自建项目：欣省控投产，宝丽金、鑫绿源、君诺美收尾验收，佳福隆等装修施工、芸台科技等主体施工	20000	入园企业：芸苔、君诺美、富一锦投产，宝丽金、欣省控、健为医疗试投产，鑫绿源、佳福隆室外工程施工，贯一、诚尔兴、珍长顺、隆发进场装修，欧叶、福建小罐茶开工，豪帝卫浴、秦北消防、华乐电缆、业盛电气、诚联环保办理前期手续，康美舒、恒顺欣注册成立新公司	20371	101.9%	安溪经济开发区建设指挥部
	湖里青年创业园	完成主体改造、装修施工	10000	室内装修工程完成	11364	113.6%	湖里街道
动工项目（1）	高林—金林社区发展中心	基坑支护及土石方开挖工程施工	8500	累计完成18万方土方清理外运；完成233根支护桩施工	10017	117.8%	金山街道
二、基础设施类（9项）			119400		200584	168.0%	
完工项目（1）	乌石浦花园二期	12月竣工验收	2900	室外工程完成	2900	100.0%	江头街道
续建项目（7）	乌石浦花园一期	3#楼裙楼封顶；1#、2#、4#楼主体桩基施工及部分底板施工	10000	基坑土方开挖完成4000立方米	2600	26.0%	江头街道
	东宅安置房 ★市重点建设项目	完成主体结构施工，装饰施工及设备安装	10000	1#–6#楼内外部装修施工；A区、B区地下室装修施工	10029	100.3%	区建设局
	金林湾花园B区1–07地块安置房 ★市重点建设项目	完成桩基施工，地下室结构施工	13000	1#、9#楼2层结构施工、10#楼3层结构施工；其余楼栋1层结构施工；地下室结构完成70%	16000	123.1%	

续表

项目名称		2019 年计划		2019 年完成情况		完成率	责任单位
		主要目标	投资额	主要形象	投资额		
续建项目（7）	美仑花园安置房（一期）	完成桩基施工，地下室结构施工	6500	1#−5# 楼主体 1 至 3 层结构施工，地下室结构施工	10000	153.8%	
	枋湖安置房	主体结构封顶，砌体施工	12000	1#、2#、6#、7# 楼施工至 17 层，3#、5# 楼施工至 16 层	19522	162.7%	禾山街道
	薛岭旧村改造安置房	完成主体施工，装饰工程、室外景观工程施工	10000	落架工作完成，公区精装工程完成 95%，景观工程完成 65%，地下室管网完成 90%	11533	115.3%	江头街道
	忠仑社旧村改造项目 ⋆市重点建设项目	完成部分房屋征收签约、房屋搬迁工作及拆除 12 万平方米	15000	完成房屋拆除 5.6 万平方米，交地 3.33 余万平方米	28000	186.7%	蔡塘片区指挥部
动工项目（1）	高林—金林旧村改造项目 ⋆市重点建设项目	一期完成征收签约工作，房屋交付拆除 10 万平方米；二、三期房屋征收签约工作启动；金林湾花园三期安置房前期手续报批	40000	一期完成交房面积 5.9 万平方米，完成率 36%，拆除面积 4.4 万平方米；二期完成交房面积 3 万平方米，完成率 37%，拆除面积 2.7 万平方米；三期完成交房面积 1.8 万平方米，完成率 3.7%，拆除面积 1.22 万平方米	100000	250%	高林—金林片区指挥部
三、社会事业类（9 项）			53200		54616	102.7%	
完工项目（3）	湖边小学 ⋆市重点建设项目	10 月竣工验收	4000	竣工验收	5350	133.8%	区教育局
	爱鹭老年养护中心 ⋆市重点建设项目	12 月竣工验收	2500	项目竣工并移交使用	4960	198.4%	区民政局
	湖里区社会福利服务中心 ⋆市重点建设项目	12 月竣工验收	10000	竣工验收	11000	110.0%	
续建项目（5）	湖里区人力资源和法律服务中心	土建完成，装修工程、安装工程施工	3000	室内装修完成 80%，设备安装完成 80%，室外工程施工	3693	123.1%	区人社局
	高林学校	室内外装修施工	8500	室内装修基本完成，室外工程完成 80%	8850	104.1%	区教育局
	湖里区特殊教育学校 ⋆市重点建设项目	主体结构、装修施工完毕，室外绿化、运动场基本完成	2900	主体工程完成预验收，各专项验收	3260	112.4%	区教育局
	天地幼儿园	主体结构、装修工程及室外工程基本完成	6700	主体施工完成，地下室砌体施工	4550	67.9%	区教育局
	区委党校	主体工程施工	12600	A 栋、B 栋施工至 3 层，D、E 区 1 层梁板砼浇筑养护	12620	100.2%	区委党校
动工项目（1）	湖里街道（塘边）老年人综合服务中心	3 月开工，年内改造完成试运营	3000	项目停工	333	11.1%	湖里街道

索 引

说 明

1. 本索引为条目主题分析索引。

2. 本索引按汉语拼音字母顺序排列。

3. 每一词条后的数字表示该词条所在的页码；首字为英文字母的，置于索引最前面，首字为阿拉伯数字的，按其读音置于相应字母之前；表格除标注页码外，还分别括注“表”。

4. 主题词涉及本区的组织机构、会议、活动等，在不引起歧义的情况下，一般均省略“湖里”二字。

5. 年鉴大事记、附录不列入本索引检索范围。

H

J

K

L

M